폭풍에 시달리며 로프도 없이
빙벽에 매달린 채, 더그 톰킨스는
절친인 이본 쉬나드와 스코틀랜드에서
목숨을 건 등반을 감행했다.
ⓒ이본 쉬나드

1961년 칠레 포르티요 스키장에서 훈련하던 중 쉬고 있는 더그 톰킨스(좌)와 올림픽 스키 메달리스트 빌리 키드(우). 톰킨스와 키드는 시운전을 해보겠다며 BMW 매장에서 오토바이를 '빌렸다.' 결국 경찰에 '미친 미국인' 두 명을 체포하라는 명령이 떨어졌다.

ⓒ 톰킨스 가족 문서고

더그 톰킨스는 1964년 샌프란시스코에서 노스페이스를 창업했다. 여기 보이는 그의 첫 통신판매 카탈로그는 최소한의 장비만 챙겨 가볍게, 최대한 야생과 가까운 곳에서 지낼 때 등반과 야외 활동이 가장 즐거워진다는 아이디어를 전파했다.

ⓒ 톰킨스 가족 문서고

THE NORTH FACE
ALPINE EQUIPMENT SPECIALISTS
SAN FRANCISCO · PALO ALTO

샌프란시스코 노스페이스 매장은 가수 재니스 조플린과 존 바에즈 등 많은 사람을 끌어들였다. 1966년, 노스페이스는 겨울 시즌을 맞아 개장하면서 매장 내에서 그레이트풀 데드의 콘서트를 열었다. 톰킨스는 이때 악명 높은 오토바이 갱단 헬스 에인절스를 보안요원으로 고용했다.

ⓒ 수키 힐

1968년, 자칭 '펀호그'라 부르는
네 친구는 파타고니아 피츠로이산을
등정하기 위해 로스앤젤레스를 떠나
25,750킬로미터를 자동차로
이동할 참이었다. 더그 톰킨스(우)가
딕 도워스, 이본 쉬나드,
리토 테하다플로레스(우에서 좌로)와
출발할 준비를 하고 있다.
ⓒ 파타고니아 문서고

절친 더그 톰킨스(좌)와 이본 쉬나드
(우)가 1968년 피츠로이산으로
자동차 여행을 가고 있다.
피츠로이산은 당시 단 두 팀만이
정상에 올랐을 정도로 험준한
얼음 산이었다.
ⓒ 리토 테하다플로레스

수개월에 걸친 탐험과 운전 끝에,
마침내 펀호그의 눈앞에
피츠로이산이 모습을 드러냈다.
쉬나드가 가장 험난한 구간인
중앙 주봉을 오르는 등정에서
선두를 맡기로 했다.
몰아치는 눈과 거센 바람 때문에
텐트를 치는 것은 불가능했다.
산 위에서 펀호그는
설동 속에서 지낼 계획이었다.
ⓒ 더그 톰킨스

임시로 몸을 피하려 했던 설동에
몇 주 동안 갇혀 있으면서,
톰킨스를 비롯한 원정대원들은
시속 130킬로미터의 바람이 피신처를
날려버리려는 가운데 식량이
고갈될 위기에 직면했다.
사진에서 딕 도워스(우)는
리토 테하다플로레스(좌) 옆에서
일기를 쓰고 있다.
ⓒ 크리스 존스

더그 톰킨스는 1970년대 초반에 선구적인 기업가가 되었다. 그는 샌프란시스코의 한 아파트에서 시작하여, 10억 달러 규모의 제국이 될 회사를 설립하는 데 협력했다.

© 수키 힐

수지와 더그 톰킨스는 (첫째 딸과 함께) 둘의 작은 스타트업 의류회사인 플레인 제인을 전 세계 수백 개의 매장에서 판매되는 글로벌 브랜드로 키우기 위해 쉴새없이 일했다.

© 수키 힐

딸 퀸시와 서머, 그리고 아내 수지와 함께 있는 더그 톰킨스. 이들은 경비행기를 타고 캘리포니아에서 남아메리카까지 이동할 준비를 하고 있다.
톰킨스 부부는 뒷좌석을 떼어내고 폼 매트리스를 깔아 아이들이 그 위에서 자거나 놀 수 있도록 했다.

© 폴 라이언

'이미지 디렉터' 더그 톰킨스가 에스프리 카탈로그 촬영을 감독하고 있다.
그는 직원과 '평범한 사람들'을 모델로 기용하며 전문가에게 돈을 지급해야 한다는 생각에 반발했다.
그는 "누구나 브룩 실즈를 고용할 수 있다"라고 재치 있게 말했다.
ⓒ 헬리 로버트슨

THE LEADING MAGAZINE OF ARCHITECTURE AND DESIGN JUNE 1987 NUMBER 38 £2

BLUEPRINT

ESPRIT:
THE WORD
ACCORDING
TO DOUG
A SPECIAL REPORT
ON THE FASHION WORLD'S
MOST EXCITING BRAND

여러 디자인 및 건축 잡지가
에스프리의 스타일에 혁신적이고
대담하며 흥미롭다는 찬사를 보냈다.
그 대부분이 '더그 회장' 덕분인 것으로 여겨졌다.
이 사진은 에스프리 현상을 설명하는
수많은 잡지의 커버스토리 중 하나에 실린
더그의 모습이다.
ⓒ 샤론 라이즈도르프/블루프린트

친구들이 더그 톰킨스
(카약에 타고 있음)를 폭포 너머로
내려주고 있다. 평생 모험을 즐겼던
톰킨스는 매년 서너 달을
야생에서 보냈다.
그는 이것이 자신의 MBA,
즉 '부재중 경영Management By Absence'
이라고 농담하곤 했다.

ⓒ 롭 레서

더그 톰킨스는 나이들면서 등반 대신 카약을 더 즐겼다. 칠레의 한 강을 최초로 하강하던 중,
그는 독재자 아우구스토 피노체트의 사유지에 엉겁결에 무단침입했다가 총에 맞을 뻔했다.

ⓒ 롭 레서

더그 톰킨스는 파타고니아 상공을
비행하며 자유를 느꼈다.
그는 이십 년 넘게 이 지역에 살면서
산과 강 위로 칠천여 시간을 비행했다.
이를 통해 지구상에 아직 남아 있는
장엄한 야생지 중 하나인 이곳의 지형을
머릿속에 통째로 외울 수 있었다.
ⓒ바버라 쿠시먼 로웰

미국 워싱턴주 국립공원 접경지대를
따라 완전벌채된 숲의 모습.
상공을 비행하며 이처럼 처참한 완전벌채지를
목격한 톰킨스는 패션계 거물로서의 삶을 버리고
이러한 파괴를 막는 데 온 힘을 쏟기로 결심했다.

ⓒ 대니얼 댄서

파타고니아 시골의 자택에서
흠잡을 데 없이 차려입은 더그 톰킨스.
세상과 단절된 야생에서 지내며,
그는 수개월에 걸쳐 벌목을 늦추고
수력발전댐 공사를 저지했다.
환경파괴를 일으키는 대규모 프로젝트를
중단시킬 방법을 고심했다.

ⓒ 조 슈워츠

파타고니아 시골에는 바람이 너무 많이 불어서 돌풍으로 경비행기가 쉽게 뒤집힐 수 있다.
더그 톰킨스는 방목지에 착륙한 뒤에는 비행기를 매두어야 한다는 것을 깨달았다.
조종사로서 그는 널리 찬사를 받았다.
한 친구는 그에게 "전투기 조종사 같은 순발력이 있다"라는 의견을 냈다.

ⓒ 갤런 로웰

파타고니아의 야생지는 더그 톰킨스에게 거부할 수 없는 매력을 발휘했다.
수많은 지역이 작은 배나 경비행기로만 접근할 수 있었고,
연간 270센티미터에 달하는 강우량을 기록했다. 사람이 거주하는 마을은 거의 없었다.

ⓒ 안토니오 비스카이노

더그 톰킨스(좌)가 가이드이자
NBC 앵커인 톰 브로코(뒤, 우),
지브 엘리슨(우)과 함께 모닥불을
피우고 있다. 이들은 호랑이를
추적하려고 러시아 극동 지방을
탐험하는 중이다.
ⓒ 릭 리지웨이

이본 쉬나드(좌)가 더그 톰킨스와
하이킹을 하고 있다.
오십 년 가까이 절친으로 지낸 이들은
하이킹, 등반, 서핑을 자주 함께했다.
문명 세계로 돌아오면 이들은
전 세계에 있는 아름다운 야생지를 보호하고
홍보하기 위해 지치지 않고 일했다.
ⓒ 릭 리지웨이

남아메리카의 광활한 대지를 구하겠다는 꿈을 품은 더그 톰킨스는 자연보호구역으로
바꿀 수 있는 지역을 지도에 표시하기 시작했다. 모두가 비웃으며 그건 "미션 임파서블"이라고 말했다.
더그 톰킨스는 그 말을 오히려 하나의 도전으로 받아들였다.

ⓒ 개리 브라시

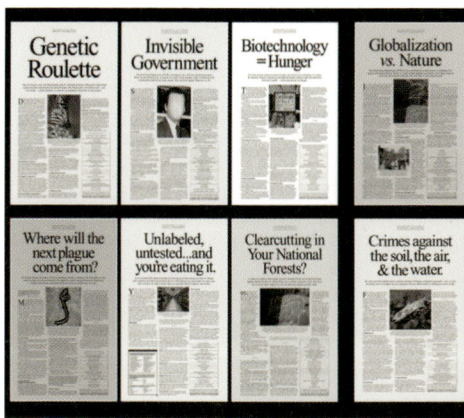

톰킨스는 다국적기업의 권력이
매우 위험하다고 판단하여
대중에게 경고하기 위한 신문광고에
수백만 달러를 썼다.
그는 기업들을 "보이지 않는 정부"라고
불렀다. 이러한 광고 캠페인이
반세계화운동을 촉발하는
기폭제가 되었다.
ⓒ 더그 톰킨스

더그와 크리스 톰킨스가
야생복원이라 알려진
자연보호 전략을 실행하면서
야생 퓨마가 고유 서식지로
돌아와 번성했다.
ⓒ 샨탈 헨더슨

자원활동가들은 몇 년에 걸쳐 차카부코 계곡의 800킬로미터가 넘는 울타리를 제거했다.
파타고니아 국립공원 설립의 한 과정으로 토착동물을 맞이할 준비를 한 것이다.
ⓒ 파타고니아 회사의 자원활동가들

넘치는 활력과 경이로운 신체 능력을 지녔던 더그 톰킨스는 파타고니아의 외딴 지역을
카약과 도보로 탐험하며 일련의 국립공원을 조성하기 위한 전략을 구상했다.
더그의 마지막 브랜드이자 위대한 유산이 될 그 전략이 바로 '파타고니아 국립공원 탐방로'였다.
이 프로젝트가 완성되면 우주에서도 그 모습을 볼 수 있을 만큼 거대한 규모가 될 터였다.
ⓒ 베스 월드

십여 개의 야생 강에서 이루어지는
수력발전댐 건설 프로젝트를 저지하고자,
톰킨스는 강을 구하는 친파타고니아
캠페인을 조직하고 자금을 지원했다.
그는 '댐 없는 파타고니아'라는 슬로건을 건
옥외광고판 광고비를 직접 지불했다.
ⓒ 더그 톰킨스

톰킨스가 도착한 1998년, 멸종위기에 놓인 홍금강앵무는 아르헨티나 북서부에서 거의 자취를 감춘 상태였다. 동물 훈련사와 수의사를 동원해, 부상을 입거나 길들여진 앵무새에게 비행하는 법을 가르치도록 하는 데는 수년의 연구가 필요했다. 야생을 되살리기 위해 더그와 크리스 톰킨스는 땅을 '야생복원'하는 방법을 터득해야 했다.

ⓒ 베스 월드

더그 톰킨스(중앙)가 전통 의상을 입은 아르헨티나 카우보이들과 일하고 있다.

ⓒ 톰킨스 자연보호 재단

남극의 더그 톰킨스(우). 그는 약 600마리의 고래를 학살하지 못하도록
일본 포경선단을 쫓는 스티브 어윈 호에 타고 있다.
톰킨스는 시 셰퍼드 해양환경보존협회에서 주도한 이 임무에 필요한
연료를 지원하기 위해 25만 달러를 지불했다.

ⓒ 에릭 쳉

더그 톰킨스는 남극 해안 인근에서 환경 시위를 벌이며
야구선수라도 된 듯 일본 포경선의 갑판에 악취 폭탄을 던지는 연습을 했다.

ⓒ 에릭 쳉

칠레의 카우보이들은 파타고니아에서 진행된 30억 달러 규모의 댐 프로젝트에 반대했다.
톰킨스와 광범위한 활동가의 연대는 이 지역과 현지 문화의 아름다움을 강조하면서 지역 정체성을 급격히
강화하는 데 도움을 주었고, 건설이 예정되었던 댐을 거센 비판 여론을 일으켜 무산시켰다.

ⓒ 린드 웨이드호퍼

더그와 크리스 톰킨스는 종종
하루에 열두 시간씩 컴퓨터 앞에 앉아 일했지만,
가능할 때마다 인근 언덕을 오르며 피로를 해소했다.
근처에서 돌아다니는 야생 퓨마가
이런 산책을 특히 흥미진진하게 해주었다.
"내 정신을 야생복원하기 시작했죠!" 크리스의 말이다.
© 릭 리지웨이

다른 산을 오르기로 했다

A WILD IDEA

by Jonathan Franklin

다른 산을 오르기로 했다

노스페이스 창립자의 두번째 인생

조너선 프랭클린 지음 | 강동혁 옮김

북복서가

일러두기
1. 주석은 모두 옮긴이 주다.
2. 본문 중 고딕체는 원서에서 이탤릭체로, 볼드체는 대문자로 표기한 부분이다.
3. 본문 중 대괄호([ ])는 저자가 첨언한 것이다.

토티냐, 사랑합니다!
당신이 지난 사 년을
우리 인생 최고의 시간으로 만들어주었어요.

차 례

1부

2부

3부

4부

1부

1장
배낭 혁명

> 더그는 막대기 하나만 쥐여주고 발가벗겨 사막에 내던져도 이 주 후
> 면 제국을 세울 사람이다. 내가 아는 사람 중 세상 물정에 가장 밝은
> 인간이다. 더그는 어디에 떨어져도, 어떤 상황에 처해도 그 누구보다
> 빠르게 세상에 통하는 방식을 알아냈다. 그의 방법이 언제나 교과서
> 적이거나 합법적인 것은 아니었다. 그러나 그의 방법은 통했다.
>
> 딕 도워스, 1960년대 세계에서 가장 빠른 스키 선수였으며
> 더그 톰킨스와 함께 자주 여행한 인물

더그 톰킨스는 샌프란시스코의 인도를 오가며 비트족과 술
이 덜 깬 선원들에게 알파인스키를 팔고 다녔다. 발도 빠르
고 말대꾸도 빠른 스물두 살의 이 청년은 길거리 영업사원
특유의 기민성으로 능력을 발휘했다. 카리스마 넘치는 고등
학교 중퇴자였던 그는 고객을 집요하게 붙잡고 온갖 물건을
살펴보게 했다. 그중에는 주문 제작된 단조 클라이밍 피톤♦
도 있고 스코틀랜드산 피셔맨스웨터도 있었다. 그는 그 스
웨터가 어떤 바람이든 막아줄 거라고 장담했다. 마치 펜싱

♦   밧줄 꿰는 고리가 있는 쇠못.

챔피언처럼 가게 앞을 지나는 행인들과 가볍게 치고받으며 팔고, 팔고, 또 팔려고 노력했다. "침낭 필요하세요? 양모 바지는요? 얼음도끼는요?" 그는 노스비치에 있는 소박한 가게 앞을 느릿느릿 지나가는 구경꾼에게 소리쳤다.

1965년이었다. 가게는 겨우 일 년 전에 문을 열었다. 이제 막 시작한 작은 가게였기에 현금이 달렸다. 더그의 예산 5천 달러는 전부 소진되었다. 가게 전체를 수리하고 빈약한 장비를 채워넣느라 다 써버렸다. 인건비는 길거리 호객 행위를 도와줄 등반 친구들을 설득해 아꼈다. 그들에게는 샌프란시스코 전체에서 가장 핫한 거리 풍경과 공짜 맥주를 보상으로 제공했다.

톰킨스는 차려입는 걸 좋아했다. 그는 서커스 공연자처럼 자주 옷을 바꿔 입었는데, 검은색 중절모를 쓰든 발목까지 내려오는 모피 재킷을 입든 멋스럽고 자신만만하게 보였다. 그의 가게도 마찬가지였다. 손님이 가게 이름을 왜 '노스페이스'라고 지었느냐고 물으면, 톰킨스는 나무 스키를 타고 시속 145킬로미터에 달하는 속도로 산비탈을 쏜살같이 내려오길 즐기는 사람 특유의 거침없는 태도로 대답했다. "남쪽 면south face은 사람들이 자주 올라다녀서 눈이 더 부드럽고 햇빛 때문에 더 따뜻하거든요." 그는 한숨을 쉬고 말했다. "난 어려운 면이 더 좋아요. 거칠고 얼어붙은 면이요. 노스페이스가 더 까다로운 도전 과제죠. 난 인생에서도 바로 그 길을 택합니다."

노스페이스가 세계적으로 알려진 의류회사가 되기까지는

그로부터 아직 수십 년이 더 남아 있었다. 아무튼 더그 톰킨스가 스물한 살에 처음 창업한 노스페이스라는 이름의 가게는 그가 평생에 걸쳐 세계적 기업으로 바꿔놓은 막강한 브랜드 중 첫 브랜드였다. 틀을 깨는 것이 그의 주특기였는데, 그의 절친이자 의류회사 파타고니아의 창립자인 이본 쉬나드의 말에 따르면 더그는 무엇보다 규칙 어기기를 좋아했다. "기업가로서의 더그를 이해하고 싶다면 비행 청소년을 연구하세요. 더그의 행동에서 그런 방식이 보이거든요. 뭐가 이따위야? 내 방식대로 하겠어! 그게 더그였어요. 그게 더그가 자퇴한 이유였죠. 아주 많은 아이들이 그렇듯, 더그도 책상에 앉아서 남이 시키는 일을 하는 걸 참지 못했거든요. 그러기에는 에너지도 넘치고 머릿속에 맴도는 아이디어도 너무 많았죠."

밥 딜런의 커다란 포스터가 전시된 판유리 진열창 앞에서 톰킨스와 쉬나드는 노스비치의 행인들에게 열변을 토했다. 그중에는 차이나타운으로 가는 사람도 있고, 부두에서 언덕을 올라오는 사람도 있었다. 이본은 (태어난 지 얼마 안 된 더그의 딸) 퀸시를 어깨에 척 올려놓았다. 대화를 시작하고 손님을 끌어들이기 위한 미끼였다. 퀸시가 지치면 톰킨스는 아기를 진열창에 눕혀 낮잠을 재웠다. 태어난 날 그대로의 모습으로 벌거벗은 귀여운 아기가 보송보송한 순록 가죽 깔개 더미 위에서 자는 모습은 이 동네에서 사람들 사이에 두고두고 회자되는 전설적인 일화들 중에서도 압권이었다.

더그의 가게는 최신식 스키, 최첨단 등반 장비와 의류를 팔 뿐만 아니라 '아기가 순록 가죽 깔개 위에서 잠자는' 곳으로도 알려졌으며, 가게 안에서는 종종 시끌벅적한 모임과 열띤 토론이 벌어졌다. 금세 '노스페이스 현장'이라 알려지게 된 이곳에서 다양한 사람들이 활력을 얻었다.

톰킨스와 쉬나드는 호객할 때면 코미디 콤비라도 된 것처럼 만담을 나눴다. 그들은 계속해서 자기가 성사시킨 말도 안 되는 거래에 대해 떠벌렸다. "취한 선원들에게 36미터짜리 호주산 나일론 등반용 로프를 파티용이라고 판 사람이 누구였더라?" 하는 식이었다. 이들의 가게 오른쪽에는 빅 앨의 술집이 있었다. 왼쪽에서는 댄서들이 회사원을 콘도르 클럽으로 유혹했다. 콘도르 클럽은 새로 생긴 스트립 바로, 저녁이 되면 음악소리가 커졌고, 천장에서는 수줍은 얼굴을 한 풍만한 가슴의 캐럴 도다가 흰색 그랜드피아노 위에 누운 채 내려왔다. 그럴 때면 작은 지진이라도 일어난 듯 노스페이스의 마룻바닥이 진동했다. 쇼를 하는 사이사이에 스트립 댄서는 등반가와 어울렸다. 이들 무리는 전통과 일상을 깰 때의 전율을 공유했다. "톰킨스는 그 가게에 전혀 어울지 않아 보였어요. 바 앞에는 스트립쇼 호객꾼, 브로드웨이를 어슬렁거리던 밑바닥 인생이 가득했죠." 알파인스키를 사면서 더그를 만난 동료 등반가 크리스 존스가 말했다. "하지만 톰킨스는 언제나 에너지가 넘쳤습니다."

스트립 바와 선원을 상대로 한 술집 틈바구니에 끼어 있던 노스페이스 매장은 당시 노스비치 지역을 휩쓴 폭발적인 문화적 격변의 중심 무대였다. 길 건너편에서는 시인 로런스 펄링게티가 서점 시티 라이츠♦를 운영하면서 장르 파괴적인 시와 소설을 출간해 당대 미국을 선도하던 도덕주의자들을 도발했다. 앨런 긴즈버그의 시 「울부짖음」은 검열관을 격분하게 했다. 그들은 「울부짖음」이 불법 약물과 끝내주게 좋은 섹스를 찬양하자 입에 거품을 물었다. 물론 이런 소란은 반항기가 있는 사람들이 「울부짖음」을 그만큼 더 맛깔나게 여기도록 했을 뿐이다.

베트남전쟁의 대학살이 미국 전체의 정신을 두 쪽 내고 있을 때, 더그는 거리의 눈높이에서 그 모든 일을 받아들였다. 나중에 그는 이렇게 썼다. "마약은 당시 사회문화적 생태계의 일부에 불과했다. 음악과 자유방임적 성관계도 마찬가지였다. 가치체계가 전면적으로 변화하고 있었으며 어마어마한 실험이 벌어졌다. 당연하게도 사회적 추가 매우 넓은 폭으로 흔들렸다. 새로운 도덕이 만들어지기 시작했다. 나는 사회적 혁명 한복판에 있었다."

1950년대 노스비치는 이탈리아 출신 이민자들이 사는 동네였기에, 1960년대에 접어들어서도 서쪽으로 몇 킬로미터 떨어진 헤이트애시버리만큼 반문화적이지는 않았다. 미국 주류 사회를 등지고 망명하듯 몰려든 젊은이들로 북적이던 '헤이트' 지구와는 달랐다. 노스비치는 혁명적인 1960년대보다는 오히려 정적이고 보수적이었던 1950년대의 정서에 더 가까운 곳이었다. 그러나 이곳에서도 달라지는 분위

♦　1953년 미국 샌프란시스코에 로런스 펄링게티가 차린 독립서점이자 출판사. 비트제너레이션 작가들의 중심지로 검열 논란과 표현의 자유 논쟁을 촉발했다.

기는 느껴졌다. 노스비치에서 그 변화는 새로움을 찾는 관광객과 거리를 스쳐가는 혁명적 시인의 모습으로 나타났다. 샌프란시스코만 건너에서는 캘리포니아주립대학교의 스프롤홀에서 일어난 버클리 자유언론운동, 그리고 같은 캠퍼스에서 있었던 마리오 새비오의 "여러분의 몸으로 그 톱니바퀴를 막아서십시오"라는 열정적인 외침이 전국 대학 캠퍼스에 불을 붙였다. 오클랜드에서는 블랙팬서당이 흑인 해방이라는 대의를 위해 싸웠다. 나라 전체에서 J. 에드거 후버의 FBI 요원들이 이제 막 고개를 드는 봉기를 방해하고 진압하기 위해, 심지어 불법적인 수단으로 그 흐름을 뒤엎기 위해 그야말로 밤낮을 가리지 않았다.

더그와 이본은 노스비치의 길거리에서 그 모든 것을 보았다. 그들은 매일 물밀듯이 들어왔다가 나가는 비트족과 관광객, 취객을 보았다. 둘은 그 소음을 사랑했다. 더그의 아내 수지 러셀도 나름의 손길을 더했다. 그녀는 프랑스에서 비키니를 사들여 멋쟁이 친구들에게 팔아치웠다.

이처럼 정신없는 가운데 휴식이 필요해지면, 더그와 이본은 가게 1층의 뒤쪽으로 나 있는, 널빤지가 몇 개 빠진 계단을 내려가서 전기 배선이 노출된 벽을 지났다. 그들은 지하실에서 간식을 먹으며 쉬었다. 흙바닥이 드러난 지하실은 서늘하고 축축했다. 조명은 알전구였다. 언덕 옆면을 파고들어 만든 지하실은 바닥이 고르지 않아 대마초를 피우지 않아도 공간 전체가 기우뚱하게 보였다.

쉬나드는 캘리포니아주 벤투라의 바닷가 대장간에서 직

접 만든 등산 장비 상자를 이 지하실에 쌓아놓았다. 기계 다루는 재주가 있고 정밀한 제작자였던 쉬나드는 암벽등반 장비를 뚝딱뚝딱 만들어냈다. 요세미티에 갈 때면 그의 자동차 트렁크에 피톤을 비롯한 등반 장비가 꽉꽉 채워졌다. 등반가들은 어김없이 꼬깃꼬깃한 지폐를 꺼내 쉬나드 장비회사의 믿음직스러운 장비를 샀다. 더그는 친구가 도매 주문을 처리할 수 있게 도와주었다. 이본은 삼 년간 미군에 의무 복무해야 했고, 한국에 파견된 기간 동안 사업을 운영할 수 없었기 때문이다. 결국 이본은 제대할 때가 되었으나 이도 저도 아닌 상태에 갇혀 인근 샌프란시스코의 프리시디오 군기지에서 잡일을 하며 시간을 죽이고 있었다.

물품을 살 돈은 거의 없고 마케팅에 쓸 돈은 아예 없었지만, 더그는 여행과 모험의 인기가 높아지리라 예상했기에 유행을 선도하는 디자인과 혁신적인 장비로 자신의 작은 가게를 채우기 시작했다. 몇 없던 단골이 노스페이스는 특별하다는 소문을 퍼뜨렸다. "대히트 상품은 순록 가죽 깔개였습니다. 새로운 제품이었고, 날개 돋친 듯 팔렸죠." 노스페이스의 첫 지점장이었던 덩컨 드웰의 말이다. "줄무늬가 들어간 피셔맨스웨터도 있고 비키니도 있었죠. 정말 생뚱맞은 조합이었어요! 상품 기획에 관한 더그만의 독특한 비전을 상징적으로 보여주는 대목이었습니다. 더그의 비전은 우리가 특정한 스타일을 제시해야 한다는 거였어요. 비록 말로 잘 표현하지는 못했지만요. 당시에는 더그 자신도 이런 개념을 제대로 이해하지 못했던 것 같아요. 아무튼 더그가 판 것은 스타일 감각이었습니다. 저는 그 스타일을 산악 등반이나 배낭여행에 적용해 훨씬 더 노골적으로 드러낸 거고요. 우리의 스타일을 한마디로 말하자면, '장비가 가벼울수록 인생은 재미있어진다'였어요."

수준 높은 등반가이자 탐험가였던 더그와 이본은 장비 중독자를 조롱했다. 그들은 필요 없는 장비가 넘쳐나는 것에 진저리쳤다. 둘의 신조에 따르면 실용적이지 않은 것은 전부 무의미한 짐이었다. 그들은 취미를 훨씬 뛰어넘어 등반에 완전히 사로잡힌 등반가였다. '더트백'♦이라는 애정 어린 별명으로 알려진 등반가 집단에 속한, 투지 넘치고 수염조차 깎지 않는 사람 말이다. 이들은 짐의 무게를 줄이기 위해 칫솔 손잡이까지 깎아내는 못 말리는 야외활동가였다.

노스페이스는 술집과 스트립 바 사이라는 특이한 공간에 위치해 있으면서도 사람들을 끌어들였다. 벽은 알파인스키 선수들의 극적인 사진으로 꾸며놓았다. 손으로 깎아 만든 나무 간판은 사적인 온기의 손길이 느껴졌다. 손님들은 초록색 모직 카펫 위를 어슬렁거리며 옹이가 박힌 삼나무 선반에 기대놓은 스키 장비를 지나쳐 다녔다. 진열대에는 이본이 직접 두드려 만든 피톤과 카라비너가 오래전에 사라진 문화의 유물인 양 이름표와 함께 정리되어 있었다. 침낭은 천장에 매달려 있었다. 지나가던 사람들은 흘린 듯 들어와 구경했다. 이곳에는 어떤 신비한 기운이 있었고, 많은 손님

♦ dirtbag. 본래 지저분하고 불결한 사람을 뜻하지만, 등반계에서는 '물질적 안락함을 포기하고 등반에 인생을 건 자유로운 영혼'이라는 긍정적 의미로 쓰인다.

이 박물관이라도 구경하듯 진열대를 살펴보았다. 앨런 긴즈버그도 단골이었다. 이 지역에 사는 그는 시티 라이츠에서 주로 시간을 보내다가 노스페이스의 아름다움에 푹 빠졌다. 그는 앤설 애덤스♦가 찍은 요세미티 국립공원의 대형 사진에 홀린 듯했다. "긴즈버그는 엘캐피탄♦♦의 사진을 바라보고 또 바라봤습니다." 노스페이스에서 친구 더그를 위해 아르바이트를 했던 스키 강사 리토 테하다플로레스의 말이다. "긴즈버그는 어떻게 사람이 감히 그런 높이를 오를 용기를 낼 수 있는지 이해하지 못했습니다."

"쉬나드를 비롯한 우리 모두 사회부적응자였어요. 고등학교에서 군이 성공하고 싶어하지 않았던 애들이었죠." 요세미티 등반가인 조 매큐언의 말이다. "저는 미식축구나 레슬링을 하지 않았습니다. 1960년대 초반 어느 여름에 요세미티를 등반하고 돌아왔더니, 미식축구 코치가 다가와서 '대체 뭐가 문제냐, 매큐언, 이 겁쟁이 놈아. 미식축구 선수 선발전은 안 할 거야?' 하고 묻더군요."

리토의 말이다. "우리는 1960년대의 히피라기보다는 등반가였습니다. 흥미로운 일이 일어나고 있었지만 우리와는 상관없었어요. 우린 우리 나름의 여행을 하고 있었습니다. 등반은 집착에 가까운 열정입니다. 보통 스포츠가 아니에요. 테니스 같은 게 스포츠죠. 우리는 등반가였고, 신나고

♦　미국을 대표하는 풍경사진가이자 환경운동가. 주로 흑백필름으로 미국 서부의 자연을 웅장하고 섬세하게 담았다.
♦♦　요세미티 국립공원의 암벽 중 하나. 스페인어로 '대장'이라는 뜻이다.

의미 있고 짜릿했기에 등반에 전념했습니다."

이본과 더그, 리토는 요세미티 계곡에 한번 가면 며칠씩 머물곤 했다. 그들은 등반가의 떠들썩한 야영지이자 국립공원 관리 부처 입장에서는 만성 골칫거리인 캠프4에서 잤다. 낮에는 등반하고 밤에는 공원순찰대를 피해 몰래 돌아다니며, 그들은 무법자가 된 기분에 자신들을 밸리콩♦이라 불렀다. 미국의 베트남 침공과 이백만 명이 넘는 민간인을 학살한 융단폭격에 저항하던 베트남 농민군에게 이념적 연대감을 표한다는 의미에서였다. "등반을 하면 건강이 얼마나 황홀한 것인지 느낄 수 있습니다." 톰킨스는 언젠가 인터뷰에서 말했다. "건강한 육체가 얼마나 황홀한 것인지 느끼려면 밖으로 나가 운동하고 몸을 움직여야 합니다. 그런 느낌을 받을 때 피가 도는 겁니다. 그 감각은 사람을 강하게 하고, 다시 시도할 수 있게 하죠. 어떤 순환구조에 들어가는 겁니다."

이본을 따라 나흘간 요세미티의 살라테 암벽을 올라갔을 때, 톰킨스는 정규 회원도 아니면서 캠프4의 사람들에게 존경을 받았다. 915미터에 이르는 이 암벽에 오른 사람은 그들이 네번째였다.

더그는 요세미티 계곡 안에서 매끄러운 화강암 암벽을 이리저리 가로지르며 활력을 느꼈다. 암벽등반이라는 목숨을 위협하는 아슬아슬한 도전은 더그의 뛰어난 신체 협응력과 균형감각에 즉흥성을 결합해주었다. 실시간으로 문제를 해

♦ '베트콩'에서 가져온 말로, 계곡(valley)과 콩(cong)의 합성어다.

결하고 정상까지 올라가는 사상 최초의 루트를 찾는 일이 황홀하게 느껴졌다. "더그와 이본은 배낭도, 캠핑 장비도 없이 오버코트 한 벌과 주머니에 든 약간의 음식만 가지고 338킬로미터에 달하는 존 뮤어 트레일을 걸어보자고 말하곤 했습니다." 노스비치에 처박혀 주문서를 정리하고 재고를 채우며 사업이 계속 굴러가도록 하는, 노스페이스 지점장 드웰의 말이다.

이본과 더그는 많은 곳을 함께 여행했다. 그들은 브리티시컬럼비아, 스위스의 알프스, 스코틀랜드의 케언곰을 등반했다. 언제나 돈이 부족했기에 히치하이크와 야영을 했다. 숙박비를 치를 돈이 있는 경우는 거의 없었다. 언젠가 이본은 텍사스주 윈즐로에서 십칠 일간 감옥에 갇힌 적도 있었다. 지역 경찰이 지나가는 화물열차에서 그를 끌어내린 다음 그에게 일자리도, 돈도, 이렇다 할 계획도 없다는 걸 알아낸 것이다. "우리는 굿윌의 기부 물품 상자 안에서 자곤 했습니다." 이본은 웃으며 말했다. "옷이 많아서 따뜻했거든요. 하지만 직원들이 중고 옷을 새로 한 상자 쏟아넣으면 잠이 깨고 말았습니다."

드웰은 이렇게 말했다. "이본은 조용하고 사색적이고 내성적인 사람입니다. 더그는 정반대죠, 타고난 지도자예요. 십억 명에 한 명 나올까 싶은 사람요. 카리스마가 대단하고 활력 넘치며 상상력과 아이디어로 가득합니다. 더그는 규칙 따윈 자신과 상관없다고 생각했어요. 한번은 이런 일도 있었어요. 친구 몇 명과 자전거를 타던 더그는 빨간불에도 멈추지 않고 달렸습니다. 경찰이 쫓아와서 왜 멈추지 않았냐고 묻자 더그는 '당신을 따돌릴 수 있을 줄 알았죠'라고 말했어요."

더글러스 레인스퍼드 톰킨스는 그 태생과 교육 배경만 본다면, 떠돌이 등반가인 더트백과는 거리가 멀어도 한참 멀었다. 그는 메이플라워호♦를 타고 온 이주자 집안의 후손으로 뉴욕시 그리니치에서 어린 시절을 보냈다. 그의 세상은 어릴 때부터 예술과 골동품으로 반짝거렸다. 아버지 존 '잭' 톰킨스는 제2차세계대전 당시 비행기 조종사였고, 고급 골동품 가구점을 운영했다. 잭은 경비행기를 타고 미국을 여행하며 어린 더그를 부조종사석에 앉혀놓았다. 더그는 중학생 시절부터 항공도를 읽을 수 있었고, 아버지와 비행하며 한 번에 몇 분씩 조종간을 잡기도 했다. 그렇게 그들은 전국을 횡단하며 박물관에 전시할 만한 수준의 목재 가구를 살펴보고 평가한 뒤 구매했다.

더그는 아버지를 따라 숨은 보물을 발견하는 안목을 키웠다. 어느 날, 잭은 뉴잉글랜드의 교회에서 귀하게 여기는 직사각형 탁자를 자세히 살펴보았다. 그 교회의 성직자와 가격을 흥정하는 중이었는데, 잭은 고개를 저으며 말했다. "당신은 이 탁자의 가치를 몰라도 나는 압니다. 당신이 달라는 가격은 탁자의 가치에 비할 수도 없어요. 내가 돈을 더 내야 합니다. 이게 내가 치를 값입니다. 그래도 내가 이득이에

♦　종교적 박해를 피해 영국에서 미국으로 건너온 최초의 이주민들이 탔던 배.

요." 깜짝 놀란 성직자는 자신이 요구한 것보다 훨씬 많은 돈을 받았다. 그들은 뉴욕으로 차를 타고 돌아왔다. 잭은 아들에게 "정말로 훌륭한 거래는 양쪽 모두에게 이득이 되는 거래뿐"이라고 가르쳤다.

걸작을 알아보는 훌륭한 안목을 지닌 잭 톰킨스는 맨해튼 북쪽의 농장으로 가족과 이사할 만한 돈을 벌었다. 그들은 뉴욕주 밀브룩에 정착했다. 하버드대학교 교수 티머시 리리와 그의 악명 높은 LSD 파티장이 있는 동네였다. 활동적이고 장사꾼 기질이 다분했던 어린 더그는 감당하기 힘든 아이였다. 더그의 어머니 페이스 매켈런은 가족이 해변에서 여가를 보내는 동안 더그가 도망치지 못하도록 바닷가의 나무에 묶어놓기도 했다. 더그는 사업계획을 세우는 데 소질이 있었다. 그는 동물을 기르는 걸 좋아했을 뿐 아니라, 여덟 살에는 자기가 키운 닭으로 달걀을 파는 사업을 시작했다. 닭뿐만 아니라 양도 키웠는데, 세세한 부분에도 큰 관심을 쏟았기에 지역축제에서 종종 최고상을 받곤 했다. 더그의 피에는 사업가 기질이 흘렀다. 승부욕도 강해 운동 분야에서 뛰어난 실력을 보이며 스타가 되었다.

톰킨스 가족의 농장에는 거위, 말, 염소, 토끼가 있었다. 도로에서 좀 떨어져 있고 몇 에이커에 이르는 방목지와 소나무숲으로 둘러싸인 뉴잉글랜드 시골풍의 집은 골동품이 가득했고, 가족은 그런 물건을 살펴보거나 심지어 구매하도록 손님들을 부추겼다. 톰킨스 가족의 친구와 그들이 믿는 가까운 사람들은 각 물건의 아랫부분에 적힌, 조금은 로

마숫자와 비슷한 일련의 숫자와 글자가 사실은 암호로 적힌 가격표임을 알았다. 디너파티를 하고 칵테일을 마시고 나면, 잭과 페이스는 자기 집 가구를 팔기 바빴다.

더그의 아버지는 매우 금욕적이고 엄격한 감독관이었다. 칭찬하는 경우가 드물었다. 그럼에도 자신의 품위 있는 살림살이는 자랑스럽게 여겼다. 진홍색 승마 재킷을 입은 그는 여우 사냥에 나선 듯한 영국 귀족의 모습을 연출했다. 전용기와 길게 뻗은 저택의 진입로는, 끝없이 펼쳐진 땅이라는 환상을 품고 있는 그의 성향을 상징했다. 그는 어린 더그에게 "이웃이 보이는 집은 절대 사지 마라" 하고 경고했지만, 그런 가르침이 이후 아들의 운명에 어떤 영향을 줄지는 몰랐다.

잭은 더그에게 골동품 감정의 비밀을 알려주었다. 잭은 다양한 가구의 예시가 담긴 책을 자주 인용하며 사진을 통해 모든 골동품이 단 세 가지 범주, 즉 좋은 것, 나쁜 것, 뛰어난 것으로 나뉠 수 있음을 가르쳤다. 더그는 그 책을 게걸스럽게 읽어치우고 어린 나이에 그중 많은 부분을 암기했다. 덕분에 그는 구성과 아름다움에 대한 안목과 그의 인생을 형성할 미적 취향을 갈고닦을 수 있었다.

골동품 사업의 수익성이 훌륭해서 톰킨스 가족은 자동차와 비행기를 업그레이드하고 아홉 살짜리 더그를 인근 코네티컷의 인디언마운틴 기숙학교에 보낼 수 있었다. 고대 그리스의 이상에 따라 르네상스식 교육을 제공하는 학교였다. 더그는 학교에서 프랑스어를 읽고, 라틴어를 쓰고, 신문을 분석하고, 시사 토론을 했다. 스포츠에 특히 비중을 두던 학교에서 8학년을 마친 그는 최고의 선수라는 영예를 얻었다.

고등학교에 진학할 즈음 부모는 아이비리그로 가는 확실한 코스로 여겨지던 코네티컷의 기숙학교 폼프렛 스쿨에 그를 입학시켰다. 더그를 위한 귀족적인 교육은 일정에 맞게 착착 이루어졌다. 그러다가 한 번의 암벽등반 여행이 부모가 신중하게 세워놓은 계획을 망쳐버렸다. 그의 설명은 이랬다. "어렸을 때 누가 나를 암벽등반에 데리고 갔습니다. 어떤 여자였어요. 그 사람이 캐츠킬산에서 스키 강사와 불륜 관계를 맺고 있었는데, 핑계삼아서 나를 데려간 거예요. 암벽등반을 하러 가는 거라고 말했지만 실제로는 그 남자를 만나러 가는 거였죠. 그 남자가 나한테 암벽등반을 가르쳤습니다. 내가 왔으니 어쩔 수 없었겠죠! 그러다가 그곳의 모든 등반가와 어울리게 됐습니다. 사회적으로 진보적인 사람들이었어요, 정치적 스펙트럼의 왼쪽에 있는. 어떤 면에서 그 사람들은 초기의 '녹색운동가'였습니다. 물론 암벽등반은 나를 거친 야생의 세계로 끌어내 자연친화적 전통과 연결해주었죠. 그래서 나는 다른 길을 걷게 됐습니다. 그 여행이 내 인생을 완전히 바꿨어요."

또한 더그는 암벽등반을 통해 이본 쉬나드도 알게 되었다. 그는 고등학생 시절에 뉴욕 북부의 샤완겅크산맥에서 암벽등반을 하다가 쉬나드를 만났다. 이때 톰킨스는 '겅크'에서의 삶에 중독된 반항적인 등반가 무리와 금세 어울렸다. 그들은 지역의 사회적 규범을 깨뜨리는 데 재미를 느껴 자신들을 '교양 없는 산악회'라 불렀다.

등반에 빠져든 더그는 가능한 매주 주말을 암벽등반에 할애했다. 그는 점점 더 어려운 루트를 올라갔다. 로프를 고정하는 방법을 배우고, 절벽에서 라펠을 하고, 절벽 면에 피톤을 박아넣었다. 고등학생이었던 톰킨스는 월요일마다 학교를 빼먹었다. 평일 중 하루를 더 훔쳐 암벽등반을 가거나 스키를 타러 다니는 바람에 사흘짜리 주말이 표준이 되었다. 그런 방식으로 그는 퇴학에 한 걸음 더 다가갔다.

스키 슬로프에서 더그는 노련하고 저돌적이었다. 산비탈을 직선으로 질주하고, 다운힐을 할 때든 슬랄럼◆을 할 때든 게이트를 획획 통과하면서 경주에서 이기고 또 이겼다. 그는 동급생들에게 1964년 동계올림픽에 출전할 거라고 말했다. 학교가 자신의 발목을 잡는다고 단언했다. 암벽등반을 하고 알파인스키를 탈 수 있는데 학교를 왜 다닌단 말인가? 더그는 나이 많은 친구들과 함께 사우스다코타주의 데블스타워에 올라가겠다며 (운전면허 없이) 차를 몰고 미국을 가로지른 유일한 학생으로 학교에서 악명을 떨쳤다. 당시 그는 아직 열여섯도 되지 않은 나이였다.

더그는 고등학교를 졸업하기 겨우 몇 주 전에 퇴학당했다. 그가 학교의 골동품 가구를 저당잡히고 현금을 챙겼다는 소문이 돌았다. 그의 부모는 경악했다. 톰킨스도 마찬가지였다. 그는 마침내 자유였다.

◆　스키, 스노보드, 카약, 자동차 경기 등에서 연속된 장애물을 좌우로 교묘하게 피해 지나가는 기술 또는 경기 방식.

더그의 말이다. "부모님은 내가 대학에 가기를 바랐습니다. 하지만 이미 너무 늦었죠. 나는 교실에 앉아 있기보다는 세상을 경험하고 싶었습니다. 그냥 학교를 그만두고 돈을 많이 주는 직장에 취직했지요. '단기 고수익 알바'라고 부르는 그런 일자리였어요. 나는 단기 고수익 알바생이었습니다. 벌목꾼으로 단기간 열심히 일한 다음 돈을 모아서 떠났습니다."

톰킨스는 거대한 나무를 베며 세 번의 여름을 보냈다. 양쪽 종아리에 가죽 장비를 감고 등반용 스파이크를 이용해 나무를 찍으며 30미터 높이까지 올라간 다음, 나뭇가지를 톱으로 썰고 맨 윗부분의 가지를 쳐냈다. 밧줄과 톱을 늘어뜨린 채로 이 가지에서 저 가지로 펄쩍펄쩍 뛰어다니며 공중곡예를 할 기회를 얻어 기뻐했다. 나무줄기에서 가지를 다 제거하고 나면 거목을 밀어 덤불로 쓰러뜨렸다. 그는 나무 쓰러뜨리는 일을 매우 잘했다. 여러 면에서 이 작업은 그가 암벽등반에서 활용한 기술을 반영했다. 벌목하면서 그는 숲을―당시에는 '원시림'이라 불렸다―높은 데서 조망하고 주머니에 현금 뭉치를 챙길 수 있었다. 감독관들은 나무에서 민첩하게 움직이는 그를 알아보고 폭약 심는 일에 고용했다. 때로 벌목꾼은 바위를 날리고 길을 내기 위해 다이너마이트를 설치해야 했기 때문이다. 그들은 더그가 워낙 겁이 없어서 다이너마이트 임무를 즐긴다는 걸 알았다. "더그의 아버지와 나는 더그를 쫄쫄 굶기기로 했어요." 더그의 어머니 페이스의 말이다. "'그래, 꼭 그래야겠다면 그렇게 해. 우리는 한푼도 지원해주지 않을 거야. 하지만 대학에 가면 우리가 돈을 전부 대주마'라고 말했죠. 통하지 않더군요! 더그는 대학에 발도 들이지 않았어요."

더그는 한 계절 동안 몬태나에서 건초 더미를 묶는 작업을 하며 18킬로그램의 무게를 들어올리는 방법을 배웠다. 팔과 가슴에 근육이 붙었다. 늘 햇볕에 그을리고 거친 모습이었던 더그는 벌목꾼의 옷을 벗고 파티복으로 갈아입으면 대단히 매력적이었다. 그는 야외에서 할 수 있는 일이면 뭐든 해볼 가치가 있다고 생각했다. 애스펀이 아직 콜로라도주 변방의 소도시였던 시절, 그는 유명한 호텔 제롬♦에서 경비원으로 일하며 로키산맥에서 캘리포니아주의 스쿼밸리에 이르는 겨울 스키 코스와 슬로프에 접근할 기회를 얻었다. "더그는 스키를 정말 잘 탔습니다. 뭔가 하겠다고 마음먹으면 그 일에 집중했죠." 올림픽 스키 선수 빌리 키드의 말이다. 그는 1950년대 후반과 1960년대 초반에 톰킨스와 경주한 경험이 있었다. "여름이면 우리는 [남반구에 있어서 그때 겨울을 맞는] 칠레의 포르티요로 가서 몇 달씩 훈련했습니다." 키드는 세계선수권대회에서 우승하고 알파인스키에서 올림픽 메달을 딴 첫 미국인이 되기 직전, 톰킨스와 칠레 안데스 산맥에서 오토바이를 탔다.

훈련하다가 쉬는 동안 톰킨스와 키드는 지역 BMW 매장에 찾아가 오토바이 두 대를 빌려달라고 설득했다. 그렇게 굉음을 울리며 시내를 돌아다니던 중 사고가 났다. 둘은 증

♦ 광산업자, 정치인, 예술가, 할리우드 스타들이 다녀간 역사적 랜드마크로 1986년에 미국 국가사적지로 등재되었다.

거를 감추느라 허둥댔다. "오토바이를 닦고 자국 난 부분을 덮느라 구두약을 바르며 밤을 새웠습니다." 더그와 함께 여행하기를 좋아했던 기자 톰 브로코의 말이다. "그런 다음 매장에 오토바이를 반납하고 튀었죠. 다음날 두 사람을 찾는 지명수배가 내려졌습니다. 다행히도 더그가 칠레의 [유력한] 가문과 친분이 있어서, 그 사람들이 더그를 빼줬어요."

칠레에서 스키 훈련을 마친 뒤, 더그는 히치하이크로 비행기를 잡아타며 남아메리카 전체를 여행했다. 정기 항공편을 타고 집으로 가는 대신, 고등학교를 중퇴한 십대였던 더그는 남아메리카의 소규모 지역 공항에서 항공관제사들을 설득했다. 소형 비행기에 정원이 다 차지 않으면, 톰킨스는 숙련된 항법사를 자처하며 탑승을 시도했다. 그는 이런 수법으로 칠레에서 페루, 또 콜롬비아로 공짜 비행기를 타고 다니며 핀볼처럼 이리저리 튕기다가 집으로 돌아왔다. 페루 이키토스 근처의 아마존 정글에서는 그의 암벽등반 기술을 높이 산 연구팀과 일하기도 했다. 그들은 더그에게 나무에 올라가 원숭이를 잡아달라고 했다.

"더그가 정말로 스키 선수가 되어 올림픽에 출전하겠다고 마음먹었다면, 무릎 부상 같은 걸 입지 않는 한 그 목표를 이뤘을 겁니다." 키드의 말이다. 그는 뉴잉글랜드에서 같이 경기한 적이 있어서 톰킨스의 실력을 잘 알았다. "불행히도 스키 경주에서는 부상이 아주 많이 발생하죠. 그 시절에는 나무 스키에 가죽 부츠를 신었고, 바인딩은 스키에서 나사못이 뽑혀나가야만 풀렸으니 더욱 그랬습니다."

동료 등반가인 클로드 설은 톰킨스가 부상으로 스키 선수로서의 기량을 쌓는 게 더뎌져 엘리트 경기에 참전할 수 없게 되었다고 설명했다. 당시에 톰킨스는 계속 스키를 탈 수는 있지만 1964년 올림픽에 도전해볼 만한 수준은 아니었다. 그는 미국 알파인스키 대표팀에 뽑히지 못했다. 대신 운동선수로서의 천부적인 재능과 승리에 대한 집착을 암벽등반에 집중해 '캘리포니아 산악 가이드 서비스California Mountain Guide Service, CMGS'라는 단체를 설립했다. 그로부터 삼 년 뒤에 설립된 '미국 아웃도어 리더십 학교National Outdoor Leaderships School, NOLS'와 비슷한 교육 프로그램의 전신이었다.

CMGS의 강사는 높은 평가를 받는 암벽등반가들이었다. 척 프랫, 톰 프로스트, 로열 로빈스, 그리고 톰킨스의 가장 친한 친구 이본 쉬나드도 참여했다. 톰킨스는 CMGS를 홍보하기 위해 그들이 등반할 산의 사진이 담긴 카탈로그를 디자인했다. 브로슈어는 세련됐지만 그의 고객들은 고전적인 더트백이었다. 한 친구는 그들을 "낡아빠진 밴에 구겨 탄 고등학생들이나 다름없다"라고 표현했다. 톰킨스가 등반학교 홍보를 하자 수많은 친구와 고객이 그에게 장비에 대해 질문했다. 이에 더그는 작은 사업을 시작하기로 했다. 그는 버클리의 차고 안에서 캠핑과 등반 장비를 팔았다. "더그는 가만히 있지 못했습니다." 이본의 말이다. "기업가적 기질이 매우 강해서 언제나 아이디어를 떠올렸죠. 더그가 훌륭한 사업가였는지는 잘 모르겠습니다. 다만 더그는 기꺼이 위험을 감수하며 새로운 것을 시도했어요. 너무 쉽게 조언을 받아들이지 않고, 자신에게 이래라저래라 하는 사람들을 절대 좋아하지 않고, 권위를 싫어했습니다. 그래서 많은 일을 혼자서 했습니다."

1962년 가을, 톰킨스는 에메랄드베이 주립공원 근처의 숲에서 걸어나왔다. 캘리포니아에 있는 시에라네바다산맥의 타호호수 기슭이었다. 그는 탄탄한 근육질에 거친 매력을 풍기는 미남으로, 완전히 빈털터리였다. 샌프란시스코로 자신을 태워다줄 누군가가 필요했던 그는 히치하이크를 시작했다. 자동차 한 대가 멈춰 섰다. 톰킨스가 타자 운전석에 앉아 있던 수지 러셀은 낡고 투박한 옷차림에 등반용 로프를 가슴에 탄띠처럼 감고 있는 이 히치하이커가 잘생긴 노상강도처럼 보인다고 생각했다. 수지는 더그에게 어디에서 왔는지 물었다. 잠시도 머뭇거리지 않고 더그는 잘난 체하며 대답했다. "동부요. 여기보다 더 나은 해안이죠."

리노 카지노에 키노 러너♦로 수백 달러를 벌며 독립적으로 생활하던 열아홉 살의 수지는 샌프란시스코에서 망설임 없이 더그를 내려줬다. 그녀는 이 "거만한 벌목꾼"에게서 벗어나게 된 것에 속으로 안도감을 느꼈다. 일주일 뒤, 그녀는 일하던 중 메시지를 받았다. 더그가, 그녀가 태워줬던 그 히치하이커가 곤경에 빠졌다고 했다. 세이프웨이 슈퍼마켓에서 스테이크를 슬쩍하다가 잡혀 유치장에 갇혔다는 것이었다.

♦　카지노에서 손님의 키노 티켓 주문을 받고 티켓을 전하는 직원. 키노는 숫자를 뽑아 맞히는 형태의 게임으로 복권과 유사하다.

"보석금 좀 내줄 수 있어요?" 수지는 수중에 있던 현금 65달러를 전부 그에게 빌려주었고, 다시는 더그에게 연락이 오지 않으리라 생각했다. 그러나 그는 돈을 갚았고, 자신이 사는 샌프란시스코 아파트 옆에 있는 장례식장 쓰레기통에서 '구해낸' 꽃을 선물로 건넸다. 얼마 후 더그는 수지를 저녁 식사에 초대했다. 식사 자리는 화기애애했고, 그들은 폭스바겐 밴을 타고 멕시코로 탈출할 계획을 세웠다. "더그가 내 어머니 집으로 나를 태우러 왔어요." 수지가 말했다. "내게는 반바지 한 벌과 티셔츠 한 벌, 비키니 한 벌뿐이었어요. 신발은 없었고요. 그렇게 떠난 거예요."

일 년도 안 돼서 그들은 뉴욕주 밀브룩에 있는 톰킨스가의 집에서 결혼했다. 결혼식 후에 그들은 잭의 골동품 가게에서 팔던 물건을 몇 가지 챙겨 낡아빠진 밴 뒷자리에 싣고 서쪽으로 갔다. 처음에는 가구를 배달하기 위해서였고, 그다음에는 캘리포니아 북부에 정착하기 위해서였다. 밴에는 창문이 없어서 그들은 침낭에 들어가 앉은 채 차를 몰고 내달렸다. 때는 1963년이었고, 그들은 태평한 유목민이었다. 일찍 혁명을 맞이한 사람들이기도 했다. 히피와 환각제, 캘리포니아에서 시작된 정치적 저항의 움직임이 미국 전역에 확산되기 직전이었다.

둘은 캘리포니아주 스쿼밸리의 산장에 정착했다. 더그는 스키순찰대로, 수지는 식당 종업원으로 일했다. 그들은 임대한 지하실에 살면서 '더그의 러그'를 팔아 돈을 벌어보려고 애썼다. '더그의 러그'는 그가 만들려던 여러 브랜드 중

하나로, 이번 상품은 품질 좋은 페르시아 러그였다. "더그는 추진력이 강하고 에너지가 넘쳤어요. 몸 쓰는 걸 아주 좋아했고요." 수지가 말했다. "저는 그런 성격이 많은 부분 더그의 아버지가 더그한테 너무도 불공평하고 잔인하게 굴었기 때문이라고 생각해요. 더그의 아버지는 한 번도 더그를 칭찬하지 않았어요. 인정해주지도 않았고요. 더그는 정말 힘들어했어요." 톰킨스는 자신이 얻지 못한 고등학교 졸업장의 크기만큼 학력에 대한 열등감을 마음속에 품고 있었다. "더그는 자기가 예일대 학생이라고 말하고 다녔어요." 수지의 말이다. "자기가 되고 싶었던 사람을 만들어놓고 그에 걸맞은 무대를 세팅하고 있었던 거예요."

스키와 등산 장비를 파는 사업이 성장하면서, 톰킨스는 버클리의 차고에 있던 작은 가게를 샌프란시스코에 있는 더 저렴한 지하실로 옮겼다. 스위스 스키숍이라는 가게의 지하실이었다. 1965년 봄, 스위스 스키숍의 주인이 여름을 맞아 가게를 닫으면서 더그에게 1층 매장을 운영하게 해주었다. 더그는 겨우 세 달 동안 가게를 빌렸을 뿐이지만 가게 전체의 인테리어를 새로 했다. 그는 샌프란시스코 북부의 시골인 서노마 카운티를 탐방하던 중 삼나무 판자로 된 낡고 버려진 닭장을 발견했다. 그 질감과 색깔에 감탄하면서 아버지가 탐내고 귀하게 여겼던 골동품 가구를 떠올렸다. 톰킨스는 삼나무 판자를 가게의 벽패널로 상상해보았다. 닭을 키우는 농부들은 반쯤 무너진 그 닭장을 화재 위험이 있는 흉물이라고 생각했기에, 돈 한푼 받지 않고 트럭에 그 몹쓸 물건을 가득 실어 떠나는 샌프란시스코의 활기찬 젊은이에게 고마워했다. "더그가 겨우 석 달 빌린 가게에 그렇게 투자를 많이 하는 게 이상하다고 생각했습니다. 하지만 더그는 무엇이든 훌륭하게 만들고 싶다는 열정이 있었어요." 노스페이스의 초창기 직원인 스티브 코미토의 말이다. "더그는 '당연히 잘될 거야. 전속력으로 전진해야 해. 지뢰 따위 엿이나 먹으라지!'라는 태도였습니다."

마케팅에 쓸 돈이 없었던 톰킨스는 사람들의 이목을 끌기 위한 일종의 퍼포먼스를 기획하는 데 나섰다. 만약 노스페이스 직원 하나가 샌프란시스코의 고층빌딩 외벽을 타고 라펠을 하다가 6층에서 이 모습을 보고 어리둥절해하는 건물주에게서 커피 한 잔을 받아 간다면 어떨까? 드웰은 샌프란시스코 퍼시픽 내셔널 뱅크 건물의 펜트하우스 꼭대기에 180미터짜리 로프를 묶은 다음, 더그의 등반가 친구인 갤런 로웰과 함께 그 로프를 타고 6층까지 미끄러져 내려와 잠시 멈춰서 커피를 마셨다. 그들은 사진기자에게 미리 이 소식을 알렸고, 언론은 들썩였다. 〈샌프란시스코 크로니클〉에 특집기사가 실리면서 이들의 반항적인 광고는 효과를 거두었다. 톰킨스는 새로운 사업을 더 홍보하고자 전화번호부에 광고를 싣고 성냥 오천 상자를 주문했다. 모든 성냥갑에는 '노스페이스, 콜럼버스 애비뉴 308번지'라는 전설적인 문구가 인쇄되어 있었다.

"톰킨스는 성냥갑 오천 개를 주문할 생각으로 주문했는데 성냥갑으로 가득한 상자 오천 개가 도착했죠." 드웰이 설명했습니다. "대량 재고를 떠안게 된 겁니다. 그때 스위스 [스키숍] 주인이 더그에게 '우린 시내로 옮길 거야. 자네도 원하면 같이 가지'라고 말했습니다. 더그는 '난 못 갑니다. 시즌이 막 시작됐어요. 광고도 해뒀고요. 사람들이 몰려올 거예요'라고 대답했습니다. 그러자 스키숍 주인이 말했습니다. '여기 머물 거라면 내 임대계약도 승계하지 그래?' 그렇게 해서 노스페이스는 제대로 된 가게가 된 겁니다."

더그의 친구로 근처에 살며 사진과 영화제작을 전공한 에드거 보일스는 친구의 가게에 찾아왔다가 최신 업그레이드 제품을 보고 놀랐다. 모두 직접 만든 것이었다. 돈보다는 땀냄새가 났다. "더그가 뭘 하는 건지 알 수가 없더군요. 가게의 모든 것이 미적으로 예술 작품 수준이었습니다."

노스페이스가 두 해째에 접어들 무렵, 더그는 사회 전반에 일어나고 있는 문화적 전환을 깊이 있게 포착해 기회로 삼았다. 도시와 교외 거주자들이 점점 산으로 향하기 시작했다. 미국 중산층의 여가 시간이 늘어나는 한편, 자동차 소유가 보편화되면서 별로 알려지지 않았던 국립공원으로 가족 단위의 캠핑 여행이 이어졌다. 하이킹과 캠핑이 전국적인 여가 활동으로 자리잡으며 호황을 맞았다. 미국 국립공원 방문자수는 1958년 오천삼백만 명에서 1968년 일억 삼천만 명 이상으로 늘었다. 톰킨스는 랭 플라스틱 스키화와 신축성이 뛰어난 바지 등 당시로서는 획기적이었던 스키 관련 제품의 유통권을 확보했다. 마초적인 등반가와 유행을 좇는 스키족, 떠돌이 시인, 간간이 끼어들어오는 관광객이 모두 노스페이스 안에서 어우러지며 자연스레 활기 넘치는 공간이 되었다. 매장은 판매 공간이라기보다 칵테일파티가 열리는 거실에 가까웠다. 더그는 그런 풍경을 즐겼다. 그는 서커스 공연자들에게 매혹되어 자신의 작은 가게를 장식해야 할 무대로 여겼다. 사회자를 자처한 그는 그곳에서 단 한 순간도 지루하지 않았다.

톰킨스는 자신의 제품이 매력적이라는 걸 분명히 알았지만, 협소한 매장 공간이 발목을 잡았다. 쉬나드 장비회사에서 카탈로그로 통신판매를 운영하던 이본은 자기 회사의 등반 장비를 상자째 연달아 배송하는 방식에 대해 더그에게 설명해주었다. 드웰이 쉬지 않고 매장을 운영하는 동안, 더그는 통신판매를 위한 자신만의 카탈로그를 체계화했다. 지갑에 호소하는 일반적인 카탈로그와 달리 그의 카탈로그는 마음에 호소했다. 유난히 큰 판형으로 제작된 노스페이스의 카탈로그는 특색 있게 연필 스케치를 실었다. 사진도, 모델도 없었다. 대신 카탈로그는 더글러스 톰킨스의 손 편지로 시작했다. 세련되고도 대담한 그 카탈로그는 통념을 거스르는 메시지로 반항적인 태도를 드러냈다. "짐은 줄이고 즐거움은 늘려라."

노스페이스의 카탈로그가 준비되자 톰킨스는 만 부를 인쇄해 발송했다. 이틀 뒤, 미국 우체국 트럭 한 대가 도착해 우편물이 가득 든 자루 열다섯 개를 내려놓았다. 우체부는 유쾌해 보이지 않았다. "분류를 하셔야죠." 그렇게 말하고는 떠났다. 톰킨스는 그 조언을 무시했다. "그렇게는 못 하지. 여러 더미로 나눠서 윗부분만 정리해. 전부 정리된 것처럼 보이도록."

톰킨스와 드웰은 우편번호에 따라 처음 몇 장의 카탈로그만 분류해서 다시 우편으로 보냈다. 이틀 뒤, 미국 우체국 트럭이 다시 와서 열다섯 개의 자루를 내려놓았다. 메시지는 분명했다. 정책에 따르지 않으면 다음번에는 전부 폐기하겠다는 것이었다. "그게 금요일이었어요. 우리는 주말에 [샌프란시스코의] 워싱턴 스퀘어 파크로 가서 카탈로그 만 부를 전부 공원에 펼쳐놓고 하나하나 주소를 정리했죠." 드웰이 설명했다. "우리 둘은 걸어다니면서 일일이 우편번호를 확인했고, 결국 해냈습니다. 화창한 날에 공원 절반을 차지하고서요. 사람들이 멈춰 서서 '뭐 하세요? 하나 가져가도 돼요? 홍보 행사인가요?'라고 물었죠. 홍보를 하기 위해 한 일은 아니었지만, 결과적으로 그렇게 됐어요. 카탈로그를 발송한 것보다 맑은 날에 공원에 그것들을 펼쳐놓았던 게 홍보에 더 도움이 됐을 겁니다."

눈에 띄는 카탈로그와 이본의 조언 덕분에 노스페이스는 폭발적으로 성장했다. 주문이 쏟아졌다. 이본의 등반 장비 판매량도 치솟았다. 드웰은 정기적으로 캘리포니아 남부까지 차를 몰고 가서 수백 킬로그램에 달하는 쉬나드의 제품으로 짐칸이 잔뜩 내려앉은 밴을 몰고 돌아왔다. 등반가들은 갑자기 하위문화로 자리매김하여 멋있는 존재가 되었고, 가수들처럼 그루피의 관심을 끌었다. 어느 날은 더그의 친구

릭 리지웨이가 노스페이스 안에 있는데, 노란색 포르쉐 한 대가 굉음을 울리며 가게 앞 도로 연석에 차를 댔다. "더어어어어그!!!! 가자아아아아!!!!" 한 여자가 시끄럽고 쩌렁쩌렁한 목소리로 외쳤다. "더그가 차에 타자 여자는 빠르게 차를 몰아 떠났습니다." 리지웨이의 말이다. 몇 블록을 지나자 톰킨스는 겁에 질렸다. 그는 언제나 차를 빠르게 모는 것을 자랑스러워했지만 이건 도가 지나쳤다. 운전자가 속도를 늦추자 더그는 포르쉐에서 뛰어내려 가게로 걸어서 돌아왔다. 그는 친구들에게 다시는 재니스 조플린♦과 차를 타지 않겠다고 맹세했다.

턱수염과 갈색 곱슬머리를 자랑하는 톰킨스는 필모어에서 제퍼슨 에어플레인♦♦의 음악에 몸을 맡기고 잰 웨너♦♦♦와 어울리며 자유로운 사랑에 대한 폭넓은 이해를 추구했다. 잰 웨너는 로큰롤 잡지를 만들고 '롤링 스톤'이라는 이름을 붙일 계획이라며, 톰킨스에게 그 잡지에 투자하라고 재촉했다. 주말이면 더그는 버클리에 사는 암벽등반가 프랜시스와 메리 파커 부부의 집 난롯가에서 활동가 데이비드 브라우어와 함께 수다를 떨었다. 데이비드 브라우어는 시에라 클럽♦♦♦♦의 회장으로, 레드우드 국립공원과 포인트레이어스 해안 국립공원을 조성하는 캠페인을 이끌고 있었다. 브라우어는 울림이 좋은 중저음의 목소리와 사람을 끌어당기는 매

♦　　1960년대 미국 록 가수.
♦♦　　1960년대 후반 샌프란시스코에서 결성된 사이키델릭 록 밴드.
♦♦♦　미국의 언론인이자 음악 저널리스트.
♦♦♦♦1892년 존 뮤어가 설립한 미국의 대표적인 환경단체.

력을 지닌 재능 있는 연설가로, 등산가들에게 여행의 정신을 공유해야 한다고 설파했다. 그는 반복해서 말했다. "삶의 양념은 다양성이 아닙니다. 다양성은 삶의 기본 요소죠. 위험이야말로 삶의 양념입니다. 산에 오르거나 강에서 래프팅하는 사람은 이 사실을 압니다."

더그는 거실에 앉아 그들에게 귀기울이며 자신이 "대사제와 신성한 사람들의 발치에" 있는 것 같다고 느꼈다. 톰킨스는 고집쟁이 브라우어가 휘둘러대는 한 문장짜리 격언이나 슬로건에 깊은 친밀감을 느꼈다. "브라우어는 문제의 핵심을 간파하는 솜씨가 좋았습니다. 정책을 변경하거나 어리석은 댐 건설, 잘못된 산림 관행 따위를 저지할 전략을 빠르게 세울 수 있었죠. 끈질기게 버티며 계속 압박을 가했습니다. 포기하지 않았을뿐더러 항복하는 걸 싫어했어요."

이본과 더그는 가정을 꾸리는 데 진심이었지만, 각자 쉬나드 장비회사와 노스페이스 운영 책임에서 자주 도망쳤다. 그들은 몇 주, 때로는 몇 달씩 하이킹과 암벽등반, 야영을 떠나 자연 속으로 떠났다. 극한의 탐험을 마치고 돌아올 때마다 두 사람은 형편없는 장비에 대한 불만을 늘어놓았다. 왜 이렇게 질 좋은 장비를 구하기가 어려운 걸까? 빨리 마르는 침낭은 아무도 못 만드는 걸까? 바람이 불어도 연처럼 날아가지 않는 텐트는?

쉬나드는 표준적인 얼음도끼 디자인에 결함이 있음을 알아냈다. 얼음도끼로 얼음을 내리찍으면 열 번 중 절반은 도끼가 튕겨나갔다. 등산가가 휘두르는 궤적에 들어맞는 곡선형 날이 달린 도끼는 아무도 만들 수 없는 걸까? 그들은 자신들을 실망시키지 않을 장비를 꿈꿨다.

1966년 10월, 톰킨스는 노스페이스의 새로운 겨울 시즌 상품을 출시할 계획을 세웠다. 사람들의 마음을 사로잡을 이벤트가 필요했으므로, 그는 음악기획자인 친구 제리 맨더에게 그날 저녁의 분위기를 신나게 띄워달라고 부탁했다. 파티를 열면 어떨까? 라이브 음악과 마리화나, 시원한 맥주면 충분할 터였다. 그들은 유망한 밴드에 대해 들었다. 제리라는 이름의 턱수염 난 기타리스트가 있는 자유분방한 사인조였다. "자기들끼리는 그레이트풀 데드♦라고 부른다는데, 불러볼까요?" 맨더가 물었다. 톰킨스는 미소 지으며 대답했다. "그레이트풀 데드라…… 좋네요."

그레이트풀 데드는 2.4미터 높이의 앤설 애덤스 풍경사진 앞에 설치된 무대에서 공연을 했다. 수지가 모두를 맞이했고, 피그펜이라는 별명으로 잘 알려진 그레이트풀 데드의 리드 블루스 싱어 론 매커넌과 함께 사진을 찍었다. 존 바에즈♦♦가 모습을 드러냈고, 그녀의 여동생 미미 파리냐♦♦♦가 노래했다. 인파는 거리로까지 넘쳤다. 톰킨스는 이 소동을 빌미로 사람들의 관심을 계속 붙잡아두고자 했다. 그는 덥수룩한 턱수염과 무기처럼 휘둘러진 사슬을 자랑하며 무법자 집단으로 악

♦　　　1965년 샌프란시스코에서 결성된 사이키델릭 록 밴드. 1960~70년대 미국 히피 문화와 반문화의 대표적 상징이었다. 그레이트풀 데드(Grateful Dead)는 '망자의 보은'이라는 뜻으로, 고대 유럽 민담에서 유래한 표현이다. 이야기에서 주인공이 시신을 제대로 매장하게 도와주자 그 보답으로 망자가 나타나 은혜를 갚는다.
♦♦　　미국의 포크 가수이자 사회운동가.
♦♦♦　존 바에즈의 여동생이자 포크 음악가.

명 높았던 오토바이 갱단 헬스 에인절스♦를 고용했다. 공연이 끝나자 톰킨스는 헬스 에인절스와 그레이트풀 데드를 격식 있는 이탈리안 레스토랑 버네시에 초대했다. 더그와 수지는 나비넥타이를 맨 종업원과 기름때가 묻은 가죽조끼 차림의 오토바이 갱단의 문화적 충돌에 웃음을 멈추지 못했다.

그레이트풀 데드 공연 이후로 노스페이스는 문화적 지형도에 확실히 자리잡았다. 톰킨스는 통신판매 사업을 확장하고 버클리와 팰로앨토에 매장을 열었다. 카탈로그는 열렬한 호응을 얻었으며, 노스페이스 매장은 문화적 명소가 되었다. 그곳은 비트족과 더트백 등반가, 더그와 수지의 친구들로 꽉 찬 일종의 미술관 같았다.

1960년대 초반에 케루악이 예언했던 '배낭 혁명'♦♦은 현실이 되었다. 더그는 커져가는 아웃도어 의류와 장비 시장에서 자신만의 틈새를 만들어냈다. 카탈로그 통신판매는 다달이 늘었고, 프랜차이즈를 내달라는 요청에 둘러싸였다. 하지만 도시를 떠나 포인트레이어스 해안 국립공원으로 탈출하거나, 딸을 데리고 뮤어 우즈♦♦♦로 산책하러 가거나, 요세미티 국립공원에 암벽등반을 하러 가도 결국에는 매번

♦　미국 캘리포니아에서 시작된 오토바이 클럽. 각종 폭력 사건과 범죄에 연루되어 '무법자 갱단'이라는 악명을 얻었으나 반문화와 자유의 아이콘으로도 소비되며 복잡한 대중 이미지를 형성했다.

♦♦　미국 소설가 잭 케루악이 작품에서 자유로운 여행자 세대의 등장을 예견하며 사용한 표현이다. 이는 곧 1960년대 히피 세대의 유럽과 아시아 배낭여행 붐으로 실현되었다.

♦♦♦　캘리포니아 샌프란시스코 근교에 위치한 국립기념지로, 천 년 이상 된 붉은 삼나무(redwood)가 자라는 숲이다. 미국 환경운동의 아버지라 불리는 존 뮤어의 이름을 따서 명명되었다.

장비에 관한 질문에 답해주기를 바라는 친구들이나 낯선 사람들에게 포위당했다. 그들은 모두 더그가 최신 혁신과 유행을 선도하고 있음을 알았다. "미칠 것 같았습니다." 더그가 말했다. "내가 뭘 하고 있는 거지? 스포츠를 즐기러 와서 장비 이야기만 하고 있다니! 하는 생각이 들었죠."

톰킨스는 노스페이스를 매각하기로 결정했다. 빚은 좀 있었지만, 더 중요한 건 그에게 새로운 임무와 탐험, 탈출구가 필요하다는 사실이었다. 그는 모든 규칙을 깨고 새로운 길을 개척하는 모험을 열망했다. 1967년에 톰킨스는 노스페이스를 5만 달러라는 헐값에 매각했다. 그는 탁월한 발상을 실현하고 아드레날린으로 브랜드에 생명을 불어넣은 뒤, 이제 완전히 다른 무언가에 뛰어들 준비가 되어 있었다. 톰킨스는 자금을 두 갈래로 나누었다. 그는 아내 수지와 그녀의 친구 제인이 차근차근 만들어가던 원피스회사 플레인 제인에 투자할 생각이었다. 나름의 창의력과 약간의 현금, 더그의 마케팅 관련 조언으로 둘은 막 날개를 펴던 의류 사업을 확장할 수 있었다. 패턴 디자이너도 고용할 수 있게 되었다. 사업은 성공할 게 분명했다. 제인은 파리에서 모델 활동을 하며 최신 패션을 미국에 들여왔다. 그녀는 수지와 함께 디자인을 복제하고 미국 여성의 몸에 맞도록 사이즈를 조정한 뒤 벼룩시장에서 옷을 팔았다. 다른 자금으로 더그는 자신의 모험을 영화화하겠다는 꿈을 이루기로 했다. 암벽등반과 하이킹, 탐험으로 돈을 벌 수 있다면 그보다 좋은 일이 있을까?

당시 브루스 브라운은 〈엔드리스 서머〉라는 작품의 연출을 마친 터였다. 이 영화는 5만 달러를 들여 총 3천만 달러를 벌어들인, 서핑에 바치는 찬사였다. 〈엔드리스 서머〉는 미국 전역에서 다큐멘터리영화의 티켓 판매 신기록을 경신했다. 옥수수밭에 에워싸인, 서핑 천국과는 거리가 먼 캔자스 주 로렌스에서 대학생과 농장의 소년 일꾼들이 브라운의 영화 속 서핑 세계를 만끽하기 위해 줄을 섰다. 톰킨스는 아드레날린을 원하는 관중은 끝이 없을 거라고 생각했다. 브라운이 서핑에 도입한 바로 그 불손함과 유머로 익스트림 클라이밍에 대한 그의 열정을 기록하면 어떨까? 그가 노스페이스를 매각할 때 원한 가격은 〈엔드리스 서머〉의 예산인 5만 달러였다. 톰킨스는 영화감독으로 재탄생할 수 있었다. 그에게 필요한 건 단 하나, 미친 아이디어뿐이었다.

1968년 봄, 더그는 사진과 사랑에 빠졌다. 그의 인생 나침반은 북반구에서 남반구로 넘어갔다. 그는 어느 흑백사진에서 조각상 같은 실루엣을 처음 보고 눈을 뗄 수 없었다. 그 이미지를 뚫어지게 바라보았다. 완벽한 윤곽선에는 의심의 여지가 없었다. 유일무이한 아름다움이었다. 더그는 환희를 감추지 못하고 검은색 트라이엄프에 올라 굉음을 내며 캘리포니아의 그림 같은 루트 1♦을 따라 남쪽으로 질주했다. 샌프란시스코를 뒤로하고 떠난 그는 바람이 머리카락을 휘날리는 가운데 스키라도 타듯 슬랄럼을 했다. 굽잇길을 따라 오토바이를 눕히며 달렸다. 왼쪽에는 삼나무숲, 오른쪽

♦ 정식 명칭은 '캘리포니아 1번 도로'다. 캘리포니아 해안을 따라 남북으로 길게 뻗은 주립고속도로로, 미국에서 경치가 아름답기로 유명한 해안도로 중 하나다.

에는 절벽이 있고, 태평양 파도가 바위에 부딪혀 산산이 부서졌다. 더그는 이본에게 소식을 전하기 위해 남쪽으로 달렸다. 그에게 새로운 사랑이 생겼다는 소식이었다.

더그는 캘리포니아 남부 해변 오두막에 있는 작업장에서 피톤을 단조하던 이본을 만난 뒤 벤투라 해변에서 함께 서핑과 파티를 즐겼다. 더그는 최근 관심사에 대해 열정적으로 이야기했다. 그는 이본에게 사진을 보여주었다. 둘 다 사진을 빤히 들여다보았다. 더그는 집착했다. 그 이미지에 대한 생각을 떨쳐낼 수 없었다. 아르헨티나 초원의 넘실거리는 풀 위로 솟아오른, 화살촉 모양으로 조각한 것만 같은 3,440미터 높이의 피츠로이산 정상. 그 주변의 산봉우리는 너무 가팔라 균형을 잡아 세워둔 뜨개질바늘처럼 보였다. 화강암 암벽은 거의 수직이었다. 깊은 눈에 파묻힌 채 거센 바람에 시달리는 피츠로이는 모험심을 자극했다. 정상에 이른 원정대는 두 팀뿐이었다. 그 어떤 미국인 등반가도 피츠로이산 정상에 도달하지 못했다. 산악잡지 『알파인』에서는 피츠로이를 "얼음 등반에 적절하다, 날씨가 불안정하고 바람은 사납다"라고 요약해 표현했다.

더그와 이본에게 크나큰 영감을 불어넣은 그 사진은 『알파인』의 뒤표지에 실린 것이었다. 더그와 이본은 사진을 보며 피츠로이 암벽등반이라는 도전이 어떤 의미인지 이해했다. 창처럼 생긴 화강암은 그들이 요세미티에서 경험해 무척 잘 아는 등반 환경과 비슷했다. 그러나 피츠로이산은 아메리카 대륙의 남쪽 끝에 있었다. 적도보다는 문자 그대로 지구의 끝인 남극에 더 가까웠다. 피츠로이의 아름다움은 그 기술적인 난관만큼이나 인상적이었다. 바늘처럼 뾰족하게 솟은 여섯 개의 산봉우리가 등반가라면 누구나 사랑할 만한 풍경을 이루었다.

높이는 에베레스트산의 3분의 1정도이지만, 피츠로이산이 더 까다로운 산이라고 할 수 있었다. 피츠로이 정상까지의 마지막 610미터는 엠파이어스테이트빌딩만큼 가팔랐다. 솟아오른 화강암 암벽은 리우데자네이루의 상징인 슈거로프산♦처럼 육중했다. 다만 피츠로이는 빙하에 둘러싸여 돌풍으로 다져지고 얼음에 감싸인 채 오랫동안 신비와 신화에 가려져 있었다. 그러다가 1908년, 지도 제작자들이 산봉우리 주변에서 소용돌이치는 구름을 산에서 뿜어져나온 연기라고 생각해 충실하게도 '피츠로이 화산'이라고 지도에 기록했다.

남아메리카 안데스산맥 최남단에 있는 피츠로이는 매력적인 만큼 신비로운 땅, 파타고니아에 속했다. 더그는 이본이 피츠로이를 오를 만큼 솜씨가 좋은 몇 안 되는 등반가 중 하나라는 걸 알고 있었다. 하지만 이본이 과연 정상까지 원정대 전체를 이끌 수 있을까? 그 모험을 촬영할 수 있을까? 둘은 하던 일을 모두 중단하고, 그날 아침부터 장대한 여행을 계획하기 시작했다. 오를 수 없는 산은 어떻게 올라야 할까? 일 년 중 언제가 가장 좋을까? 이 난관에 맞서려면 누가 필요할까?

♦　브라질 리우데자네이루 해안에 있는 화강암 바위산으로, 항구 입구에 솟아 있는 독특한 지형이다. 사탕 덩어리를 닮은 생김새로 인해 이런 이름이 붙었다.

이본은 고고하기로 했다. 그해 초에 이본은 최초의 피츠로이 등반을 다룬 프랑스 등반가 리오넬 테레이의 연대기를 읽었다. 테레이는 등반을 이성과 상식의 영역 외부에 존재하는 고귀한 목표로 설명했다. 그는 등반가를 무상無償의 정복자라고 했다. 피츠로이는 독보적으로 난도가 높은 산임을 시사했다. 높은 산에서 부는 돌풍 때문에 텐트를 사용하는 건 실용적이지 않았다. 그래서 그는 손으로 파낸 설동雪洞에서 며칠씩 지냈다. 이본이 읽은 내용에 따르면, 한 등반가는 피츠로이 등반 도중에 끊임없이 들려온 바람의 굉음으로 청력을 잃었다. 탐험이 끝나고 석 달이 지나서야 그는 비로소 다시 제대로 소리를 들을 수 있었다. 또다른 프랑스 등반가는 사망했다. 자크 푸앵스노는 베이스캠프 근처의 거친 물살에 휩쓸려 바위 아래에서 익사했다. 대원들은 그를 기리기 위해 장엄한 봉우리 하나에 그의 이름을 붙였다. 그들은 단지 강을 건너기만 하면 되는, 탐험의 가장 쉬운 구간에서 파타고니아가 동료를 앗아갔다는 사실을 애도했다. 테레이는 자신이 올라본 모든 산 중 피츠로이는 다시 마주하고 싶지 않은 두 산 가운데 하나라고 단언했다.

푹푹 찌는 벤투라 해변에서 서핑과 브레인스토밍을 하던 이본과 더그는 육 개월 코스 원정을 개략적으로 계획했다. "캘리포니아에서부터 차를 몰고 육로로 산이 있는 곳까지 가는 거야. 중앙아메리카와 남아메리카의 서부 연안에서 서핑하고, 칠레에서 한 달간 스키를 탄 다음 파타고니아로 가는 거지." 더그가 이본에게 열변을 토했다. "육 개월 동안 최대한 끝내주게 즐기는 거야." 톰킨스는 그들의 모험에 '1968 캘리포니아 펀호그♦ 파타고니아 원정'이라는 이름을 붙였다.

6월에서 10월까지는 눈보라가 피츠로이를 두들겨대므로, 더그와 이본은 여름 바람이 기승을 부리기 전인 11월에 도착하기로 계획을 세웠다. 그러나 눈보라 치는 늦봄과 돌풍이 부는 초여름 사이의 기간은 매우 짧고 위험할 만큼 예측하기 어려웠다. 그들은 7월에 떠나기로 계획을 세웠다. 정반대인 남반구의 계절을 생각하면 여름에서 곧장 봄으로 운전을 하게 될 터였다. "계획에 계획이, 환상에 환상이 쌓였습니다. 해가 질 무렵, 우리는 그야말로 최고의 여행 계획을 만들어냈습니다." 톰킨스의 말이다. "밤을 틈타 가게에 몰래 숨어들어, 시럽을 아낌없이 퍼부은 거대한 아이스크림선디나 바나나 스플릿을 만들어 먹는 소년들이 된 것 같았어요. 모든 게 공짜였습니다. 점원들은 늘 시럽을 아주 조금밖에 뿌려주지 않는데 말이죠."

♦   fun hog. 1960~1970년대 미국 서부의 등반가, 서퍼, 스키어 사이에서 쓰이던 속어로, 모험과 즐거움을 삶의 중심에 두고 자연에서 활동하는 사람을 뜻한다.

2장
무상의 정복자

내가 밴에 올라타고 25,000킬로미터를 달려 어떤 산에 기어오르는 이유를 설명하기가 가끔은 어렵다. 나는 동기에 대해 딱히 생각해보지 않았다. 내가 왜 그런 일을 하는지 앉아서 분석해본 적이 없다. 그랬다면 아마 겁이 났을 것이다.

더그 톰킨스

해변에서 이본과 함께 브레인스토밍을 하고 겨우 몇 주가 지난 1968년 7월, 노스페이스를 매각한 5만 달러의 현금 중 얼마 남지 않은 돈을 챙긴 더그 톰킨스는 1965년식 포드 이코노라인 밴에 볼렉스 16밀리 카메라 두 대와 등산가 데이비드 브라우어가 기증한 필름 열두 통, 스페어타이어 한 더미, 등반용 로프, 다운힐 스키, 웨트슈트를 꽉꽉 쑤셔넣었다. 더그에게는 샌프란시스코를 떠나는 게 쉬운 일이었지만 그의 아내 수지에게는 견디기 힘든 일이었다. 수지는 딸 서머 톰킨스를 임신한 만삭의 몸이었고, 이미 두 살짜리 퀸시 톰킨스를 돌보고 있었다. 그녀는 스타트업 의류회사 플레인 제인의 공동 창업으로 바쁘기도 했다. 서머 톰킨스가 태어나자마자 더그는 여행길에 올랐다. "사실상 더그는 수지한 테 돈을 좀 주고, '당신 의류 브랜드에 관한 아이디어는 친구 제인 타이스와 오랫동안 이야기해왔잖아. 여기 돈이 있어. 가서 해보지 그래? 내가 여행을 떠난 동안 신나게 하면 되겠네'라고 말한 셈이었어요." 한 친구가 털어놓았다. "그건 가족을 떠나는 일을 더 쉽게 만들기 위한 선택이라기보다는, 그들을 버린다는 느낌 없이 떠날 수 있게 해주는 거래였죠."

더그는 타호호수 근처 스쿼밸리에 살 때 사귄 친구이자 스키 동료인 리토와 함께 샌프란시스코를 떠나 남쪽으로 차를 몰았다. 볼리비아에서 태어나 스페인어를 할 줄 알았던 리토는 등반 모험을 촬영할 카메라맨으로 고용되었다. 리토는 더그와 깊은 연대감을 느꼈다. 둘 다 등반가로서의 인생에 열정적이었다. "등반할 때는 동료의 손에 말 그대로 목숨을 맡겨야 합니다. 모든 게 잘못되어 추락하더라도 목숨줄을 쥐고 있는 게 그 손이거든요." 리토가 말했다. "그런 거대한 신뢰가 깊은 연대감으로 이어집니다."

캘리포니아주 벤투라에서 둘은 이본 쉬나드, 리처드 '딕' 도워스와 합류했다. 도워스는 근육질의 거인이자 일기장에 미친듯이 글을 휘갈겨 쓰는 책벌레였으며 세계에서 가장 뛰어난 알파인스키 선수이기도 했다. 그는 올림픽 선수 장클로드 킬리와 경주를 벌인 바 있으며, 육 년 전에 시속 170킬로미터라는 속도로 스피드스키 세계기록을 세웠다. 다섯번째 등반가인 크리스 존스는 이미 남아메리카 안데스에서 매우 까다로운 봉우리 몇 곳을 등반하고 있었다. 그는 가는 길에 일행과 합류하기로 했다. 구체적인 장소는 아직 결정되지 않았다.

로스앤젤레스에서 네 명의 '펀호그' 대원은 턱수염을 깎고 구레나룻을 다듬고 콧수염을 정리했다. 그들은 캠핑 장비로 가득한 밴에 타고 있는 네 명의 미국인이었다. 만일 멕시코 연방 경찰이 그들을 잡는다면, 깨끗이 면도한 편이 억류되어 감옥에 갇히지 않을 가능성이 높았다. 같은 이유로, 그들은 몇 가지 맹세를 했다. 대마초 금지. 각성제 금지. LSD 금지.

이본은 등반용 로프, 캠핑용 스토브, 스키, 겨울옷을 싣기 위해 밴에 맞춤형 선반을 짜넣었다. 서핑보드는 지붕에 밧줄로 묶었다. 그들은 영화 〈엔드리스 서머〉의 후속작을 만들 작정이었고, 여행의 시작점에 영화는 이미 시작되었다. 몇 장의 사진과 모닥불에 둘러앉아 나눌 법한 이야기 정도로 전해지는 신비의 땅 파타고니아로 가는 여행. 누구도 오르지 않은 암벽을 등반하고, 누구도 타보지 않은 파도를 서핑하며, 연기 나는 화산의 눈 덮인 산비탈에서 스키를 타는 여행.

1968년 여름, 미국은 분열적인 문화 전쟁으로 들끓고 있었다. 일행이 출발하기 석 달 전인 4월, 제임스 얼 레이가 멤피스에서 마틴 루서 킹 주니어를 암살했다. 뒤따른 폭동으로 수십 명이 사망했고 이는 미국 사회에 국가적 트라우마로 각인되었다. 6월에는 시르한 시르한이 로스앤젤레스에서 캘리포니아 민주당 대선 예비선거 승리를 기념하던 카리스마 넘치는 전직 법무장관 로버트 F. 케네디를 살해했다. 로버트 케네디는 형인 존 F. 케네디의 자리를 물려받을 준비를 하다가 그의 죽음에 합류하게 되었다. 그렇게 또하나의 위대한 희망이 총탄에 맞아 쓰러졌다. 피츠로이산은 당시 미국에서 이어지는 혼란과는 정반대에 놓여 있었다. 그 산은 군데군데 소떼가 밟고 지나다닌 오솔길로 이루어진 팬아메리칸하이웨이라는 도로를 따라 남쪽으로 25,750킬로미터 떨어진 곳에 있었다. 그 지역의 지도는 스페인어로 된 경우가 많았고, 드물게 도로와 주유소를 나타내는 기호, 그리고 가끔은 방문해볼 만한 마야나 잉카 유적지가 표시되어 있었다.

편호그 대원 두 명은 앞자리에, 두 명은 뒷자리에 앉았다. 스물다섯 시간 분량의 카세트테이프가 있으니 그레이트풀 데드, 제퍼슨 에어플레인, 존 바에즈, 밥 딜런이 남쪽으로 향하는 여정에 세레나데를 불러줄 터였다. 긴 야간 교대 시간에 운전하는 사람이 졸지 않도록 스피커가 달린 나그라 테이프덱을 설치해두었다.

국경을 지나 멕시코로 들어간 편호그는 태평양 연안에 있는 어촌인 산블라스에 접어들었다. 리토가 모래언덕 위에 카메라를 설치하고 나란히 서핑하는 더그와 이본을 촬영했다. 하지만 결과물은 〈엔드리스 서머〉를 흉내 낸 듯한 따분한 복제품에 불과했고, 참신함이라고는 없었다. 톰킨스는 리토를 비난하며 세트장의 엑스트라를 대하듯 사사건건 지시했다. 편호그는 톰킨스에게 그만하라고 했다. 그들에게는 앞으로 촬영할 수천 킬로미터의 길과 수백 곳의 해변이 남아 있었다. 톰킨스는 자신이 전력 질주 하는 상태가 아니면 오히려 마음을 편히 먹지 못한다는 걸 알았다. 도워스는 일기에 "그는 자기가 아직 살아 있다는 걸 스스로에게 증명하기 위해 움직여야만 하는 것 같았다"라고 적었다.

멕시코시티에서 톰킨스는 첫번째 필름을 현상할 사진관을 찾았다. 그는 16밀리 마스터 필름을 미국으로 돌려보낼 계획이었다. 불의의 사고에 대비해 마스터 영상을 캘리포니아에 안전히 보관하기 위해서였다. 현상된 필름을 받아 보니 단 한 프레임도 초점이 맞지 않았다. 카메라가 흔들리기라도 한 것처럼 전부 떨리는 듯 보이게 찍혔다. 로스앤젤레스를 떠나는 첫 장면부터 국경을 넘어 티후아나로 들어가 산블라스에서 서핑하는 장면까지 모든 영상이 건질 게 없었다. 카메라를 열어본 리토는 압력판이 16밀리 필름을 안내선 안에 제대로 고정되어 있지 않았던 것을 확인했다. 일행은 재정비하고 다시 출발했다. 다음 목적지는 중앙아메리카였다.

톰킨스는 차를 타고 마을을 가로지르며 길거리 음식에 푹 빠졌다. 마을마다 장터가 있었다. 더그는 기초적인 스페인어밖에 하지 못했지만, 시장을 돌아다니며 손으로 짠 직물과 지역의 도자기, 금속공예품, 그리고 수제 물건을 삶의 한 방식으로 삼는 이곳의 풍성한 문화를 탐사했다.

톰킨스는 중앙아메리카의 소란스러움과 다채로운 색깔, 자극적이고 이국적인 음식을 사랑했다. 신선한 과일이 넘쳐날 만큼 많아 공짜처럼 느껴질 정도였다. 파인애플이 한 통에 겨우 1페니였다. 밤낮 가리지 않고 차를 몰아 달린 덕에 일정이 앞당겨졌다. 도워스는 운전대만 잡으면 기계가 되었다. 그는 야간 운전을 유난히 좋아했던데다 피로도 거의 느끼지 않는 것처럼 보여서 그가 졸지 않으려고 몰래 LSD라도 먹는 게 아닌지 이본이 걱정할 정도였다.

밴의 전조등은 희미한 수준이었고 리토는 시력이 나빴기에, 그가 밤에 운전하는 것은 불가능할 정도로 위험한 일이었다. 낮에도 리토는 운전 실력이 형편없어서 피치 못할 상황에만 운전대를 맡았다. 더그는 너무 빠르게 차를 몰았다. 엔진을 혹사하며 친구들의 머리를 밴의 금속 지붕에 부딪히게 해 욕설이 쏟아졌다. "목적지에 가야 하잖아." 그는 공감하지 못하겠다는 듯 오만한 목소리로 웅얼거리곤 했다. 꼭 친구들을 무시하는 것 같았다.

과테말라에서 더그는 점쟁이를 찾아갔다. 점쟁이의 부스는 세 개의 나무 새장으로 구성되어 있었고, 각 새장 안에는 운세가 적힌 작은 종이를 두루마리처럼 말아놓은 더미가 들어 있었다. 값을 치른 더그는 이 길거리 사기꾼이 두루마리를 가져오라는 신호로 새에게 휘파람을 부는 모습을 지켜보았다. 리토가 촬영하는 가운데 점괘를 펼친 더그는 그 글귀에 깜짝 놀랐다. 투 파밀리아 테 부스카^{Tu Familia Te Busca}("가족이 당신을 찾는다").

과테말라의 안티과 외곽 언덕에서 펀호그는 해 뜨기 직전의 어슴푸레한 시간에 기습을 당했다. 밴 옆의 땅바닥에서 자던 톰킨스는 약실에 총알을 넣을 때 나는 철컥하는 금속성 소리에 눈을 떴다. 그는 이렇게 적었다. "나는 침낭을 머리까지 끌어올린 채 눈만 내놓고 있었다. 무슨 일이 벌어지는지 보려고 한쪽 눈을 떴다. 십대 병사가 자동소총으로 우리를 겨눈 채 스페인어로 소리쳤다. 그가 말할 때마다 총구가 흔들렸다."

펀호그 중 유일하게 스페인어를 할 수 있는 리토가 머리 위로 손을 들었다. 그는 어린 군인들과 신속히 이야기를 나눈 끝에, 그들이 어젯밤 그들의 총에 맞은 채 도망친 남자를 찾고 있다는 걸 알게 되었다. 부상당한 그 남자는 지명수배가 걸린 반란군이었다. 펀호그는 한 명씩 천천히 침낭에서 나와 몸에 총상이 없다는 걸 증명하라는 명령을 받았다. 리토가 자신들은 휴가중인 모험가 관광객이라고 설명했다. 증거로 파란색 캘리포니아 자동차 번호판을 가리켰다. 펀호그는 군인들에게 수상한 사람이 보이면 신고하겠다고 말했다. 군인들이 떠나자마자 펀호그는 야영지를 정리하고 짐을 챙겨 길을 나섰다. 도워스는 일기에 이렇게 적었다. "살인자의 눈이었다. 그는 틀림없이 우리를 쏘고 싶어했다."

일행은 거의 멈추지 않고 파나마까지 차를 몰았다. 거기서 길이 갑자기 끊겼다. 팬아메리칸하이웨이는 알래스카에서 티에라델푸에고까지 운전자가 단일한 경로로 나아가게 해준다. 이곳, 다리엔 갭이라 알려진 구간만이 예외다. 열대질병과 늪, 매일 쏟아지는 비, 정치적 차이, 전반적인 육상 교통의 부족으로 파나마 남부의 이 좁은 길목은 무법지대가 되었다. 129킬로미터의 틈새를 어떻게 헤쳐나가야 할까? 그들은 콜롬비아 부에나벤투라로 가는 배를 예약해두었으나 배가 아예 오지 않아서, 카리브해 연안에 있는 카르타헤나로 가는 스페인 화물선 승선권을 샀다. 일정이 변경되면서 여행은 1,600킬로미터나 더 길어졌다. 게다가 콜롬비아는 내전 초기 국면에 접어든 상태였다.

게릴라나 정부군의 기습을 걱정한 펀호그는 곧장 에콰도르로 갔다. 도착하자마자 이본이 서류 가방을 도둑맞았다. 도둑은 그들의 서류를 가지고 쏜살같이 도망쳤다. 무엇보다 치명적인 것은 그들이 촬영한 필름 여덟 통도 함께 도난당했다는 거였다. 여정은 일정대로 진행되고 있었지만, 쓸 수 있는 영상이 턱없이 부족했다. 영화가 위기에 빠졌다. 페루에서는 도둑이 밴 창문을 깨고 등반 장비와 남아 있던 얼마 안 되는 돈을 훔치려 했다. 펀호그는 주유비를 마련하려고 서핑보드를 팔았다. 페루 내의 안데스산맥 여러 봉우리를 막 등정하고 온 뛰어난 영국인 암벽등반가 크리스 존스도 태웠다.

페루를 떠나 칠레 국경선을 가로지르면서, 더그와 도워스는 밀려드는 안도감을 느꼈다. 그들은 스키 훈련을 하러 온 적이 있기에 칠레를 잘 알았고, 길고 가느다란 스파게티 모양의 이 나라가 제대로 운영되는 민주공화국임을 알고 있었다. 칠레는 '제대로 굴러가는 나라'로, 폭력을 걱정할 일은 드물었다.

칠레 북부는 아타카마사막으로 정의될 수 있다. 지구에서 가장 건조한 생태계 중 하나다. 이 사막은 백 년 넘게 비가 내린 기록이 없고 밤은 추웠지만 주간 기온이 38도를 넘었다. 공기에 습기가 적었기에, 아타카마사막은 세계에서 가장 맑은 하늘과 별로 이루어진 아찔한 풍경을 자랑했다.

사 세기 전, 잉카제국 당시에 리마의 통치자가 보낸 전령은 사막 전체를 두 발로 달려서 가로질렀다. 그들은 오아시스에서 오아시스로, 칠레 중앙에 있는 잉카제국의 남단으로 메시지를 전했다. 펀호그는 점점 기계적 고장이 잦아지는 그들의 밴이 잉카인에게 필적해 아무도 살지 않는 사막을 건너는 1,130킬로미터의 여행에서 살아남을 수 있을지 토론했다. 6기통짜리 엔진에서 제대로 작동하는 실린더는 세 개뿐이었다. 뒤쪽 범퍼에 붙인 밥 딜런 스티커는 심하게 빛이 바래 "뒤돌아보지 마!"라는 문구가 거의 보이지도 않았다. 이본은 오일을 먹이며 엔진을 살살 달래고 어설프게나마 고쳐보았지만, 엔진이 죽어가는 건 분명했다.

칠레 북쪽의 도시 이키케 근처에서 펀호그는 태평양이 내려다보이는 높은 절벽에 야영장을 꾸렸다. 연안으로 이동하는 고래를 보고 싶어서였다. 톰킨스는 잠들어 있다가 밴이 덜컹하며 앞으로 움직이는 것을 느꼈다. 나중에 그는 이렇게 썼다. "어떤 징조나 이유도 없이 기어가 풀렸다. 밴은 땅바닥에 잠들어 있는 대원들을 향해, 절벽과 확실한 죽음을 향해 굴러갔다. 나는 간신히 좌석을 넘어 앞쪽 바닥에 몸을 날렸다. 두 손으로 브레이크를 눌렀다. 밴이 대원들을 치고 그 너머의 절벽으로 떨어지는 걸 겨우 막아냈다."

이틀 뒤, 그들은 간신히 밴을 몰아 산티아고에 도착했다. 이본은 나사와 볼트를 풀고 엔진을 분해했다. 선반 가공소 여러 곳에 찾아다닌 끝에, 그는 포드 엔진 블록을 보링해주 겠다는 곳을 찾아냈다. 그런 다음 일주일에 거쳐 엔지니어 로서의 실력을 선보이며 85마력 엔진을 청소하고 재조립했 다. 그와 더그가 힘쓰는 동안 크리스 존스와 리토, 도워스는 지역 벼룩시장을 탐방하며 로프와 등반 장비를 구매하고 현 지 아이스크림을 맛보고 거리 행진을 구경했다.

산티아고에서 벗어나 남쪽으로 가는 동안 팬아메리칸하이 웨이, 즉 '고속도로'는 미끄러운 진창으로 변했다. 현지인들 이 '초콜릿'이라고 부르며 자랑하는 1.8미터 두께의 흙길이 었다. 일행의 속도는 시속 30킬로미터로 느려졌다. 진흙탕 에 빠진 밴을 밀어올리는 것에 비하면 타이어 교체는 쉬웠 다. 그들은 빽빽한 숲에 둘러싸여 야영하면서, 잭 케루악의 『길 위에서』(이만식 옮김, 민음사, 2009)와 테리 서던의 소설 집 『레드더트 마리화나와 그 밖의 취향』을 소리 내 읽었다.

도워스는 일기에 이렇게 적었다. "칠레의 시골은 놀랍다. 오리건과 워싱턴과 브리티시컬럼비아가 떠오르다가, 갑자기 전에 보았던 어느 곳과도 달라진다. 원시성. 외로움. 조화로 운 녹색의 패턴과 색조. 이곳에는 좀더 천진했던, 그래서 야 생적이었던 지구의 시간이 남아 있다."

더그는 풍경을 바라보았다. 불과 하루를 달려왔을 뿐인데 풍경이 윤기 나는 초록빛 천국에서 잿빛 폐허로 변해버렸 다. '콜로노'라 알려진 정착민은 빽빽한 숲을 베어내 소를 치 고 농사를 지을 개간지를 만들었다. 길가의 나무밑동과 어 깨높이에서 베여나간 나무는 대규모 산불의 오랜 흔적이었다. 수천 그루의 나무가 땅에 쓰러져 있었다. 거친 바람이 숲 전체를 쓰러뜨린 것처럼 보였다. 그 위를 비행하는 조종사들은 마치 거인이 이 지역 전체에 수천 개의 성냥을 흩어놓은 것 같다고 말했다. 일부 농부들이 흩어진 나뭇가지를 모아 장작으로 그 잔해를 활용했지만, 수많은 들판에 여전히 톱날처럼 들쭉날쭉한 실루엣이 우뚝 서 있었다. 도워스가 "다른 시대의 대화재"로 요약한 무언가가 남긴 잿빛 유령이었다.

산티아고에서 남쪽으로 수백 킬로미터 이동한 편호그는 야이마 화산에 다다랐다. 그들은 3,124미터 높이의 연기 나는 분화구에 기어올라 산 사면을 타고 수천 미터를 스키로 내려오는 계획을 세웠다. 두꺼운 눈으로 뒤덮인 야이마 화산은 이상적인 슬로프로 보였다. 그러나 유독가스와 연기가 분화구에서 흘러나왔으므로, 정상에 갈 수 있을지는 의문이었다. 스키와 지나치게 큰 스키용 배낭을 짊어지고 끈으로 묶는 가죽 스키화를 신은 그들은 분화구를 향해 올라갔다. 그들은 높이 올라갈수록 바위가 뜨거워진다는 것을 알아차렸다.

여덟 시간 동안 등반한 뒤, 대원들은 분화구 가장자리를 돌며 남쪽에서부터 접근해 들어갔다. 강한 바람이 치명적인 가스를 북쪽으로 몰아냈다. "우리는 스키폴을 분화구 가장자리 너머로 내밀어볼 수 있었습니다." 톰킨스의 말이다. 리토가 촬영하는 가운데 더그와 도워스는 아무도 밟지 않은 가루눈 위에서 나란히 스키를 타며 깔끔한 턴 자국을 남겼다. 이본이 그들 뒤에서 넘어져 대굴대굴 굴렀다. 서로 스키 끝이 부딪치고 폴이 뒤집히고 욕설을 뱉는 혼란이 이어졌다. 스키 실력이 중급인 크리스 존스는 신중하게도 카메라에 담기지 않는 곳에 있었다. 그들은 일주일 동안 등반하고 스키를 타며 그 모습을 영상에 담았다. 그런 다음, 돈이 부족해져 95달러에 스키를 팔았다. 보급품과 휘발유를 사는 데 필요한 돈이었다.

남쪽 항구도시 푸에르토몬트에 도착한 더그는 위조범이 되었다. 그는 칠레 인쇄소 주인들과 거래를 텄다. 법을 잘 지키는 보수적인 현지인에게 아르헨티나 세관 서류 원본을 잃어버렸다고 능청스럽게 설명하며, 그걸 대신할 세관 도장을 만들어야 하니 도와달라고 했다. 힘을 합치면 안데스산맥 너머에 있는 칠레의 라이벌을, 경박하고 잘난 척 심한 아르헨티나인을 속일 수 있을 거라면서. 톰킨스는 위조 도장을 더 정교하게 만들기 위해 몇 번이나 그들을 찾아갔다. 최종 결과물은 완벽에 가까웠고, 비용은 겨우 3달러밖에 들지 않았다.

푸에르토몬트에서 펀호그는 자동차를 두 대 정도밖에 실을 수 없는 작은 연락선을 타고 설산에 둘러싸인 피오르 안의 차가운 호수를 가로질렀다. 노르웨이의 엽서에 나올 것 같은 풍경이었다. 디젤엔진으로 움직이는 배는 바다를 항해하기엔 부적합했고, 엔진이 자주 꺼졌다. 펀호그는 외진 호숫가에 고립되는 건 아닐까 걱정했다. 손길이 닿지 않은 녹색 숲에 인간의 존재는 없는 것 같았다. 길도, 마을도, 정착지의 흔적도 없었다. 그런 땅의 주인은 대체로 무상으로 불하받은 토지를 상속받은 산티아고의 부유한 가문이었는데, 이곳에는 거의 오지 않았고 자신이 가진 게 뭔지도 잘 몰랐다. 땅은 농사를 짓거나 가축을 기르기엔 너무 축축했고, 호수는 수영하기엔 너무 차가웠다. 그러나 낚시만큼은 아주 잘 됐다. 노바스코샤와 뉴햄프셔의 '국민 생선'인 동부 민물송어는 수십 년 전 낚시꾼에 의해 유입된 이후 영양소가 풍부한 이곳의 물에 지나치게 잘 적응했다. 연어과의 일종으로 공격적인 이 송어는 토종 어류를 다 먹어치우고 강과 호수를 점령했다. 생물량으로 따지면, 민물송어가 이 지역 전체 물고기의 약 80퍼센트를 차지하게 된 셈이었다.

펀호그는 국경을 건너 아르헨티나로 갈 준비를 하면서, 위조한 도장이 잘 통하기를 바라며 건배했다. 그런 다음 위조한 서류로 당국을 속인 것을 자축했다. 덕분에 펀호그는 6천 달러의 보증금을 내지 않고 밴을 아르헨티나로 밀반입할 수 있었다. 아르헨티나에서 밴을 팔면 그 보증금은 몰수되었다 (그들은 밴을 팔 계획이었다).

아르헨티나의 도로는 한산하고 날씨는 맑았다. 그들은 팜파스를 빠르게 가로질렀다. 과방목되어 평평한 초원을 보니 미국 남서부가 생각났다. 이 땅에서는 침낭과 총을 소지하고 말을 달리는 외로운 카우보이들이 개떼를 거느린 채 순찰을 돌고 있었다. 땅은 건조하고 뜨겁고 인적이 없었다. 비는 대체로 안데스산맥의 칠레 쪽에 내렸다. 타조를 닮은 야생 레아떼가 종종걸음으로 평야를 가로지르는 모습이 가끔 보였다. 다른 야생동물의 흔적은 거의 보이지 않았다. 황량한 국경 마을에서 양과 소에게 필요한 동물 의약품은 수십 가지 팔았지만, 인간을 위한 물건은 최소한의 보급품밖에 없었다. 쉬나드는 이 지역에서 흔히 사용하는 무쇠 난로에 석탄을 퍼넣는 데 쓰이던 삽을 발견했다. 자루가 짧고 날이 날카로운 그 삽의 가치를 곧바로 알아보았다. 설동을 만들었다는 프랑스인의 글을 떠올린 그는 곧 있을 등반에 대비해 삽 두 자루를 샀다.

누군가에게는 '이 지역의 잭슨 홀'◆이라 알려진 관광지 느낌의 바릴로체에 도착한 일행은 나우엘 우아피라는 맑고 푸른 호수의 남쪽 어귀에 세워진 깔끔하고 질서정연한 도시를 보게 되었다. 빵집에서 쿠헨과 슈트루델을 파는 바릴로체는 확실히 독일이나 오스트리아 분위기가 났다. 다듬돌을 쌓아 만든 멋진 집들이 굵직한 나무 들보로 장식되어 있고, 그 위에 가끔 내리는 폭설을 미끄러뜨리기 위한 가파른 경사 지붕이 얹혀 있었다. 도워스는 "스테이크는 먹지 않을 수 없을 정도로 싸고, 캔디류는 말도 안 되게 훌륭했다"라고 적었다. 일행은 세로 카테드랄 아래에 있는 산장 레푸히오 프레이에 묵으면서 등반을 시작했다. 톰킨스는 "우리는 복싱 선수와 똑같이 엄격하게 스테이크로만 이루어진 식단을 시작했다. 앞으로 잘 먹기 힘들 거라 예상했기 때문이다"라고 적었다.

등반 대원들은 심각하게 몸매가 나빠졌다. 밴을 타고 덜컹거리며 달리고, 아이스크림을 먹고, 엔진을 손보느라 피

◆　미국 와이오밍주에 위치한 고산 계곡. 로키산맥 인근의 유명한 스키 휴양지다.

츠로이산이라는 다가오는 난관엔 제대로 대비하지 못했다. 특히 도워스는 점검이 필요했다. 그의 암벽등반 경험은 요세미티에서 몇 달을 보낸 게 전부였다. 그를 정상까지 데려가는 게 맞는지 확신할 수 없었다. 그의 초인적인 힘과 눈부시게 우아한 스키 실력을 고려해볼 때, 도워스는 자신이 그저 셰르파 겸 영화 포스터 모델로 동원된 건가 싶었다. 그는 바릴로체 근처의 산에서 쉬나드와 함께 등반 연습을 하며 빠르게 실력을 쌓았다. 그는 운동신경이 뛰어난데다 도전에 매료되었다. 도워스는 일기에 이렇게 적었다. "등반은 자신이 저지를 수 있는 실수로부터 스스로를 보호하는 법을 가르쳐준다."

등반에는 다른 스포츠에 없는 아주 많은 요소가 있다. 위험 요소는 상황에 따른 위험을 신중히 평가하고 판단하게 한다. 우리가 처한 조건과 위험을 감수했을 때의 가치, 위험한 구역을 안전하게 통과하는 자신의 솜씨와 능력을 말이다. 위험을 피하고 최소화해 죽지 않는 방법도 배울 수 있다. 그러나 자연에서는 별의별 일이 다 일어날 수 있고, 오판에는 큰 대가가 따를 수 있다. (……) 죽음을 보기 전까지는 삶을 아는 게 아니다. 가장자리까지 바짝 다가가야만 고통과 궁핍함과 그런 것을 어떻게 견뎌야 하는지 배울 수 있다. 때로는 고강도의 집중력이, 때로는 고강도의 성찰이 필요하다. (……) 이것이 균형 잡힌 삶에 대한 나의 감각이다. (……) 이런 삶은 욕망으로 이루어진 물질적 세계 바깥에 있다.

더그 톰킨스

리토는 등반에 최면 효과가 있다고 느꼈다. "등반하려면 완전히 정신을 차리고, 완전히 현장에 집중하고, 완전히 책임져야 합니다." 그가 말했다. "우리는 운이 좋았습니다. 더그와 나는 등반하면서 끔찍하고 극적인 순간을 맞닥뜨린 적도 없고, 죽다 살아난 경험도 없습니다. 우리는 주의를 기울였어요. 대담하면서도 신중했습니다."

바릴로체에 묵으면서 그들은 목욕하고 면도한 뒤 식량을 다시 채웠다. 집으로 전화를 걸 때는 온갖 이유로 연결이 지연됐다. 아르헨티나와 미국의 교환원을 반드시 통해야만 했기 때문이다. 더그는 수지와 통화할 때마다 매번 상당한 돈을 써야 했기에 통화를 짧게 하려고 노력했다. 수지는 작은 의류회사로 큰돈을 벌게 됐다고 설명하며 매우 즐거워했다. 동업자 제인이 디자인한 원피스가 〈샌프란시스코 크로니클〉의 전면광고에 실렸다. 주문이 쇄도해 감당하기 벅찰 지경이라고 했다. "당신 도움이 필요해!" 수지가 부탁했다. 톰킨스는 바릴로체에서 샌프란시스코로 가는 비행기표를 샀다. 갈아입을 옷을 작은 가방에 챙기고, 편호그에게 자신은 떠난다고 말했다.

대원들은 충격을 받았다. 영화의 핵심 장면을 촬영하기 전날 밤에 감독이 떠난다니? 지구 반대편에 있는 아내를 보러 간다니? 톰킨스는 단호하고 확고했다. 이번 일은 중요했고, 일주일이면 충분했다.

톰킨스는 집으로 가는 비행기에 오르며 존재론적 위기를 마주했다. 그는 소득이 없고, 저축한 돈도 얼마 남지 않았으며, 두 어린 자식이 있었다. 수지는 사업체를 운영하는 동시에 두 딸을 돌보며 혼자 몇 달을 살아야 했다. 평소의 세 배는 일해야 한다는 뜻이었다. 육아는 더그가 잘하는 일이 아니었다. 그는 몇 달씩 딸들의 곁을 비웠으며, 가족여행에 대한 그의 구상은 점잖게 말해도 '부산스럽다.' 수지는 도움이 필요했다. 게다가 더그는 그녀에게 기념비적인 영화를 만들겠다고 약속했기에 상황이 더 복잡해졌다. 더그는 자신이 이야기했던 영화 근처에도 가지 못했고, 스스로도 그 사실을 알고 있었다.

더그가 샌프란시스코에 도착하자 수지는 상황을 전부 전해주었다. 샌프란시스코의 고급 백화점 조지프 매그닌이 자사의 '플레인 제인' 컬렉션의 원피스 광고를 신문에 실은 것이었다. 광고를 본 독자 모두 그 원피스를 사고 싶어했다. 수요가 급증했다. 조지프 매그닌이 수백 벌을 요청했다. 만 5천 달러(2021년 기준 약 10만 달러)의 주문이 쏟아져, 플레인 제인은 자동차 트렁크에 옷을 싣고 다니며 팔던 회사에서 사무실과 직원을 갖춘 스타트업 회사로 발돋움했다.

더그는 노스페이스를 만들면서 쌓은 인맥을 동원해 의류 생산을 벼락치기로 배우기 시작했다. 제인 타이스와 수지는 방 두 개짜리 작은 아파트에서 쉬지 않고 일했다. 더그가 그들과 합류해 함께 브레인스토밍을 했다. 과연 누가 그렇게 많은 원피스를 그렇게 빨리 만들 수 있을까? 더그는 차이나타운을 조사했다. 수지는 도매로 천을 뗄 수 있는 곳을 알아보기로 했고, 제인은 옷을 디자인했다. "정말이지 가내수공업 수준이었어요." 제인의 조수로 일했던 에이프릴 스타크의 말이다. "제인이 원피스를 스케치하면 패턴 디자이너가 패턴을 만들어냈어요. 아주 빈틈없는 사람이었죠."

제인의 아파트에 있는 주방 식탁이 재단에 활용되었다. 톰킨스는 샌프란시스코의 마사지시술소 위층에 있는 사무실에서 원피스 생산을 늘리는 작업에 착수했다. 그는 차이나타운에 들러 재봉소를 찾고, 샌프란시스코의 금융지구에서 주문서를 담보로 빠른 대출을 받으며 바쁘게 움직였다.

일주일 뒤, 더그가 남아메리카로 돌아갈 시간이 되었다. 펀호그가 그를 기다리고 있었다. 하지만 펀호그가 짐을 챙겨 길을 나설 준비를 하던 그때, 톰킨스가 전보 한 통을 보내왔다. **일주일 더. 일하는 중. 잘되어감. 더그.** 펀호그는 격분했다. 도워스는 바릴로체의 뮌헨 바에서 맥주를 들이켜며 일기에 이렇게 적었다. "존스는 열받았다. 이본은 의기소침해져서 넌더리를 냈다. 나는 실망했다. 때로 톰킨스는 타인에 대한 배려심이 심각하게 부족했다. 이 경우에 타인은 그의 친구들이었다."

바릴로체로 돌아온 톰킨스는 변명하려는 노력조차 거의 하지 않았다. 오히려 급한 사람은 자신인 것처럼 굴었다. 펀호그는 바릴로체를 떠나 엘볼손을 가로지르고 로스알레르세스 국립공원을 지나 더욱더 황량한 풍경 속으로 들어갔다. 거주지는 얼마 되지 않았는데, 그마저도 전부 카우보이 개척자 마을과 거대한 양 목장이었다. 몇 킬로미터에 걸쳐 교역소 하나 보기도 힘들었다. 그들은 울퉁불퉁하고 움푹 파인 도로를 타고 천천히 피츠로이로 향했다. 타이어 열한 개가 펑크나고, 등이 결릴 정도로 덜컹거리며 290킬로미터를 운전한 뒤 그들은 피츠로이를 발견했다. "마음이 벅차오르는 동시에 철렁했다." 톰킨스는 그렇게 적었다.

우리는 준비되지 않았다. 수천 킬로미터를 운전하고 석 달 반 동안 행군을 했는데도! 뭔가 실수를 한 걸까? 이럴 줄은 몰랐다! 이곳은 너무도 거대하고 너무도 아름다웠다! 너무도 무서웠다! 이곳은 거대한 샤모니,♦ 어마어마한 부가부스♦♦였다. 우리가 받은 느낌은 거대하다는 것뿐이었다. 평원을 100킬로미터나 가로질렀는데도 그랬다. 그 산맥 남쪽에, 라고 비에드마의 끝에 100킬로미터가 넘는 이 호수로 흘러드는 히말라야처럼 큰 빙하가 있었다! 처음 몇 분은 이번 여행 전체를 통틀어 정신적으로 가장 소모되는 순간이었을 것이다. 강한 공포가, 자신감이 무너지는 느낌이 닥쳐왔다. 엘캐피탄 코스를 등반하려고 요세미티에 갔을 때와 비슷했다. 차를 타고 요세미티에 들어서면 거대한 암벽이 눈앞에 나타난다. 내가 저길 올라간다고? 그렇게 묻게 된다. 잠깐만. 정말 해야 하나? 내가 할 수 있을까?

더그 톰킨스

♦   프랑스 알프스의 대표적 등반지.
♦♦   캐나다 브리티시컬럼비아주의 세계적 암벽등반 명소.

3장

설동

모험이 남은 인생에 어떤 영향을 미칠지는 절대 알 수 없다. 나는 설동에 갇혀 총 삼십 일을 보냈다. 스토브에 녹일 얼음을 자르다가 얼음도끼로 무릎을 찍기도 했다. 나는 얼굴 위로 겨우 몇 센티미터 떨어진 음산한 얼음 천장을 바라보며 누워 있었다. 우리가 스토브를 피우려 할 때마다 벽에서 물방울이 오리털 침낭으로 뚝뚝 떨어졌다. 침낭은 축축하게 젖은 무용한 덩어리가 되었다. 나는 그 동굴 안에서 서른 살 생일을 맞았다. 그때가 내 인생의 저점이었다.

이본 쉬나드

라고 비에드마를 돌아 피츠로이 산맥의 멀고 뾰족한 봉우리로 향하는 흙길은 점점 좁아지다가 산맥에 이르기도 전에 라스부엘타스강에서 사라졌다. 흔들거리는 구름다리 덕분에 펀호그는 강을 건널 수 있었지만, 그들의 충실한 밴은 더 이상 갈 길이 없었다. 여기부터는 걸어가야 했다. 톰킨스는 이렇게 썼다. "산까지 가는 유일한 방법은 짐말을 타는 것뿐이었다. 그다음에는 우리의 두 다리를 써야 했다. 그래서 우리는 정말로 필요한 게 무엇인지 매우 신중히 생각했다."

일행은 아르헨티나 육군의 실베이라 중위와 우연히 만나, 국립공원을 가로질러 피츠로이 아래 숲까지 가는 하이킹에 쓸 짐말을 얻었다. 그들은 말을 이용한 덕분에 등에 장비와 보급품을 지고 수십 번 오가지 않아도 되었다. 톰킨스는 기뻐했다. 리토가 촬영하는 가운데, 그는 납작한 챙이 달린 우아소♦ 모자를 자랑하며 어깨에 더플백을 걸치고 이미 비극적 역사를 가진 강의 구름다리를 껑충껑충 뛰어 건넜다. 일행은 프랑스 원정대의 등반가 중 한 명이 급류에 휩쓸려 목숨을 잃은 곳이 이곳임을 알고 있었다. 피츠로이 옆의 깎아지른 듯한 화강암 봉우리에 익사한 그 등반가를 기리기 위해 이름이 붙어 있었다. '푸앵스노의 바늘'은 파타고니아가 아름다운 만큼 치명적일 수 있다는 사실을 상기시켰다. 하지만 그날의 분위기는 가벼웠다. 톰킨스는 구름다리를 절반쯤 가로지른 뒤 펄쩍 뛰며 당김줄을 잡더니 몇 차례 턱걸이를 하기도 했다. 그는 환하게 웃어 보였다.

강 위쪽으로 하루종일 하이킹한 펀호그는 1954년 리오넬 테레이와 그의 선구적인 원정대가 머물렀던 바로 그 자리에 베이스캠프를 꾸리기 시작했다. 톰킨스는 흙이 가득찬 녹슨 깡통이나 화덕의 잔해 등 역사의 조각을 발굴하고 경탄했다. 이중 화덕 파편은 이본이 나중에 빵을 굽는 용도로 잘 써먹었다. 베이스캠프는 너도밤나무 자생림 깊은 곳, 눈과 얼음과 바위의 세상 바로 아래에 있었다.

일행은 베이스캠프를 떠나 빙하와 눈밭으로 이루어진 피

♦ 칠레 중부지방의 전통적인 목동 또는 농부를 가리키는 말. 그들이 착용하는 전통 모자는 납작하고 넓은 챙과 낮은 크라운이 특징이며, 멕시코의 솜브레로와는 구별되는 칠레 고유의 복식 요소다.

츠로이산 기슭에 있는 얼음 호수 라고데로스트레스 옆을 하이킹하며 피츠로이로 올라가는 길을 탐사하기 시작했다. 길고 가파른 눈 비탈을 올라가는 건 비교적 수월했지만, 곧 절벽으로 이루어진 장벽에 맞닥뜨렸다. 그 벽이 피에드라스 블랑카스♦ 빙하로 가는 길을 막고 있었다. 이 빙하는 등반가를 본격적인 기술적 등반이 시작되는 더 높은 곳으로 이끌어줄 '백색 고속도로'였다. 펀호그는 이 첫번째 클리프 밴드♦♦에서 소위 파소 수페리오레♦♦♦라 불리는 좁은 안부^{鞍部}를 발견했다. 더 높은 산이 갑자기 드러났다. 펀호그는 첫번째 야영지를 차리기로 했다. 큰 산에서 등반가들은 정상까지 이어지는 길에 텐트를 치고 일련의 야영지를 만든다. 하지만 피츠로이에서는 그럴 수 없었다. 파타고니아의 바람은 아무리 튼튼한 텐트라도 갈가리 찢어버릴 터였다. 이 지역에 먼저 왔던 몇 안 되는 원정대가 해결책을 찾아냈다. 눈 둔덕에 동굴을 파고 들어가 피신하는 방법이었다. 동굴을 파느라 며칠에 걸쳐 격렬히 삽질하고 베이스캠프까지 수없이 오가며 위쪽 루트로 이어지는 고개로 짐을 옮겨야 했지만, 결국 펀호그는 아주 가혹한 날씨도 버틸 수 있는 동굴을 파냈다.

다음 단계는 피츠로이라는 최후의 화강암 암벽 아랫부분에 있는 널찍한 피에드라스 블랑카스 빙하를 건너는 것이었다. 필요한 건 끈기 있고 신중한 노력이 전부였다. 일행은

♦　'흰 바위'라는 뜻.
♦♦　산의 측면을 따라 일정 높이나 폭으로 길게 이어지는 가파른 암벽 지대.
♦♦♦　'위쪽 고개'라는 뜻.

크레바스◆에 걸쳐 있는 숨겨진 눈다리가 무너져 대원 중 한 명이 떨어질 때를 대비해 로프를 매고 있을 때만 빙하를 건넜다. 톰킨스는 네 차례나 크레바스에 떨어질 뻔했고, 두 번은 거꾸로 떨어졌다가 로프에 걸려 간신히 살았다. 피츠로이의 방어는 대단했다.

피에드라스 블랑카스 빙하는 마지막 봉우리의 드높은 화강암 암벽에 튀어나와 있는 거대한 돌출부 아래에서 끝났다. 시야^Silla, 즉 '의자'라 알려진 돌출부였다. 일행은 산등성이와 비슷한 이 돌출부 꼭대기에 두번째 동굴을 팠다. 마지막 등정을 시작하기 위해 펀호그가 확보한 고고도 야영지였다. 이본이 가장 중요한 등반 구간을 앞장서서 나아갔다. 머잖아 대원 전체가 시야 꼭대기에 수직으로 서 있는 914미터의 마지막 암벽을 올려다보게 되었다. 그곳이야말로 피츠로이의 진정한 난관이었다.

펀호그는 날씨가 바뀔까봐 걱정하며 두번째 설동을 파기 시작했다. 파타고니아 등반에서는 모든 것을 날씨가 좌우하는데, 피츠로이의 날씨는 가혹함에서 약간 덜 가혹함 사이를 오갔다. 일행은 몇 시간 동안 눈을 파헤치며 두번째 동굴을 넓히고 보강했다. 피신처가 없으면 피츠로이의 드러난 산등성이에서 하룻밤 살아남을 꿈조차 꿀 수 없었다. 태평양에서 형성된 폭풍우가 연안에서부터 세를 불려 주기적으로 수직의 산 사면에 부딪혔다. 도워스는 계곡에서 솟아올

◆　빙하 위에 형성되는 깊게 갈라진 틈.

라 산을 타고 날아오르는 눈을 본 건 이곳뿐이라고 농담했다. 날씨가 너무 위협적이라, 마지막 등정은 철저한 계산을 거친 도박이 되었다. 일행은 정상으로 달려가기 전에 먼저 며칠 분량의 음식, 취사용 가스, 통조림을 두 개의 설동 야영지에 비축해두어야 했다. 그래야 큰 폭풍이 불어와 산에 갇혀도 살아남을 수 있었다. 동굴 각각에 일주일 분량의 보급품을 쌓아놓으면 적절할 것 같았다.

등반은 이제 지구력 훈련이 되었다. 펀호그는 이리저리 오가며 보급품을 저장했다. 두꺼운 눈을 가르며 첫번째 동굴까지 엄청나게 많은 짐을 끌고 올라온 다음, 계속해서 시야의 고고도 야영지까지 가며 쓸 만한 장면을 촬영했다. 하루하루가 모험적인 산행이라기보다 답답한 고투처럼 느껴졌다. 인내심이 바닥나고 성미가 급해졌다. 일행 중에서 동기가 가장 강했던 더그가 가장 심하게 좌절감을 느꼈다.

식사를 함께하고, 그들만의 농담을 주고받고, 비좁은 밴을 타고 오며 쌓은 우정으로 다져진 대원들의 단합이 산산조각 나버렸다. 빙하에서 촬영하던 도중, 더그는 리토가 자신의 명령에 빠르게 응답하지 않는다며 소리를 질렀다. 말다툼이 이어졌다. 리토는 카메라를 내려놓으며 더이상 촬영하지 않겠다고 했다. 톰킨스가 그를 밀치며 카메라를 집어들고 산을 내려갔다. 그는 떠나기 전에 존스의 일기에 작별의 편지를 휘갈겨 썼다. 영화는 끝이었다.

톰킨스는 대원들을 게으르다고 비난하며 격분했다. 네 페이지 길이의 혹평은 이렇게 시작했다. "오늘은 내가 생각할 수 있는 최악에 가까워. 토할 것 같아. 진짜로 토할 것 같아. 너희만이 아니라 나 때문이기도 해. 사실 이번 일로 가장 많은 걸 잃는 사람은 나지만." 톰킨스는 좀더 유연한 팀워크를 갈망했다. "모두가 자기 역할을 해내고 불평하거나 투덜거리지 않는 게 최고지. 원정에서는 특히 그런 게 필요해. 할 일은 해야지." 톰킨스는 여분의 음식도, 로프도 없이 카메라만 가지고 위험한 크레바스를 가로질러 성큼성큼 떠났다가, 해가 지기 전에 돌아왔다. 그는 분해하며 회의를 소집해 의견을 물었다. 도워스가 말했다. "최악이야! 네가 리토한테 그런 식으로 구는 건 그야말로 있을 수 없는 일이야."

톰킨스는 잠시 뜸을 들이다 말했다. "알았어."

도워스는 설동 밖에서 펀호그가 했던 '심리치료 과정' 이후로 "다시는 그런 일이 벌어지지 않았다"고 말했다. "더그는 리토를 부당하게 대하지 않았다. 이 초 만에 우리의 메시지를 소화한 것 같았다. 놀라운 변화였다." 대원들은 다시 모였다. 야영지에 보급품을 채우느라 산을 오르내리며 며칠을 보냈다. 그런 다음에는 악천후를 맞아 휴식기를 가져야 했다. 정상을 향해 돌진하기 위해 일단 하루를 쉬기로 했다.

펀호그는 두번째 설동 안에서 기다리고 또 기다렸다. 그러나 날씨가 도와주지 않았다. 매일 태평양과 파타고니아 남부의 빙원에서 습기를 머금은 새로운 폭풍이 몰아쳤다. 일행은 일기를 쓰고, 가장 좋아하는 음식을 맛깔나게 먹는 모습을 묘사했다. 심지어 좋아하는 레스토랑의 요리를 총망라하는 메뉴를 만들기도 했다. 이본은 조지프 캠벨의 『천의 얼굴을 가진 영웅』(이윤기 옮김, 민음사, 2018)을 읽었고, 더그와 리토, 크리스는 트루코라는 그 지역의 카드 게임을 했다.

타고난 디자이너인 이본은 '스피디 스티처 올'이라는 도구로 장비를 수리했다. 닳아버린 장화와 너덜너덜해진 재킷을 기우고 긴 각반과 장화에 달린 날카로운 아이젠을 끝도 없이 손봤다. 쉬나드가 대원 전체를 위해 요리 임무를 맡았다. 그는 눈을 녹여 물을 구하고 최소한의 식사와 가끔 뜨거운 음료를 준비했다. 물을 모으는 것이 핵심 과업이 되었다. 일행은 번갈아가며 눈과 얼음덩이를 모았다. 이본은 얼음을 구하러 밖으로 나갔다가 도끼에 다치고 말았다. 그는 말했다. "내가 내 무릎을 얼음도끼로 찍었습니다. 깊게. 인대가 몇 군데 끊어졌을 수도 있었죠. 정말정말 아팠습니다. (……) 외과의사가 아니고서야 다들 내게 아무것도 해줄 수 없었어요."

온도는 영하를 벗어나지 않았다. 덕분에 지혈은 됐지만 흉터 조직의 생성에는 도움이 되지 않았다. 톰킨스와 쉬나드는 자기최면을 배운 적이 있었고, 파티장이나 모닥불 근처에서 선보일 잔재주로 그 기술을 즐겨 썼다. 하지만 지금 톰킨스는 쉬나드를 고통의 영역에서 벗어나게 하기 위해 절박하게 그 기술에 매달렸다. 둘은 각자가 살아온 방식에 대해, 자유롭고 거칠고 독립적인 삶에 대해 이야기했다. 무덤에 갇힌 듯한 시간이 이어지던 와중에 눈으로 동굴 입구가 막혔다. "빛이 절반밖에 들어오지 않아 추웠습니다. 정확히 0도였고, 축축했죠." 쉬나드가 말했다.

가장 어려운 도전은 기다림이었다. 펀호그는 시간을 죽이기 위해 이런저런 이야기를 했다. 대화는 길고 장황하며 그들이 떠올릴 수 있는 모든 것을 다루었지만, 종종 여행 이후의 삶으로 귀결됐다. 다음에는 뭐가 있을까? "쉬나드의 원동력 중 하나는 '나는 돈을 벌어야 해. 밥벌이를 해야지. 지금은 그냥 쳇바퀴만 돌리는 기분이야'였습니다." 존스의 기억이다. "그러자 더그가 쉬나드에게 조언을 해줬습니다. 쉬나드가 앞으로 나아가도록 도와줬죠."

톰킨스는 쉬나드에게 (얼음망치나 피톤 같은) 단단한 제품은 내구성이 너무 좋아 하나만 있어도 십 년은 쓸 수 있다고 말했다. 반면, 셔츠와 바지를 파는 것은 계속해서 할 수 있는 사업이라고 설명했다. "이본이 의류 사업에 뛰어든 이유입니다. 더그가 설득했거든요." 존스의 말이다.

설동에 갇힌 펀호그는 다섯 명의 원시인 같은 몰골이 되었다. 들쭉날쭉한 턱수염이 거칠게 꼬불거리고 삐죽하게 솟으면서 그들의 턱을 따라 자라났다. 샤워기도, 비누도, 디오더런트도, 더이상 할 얘기도 없었다. 그들은 서약과 맹세를 했다. 그중에는 더그와 이본이 한 약속도 있었다. 권위를 싫어하고 험지를 헤쳐나가는 성격의 기업가였던 그들은 맹세했다. "어떤 사업을 하든 완전한 통제력을 유지하자." "절대로 상장하지 말자. 절대로 지배권을 약화시키지 말자." 사업은 부를 최대화하는 일이 아니었다. 그보다는 정신 건강과 숙면, 세상의 야생지를 탐험하고 마음껏 서핑하고 싶다는 욕망과 더 가까이 연결되어 있었다. "일 년에 최소한 넉 달의 휴가가 보장되지 않는 일은 결코 하지 말자." 쉬나드는 그렇게 썼다. 톰킨스도 같은 의견이었다. 사업에 대한 통제권을 유지하되 사업이 그들을 통제하게 놔두지 않는 것이 요점이었다.

쉬나드는 파타고니아가 그 자체로 훌륭한 기업 이름이 되리라고 생각했다. 그 시절에는 파타고니아에 대해 잘 아는 사람이 아무도 없었기 때문이다. "파타고니아는 팀북투 같은 곳이었습니다." 쉬나드는 말했다. "팀북투가 어디에 있는지 아는 사람이 몇 명이나 되겠습니까? 멕시코에서는 부모가 아이에게 '야, 너 어디 갔었어?'라고 물으면 아이가 그냥 부모를 적당히 따돌리려고 '파타고니아에'라고 대답하곤 했죠."

아무리 많은 이야기를 하고 계획을 세워도 바깥에서는 폭풍이 매일 비명을 질러댔다. "산을 오를 수 있는 날이 하루도 없었습니다." 리토가 말했다. "바람이 울부짖었어요. 위로 올라갈 수 없었습니다. 우리는 '뭐, 최소한 내려갈 수는 있겠지'라고 생각했습니다."

열하루라는 지루하고 긴 나날이 지나갔다. "우리는 동굴여기저기를 때우고 집과 음식, 모든 것을 꿈꾸며 시간을 보냈습니다." 존스의 말이다. "때로는 날씨가 너무 나빠서 하루종일 밖에 나가지 못했습니다. 우리는 이미 했던 이야기를 하고 또 했습니다. 새로운 아이디어는 떠오르지 않았습니다. 인생이 멈췄죠."

더그는 점점 줄어가는 식량을 살펴보았다. 오트밀 통조림 몇 개, 묽은 콩 수프 한 냄비, 압축 베이컨 바 몇 개. 그들은 모두 몇 숟가락 정도로 식사량을 줄이기로 했다. "우린 음식을 무척 적게 먹었습니다. 배급량이 얼마나 적은지 믿을 수가 없었죠. 하루에 천 칼로리 정도만 먹었던 것 같습니다. 말도 안 되는 양이었어요." 존스의 말이다. "체온을 유지할 만큼도 먹지 못했습니다."

잠시라도 폭풍이 멈출 때마다 대원 두 명이 동굴을 막은 눈을 파고 나가 날씨가 개는지 살폈다. 하지만 운이 따르지 않았다. 시속 80킬로미터의 강풍 때문에 위로 올라가는 건 생각조차 할 수 없었다. 등반을 다시 시작할 수 없었다. 그렇다고 언제까지나 설동 안에 머물 수도 없었다. 몇 주째 폭풍이 이어진 뒤, 보급품과 식량, 스토브에 쓸 가스가 모두 동났다. "우리 목표는 내려가서 보급품을 더 가져오는 것이었습니다. 내려가지 못한 이유는 날씨가 두려워서였고요." 존스의 설명이다. "음식이 충분하지 않으니 내려가야 하는 건 분명했어요. 하지만 그러다가 죽고 싶지는 않았습니다."

결국 일행은 도전하기로 했다. "인간은 돌파할 수 있는 폭풍을 맞을 때도 90퍼센트는 물러난다. 대부분의 폭풍은 불편할 뿐 사람을 죽이지는 않는다." 더그는 이렇게 썼다. "그러나 피츠로이의 폭풍은 다른 이야기다. 우리는 그곳을 벗어나야 했다."

일행은 눈으로 뒤덮인 가파른 시야의 전면을 라펠로 내려온 다음, 화이트아웃♦ 상태에서 피에드라스 블랑카스 빙하를 가로질러 퇴각했다. 처음에는 아래쪽 설동으로 갔고, 그

♦　눈보라로 사방이 하얗게 변해 시계가 확보되지 않는 현상.

다음에는 숲에 있는 베이스캠프까지 완전히 물러났다. 길고도 조심스러운 하강이었다. 쉬나드는 말했다. "우리는 라펠을 싫어합니다. 하지만 라펠을 좋아하는 사람이 아주 많죠. 라펠이 등반에서 큰 부분을 차지한다고 생각하면서요. 훌쩍 뛰어내리고, 그런 거요. 우리가 라펠을 싫어하는 이유는 앵커와 로프에 완전히 의존해야 하기 때문입니다."

프랑스인의 베이스캠프로 돌아온 그들은 비축해두었던 보급품을 파헤쳤다. 이본이 빵을 구웠고, 일행은 옷을 말렸다. 마침내 그들은 힘과 사기를 되찾기 시작했다. 그럼에도 아침의 붉은 구름은 새로운 폭풍이 오고 있다고 경고했다. 베이스캠프의 생활은 비좁은 설동 안과 비교하면 호화롭게 느껴졌다. 그러나 일행의 생각은 산 위에서 해야 할 일에 집중되어 있었다. 피츠로이산은 휘도는 구름에 가려지지 않았다. 대부분은 저 높은 곳의 마지막 절벽과 봉우리가 보였다. 그러나 정상에서 불어 내려오는 울부짖는 듯한 눈보라를 보면 바람이 너무 강해 그 안에서 등반은커녕 가만히 서 있기도 힘드리라는 걸 알 수 있었다. 일행은 등반하고 싶어 조바심을 내며 기다렸다. 여정을 포기하기에 그들은 완강했다. 폭풍이 이십오 일 내내 몰아친 뒤에야 날씨가 풀렸다. 다섯 명의 펀호그는 재빨리 첫번째 설동으로 되돌아가 하룻밤을 난 뒤, 더 위의 설동으로 향했다.

그들은 시야 꼭대기에서 두번째 동굴이 있던 곳으로 갔지만, 동굴 입구가 보이지 않았다. 눈보라가 화강암 봉우리 주변을 휘감고 또 휘감았다. "내 손조차 보이지 않았습니다."

리토의 말이다. "저 높은 곳에서 바람이 눈보라를 일으키고 봉우리에서 얼음결정을 들어내 공중으로 날리는 모습이 보였죠. 바람이 울부짖었습니다. 우리는 등반할 수 없다는 걸 알았습니다."

일행은 산등성이를 체계적으로 수색했다. 눈은 끊임없이 날리고 있었지만, 바람에 휩쓸려 땅에 닿지도 못했다. 바람이 산의 지형을 바꿔놓았다. 익숙한 형태는 파묻히고 알아볼 수 있던 표식은 지워졌다. 한 시간 동안 수색했는데도 대원들은 피신처를 찾을 수 없었다. "우리는 경솔하게도 입구를 표시하지 않았습니다. 설동은 바람에 날려온 눈에 파묻혔습니다." 톰킨스의 말이다.

그러다가 크리스 존스가 신이 나 환호성을 지르며 설동을 찾았다고 신호했다. 존스는 톰킨스와 번갈아가며 바릴로체에서 사온 작은 삽의 강철 날로 얼음을 깼다. 그들은 천천히 동굴로 들어가는 길을 뚫었다. 눈이 녹으면서 입구가 봅슬레이 경기장처럼 미끄럽고 아이스하키 링크처럼 단단한 얼음 관으로 바뀌었다. 톰킨스와 존스는 해병대처럼 팔꿈치를 딛고 포복해 들어갔다. 톰킨스는 새로 내린 눈을 밀어젖히고 동굴 안으로 손을 욱여넣어 머리가 들어갈 만한 크기의 구멍을 만들고 안으로 미끄러져 들어갔다. 그다음 추위에 몸이 언 편호그가 한 명씩 눈으로 만들어진 집에 들어갔다. 완성된 동굴은 비뚤어지고 물이 샜다. 그래서 일행은 그 동굴에 더그의 친한 친구 피터 '카도' 아베날리의 이름을 따 '카도 동굴'이라는 이름을 붙였다. 카도는 매우 지저분한데다 태평한 성격이라 엉망이 된 것은 모두 '카도 스타일'로 분류할 수 있었기 때문이다.

식량은 돌처럼 딱딱하고 바닥은 젖고 기온은 0도에 붙박여 있었다. 남부 여름의 긴 낮을 고려하면 밤이 오기 전에 돌아갈 수 있으리라고 그들은 생각했다. 그러지 못하면 동굴에서 밤을 버티기로 했다. "날씨가 우리를 막을 때까지 등반했습니다." 쉬나드가 말했다. "일기예보도, GPS도 없었습니다. 무슨 일이 벌어지는지 알 방법이 전혀 없었죠. 그러니 날씨의 자비에 몸을 맡긴 셈이었습니다."

바람이 그들의 피신처 지붕을 갉아먹었다. 바닥에 난 금이 산의 내부로 구불구불 이어지는 크레바스 안으로 눈을 빨아들였다. 일행이 메울 때마다 틈새가 다시 생겨났다. 얼어붙은 스토브를 다독여 살려내는 건 공이 많이 드는 작업이었고, 일행은 거의 말을 하지 않았다. 트레킹으로 기진맥진하고 폭풍에 시달릴 대로 시달린 일행은 쓰러지듯 잠들었다. 끔찍한 날씨에도 불구하고, 정상이 임박해 있는 것처럼 느껴졌다. 구름이 걷히고 하늘이 맑아지면, 곧 등정을 시작할 수 있을 듯했다.

이틀 뒤, 1968년 12월 18일 저녁에 톰킨스와 쉬나드는 설동 밖을 내다보고는 감격하여 그 광경을 응시했다. 하늘은 맑고 별은 밝았다. 대원들은 정상 등반을 진행하기로 빠르게 합의했다. 그들은 하강을 위한 로프와 헤드램프를 좀 더 챙겼다. 산에서 밤을 나게 된다면 일행은 입고 있는 옷만으로 버텨야 할 테니까. 그들은 새벽 네시에 등반할 계획으로 세시에 알람을 맞췄다. 다른 사람들이 로프와 장비를 준비하는 동안 톰킨스는 알람을 두 시간 전인 새벽 한시로 돌려놓았다. 그는 처음 몇 시간 동안은 어둠 속에서도 등반할 수 있으리라 생각했다.

그들이 동굴에서 나오니 아픔이 느껴질 정도로 추웠다. 대원들은 새벽이 밝기 전 어둠 속에서 남서쪽 돌출부의 가파른 화강암 암벽에 이르렀다. 그들이 기다려왔던 암벽등반이 시작되었다. 혁신적인 전략은 물론 지금까지 아무도 찾지 않은 암벽에 대한 정확한 정찰이 필요한 등반이었다. 등반가가 다섯 명이었기에 뭔가 잘못되더라도 보다 안전할 수 있었지만, 등반용 로프가 세 줄밖에 없어 어떻게 함께 움직일지가 문제였다. 어떻게 서로의 빌레이를 봐주며 각 구간을 따라갈 수 있을까? 한 가지 패턴이 빠르게 정립되었다. 쉬나드와 톰킨스가 번갈아 앞장서기로 했다. 로프 하나의 길이만큼 올라가면, 선등자가 후등자들이 따라올 수 있도록 로프를 고정했다. 존스가 그 뒤를 따라가며 선등자가 등반 루트를 확보하기 위해 배치한 장비를 거둬들였다. 리토는 얼어붙기 시작한 카메라로 촬영하며 혼자 등반했다. 모두가 정상에 오르는 날을 오래도록 기다려왔기에, 그는 감히 볼렉스 카메라의 30미터짜리 필름을 교체하는 동안 기다리거나 멈추라고 말할 수 없었다.

대원들은 선등자가 미리 고정해놓은 로프를 따라 몸을 끌어올리는 주마라는 장비를 이용해 각 구간을 올라갔다. 여기서 대원 중 등반 경험이 가장 적은 도워스가 중요한 역할을 맡게 되었다. 각 구간을 마지막으로 올라가는 대원으로서, 그는 방금 타고 올라온 로프를 말아 다시 사용할 수 있게 선등자에게 건네야 했다. 모두가 순간에 몰입해 암벽을 올라가는 동안 도워스는 다른 사람들의 모습을 놓치곤 했다. 그들의 소리도 들을 수 없었다. 그는 고립감을 느끼며 극도로 긴장했고, 누구도 원치 않는 마지막 객차가 된 기분이었다. 그는 냉정을 유지하며 집중해야 했다. "떨어지면 죽는다." 도워스는 자신을 타이르며 가능한 위험에 대해 생각하지 않으려 애썼다. "나는 나 자신에게 저기는 가지 마, 저기는 가지 마, 저기는 가지 마라는 말만 계속했다."

구름이 산등성이 너머로 정상을 지나 빠르게 이동하는 동안 날씨는 얼어붙을 듯 춥게 느껴졌다. 그러다가 일행은 그림자에서 벗어났다. 그들은 정오가 되어서야 햇볕을 받을 수 있었다. 쉬나드와 톰킨스는 계속해서 최선의 루트를 탐색했고, 유용한 크랙이 많이 나 있어 표면이 거친 차가운 화강암을 발견했다. 톰킨스는 펀호그가 요세미티 계곡에서 즐겨 올랐던 화강암과 매우 비슷하다고 말했다. 다만 여기가 훨씬 차가웠다. 손가락이 드러나는 모직 장갑 덕분에 그들은 손을 따뜻하게 유지하면서도 맨손가락으로 바위를 잡을 수 있었다. 톰킨스는 자신의 소박한 수제 장갑을 "최고의 장비"라고 불렀다.

높이 올라갈수록 바람이 뿌연 구름 띠를 암벽 옆으로 밀어 올렸다. 기온은 계속 낮았지만, 일행은 점점 낙관적이 되었다. 그들은 힘들었던 마지막 구간을 지난 다음 정상의 피날

레로 이어지리라 생각했던 안부를 돌파했다. "우리는 마침내 다 끝났다고 생각했습니다." 존스의 말이다. "그런데 갑자기 얼음으로 뒤덮인 높은 산봉우리가 정상으로 가는 길을 막아섰습니다. 그건 최소 두 시간은 더 등반해야 한다는 뜻이었죠. 바위를 뒤덮은 흰 서리[위험하고 얇은 얼음층]도 있었습니다."

리토는 말했다. "꼭대기에 이른 우리는 문제가 뭔지 알았습니다. 언월도처럼 생긴 정상의 산등성이였죠. 할 수만 있다면, 우리는 일련의 얼음 탑을 가로질러야 했습니다. 우리와 정상 사이의 간격이 얼마나 될지 전혀 알 길이 없었습니다." 일행은 계속해서 위로 올라간 다음 모퉁이를 도는 식의 등반을 반복했다. "더그는 뭐에 씐 사람처럼 등반했습니다." 도워스의 말이다. "그는 얼음이 낀 좁은 홈과 고약한 눈길을 성큼성큼 나아갔습니다."

몇 시간에 걸쳐 높은 봉우리 네 개를 지나고 나서야 일행은 마지막 톱니 모양 산등성이를 건넜다. 톰킨스는 라펠로 한 구간을 내려온 다음, 6미터 높이의 크랙을 기어올라가 로프를 풀었다. 그는 말했다. "나는 기술적으로 어려운 점이 더 있을지 보고 싶다는 열망에 다른 사람들이 등반을 마무리하는 동안 먼저 앞으로 가보았죠. 우리가 성공했다는 걸 알 수 있을 때까지 오른 다음, 슈퍼 쿨와르♦ 정상의 가장자리로 나가 동료들이 아래쪽 구름 속에서 나타났다가 사라지는

♦　얼음과 눈으로 이루어진 급경사 협곡.

모습을 보았습니다."

대원들이 하나씩 모습을 드러냈다. 이본, 리토, 도워스, 크리스. 카메라 촬영에 대한 고마움의 표시로(정상 등정 순간도 촬영해야 했다) 리토를 맨 앞에 보냈다. 일행은 한 명 한 명 천천히 안전하게 발걸음을 뗀 끝에 자그마한 정상의 바윗덩어리에 올라섰다. 지상에서는 도저히 올라갈 수 없을 것처럼 보였던 뾰족한 봉우리가 이제 그들의 발밑에 있었다. 쉬나드는 일행의 심정을 이렇게 요약했다. "우리는 한동안 자유를 누릴 자격이 있어."

톰킨스는 씩 웃으며 정상을 음미했다. 발아래에서 구름이 몰아치며 하산 루트를 숨겼다. 저 아래로 라고 비에드마가 언뜻 보였다. 일행은 광활한 파타고니아의 빙원과 화산을 볼 수 있었다. "우리는 그 순간 세계에서 가장 높은 곳에 있었습니다. 우리가 조망하는 모든 것의 주인이 된 기분이었어요." 톰킨스의 말이다. "갑자기 설동과 차가운 손발, 불편함, 형편없고 양도 적은 음식, 과연 등반할 수 있을 만큼 날씨가 좋아질 것인가 하는 마지막 몇 주 동안의 의구심으로 인한 괴로움이 전부 사라졌습니다. 목표에 이른 등반가라면 모두 느끼는 만족감이 우리 다섯 명 모두에게 솟구쳤습니다." 바람이 휘몰아치며 사방에서 구름이 몰려왔다. 펀호그는 톰킨스가 "파타고니아 폭격기"라 부른 것에 발목이 잡힐까봐 긴장했다. 그들은 하산 루트로 신경을 돌렸다.

바람이 거세지는 가운데 일행은 조심스레 내려왔다. 이중으로 묶은 로프를 타고 미끄러지듯 라펠을 한 뒤 로프를 당겨 회수했다. 바람이 너무 강해 때로 로프가 그들을 지나쳐 위쪽으로 날아갔다. 쉽지 않은 상황이었다. 그런 경우에는 줄이 느슨해져 하강을 멈춰야 할 수도 있었다. "절대 방비를 늦춰서는 안 됩니다. 그건 확실하죠." 쉬나드가 말했다. "사실, 정말로 경계심을 늦춰서는 안 된다는 걸 일부러라도 의식해야 합니다. 에베레스트에서는 가이드가 높은 곳에서 곤경에 빠졌는데 고객은 자기가 어떻게 거기까지 올라갔는지도 모르는 경우가 많습니다. 그러나 우리는 등반할 때 좋아, 여기서 폭풍을 맞으면 이 작은 홈을 타고 빠져나갈 수 있어라는 식으로 생각합니다. 늘 생각해야 하죠. 우리는 내려가는 게 올라가는 것보다 더 위험할 수 있다는 걸 잘 압니다."

여름의 긴 햇빛은 아직 남아 있었지만, 바람이 로프를 후려쳐 돌출부에 걸리는 바람에 일행의 운은 다하고 말았다. "손은 얼어붙었지, 헤드램프로는 흩날리는 눈밖에 안 보이지, 밧줄은 꼬였지, 심각한 순간이었습니다." 톰킨스의 말이다. 그들은 새벽 두시경 라펠을 중단하고 작은 돌출부에서 비바크를 할 준비를 했다. 비바크는 제대로 된 캠핑에 훨씬 못 미친다. 등반가에게는 멈춰 서서 아침이 올 때까지 기다린다는 뜻이나 마찬가지다. 그들은 고정한 로프 몇 줄을 엮어 만든 웨빙으로 벽에 자신의 몸을 묶었다. 도워스는 더이상 발가락에 감각이 없었으므로 장화를 신은 채 잤다. 톰킨스는 바람이 몰아치며 그들의 장비를 돌에 처박는 것을 느꼈다. 그들은 쉬면서 몸을 떨었다. "몹시 추웠습니다. 나는 잠을 잘 수도 없고 아무것도 할 수 없었습니다." 쉬나드가 말했다. "그냥 앉아 있는 셈이었죠."

새벽에 그들은 위쪽 설동까지 나아갔다. 하강 로프는 도저히 가만있지 않았다. 그들이 천천히 내려가는 가운데, 톰킨스의 말을 빌리자면 바람소리가 "서커스에서 사자에게 휘두르는 채찍 소리처럼" 들려왔다. "우리는 오전 열한시쯤 비좁은 설동으로 돌아왔습니다. 지치고 추웠죠. 승리의 플란을 먹은 다음, 우리는 오후 늦게까지 쓰러져 잤습니다." 그들이 쓴 대본의 대사는 정확히 들어맞았다. 펀호그는 정말이지 새로운 루트로 피츠로이에 올랐다. 영화를 제대로 찍은 것이다.

하지만 집에서는 그들의 생사를 아는 사람이 아무도 없었다. 여행은 몇 달이나 지체되었다. 수지가 이본의 아내 맬린다 쉬나드에게 전화를 걸어 구조팀을 보내야 하는 것은 아닌지 물었다. 그들은 남아메리카의 야생에서 등반가를 찾아낼 수 있는 사람들을 몇 알고 있어서 연휴가 지난 다음 미국 알파인 클럽에 연락해 실종된 배우자를 찾아달라는 SOS를 보내기로 했다.

톰킨스와 쉬나드는 이 모험이 평생의 우정을 단단히 쌓고, 각자 훗날 겪게 될 사업적 난관을 극복할 수 있는 힘을 길러주었다는 것을 그때는 알지 못했다. 두 사람은 한 발은 산에, 한 발은 자연을 존중하는 사업을 만들겠다는 신념에 딛고 있었다. 그러나 그러한 대담한 꿈을 꾸면서도 그들은 이 우연한 여정 덕분에 쉬나드는 파타고니아 의류회사의 리더로서 기업의 사회적 책임과 나눔을 실천하게 되고, 더그는 자기 세대의 가장 위대한 환경운동가가 되리라고는 상상하지 못했다. 수 년 뒤, 설동에 갇혀 지냈던 인생 최악의 순간에 대해 이야기하면서 이본은 그들의 끈기와 시련에서 깊은 가치를 발견했다. "나는 역경에 대처하는 법을 배웠습니다. 그러니까 그 순간은 동시에 내 인생 최고의 순간이기도 했죠."

4장

플레인 제인, 주류가 되다

더그는 정말로 기세가 대단했습니다. 흥미로워 보이는 무언가를, 혹은 기회를 발견하면 그걸 붙잡고 실현했죠.

수지 톰킨스

1969년 새해 첫날, 더그 톰킨스는 비행기를 타고 집으로 가는 동안 신년을 몇 번이나 축하했다. 그는 시간대를 거슬러 비행하며 칠레 산티아고와 페루 리마, 이어 로스앤젤레스에서 건배했다. 마침내 샌프란시스코로 돌아온 그는 귀환을 기념했다. 공항에서 더그를 맞이해 집으로 데려온 수지는 두 사람의 여섯 달 된 딸 서머에게 그를 다시 소개했다. 더그는 아기를 알아보지 못했다. 서머도 자기가 태어난 다음날 떠난, 온 지구를 돌아다니는 아빠에 대한 구체적인 기억이 별로 없었을 것이다.

샌프란시스코로 돌아온 더그는 다음 행보에 대해 고심했다.

그동안 리토는 펀호그 여행 때 촬영한 영상을 분류하고 정리하며 몇 달을 보냈다. 이 영상들은 두 편의 다큐멘터리로 나뉘어 구성되었는데, 둘 중 무엇도 〈엔드리스 서머〉의 기대를 잇는 속편이 되지는 못했다. 등반영화의 세계는 일반인의 관심사와 동떨어져 있었다. 다만 리토의 단편영화 〈피츠로이: 남서부 암벽 첫 등반〉은 1969년 이탈리아의 트렌토 국제영화제에서 최우수상을 받았다. 소규모지만 팬층이 생기기도 했다.

한편, 더그는 샌프란시스코에 새로운 사업체를 열 생각을 하고 있었다. 아마 레스토랑이 될 터였다. 그는 설동에서 음식에 관해 몇 주간 브레인스토밍을 하면서 식욕이 돋아 음식 관련 아이디어가 풍부하게 떠올랐다. 아웃도어 장비 시장은 호황기였고, 이본의 등반 장비도 마찬가지였다. 그러나 아웃도어 장비 판매는 선택 사항에 없었다. 더그는 두 번다시 야생에 대한 사랑을 생계 수단으로 오염시키지 않겠다고 다짐한 터였다. 이본은 등반을 하며 계속해서 동료 더트백을 위한 최고의 장비를 만들어냈지만, 그건 더그의 스타일이 아니었다. 모험적인 야외활동에 중독된 한편 모험영화를 찍어서 이윤을 낼 수 있다는 자신감은 사라졌기에, 더그는 일 년에 팔 개월 정도는 자신을 도시에 붙들어둘 방법을 탐색했다. 어떤 상황에서도 그 이상 도시에서 살 수는 없었다. 더그는 수지와 연애하던 초반부터 결혼생활 내내 일 년에 사 개월, 때로는 육 개월 동안 지평선 너머로 사라지겠노라 분명히 밝혔다. 어떤 허락도 구하지 않았고, 어떤 핑계도

대지 않았다. 그 기간 동안 더그는 남편도, 아버지도, CEO
도 아니었다. 그저 더그였다. 친구들과 함께 덤불 속을 돌
아다니며 자신을 시험하고, 대부분의 사람은 잡지에서 읽고
말 머리카락이 삐죽 서는 여행을 경험하는 더그.

　이본도 자신의 절친과 의견이 같았다. "일 년에 정말 사랑
하는 일을 할 시간을 서너 달도 낼 수 없다면 잘못된 직업을
가진 겁니다." 이본은 그렇게 선언했다. 운동가야말로 열정
적인 개인이자 훌륭한 팀원이라고 믿었던 이본은 파타고니
아 직원으로 일부러 서퍼를 고용했다. "사업가를 가르쳐 서
퍼로 만드는 것보다는 서퍼를 가르쳐 사업가로 만드는 게
더 쉽습니다." 그는 웃었다. "서퍼는 파도가 오면 서핑보드
를 잡죠. 다음주 화요일 오후 네시에 서핑을 하겠다고 일정
을 잡는 게 아닙니다."

　더그는 한 번에 몇 달씩 가족 곁을 비웠다. 딸들과 모험
에 대한 열정을 나누긴 했어도, 더그에게 가족부양은 친구
들과의 여행이나 일에 대한 열정과 비슷한 강도에 이른 적
이 한 번도 없었다. 더그의 오랜 친구 에드거 보일스의 말이
다. "더그는 언제나 새로운 아이디어가 있었습니다. 이걸 하
자, 저걸 하자. 더그는 그런 식으로 어린 딸들을 데리고 자연
스레 포인트레이어스 해안 국립공원으로 여행을 떠나곤 했
죠. 우리는 아이들과 함께 언덕을 오르고 밤에는 야영을 했
습니다. 더그의 미학은 짐을 이고 지고 다니지 않고 언제나
가볍게 움직인다는 것이었습니다. 때로는 사람들이 극한의
캠핑이라 부르는 것을 하기도 했죠. 필요한 게 있을 수도 있

지만, 없을 수도 있으니까요."

플레인 제인의 초창기에 촬영한, 많은 의미가 담겨 있는 흑백 가족사진에서 더그는 두 딸 중 한 명의 손을 잡고 있다. 그러나 간신히 잡고 있는 것처럼 보인다. 아이는 아빠가 내민 손가락 하나를 쥐고 있고, 아빠는 어딘가 초연하고 행복해 보이지 않는 표정을 짓고 있다.

새로운 의류 콘셉트가 성공적으로 자리잡은 상태에서, 더그와 수지는 맨해튼으로 날아가 의류업계를 더 조사했다. 여러 미팅을 하는 동안 그들은 어느 유능한 영업사원에 관한 이야기를 들었다. 그들이 아는 몇몇 사람이 앨런 슈워츠를 맨해튼에서 가장 뛰어난 의류 영업사원이라고 설명했다. 더그는 흥미를 느끼고 미팅을 잡았다. "이스트엔드 애비뉴에 있는 라이카 카메라 회사 소유의 아름다운 브라운스톤 저택에서 두 사람을 만났습니다." 앨런의 말이다. "더그가 '우리 회사에 와서 일해보세요'라고 하더군요. 나는 '당신은 사업을 하지 않잖아요'라고 말했죠. 그러자 더그가 말했습니다. '당신이 당신 생각만큼 뛰어나다면 수익의 10퍼센트와 회사 지분 20퍼센트를 주겠습니다.' 나는 '존재하지 않는 회사의 지분 20퍼센트는 0입니다'라고 말했죠. 더그가 그러더군요. '뭐, 좋은 회사로 만들어보세요.' 나는 '다음주까지 30만 달러어치를 팔죠. 그러면 수익 분담금은 3만 달러가 될 테니, 만 5천 달러를 선급금으로 주세요. 나머지 절반은 출고할 때 주시고요'라고 했습니다."

더그는 그 자리에서 동의했고, 슈워츠는 태동기의 회사

에서 일을 시작한 첫 달에 플레인 제인 의류를 40만 달러어치나 팔았다. "우린 모든 곳에 옷을 팔았습니다. 캐주얼 코너, 리미티드, 삭스, 블루밍데일스, 모두에게요." 앨런의 말이다. "내가 개발한 사업은 전부 뉴욕에 관한 것이었습니다. 수천 개의 매장을 거느린 체인점에 전부 물건을 넣었죠. 나는 모든 상품을 팔았습니다."

앨런이 매출을 올리는 가운데 더그와 수지는 (차트 최상위에 오른 제임스 테일러의 동명 히트송을 기리는 의미에서 이름 지은) 스위트 베이비 제인 블라우스를, 그다음에는 (수입 티셔츠인) 재스민 티를, 그다음에는 (니트스웨터인) 세실리 니트와 치마를 추가했다. 이들의 특기는 복제였다. 유행을 포착한 다음 디자인을 조금 바꾸고 새로운 색깔을 추가해 모방하는 식으로 수백만 달러의 매출을 올렸다.

사업을 시작하고 겨우 삼 년째인 1972년에 매출은 800만 달러를 찍었고, '더그와 수지'는 화제의 부부가 되었다. 하루아침에 샌프란시스코 패션계의 아이콘이 되었다. 이들이 만든 밝은 색깔의 매우 편한 일상복은 불티나게 팔려나갔다. 둘의 인생에 현금이 쏟아졌다. 더그와 수지는 빚을 전부 갚고 제대로 된 사무실 공간을 임대하고 제때 월급을 지급했다. 그러고도 투자할 돈이 한참 남았다. 톰킨스는 현금 다발로 빨간색 페라리를 샀다. "톰킨스는 베어밸리에서 시속 180킬로미터로 운전하다가 딱지가 끊겼습니다." 리토의 말이다. "판사한테 자기 차는 정말 특별한 자동차이고 그 속도로 페라리를 운전하는 건 전혀 문제가 안 된다고 강변하더군요. 판사가 '나도 늘 페라리를 타보고 싶었는데, 차 좀 보여주겠습니까?'라고 말했죠. 더그는 판사를 데리고 나와 페라리에 태워줬습니다. 차를 타고 돌아와서 판사는 엄청난 벌금을 매겼죠. 그게 바로 더그였어요. 더그는 규칙을 거스르고 세상을 자기 방식대로 돌아가게 할 수 있다고 믿었어요."

캘리포니아 남부에서 이본도 큰 성공을 거두고 있었다. 이본은 아내이자 동업자인 맬린다와 함께 튼튼한 럭비셔츠가 클라이밍 의류로도 기능할 수 있다는 데에 승부를 걸었다. 이본은 스코틀랜드에서 등반하던 중 그 셔츠를 발견했다. 아웃도어 의류업계의 주조색이 밝거나 어두운 황갈색, 연회색 또는 회색으로 고정되어 있던 상황에서 그처럼 밝은 색감으로의 전환은 새로운 가능성을 열어주었다. 이본은 파타고니아가 계속해서 "칙칙하지 않은 색"의 튼튼한 옷을 만들어줄 수 있냐는 한 고객의 편지를 받고, 자신이 유행의 조짐을 포착했음을 알게 되었다.

이본은 '클린 클라이밍'을 선언하며 암벽등반 세계에 명실상부한 혁명을 일으키기도 했다. 그는 볼트를 망치로 박아넣어 암벽을 망가뜨리는 대신 손으로 끼워넣을 수 있는 알루미늄 형태의 도구를 홍보했다. 새로운 쐐기를 '스토퍼'나 '헥센트릭'♦이라 부름으로써, 이본은 자신의 제품과 그것이 대표하는 환경친화적 철학 양면에서 등반가들의 공감을 끌어냈다. 친구 더그와 마찬가지로 이본은 전통적인 형태의 창업

♦   암벽등반에서 사용하는 육각형 모양의 보호 장비. '육각형'을 의미하는 hexagon 과 '별나다'는 뜻의 eccentric을 합성해 만든 단어다.

에 구애받지 않았다. 그는 호주의 모직 손모아장갑과 스코틀랜드의 비바크용 침낭을 포함해 다양한 제품을 수입했다. 파타고니아의 로고로 쓰기 위해 친구에게 피츠로이산의 삐죽빼죽한 봉우리를 그려달라고 하면서 효과를 더하기 위해 색을 입히고 정상 위에 폭풍 구름을 추가하자고 제안했다. 더그와의 여행은 둘의 우정만 다진 게 아니었다. 이본은 해외 제조사가 필요해지자 홍콩에 있는 더그의 인맥을 활용해 곧장 한 달에 삼천 벌의 셔츠를 생산했다. 이본은 이제 그들이 '옷 장사'라고 부르는 업계에 들어와 있었다.

홍콩은 호황을 맞은 더그의 의류 사업에서 핵심이 되었다. 더그와 수지는 영국 식민지인 이 도시에서 티셔츠와 복제품을 수천 벌씩 제조했다. 이중 언어를 쓰는 홍콩의 노동자는 미국인이 놀랄 만한 직업윤리를 자랑했다. 샌프란시스코에 있던 직원 한 명(그 직원의 형제가 홍콩에 있었다)의 귀띔으로, 더그와 수지는 마이클 잉이라는 젊은이에게 연락을 취했다. 더그는 그를 "미국에서 우리와 함께 일하는 여직원의 형제로, 마침 퇴직하고 이직처를 구하고 있던 실업자"라고 설명했다. "그는 할 일이 없었죠." 더그가 잉을 고용해 첫 지시를 내렸고, 잉은 "하루에 스무 시간씩 일하며" 홍콩에서 더그와 수지의 엄청난 생산능력을 뒷받침하는 동력이 되었다. 더그는 충격받았다. 스스로를 일중독자이자 과도할 만큼 열정 넘치는 사람이라 생각했는데, 마이클 잉은 차원이 달랐다. 더그는 그를 "우리가 제품을 만들고 운송하는 데 성공을 거둔 진짜 이유"로 여겼다.

더그는 자신의 브랜드를 아우를 종합적인 기업 이름이 필요했다. 그의 친구 리토가 '에스프리 드 코르'라는 이름을 생각해냈다. '민중의 영혼'이라는 뜻이었지만, '코르Corps'라는 단어 때문에 '기업'처럼 들리기도 했다.♦ 더그는 미군 해병대 US Marine Corps의 슬로건을 여성 의류 회사의 이름으로 비틀어 쓴 것도 재미있어했다.

1973년에 에스프리의 매출은 한 달에 100만 달러 규모로 상승했다. 톰킨스가 자제했는데도 그랬다. "우리가 가지고 있는 것만 파세요." 그는 영업팀에 말했다. "우리가 만들 수 있는 건 그게 전부입니다." 솟구치는 수요를 따라가는 대신, 더그는 품질을 저해하지 않는 수준으로 성장을 제어하기로 했다. 그는 거래를 희망하는 구애자들을 골라내고, 성장하는 에스프리의 제품을 팔 자격이 있는 백화점을 신중하게 선택했다. "미국에는 사만 오천 개의 매장이 있는데, 우리는 그중 이천 곳에 제품을 납품합니다." 그가 말했다. "우리는 우리 제품이 들어가는 이천 곳의 매장이 나머지 사만 삼천 곳보다 나은 곳이기를 바랍니다. 그게 경쟁이죠." 더그는 의류 사업을 수천 개의 회사가 시장점유율을 놓고 싸우는 치열한 분야로 보았다. 패션은 석 달마다 바뀌었으므로 추측이 게임의 일부였다. 다가올 유행을 예측해 패턴을 프린트하고 재고를 채워둘 수만 있다면, 유행이 왔을 때 돈이 쏟아져들어올 터였다. "이 업계 회사들은 신속하고 공격적

♦　기업을 뜻하는 corporation을 줄여 corp.로 쓰는 경우가 많기 때문이다.

이며 대응도 빠릅니다. 그게 이 산업의 본질입니다." 더그는 말했다. "우리는 그들과 발맞추어야 합니다. 게릴라 분파처럼 작은 전투조직으로 나뉘어야만 경쟁할 수 있습니다."

　에스프리 드 코르의 의류는 미니스커트에서 헐렁한 나팔바지에 이르기까지 다양해졌다. 서부권의 해방 문화를 상징적으로 나타내는 스타일이었다. 에스프리는 말쑥한 15세 소녀와 좀더 취향이 뚜렷한 25세 여성이 직접 구매할 만한 옷이었다. 주류의 규범은 무시되었다. 에스프리 드 코르는 유럽의 패션 취향과 샌프란시스코의 반문화적 가치가 뒤섞인 산물이었다. 여성해방이 보편화되었고, 에스프리 드 코르는 자유가 위협당한다는 불안보다는 개인의 선택이 주는 소소한 기쁨을 표현했다. 에스프리 의류를 납품해달라는 요청은 종종 거절되었다. 더그는 선언했다. "내 옷을 팔려면 제대로 된 무대에 올려야 한다." 그는 자신의 원칙에 있어서 강경했다. 상표와 단추, 옷걸이 등 그 어떤 세부 사항도 소홀히 여기지 않았다.

　노스페이스 때에도 그랬듯, 더그는 회사 운영을 덩컨 드웰에게 맡기고 바깥세상을 탐험하기로 했다. 그는 쉬나드와 함께 스코틀랜드로 여행을 떠나기 단 하루 전에 드웰에게 전화를 걸어 도움을 요청했다. "와서 얘기 좀 하죠." 덩컨이 오자 더그가 말했다. "그게, 음. 내가 의류회사를 가지고 있는데, 운영할 사람이 필요합니다. 당신이 와서 대신 운영해줘요. 난 다음주에 떠납니다." 다른 직장으로 옮겨갔던 드웰은 그때의 일을 이렇게 떠올렸다. "그래서 나는 직장을 그만

두고 토요일 아침에 더그를 만났습니다. 더그는 무엇이 팔렸고 어떤 천을 주문했는지에 관한 메모를 휘갈겨둔 노란색 노트와 봉투를 잔뜩 쌓아놓고 있었죠. 처음에 그는 아이거를 등반하겠다고 했지만 결국 스코틀랜드로 가게 됐습니다. 그 시점에 더그는 매출채권을 은행에 매각해 자금을 조달할 준비를 마쳤습니다. 우리 제품이 시장에서 엄청난 반응을 얻고 있었거든요."

더그는 직원을 면전에서 칭찬하는 일이 드물었지만, 사적인 인터뷰에서는 드웰에 대해 열변을 토했다. "나는 그를 정말 다양한 상황에 투입해봤어요. 그는 어떤 상황이든 빠르게 파악해내는 사람이에요. 단시간에 전문가가 되고, 그다음에는 항상 올바른 사고 원칙을 적용하죠." 영업사원 슈워츠에 따르면, 회사의 선지자는 더그였어도 전체적인 기반을 운영한 사람은 드웰이었다. 슈워츠는 말했다. "덩컨은 천재 유형입니다. 패션 쪽 사람이 아니에요. 통나무집에서 살 만한 시골 사람입니다. 덩컨은 워즈니악◆이었어요."

톰킨스는 기업 운용의 여러 규칙을 어기고 통념에 도전했다. 그는 노동력의 4분의 3을 여성으로 채우고, 직원 식당에서 유기농 채소와 통밀빵, 건강한 주스를 내놓도록 했다. 그는 회의를 몹시 싫어해서, 어떤 회의도 참석자가 세 명 이상이면 안 된다는 전사 차원의 규칙을 실행했다. "난 회사의 모든 사람이 '나라도 이렇게 결정했을 거야'라고 느끼며 회

◆   애플의 공동 창업자 스티브 워즈니악을 말한다.

의실을 나서길 바랐습니다."

톰킨스는 미적 디테일에 강박적으로 집착했다. 직원들에게 긴 머리를 허용하고, 음악은 스피커 잭이 드러나지 않도록 숨긴 채 틀도록 했다. 사무실에는 화분 삼백 개와 화분만 돌보는 정규직 직원이 있었다. 직원들은 나무 바닥을 보호하기 위해 맨발이나 양말 바람으로 조용히 돌아다녔다.

쓸데없이 전구를 켜두거나 바닥에 담배꽁초를 버리는 짓은 죄악이었다. "누가 자기 연필과 가위를 전부 올리브오일 깡통에 넣어뒀어요." 수지 톰킨스의 말이다. "크고 오래된 이탈리아산 올리브오일 깡통이었는데, 더그가 들어오더니 말했죠. '저거 책상에서 치워.' 내가 그랬어요. '왜, 저게 저 사람의 개성 표현인데.' 더그가 말했죠. '저건 여기 어울리는 물건이 아니야.'"

톰킨스는 그에게 직접 보고하는 열일곱 명에게 '금요일 보고서'를 요구하며 말했다. "작성하는 데 십오 분, 읽는 데 오 분 이상이 걸리지 않는 빠른 보고서를 쓸 것. 난 그 이상은 처리하기 힘듭니다." 그는 매주 한 시간 삼십 분가량 이런 보고서를 읽고 검토했다. "이렇게 하면 큰 그림을 개략적으로 알 수 있습니다. 하지만 보고서는 나를 위한 것인 만큼 직원 자신을 위한 것이기도 했습니다."

더그는 CEO라는 사실상의 역할을 무시하고, 자신을 회사의 '이미지 디렉터'로 브랜딩했다. 그는 종종 직원들의 머리 위에서 공중곡예를 선보였다. 문자 그대로 말이다. 에스프리 드 코르에는 사장실보다 큰 트램펄린이 있었다. "트램펄린은 옥상에 있었습니다. 꽤 멋졌죠." 톰킨스에게 트램펄린에서 공중제비 도는 방법을 가르친 하이다이빙 챔피언 피터 버클리의 말이다. "구름 위에 올라간 기분이었습니다. 가끔 트램펄린에서 넘어지면 누군가 잡아줬습니다. 까다로운 동작을 할 때는 안전벨트를 착용했고요. 더그는 뛰어난 운동선수였어요. 아주 빠르게 배웠습니다. 겁도 없었고요."

에스프리의 사업 십계명

1. 우리가 누구인지 알고 정체성을 고수한다.

2. 수요에 발맞추기보다 수요를 만들어낸다.

3. 브랜드를 먼저 만들면 사업은 따라온다.

4. 양보다 질이다.

5. 고객과 공급자, 직원, 회사는 상생한다.

6. 조직의 성과는 각 직원의 에너지에서 비롯된다.

7. 모든 동료를 동등하게 대한다. 불만을 해소하기 위해 쌍방향으로 의사소통한다.

8. 개인에게 잠재력을 실현할 기회를 준다.

9. 탁월함과 성취에 자긍심을 가진다.

10. 각 회사가 속한 지역사회를 풍요롭게 한다.

트램펄린 근처에 에스프리 드 코르의 목공소가 있었다. 짐 스위니가 맞춤형 참나무 책상을 만들고 액자를 조각하고 차이나타운의 재봉소에서 쓸 작업대를 제작하는 곳이었다. 스위니는 수학 박사학위가 있었으나 "내가 하는 일이 곧 나

자신"이라는 자기 철학의 한 표현으로 목공과 공예를 선택했다. 스위니에게는 흠잡을 데 없는 취향이 있었다. 톰킨스가 맞춤형 목재 가구를 원할 때마다 스위니는 그 가구를 만들 수 있었다. 두 남자는 한 팀이 되어 가구 디자인을 브레인스토밍하거나 암벽등반을 하거나 LSD를 하며 수백 시간을 보냈다.

스위니는 더그를 보면 복싱 챔피언의 이름을 따 '잭 뎀프시'라 불리던 수족관 물고기가 생각난다고 했다. 스위니의 말이다. "어항 하나를 가져다가 그 안에 뎀프시 두 마리를 넣으면, 둘은 옆으로 몸을 돌려 덩치를 커 보이게 하는 식으로 서로에게 도전합니다. 각자 공간을 장악하려고 분투하죠. 기본적으로는 둘 다 어항에서 자기 구역을 가지게 됩니다. 그들은 심리적인 방식으로 옥신각신합니다. 서로를 물지 않아요. 어항의 특정한 구역에 대한 지배권을 확립할 뿐이죠." 스위니는 말을 이었다. "더 강하고 지배력이 있는 물고기가 결국 어항을 차지합니다. 다른 물고기는 작은 구석에서 완전히 혼자 지내게 되죠. 처음 어떤 영역에 들어가면 더그는 '좋아, 여기 선수가 누구인지 알겠어. 괜찮네'라는 식으로 굽니다. 그런 점에서 뎀프시와 좀 비슷했죠. 그러다가 더그는 이렇게 말합니다. '뭐, 나도 이 놀이터에서 놀 수 있겠는데.' 그렇게 점점 더 지배적인 존재가 되어 더 많은 공간을 차지하는 거예요."

새로운 아드레날린을 얻고 싶어 안달이 난 톰킨스는 샌프란시스코만 맞은편에 있는 오클랜드에서 '시타브리아'라는 이름의 다목적비행기를 타고 비행 강습을 받았다. 시타브리아는 'a-i-r-b-a-t-i-c'을 거꾸로 쓴 것이었다. "삼륜식 착륙장치를 갖춘 세스나 연습용 비행기를 이용하는 대신, 더그는 처음부터 테일 드래거◆로 비행을 배웠습니다." 더그의 친구이자 동료 비행사였던 에드거 보일스가 설명했다. "머잖아 더그는 비행기를 샀습니다. 비행이 미적인 도전으로서 다음으로 정복할 스포츠인 양 비행에 뛰어들었죠."

면허증 잉크도 마르기 전에 더그는 가족을 태우고 몇 년 전 밴을 타고 갔던 경로를 따라 캘리포니아에서 남아메리카 최남단으로 갔다.

더그와 수지는 비행기 뒷좌석을 맞춤형으로 제작한 패드로 교체했다. 네 살짜리 퀸시와 두 살짜리 서머의 놀이 공간으로 만든 것이다. "날아다니는 폭스바겐 비틀이었어요." 퀸시는 그렇게 회상했다. "뒷자리에 폼 매트리스가 있었죠. 아빠가 날아올랐다가 급강하하면 우리는 거기에서 떠오르곤 했어요."

그들은 오클랜드에서 멕시코, 코스타리카, 파나마, 콜롬비아, 에콰도르, 페루, 칠레로 비행했다. 마지막 착륙지점은 남아메리카 극단인 티에라델푸에고였다. 톰킨스는 매일 저녁 세스나 경비행기를 착륙시켰다. 그때마다 아이들은 비행기를 꽉 붙들었다. 더그는 그렇게 착륙한 곳에서 캠핑이나 가족여행을 임기응변으로 꾸려냈다. "허락보다는 용서를 구

◆　앞에 바퀴 두 개, 뒤에 꼬리 바퀴 하나가 달린 구형 비행기로 조종이 어렵다.

하기가 쉽다"라는 말에 따라, 그는 자주 외진 해변에 착륙했다. 멕시코에서는 밀물 때를 잘못 판단한 적도 있었다. 그때 더그는 수지를 불러 함께 비행기를 해변의 마른 지점으로 밀어 옮겼고, 엔진을 작동시켜 간신히 이륙했다. 그의 가족은 열두 시간 동안 조난당하고 말았다. 그동안 더그는 근처 마을에 착륙해 음식을 사서 안전하게 포장한 다음 해변 바로 위로 저공비행을 하며 아래쪽 해변에 점심과 저녁을 떨어뜨려주는 일밖에 하지 못했다. "우리는 해변에 착륙하다가 자주 곤경에 빠졌어요. 들판에 착륙하기도 했고요." 수지의 말이다. "무서운 점도 있긴 했죠. 하지만 어떤 사람들은 그 나이에도 무섭다는 생각을 전혀 하지 않는 것 같아요. 그냥 와! 할 뿐이죠."

그들은 야영할 때, 땅바닥이나 비행기 뒷좌석에서 잠을 잤다. 비행하며 이야기를 나누고 책을 읽었다. 톰킨스는 때로 아이들에게 조종간을 잡게 해주었다. 평소 엄격한 아빠의 장난스러운 모습이었다. 딸들에게 비행은 마법의 순간, 부모라기보다 폭군에 가까운 '지상의 더그'로부터 탈출하는 시간이었다. "아빠는 다른 사람에게 진정으로 관심을 가져본 적이 별로 없어요. 다른 사람들이 뭘 하는지, 어떤 삶을 사는지, 가족은 어떤 사람들인지 같은 것에 대해서요." 퀸시의 말이다.

샌프란시스코로 돌아온 더그와 수지는 거대한 부지에 있는 대저택을 샀다. 도시의 한 블록 규모에 해당하는 그 부지는 뱀처럼 구불구불한 것으로 유명한 롬바드 스트리트의 초

입에 있었다. 거대한 마당에는 온수 욕조와 손님용 오두막, 친구들이 카약을 가져와 '에스키모롤'을 연습할 수 있을 만큼 큰 수영장이 있었다. 본관은 높다란 삼나무로 둘러싸여 있었다. 오랜 친구인 릭 리지웨이는 말했다. "샌프란시스코의 뮤어 우즈와 비슷했습니다. 집을 나서면 삼나무숲이 트랜스아메리카 피라미드◆를 둘러싸고 있었죠. 샌프란시스코의 국제적인 시각적 상징물이 된 그 피라미드요."

온수 욕조는 집에서 보이지 않았는데, 밤이면 동네 십대인 랜디 헤이스가 몰래 여자친구와 들어가 아슬아슬한 모험을 즐겼다. 몇 년 뒤, 헤이스가 톰킨스에게 이 사실을 고백하자 톰킨스는 웃었다. 톰킨스 자신이 했을 법한 일처럼 들렸기 때문이다.

롬바드 스트리트의 집은 샌프란시스코 한복판에 있는 오아시스였다. 위층에는 샌프란시스코만이 360도 파노라마로 펼쳐지고 금문교가 엽서에서처럼 완벽하게 보이는 전망대 같은 방이 있었다. 그곳은 샌프란시스코에서 가장 비싼 땅이었으나 거리에서는 얽힌 나뭇가지만 보였다. 외부인을 끌어들일 만한 요소가 없어서 톰킨스 가족은 대문을 잘 걸어 잠그지 않았다. 더그는 절대 열쇠를 사용하지 않았다. 문이 잠기면 그는 벽을 기어올랐다. 가끔 집의 경보장치가 울리기도 했다. 그는 자동차 라디오를 여러 번 도둑맞았는데도 결코 자동차 문을 잠그지 않았다. 대신 이렇게 선언했다.

◆   샌프란시스코 금융지구에 있는 고층 빌딩으로, 뾰족한 삼각형 형태다.

"라디오 없는 차를 구해야겠어. 빌어먹을, 그래야 차 문을 안 잠가도 되지."

집에서 더그는 미친 완벽주의자였다. 주방 선반을 똑같은 토마토소스 깡통 여러 개로 장식했는데, 각각의 라벨이 완벽하게 줄을 맞춰 진열됐다. 그는 집안 곳곳에 놓인 정교한 꽃꽂이를 사랑했으며, 미술 수집품도 소중히 여기며 정기적으로 작품을 사들였다. 그림과 조각상을 포함한 그 수집품은 박물관의 전시물처럼 정확한 조명을 받았다. 더그의 딸들은 '예술'에 대한 그의 엄격한 기준을 받아들여야 했다. "아이들은 벽에 뭘 걸 수 없었어요. 더그는 자기가 원하는 대로 애들 방을 장식했죠. 회색과 흰색으로만." 수지의 말이다. "더그는 사람들을 통제하고 싶어했어요."

맨해튼의 구겐하임박물관에서 열린 아미시퀼트 작품 전시회에 갔을 때, 더그와 수지는 완전히 매료되었다. 수지는 섬세한 바느질에 경탄하며 천연 염색의 색조를 꼼꼼히 살폈다. 더그는 기하학적 완벽함에 반해 퀼트를 수집하기 시작했다. 그중 다수는 액자에 넣어 벽 장식물로 썼다. 처음에는 집에서, 그다음에는 에스프리 사무실 전체에서 펜실베이니아주 랭커스터 카운티의 퀼트들은 부부가 공유한 미학의 상징이 되었다. 퀼트 작품을 걸 때면 더그는 액자의 폭과 조명의 각도를 두고 유난을 떨었다. 모든 것이 정확히 그가 말한 대로 이루어져야 했다. 결점은 전부 제거되어야 했다. 퀼트는 더그가 완벽한 예술품을 선보일 수 있는 무대를 제공했다. 다만 그는 인간성이란 종종 결점을 통해 드러난다는 점을 인식하지 못했다.

주말에는 가족의 여가 활동으로 비행기 여행이 계속되었다. 그들은 점심을 먹으러 배커빌의 '더 넛 트리'라는 인기 레스토랑으로 날아가 레스토랑 소유 활주로에 착륙했다. 꼬마 기차가 활주로에서 식당까지 운행되었다. 멕시코의 카보 산루카스로 떠나는 사흘짜리 여행은 정기적인 주말 야외 활동이 되었다. 그들은 캘리포니아 북부를 폭넓게 탐방했다. "샌프란시스코에는 안개가 너무 많이 껴서 이륙한 다음에야 안개 위로 올라갈 수 있었죠. 베이 에어리어 상공에서 금문교 탑 꼭대기를 본 기억이 나네요. 그 빨간 탑의 맨 위를 아주 조금만요." 퀸시의 말이다. "우리는 독립기념일에 비행기를 타고 올라가 불꽃놀이를 내려다보고는 다리 밑으로 비행하곤 했어요."

톰킨스는 둘째 딸 서머에게 유난히 엄격했다. 그는 서머가 태어난 후 첫 여섯 달을 곁에 있지 못했고, 그로 인해 생긴 정서적 공백을 극복하려 애쓴 적도 전혀 없었다. "더그는 퀸시를 편애했어요. 퀸시는 위층의 자기 방으로 올라가서 조용히 놀았거든요." 수지의 말이다. "서머는 무슨 일이 있든 아래층 부엌에 머물곤 했어요. 샐러드드레싱을 만들거나 더그한테 대들었죠."

어느 악명 높은 크리스마스 아침에 톰킨스는 아이들에게 놀랄 만큼 많은 선물을 사다 주었다. 그는 자주 곁에 있어주지 못해 죄책감을 느끼는 아빠처럼 딸들에게 선물을 쏟아부었다. "우리가 그 선물을 전부 열고 나자 아빠가 말했어요.

'좋아. 하나만 골라라. 나머지는 보육원에 갖다줄 거야.'" 퀸시의 말이다. "나 역시 아이들을 양육하며 아이들이 자신이 가진 것에 대해서 책임을 갖도록 하려고 노력했어요. 관대하게 베풀 줄 알고 이타적인 사람이 되라고 가르쳤죠. 하지만 네 살짜리한테 교훈을 주기 위해서라고 하기에, 아빠의 방식은 너무했어요."

더그의 잦은 외도도 가족에게 깊은 상처를 주었다. 여러 여자친구가 연달아 가족의 삶을 스쳐갔다. 이로 인한 부부 사이의 긴장감은 눈에 보일 정도였다. "처음부터 더그에겐 여자 문제가 있었어요. 늘 여자가 끊이지 않았죠." 수지는 인터뷰에서 솔직하게 말했다. "너무 힘들었어요. 난 회복력이 강한 사람인데도요. 내가 무슨 일을 겪었는지는 이루 말할 수가 없어요. 짐작도 못 할걸요."

더그는 집안에서 무슨 일이 벌어지든 외면했다. 종종 태연하게 거리를 두고 자기중심적으로 굴었다. 친절한 행동은 자존심 상하는 일이라는 듯한 태도였다. 올림픽에 출전해 스키 분야에서 메달을 따고 싶다는 꿈이 좌절된 게 그를 지나치게 몰아간 계기였을까? 더그가 하루에 겨우 몇 시간밖에 자지 못했던 것은 좌절감의 징후였을까, 아니면 역동적인 에너지의 부산물이었을까? 불안정한 행동의 근원을 제대로 표현할 능력도, 의지도 없었던 톰킨스는 개척자인 동시에 백미러를 보지 않는 남자였다. 그는 다른 누군가가 아니라 자기 자신과 경주했다.

결혼생활은 혼란스러웠지만, 더그와 수지는 에스프리 드

코르 일로 너무 바빴고 해마다 매출이 급성장했기에 가족 문제를 은근슬쩍 흘러가게 놔뒀다. 에스프리에는 더 많은 직원, 더 많은 일손이 필요했다. 톰킨스는 대대적인 채용에 나섰다. 단, 그만의 독특한 방법을 써서 말이다. 그는 이력서를 보고 사람을 뽑는 대신 특정한 라이프스타일을 가진 사람을 선택했다. 그는 누군가의 사업계획을 이어가려는 게 아니라 불변의 백화점 문화에 수류탄을 던지려는 것이었기 때문이다. 톰킨스는 경영학 박사 대신 자유롭게 사고하는 모험가를 원했다. "나는 지원자의 취향을 알고 싶습니다." 고용 가이드라인을 설명해달라는 질문을 받자 톰킨스는 말했다. "지원자가 무슨 일을 하는지, 자신의 인생을 어떻게 이끌어가는지 알고 싶습니다. 나는 그 사람의 부모를 만나고 싶습니다. 그 사람 집에 가서 어떤 모습인지 보고 싶습니다. 아주 쉬운 방법이죠. 책장과 수집한 음반을 보고, 집을 가꿔놓은 모습을 보면 취향을 알 수 있으니까요. 옷차림을 보고도 그 사람의 개인적 스타일을 알 수 있지만, 그 사람 집에 가면 알 수 있는 것의 폭이 매우 넓어집니다. 나는 생각이 아니라 마음을 고용합니다."

소매업계 경험이 전무하다는 게 장점으로 여겨졌다. "더그는 과속 딱지를 끊은 기록이 없는 임원은 절대 고용하지 않겠다고 했어요." 등반 동료인 프레드 파둘라의 말이다. "과속 딱지를 끊을 법한 성격인 사람이야말로 자기가 찾는 사람, 자기 회사에서 일할 수 있는 사람이라고 생각했거든요."

에스프리 드 코르가 대성공을 거두는 사이, 톰킨스는 쉬나드와 함께 등반에 나섰다. 이 여행에서 둘 다 죽을 뻔했다. 로프 없이 심한 바람에 시달리며 등반하던 중 두 사람은 스코틀랜드의 자연보호구역에서 얼음 폭풍에 갇혔다. 톰킨스는 산비탈에서 바람에 날아갈 뻔했다. 이어 산중턱에 마련해두었던 비바크 야영지가 눈사태로 사라졌다. "우리가 거기서 자다가 베이스캠프로 내려온 지 몇 시간 후 굉음이 들렸습니다." 쉬나드가 말했다. "올려다보니 우리가 야영했던 돌출부 전체가 추락해서 없어졌더군요. (……) 더그와 나는 위험한 일에 태연하게 뛰어드는 오만한 태도를 가지고 있었습니다. 무의식적으로 재앙이 일어나길 바라고, 거기서 빠져나오는 걸 시험하고 싶어했죠."

톰킨스는 지도의 경계선까지 간 다음 지평선 너머로 끝없이 나아가는 것이 목표인 탐험에서 진가를 발휘했다. 여성의 참여가 불가했던 것은 아니었지만, 그러한 여행에는 분명 마초들의 모임 같은 분위기가 배어 있었다. 고통이 예정되어 있었다. 불평은 허락되지 않았다. 아무도 다른 사람에게 목숨을 의지하지 않았다. 적자생존의 장은 아니더라도, 건강한 자가 생존하는 장이었다.

이 시기는 카약의 황금기이기도 했다. 친구인 롭 레서, 존 와슨, 로열 로빈스, 레지 레이크와 함께 서로를 한계까지 몰아갔다. 그들은 자기들끼리 '삼관왕'이라고 이름 붙인 도전을 하겠다며 캘리포니아의 상징적인 강 세 곳에서 카약을 탔다. 기록상 최초였다. 이 모험에선 카약을 등에 지고 3,600미터가 넘는 산등성이를 지나, 때로는 카약에 앉은 채로 로프를 사용해 절벽에서 내려가야 할 정도로 가파른 급류를 헤치며 노를 저어야 했다. 유바강에서 톰킨스는 카약에서 내렸다가 소용돌이에 휘말렸다. 소용돌이가 그를 깊이 빨아들였다가 위로 뱉어낸 뒤 다시 빨아들였다. 레서가 상류로 노를 저어 가며 소용돌이 가장자리로 카약의 앞부분을 삐죽 내밀었다. 덕분에 톰킨스는 카약을 잡을 수 있었다. "카약은 기본적으로 계속해서 이리저리 도는, 느린 살인 기계입니다." 레서의 말이다. "톰킨스는 바로 거기서 죽을 수도 있었어요. 하지만 그는 수지한테 말하지 마라는 말뿐이었어요."

야생으로의 여행은 취미가 아니라 톰킨스의 본질적인 부분이었다. 그는 일상의 제약과 일 년에 1,500만 달러를 벌어들이는 사업 운영에서 받는 스트레스에서 벗어나기 위해 야생으로 가야만 했다. 통신 환경이 열악한 티베트나 스위스 알프스, 보르네오 등 오지의 다이얼식 전화기를 사용해야 할 때도 그는 늘 아이디어를 떠올렸고 팀의 핵심 구성원에게 전화를 걸곤 했다.

"더그는 여행에서 그냥 돌아오는 법이 없었습니다. 오만 가지 새로운 아이디어와 새로운 방향, 실행해야 할 새로운 일을 가지고 돌아왔죠." 더그의 비서 톰 몬초의 말이다. "우리는 매주 수요일 여덟시 정각에 회의실에서 만났고, 여섯시 정각에 눈이 가물가물해져서 나왔어요. [더그가 낸] 몇 가지 아이디어는 갈고닦지 않는 한 쓸 수 없는 것이었습니다. 더그가 거친 아이디어를 하도 이것저것 내놓아서, 밖으로 나가 모두에게 더그의 아이디어를 이야기했다면 사람들이 화를 냈을 겁니다."

더그는 일등석을 타게 해달라는 임원들의 요구를 딱 잘라 거절했다. 그건 완전히 돈 낭비라는 주장이었다. 더그의 회사에서는 모두가 이코노미석만 이용했다. 디자이너 타모츠 야기가 본관 출입문 근처에 전용 주차 자리를 달라고 하자 톰킨스는 곧장 "안 돼"라고 내뱉더니, 회사의 그 누구도 그런 특권을 받지 못한다고 설명했다. 그러면 더그는 왜 늘 정문 옆에 주차하느냐고 타모츠는 물었다. 더그가 마주 쏘아붙였다. "매일 가장 먼저 출근하는 사람이 나니까."

타모츠가 영어를 이해하는 데 도움을 줄 통역사를 붙여달라고 하자 톰킨스는 정색했다. 통역사는 시간 낭비라고 딱 잘라 말했다. 대신 그는 언어 연수 프로그램을 시작했다. 그 프로그램에 일본어 과정도 포함되었다. 매년 일본어 학습에서 가장 큰 진전을 보이는 직원에게는 도쿄로 공짜 여행을 갈 기회가 주어졌다. 2인 여행권이었다.

"우리 회사에서는 서로를 이름으로만 부릅니다." 더그가 인터뷰에서 말했다. "우리 책상에 둔 전화번호부는 이름에 따라 알파벳 순서로 정리돼 있습니다. 직원들이 서로 성을 모르니까요. 누가 성까지 실은 전화번호부를 가져왔더군요. 전혀 쓸모가 없어서 돌려주고 완전히 다시 만들도록 해야 했습니다."

에스프리 본사에서 더그는 작은 공간만 썼다. 그는 책상 앞에 앉아 편안함을 찾는 사람이 아니었다. 그의 사무실은 그래픽디자인 부서로 가는 통로 근처에 있었다. "나는 창의적인 쪽에 완전히 밀착되길 원합니다." 더그의 말이다. 한편 등반 동료이자 다큐멘터리영화 제작자인 리지웨이는 말했다. "더그는 디자인 회의에 들어가 큰 탁자에 펼쳐놓은 시제품을 살펴보곤 했습니다. 개방된 구조의 사무실이었어요. 120센티미터를 넘는 벽은 없었습니다. '일단 뛰어들어라, 그런 다음 방법을 찾아라'라는 팻말이 있었고요. 나는 더그에게 그 말이 마음에 든다고 했죠. 더그가 '아, 저건 내가 한 말이 아니야, 나폴레옹이 한 말이지'라고 하더군요." 더그가 좋아하던 다른 말은 '삶은 오락, 생존은 게임'이었다.

뉴욕, 댈러스, 시카고, 로스앤젤레스의 주요 백화점에서 최상의 위치에 매장을 확보한 더그는 전반적인 브랜딩 작업과 상품화 계획에 집중하고, 제인과 앨런은 의류 디자인과 판매에 집중했다. "더그는 일찌감치 도쿄로 진출했습니다. 도쿄는 그때까지도 상당히 신비롭고 색다른 도시였어요. 서구에서 온 사람은 누구나 도쿄라는 낯선 공간에 생겨난 자기만의 세계에서 살았죠. 더그는 그걸 좋아했습니다." 더그와 함께 일했고 나중에는 런던디자인뮤지엄 관장이 된 데얀 수직의 말이다. "가게 안의 가게라는 아이디어, 일본의 소매업이 바로 그 모델이었습니다."

에스프리 드 코르가 성공한 비결은 독특한 원단, 그리고 다양한 밝은 색상이었다. 생산 주기에 따라 수지는 매달 아시아에 제품을 주문해야 했다. 일본이 가장 훌륭한 품질의 제품을 제공했으므로, 그녀는 도쿄에 킬로미터 단위로 천을 주문했다. 매달 마감일이 다가오면 수지는 뉴델리의 시장에서 산 알록달록한 니트 장갑을 끼고 사무실을 돌아다녔다. 색깔이 들어간 그 장갑이 수지에게는 영감의 원천이었다. 장갑의 손가락이 그녀의 팔레트였다. "'이 두 가지 색을 써야 할까? 저 세 가지 색을 써야 할까?' 수지는 그런 식으로 오랜 시간을 들여 선택했습니다." 당시 수지의 비서였던 에이프릴 스타크의 말이다. "수지는 격자무늬를 짜는 데 사용할 천을 염색할 세 가지 다른 색을 정확히 결정하려고 했어요. 색을 책임지는 것이 수지의 주된 일이었죠. 우리는 색으로 움직이는 사업을 운영했어요. 그게 수지의 천재성 중 하나였고요."

수지는 색상을 조사하며 전 세계를 돌아다녔다. 핫도그 판매대의 차양이 영감을 불러일으키기도 했다. 수지는 그 무늬를 원피스에 얹어 삼 년간 성공을 거두었다. 그녀는 박물관 전시회와 클럽에서도 아이디어를 얻었다. 일 년에 오 개월을 여행에 썼다. 골동품 시장, 창고 세일, 도쿄 명품 상점을 돌아보면서 독창적인 색상 조합을 발전시켰다. "우린 늘 마지막 순간까지 고민했기에, 색을 결정하면 바로 프린트해서 샌프란시스코 공항으로 달려가야 했습니다." 수지의 설명이다. "승무원에게 그 샘플을 홍콩에 가져다주라고 부탁하곤 했죠. 비행기가 도착하면 샘플을 받아가려고 홍콩 쪽 사람이 나와서 대기하고 있었어요."

수지는 점점 늘어나는 자신의 컬렉션을 위해 십여 가지 다른 태그를 디자인하던 중에 플레인 제인, 스위트 베이비 제인, 로즈 힙스, 세실리 니트 등 다양한 브랜드를 살펴보고 라벨을 단순화하기로 했다. 그녀는 모든 태그에 에스프리 드 코르라는 이름을 썼다. 단 하나의 통합된 이름이었다. "일본에서 일하다가 돌아와서 내 생각을 밝혔습니다. 더그는 당황했죠. 그랬다간 우리 회사가 끝장날 거라면서요. 더그는 표준 라벨을 쓰자는 제안을 매우 싫어했어요." 몇 주 만에 더그는 수지의 아이디어가 탁월할 뿐 아니라 시급히 적용해야 한다는 점을 인정했다.

에스프리 드 코르의 사세가 확장되면서 비용도 상승했다. 샌프란시스코에서 제조하면 마지막 순간까지 주문량을 유연하게 조절할 수 있고 배송도 즉각 이루어졌지만, 수익률이 낮았다. 그래서 톰킨스는 지평을 넓혔다. 제조시설을 미국 밖으로 옮기면 어떨까? 아시아에서는 10분의 1 비용으로 제품을 생산할 수 있는데, 어째서 샌프란시스코의 수작업자에게 시급 1달러 60센트를 지급해야 한단 말인가?

그리하여 톰킨스는 사업을 홍콩으로 확장했다. 성실하고 의욕이 충만한 잉이 에스프리 드 코르의 주요한 아시아 동업자가 되었다. 그는 에스프리 인터내셔널의 핵심 소유주이자 전 세계의 에스프리를 돌리는 톱니바퀴였다. 홍콩에서 수지는 스웨터 디자인을 맡았다. 그녀는 "죽어라 일하며 아이들과 떨어진 채 극동에서 한 번에 몇 주씩 지냈다." 마케팅과 이미지메이킹 업무를 맡았던 더그의 말이다.

더그는 전 세계의 생산기지를 돌아보았다. 그는 생산시설을 샌프란시스코에서 인도로 옮기려 했지만 잘되지 않았다. 인도에서는 그가 원하는 고품질을 얻을 수 없었기 때문이다. 샌프란시스코의 노동자들은(대부분이 그레이트 차이니즈 아메리칸 소잉 컴퍼니 소속이었다) 해외 이전에 관한 소문을 듣고 미네소타 스트리트 900번지에 있는 에스프리 드 코르 본사 앞에서 피켓시위를 벌였다. 더그와 수지는 직원들에게 돈 때문이 아니라 더 나은 봉제 기술을 원해서 차이나타운을 떠나려는 거라고 설명했다.

논쟁을 피하는 법이 없는 더그는 차이나타운과 에스프리 노동분쟁의 한복판에 뛰어들어, 노동조합 관계자를 만나 해외로 이전하려는 이유가 비용 절감 때문임을 인정했다. "더그는 노동조합이 요구하는 임금을 지불할 여력이 없어서 해외로 간다고 말했습니다." 더그의 보좌진 중 한 명인 헨리 그루하츠의 말이다. "그래선 안 됐습니다. 그러면 전국노동관계위원회와의 싸움에 져서 큰 벌금을 물게 되거든요. 하지만 더그는 그렇게 말했어요. 조합이 요구하는 임금이 너무 높아 지불할 수 없다고 솔직하게 말해버렸습니다."

최고의 영업사원 슈워츠는 문제를 감지했다. "해외 이전을 이유로 수백 명을 해고할 수는 없습니다. 그 사람들에게 가서 점차적으로 생산기지를 옮길 예정이라고 말해야죠. 천천히 해야 합니다. 사람들이 다음 인생에 대비하도록 해주어야 합니다. 더그는 그러지 않았어요."

조합 소속 시위자들이 에스프리 드 코르 본사로 몰려들었다. 톰킨스는 그들을 체포하게 했다. 노동조합 운동가들이 '민중의 영혼'을 조합에 통합하려 하자 톰킨스는 노동자들이 들어오지 못하게 출입문을 잠가버렸다. 의류 생산과 디자인에 대해 백과사전처럼 잘 아는 독일인 재봉사 게르다 카인츠는 톰킨스가 해외로 가기 직전임을 알았다. "더그는 그레이트 차이니즈 아메리칸 소잉 컴퍼니에서 회의를 소집해, 조합이 들어오면 그 회사와 계약을 끊겠다고 했어요. 반응이 좋지 않았죠. 회의 직후에 누가 내 차 타이어를 그어버렸어요."

노동조합 운동가들은 덥수룩한 눈썹에 콧수염을 기른 더그 톰킨스가 통화하는 모습이 담긴 '지명수배' 포스터로 샌프란시스코 전역을 도배했다. 포스터에는 톰킨스의 네 가지 혐의가 나열되어 있었는데, 그중에는 "대체로 영어를 못하는 이민자 여성으로 이루어져 조합 소속이 아닌 의류 노동자 135명이 회사에 들어오지 못하게 막았음"과 "트럭 운전사들에게 피켓시위자를 향해 트럭을 몰도록 해 노동자들에게 상해를 입힘"이 포함되어 있었다. 이 포스터는 샌프란시스코 시민들에게 "마지막으로 목격되었을 때 트라이엄프 오토바이를 타고 에스프리 드 코르 쪽으로 가는 중"이었던 턱수염 난 남자를 주의하라고 촉구했다. 용의자는 "길거리 부랑자처럼 앞코가 다 떨어져나간" 갈색 부츠를 신고 있다고 했다.

1976년 1월 31일, 용의 해가 시작되던 중국의 설날에 시위자들은 샌프란시스코의 에스프리 드 코르 본사 옥상에 휘발유를 부었다. 10만 달러의 피해가 발생했던 화재를 포함해, 에스프리에서 수상한 화재가 발생한 건 이번이 세번째였다. 이번 화재는 이전보다 더 오래 지속됐다. 지붕이 타면서 에스프리 본사가 무너져내렸을 때 회사 경영팀은 샌프란시스코만 건너 버클리에 있는 앨리스 워터스의 레스토랑 셰파니스에서 오랫동안 기다려왔던 미식을 즐기고 있었다. 이 레스토랑은 1971년에 문을 열었는데, 오 년이 지난 당시까지도 예약이 차 있었다. 이들의 식사는 긴급한 전화가 걸려왔다는 종업원의 말에 방해를 받았다. 본사에 불이 났다는 소식이었다. 하지만 어렵게 잡은 자리였고, 이미 주문을 마친 뒤였다. 그래서 에스프리 임원들은 기다렸다. 음식이 나오자 그들은 게걸스럽게 먹어치우고 조바심을 내며 샌프란시스코로 급히 돌아갔다. 더그의 비서 톰 몬초는 베이 브리지에서 샌프란시스코를 바라보았던 그날 밤의 풍경을 잊지 못했다. 거대한 불길이 날름거리며 밤하늘을 밝혔다. 에스프리 드 코르가 불타고 있었다.

저녁을 먹으러 가지 않았던 더그의 수족 그루하츠는 본사에서 겨우 몇 블록 떨어진 자기 집에 있었다. 전화를 받았을 때 그는 이미 사이렌소리를 듣고 연기냄새를 맡은 뒤였다. "사람들이 '헨리! 공장으로 내려가세요. 공장이 타고 있어요! 조합이 공장을 태워버렸어요'라고 말했습니다." 그루하츠의 말이다. 그는 하늘이 불꽃으로 환한 가운데 미네소타 스트리트를 달려내려갔던 경험을 설명했다. 건물 안의 열기가 너무 강해, 일흔 명 정도의 소방관이 그 불지옥을 통제하려 분투했다. 소방서 소속 조사관들은 결국 방화를 입증하지 못했으나, 어느 소방관이 〈샌프란시스코 크로니클〉에 "보통 건물은 그런 식으로 타지 않는다"라고 말했다.

가구 제작자 스위니는 건물 관리인 렉스 우드의 전화를 받았다. 우드는 불이 났으며, 목공소를 지켜야 한다고 말했다.

그들이 도착했을 때 건물은 거의 전소되어 거리에 노출되어 있었다. "렉스에게 총이 있었습니다. 렉스가 그 총을 나한테 줬어요. 자기는 손전등을 들고요." 스위니의 말이다. "우리는 그 어두운 공간을 가로질러 걸어갔습니다. 사방에서 물이 뚝뚝 떨어지고 주변이 온통 그을려 있었습니다. 우리는 목공소가 괜찮은지 살펴보러 가는 중이었어요. 나는 생각했죠. 이런, 총을 어떻게 쏘는지 모르는데. 내가 실수로 렉스를 쏘면 어쩌지?"

톰킨스는 독일에서 에스프리 유럽 지사 사장인 스위스인 위르겐 프리드리히의 집 소파에서 자다가 비서의 전화를 받았다. 비서는 회사가 불타고 있다고 했다. 프리드리히의 말이다. "난 더그가 우는 모습을 한 번도 보지 못했습니다. 하지만 그날 밤 더그는 아이처럼 울었죠. 필생의 사업이 날아갔으니까요. 값을 매길 수 없을 정도로 희귀한 미국 초기 퀼트 컬렉션도 사라졌고요. 하지만 한 시간 후 더그는 전화를 집어들고 불을 내뿜는 듯한 기세로 지시를 내리기 시작했습니다. 전 세계에 전화를 돌렸죠. 그날 하루의 전화비만 400마르크였습니다."

샌프란시스코행 비행기에 올랐을 때, 핵심적인 질문이 더그의 머릿속을 파고들었다. 컴퓨터 파일. 컴퓨터 파일은 안전할까? 톰킨스는 (이제 잿더미가 된) 그 건물이 과거에 와인 양조장이었으며, 백업 컴퓨터 디스크가 백 년 전 양조자들이 만든 지하실에 보관되어 있다는 걸 알고 있었다. 톰킨스는 IBM 마그네틱테이프가 들어 있는 두꺼운 방화 금고를 이중으로 보호하기 위해 강철 문을 하나 더 설치해둔 터였다. 열에 취약하고 손상되기 쉬운 그 테이프는 에스프리의 DNA였다.

그루하츠는 금고에 들어가 연기와 기름진 재로 뒤덮인 디스크를 발견했다. "그 디스크가 없으면 완전히 끝장난다는 걸 알고 있었습니다." 그가 설명했다. "모든 매출과 회계 기록이 그 빌어먹을 디스크에 들어 있었어요. (……) 나는 디스크를 IBM으로 가져갔습니다. 모든 데이터가 살아 있었어요. 우리에게는 아직 회사가 남아 있었습니다."

톰킨스는 디스크가 망가졌다면 "아마 사업을 접었을 겁니다. 너무도 극심한 혼란에 휩싸였으니까요"라고 말했다. "우리는 충분한 보험을 들어두지 않았습니다."

그루하츠와 핵심 임원 몇 명이 공항으로 가서 더그를 태우고 화재 현장으로 향했다. "더그는 광분하지 않았습니다. 그저 폐허만 바라보았죠." 한 직원의 말이다.

본사의 잔해 앞에서 더그는 수지와 합류했다. "우리는 도로 연석에 앉아 있었어요." 수지가 말했다. "연기 나는 잿더미를 바라보고 있었죠. 더그는 한 치의 주저함도 없었어요. '더 훌륭하게 다시 지으면 돼'라더군요. 나는 뭐랄까, 충격을 받았어요. 더그는 결코 멈추지 않았죠."

5장
에스프리 드 코르

나는 패션 자체에 끌린 적이 한 번도 없다. 내 관심사는 디자인이 아니라 제품과 연관된 라이프스타일이었다. 제품은 사실 그렇게 중요하지 않다. 많은 경우 중요한 건 제품이 발산하는 기운이다. 내가 흥미를 가졌던 부분도 그것이다. 아이디어는 사회에 대한 시각과 성찰로 시작해, 제품을 통해 표현된다. 제품에 개성을 부여함으로써 그 제품에 생명을 불어넣는 것이다.

더그 톰킨스

톰킨스는 화재 이후로 자신의 비전과 회사에 대한 통제력을 굳혔다. 전국지에 실린 광고는 에스프리가 "쓰러졌지만 퇴장한 것은 아니"라고 선언했다. 직원들은 더그와 수지의 집 거실에서 스물네 시간 내내 일하며 배송 목록을 다시 만들고 거래처를 안심시키고 불리한 위치에 선 상황에서도 도전을 받아들였다. 화재가 있고 일주일 만에 에스프리는 다시 배송을 시작했다. "우리한테는 지진이나 샌프란시스코 대화재와 다름없는 상황이었지만, 재앙과 재난은 사람들을 하나의 대의 아래 단합시키곤 합니다." 톰킨스의 말이다. "화재는 우리의 집결점이 되었고, 사람들은 정말 큰 호응을 보이며 이해해주었습니다. (······) 그때가 바로 우리 회사가 한 영혼 아래 모인 시간이었습니다. 원한다면 에스프리 드 코르, 회사의 영혼이라고 불러도 좋습니다."

화재 이후로 톰킨스는 초창기 동업자인 슈워츠, 드웰, 타이스의 지분을 매입해 소유권을 완전히 장악할 기회를 보았다. 지저분한 일이었다. 회사 지분의 20퍼센트를 소유하고 영업팀을 책임지고 있던 슈워츠는 말했다. "그들은 내게 지분을 확보하려면 37만 5천 달러를 포기하라고 요구했습니다. 그걸 미끼로 나를 압박한 거죠. 난 그 돈을 다 날렸습니다. 그리고 회사 전체에서도 쫓겨난 셈이 되었고요."

더그와 수지는 동료 창업자인 제인 '플레인 제인' 타이스도 밀어냈다. 그녀는 회사의 초창기 성장을 이끌었던 블라우스와 원피스 라인을 만든 선구자였다. 앨런은 제인이 더그, 수지와 거래를 마무리한 다음 "이 일에 관해 내가 들어본 것 중 가장 훌륭한 대사"를 던졌다고 전했다. "제인은 톰킨스 부부가 '다른 모든 사람에게 엿을 먹이고 난 다음 서로에게 엿 먹이는 꼴을 지켜보면 재미있을 것'이라고 했습니다."

에스프리 드 코르의 임원 빌 에번스는 반박했다. "앨런은 비용이 많이 드는 사람이었습니다. 언제나 반품을 다 받아줬어요. 그게 전부 우리에게 비용 부담으로 돌아왔죠. 그는 과한 보수를 받았어요."

슈워츠는 의견이 달랐다. "나는 미국 내 모든 백화점과 체인점에 인맥이 있었습니다. 내가 에스프리를 원피스회사에서 여덟 개의 다른 사업 부문이 있는 회사로 키웠어요. 톰킨스라는 인간이 카누를 타고 암벽등반을 하러 다니는 동안에 말입니다."

더그가 보기에는 제인이 떠나자 수지가 재능을 펼치게 된 듯했다. 그는 말했다. "수지는 심리적으로 큰 짐을 덜었습니다. 제인은 디자인에 있어서 매우 고압적으로 굴었거든요. 수지는 제인의 아이디어에 반기를 들지 못했죠. 하지만 제인이 떠나자 수지가 디자인 방향 설정을 맡았습니다. 재탄생이나 마찬가지였어요. 수지가 활약하기 시작했죠. 얼마 지나지 않아 진정한 재능을 가진 사람은 제인이 아니라 수지였음이 분명해졌습니다."

에스프리를 재건하면서 더그는 자신의 주된 도전 과제는 의류 판매가 아니라는 것을 깨달았다. 그는 이미지를 팔고 무의식적인 욕구를 충족시키며 꿈을 디자인하고 있었다. 더그는 그 도전 과제를 사랑했다. 그는 수요를 이해하고 문화적인 시대정신을 집어내 제품을 마케팅했다. 매출은 자연히 따라왔다. 그는 에스프리에 전혀 관심이 없는 소비자층에 대해서도 분명하게 의견을 밝혔다. "여피족은 우리의 마케팅 대상이 아닙니다. 그 사람들은 유머 감각이 부족해요. 너무 치열해서 자신에 대해 웃지 못합니다."

1970년대 후반에 톰킨스는 1980년대는 나르시시즘과 웰빙을 추구하는 시대가 될 거라는 선견지명을 발휘했다. 에스프리는 게이와 금발 소년, 그룹섹스를 신나게 찬양하는 수준에 가까운 강렬한 섹슈얼리티를 포괄하는 캘리포니아 북부식 라이프스타일을 대표했다. 마약이 성행하고 에이즈는 등장하기 전인 격변의 시기에, 에스프리는 매혹적이면서도 탐나고 동시에 도달하기 어려운 라이프스타일의 문화적 표지가 되었다. 에스프리의 세상에는 자유롭고 개방적이며 건강함을 표방하는 스타일로 감싸인 금발 여성들이 살고 있었다. 드라마 〈SOS 해상 구조대〉의 채식주의자 버전과 비슷했다.

최상급 가구 제작자인 스위니와 함께 더그는 새로운 에스프리 드 코르의 사무실을 디자인 진열장으로 구상했다. 그들은 우아한 책상과 수제 의자, 미술관에 어울릴 법한 조명을 디자인했다. 완공된 에스프리 드 코르 본사의 입구는 숨이 멎을 정도로 놀라웠다. 직원 식당은 뉴욕현대미술관의 스낵바처럼 세련돼졌고, 벽에는 (화재 이후에 남은) 더그의 아미시퀼트 수집품이 걸려 있었다. 더그가 액자의 폭을 하나하나 결정한 것이었다. "회사에 운동 수업이 있었습니다. 문화 행사에도 갈 수 있었고요." 더그와 가까워져 그의 딸 퀸시와 결혼까지 하게 된 직원, 댄 임호프의 말이다. "돈을 벌 수 있는 만큼 다 벌지는 못했을지라도 모두가 열정을 쏟았습니다. 놀라운 파티와 여행이 있고, 타호로 가서 주말 동안 스키를 탈 수도 있었죠. 대학과 직장을 결합한 것 같았습니다."

더그의 목표는 미국 최고의 종합 의류회사가 되는 것이었다. 그는 캘빈 클라인이 더 섹시하고 리즈 클레이번이 더 이윤을 많이 남긴다는 걸 알았다. 하지만 그는 의류 사업을 다양한 기술이 필요한 일종의 종합 스포츠 경기장으로 보았다. 에스프리는 어느 한 분야에서도 최고가 아니었지만, 더그는 자랑했다. "우리는 데이터 처리도 잘하고, 재정 운용도 잘하고, 디자인도 잘하고, 이미지 구축도 잘합니다. 어쩌면 한 범주에서 업계 최고의 부문을 갖추지는 못해도 여기서는 3위, 저기서는 5위, 이런 건 할 수 있겠죠. 다 더하면 우리가 평균적으로 최고가 될 겁니다." 그는 이러한 전반적인 전략을 "육상십종경기 콘셉트"라고 불렀다.

이본은 캘리포니아주 벤투라 해안 지역에서 비슷한 방식으로 파타고니아를 운영하고 있었다. 사내 보육 제도를 선도적으로 도입했고, 카탈로그에는 재생지를 사용했으며, 오래된 숲을 보호하고 강이 자유롭게 흐를 수 있도록 댐 건설을 반대하기 위해 수백만 달러를 기부했다. 이본과 맬린다 부부는 머리가 긴 서퍼, 맹금류를 사랑하는 비서, 열정적인 모험가처럼 자유분방한 이들로 사무실을 채우는 것이 분명한 이득이 될 것이라고 여겼다. 이러한 사람들이 파타고니아가 화학약품과 살충제를 사용해 생산된 면직물이 아니라 유기농으로 만든 면직물로 대담히 전환할 때 방법을 찾아낼 이들이었다. 의류회사에서는 혁명적인 도박이었다. 이 도박에서 성공을 거둔 파타고니아는 부상하는 환경운동가 세대에게 깊은 신뢰를 얻었다. 직접행동 활동가에게 기부금을 기꺼이 몰아준 것도 (여기에는 '지구 먼저!'의 대표 데이브 포먼의 변호 비용도 포함되어 있었다) 한몫했다. 마크 카펠리라는 대학원생은 벤투라강의 무지개송어를 구하는 계획을 밀어붙이고 있었다. 맬린다와 이본은 비좁은 사무실에 마크의 공간을 만들어주고 환경감시관을 두면 젊은 직원 전체에게 환경친화적 메시지를 퍼뜨릴 수 있다는 것을 깨달았다.

파타고니아와 에스프리에는 어느 날은 머리를 파랗게 염색하고, 어느 날은 개를 데리고 출근하는 자기 스타일이 확실한 직원들이 많았다. 스미스 앤드 호켄이라는 원예 장비 회사를 만든 폴 호켄과 『홀 어스 카탈로그』♦의 창립자인 스튜어트 브랜드가 그랬듯, 이들은 1960년대의 반항 정신과 반문화의 가치를 담은 회사를 세웠다. 평생 규칙을 위반해온 사람들이 이끄는 회사답게 기회가 왔을 때 민첩하게 움직였고, 일반 통념은 게으른 사고라고 헐뜯으며 코웃음쳤다. '사내 캠퍼스'를 만든 공적은 나중에 실리콘밸리의 테크회사들이 가져갔지만, 회사 내부에 유기농 샐러드 바를 도입하고 가족친화적 직장을 만들고 에이즈 환자를 돕는 자원활동을 하도록 직원들에게 지원한 건 에스프리의 더그와 수지, 파타고니아의 이본과 맬린다였다.

나는 그가 누구인지 몰랐다. 인터넷이 없었으니 그에 대해 알아볼 방법이 없었다. 그래서 나는 신경쓰지 않았다. 우리는 자리에 앉았고, 그는 막바로 호방하게 나왔다. "그러니까 그 유명하고 똑똑하신 디자이너가 바로 당신이군요. 방금 이 동네에 굴러들어온 것 같은데." 내가 대꾸했다. "네, 그 얘긴 넘어가죠. 원하는 게 뭡니까?" 더그는 에스프리의 현재 상황이 어떤지 이야기해주었다. 자신과 아내가 사업체

♦ 1968년 창간된 대안적 생활 안내서로, 자급자족, 생태건축, 공구, 농사, 철학, 교육, 컴퓨터 기술 등 다양한 분야의 책과 도구를 소개한 출판물이다. 1960~1970년대 미국의 반문화 운동과 연결되며 '구글 이전의 구글'이라 불린다.

를 운영하며 일 년에 천만 달러를 벌어들인다고 말이다.

첫번째 과제는 에스프리 드 코르라는 이름을 재고하는 것이었다. 나는 이름이 너무 길다고 말했다. 더그는 "네, 그냥 에스프리로 줄여야죠. 디자인을 다시 하는 데 얼마나 걸리겠습니까?"라고 말했다. 나는 약 한 달쯤 걸린다고 했다. 그 자리에서 빠져나와 모든 일에 대해 잠시 생각해본 뒤, 세 개의 막대로 이루어진 'E'를 떠올렸다. 더그를 위해 개발한 알파벳이었다. 다른 브랜드의 이전을 위한 것이기도 했다. 당시에 더그는 여덟아홉 개의 브랜드를 갖고 있었기 때문이다. 그렇게 준비해서 들어가보니 회의실에는 더그 한 사람뿐이었다. 내가 오직 한 명에게만 프레젠테이션하는 경우는 매우 드물다. 보통 이사회를 대상으로 프레젠테이션을 한다. 더그는 편안한 모습이었고, 나는 프레젠테이션을 했다. 그가 물었다. "이게 답니까?" 내가 말했다. "네." 그가 말했다. "뭐, 음. 열심히 한 것 같지는 않은데요. 돌아가서 시간을 좀더 써야 할 것 같습니다." 내가 물었다. "정말요?"

나는 모든 짐을 챙겼다. 더그가 말했다. "시간이 얼마나 필요합니까?" 내가 말했다. "한 달 더 주세요." 그렇게 한 달이 지났다. 그동안 나는 아무것도 하지 않았다. 디자인을 아예 건드리지 않았다. 그에게 전화를 걸어 "다시 만날 준비가 됐습니다"라고 말했다. 그가 말했다. "좋습니다." 더그의 사무실로 가서 한 달 전에 했던 프레젠테이션을 다시 했다. 더그는 즉시 알아보았다. 그가 "지금 대체 뭘 하는 겁니까? 아이디어를 더 가져오라고 했잖아요!"라고 말했다. 나는 "다른 아이디어는 없습니다. 이게 다예요. 이걸 채택하지 않으면 당신은 미친 겁니다"라고 말했다. 더그는 당황했다. 그가 나를 보았다. 무슨 일이 벌어지는지 깨달았기 때문이다. 그는 이 문제에 내 자존심이 걸려 있다는 걸 알았고, 내가 절대적으로 확신한다는 걸 깨달았다. 그가 내게 다시 디자인을 하라고 했다면 거절했을 것이다. "다른 사람한테

　직원들 사이에서 '더그 의장'이라고 불릴 정도로 완벽을 추구하던 그는 에스프리 카탈로그를 촬영할 이상적인 사진가를 찾아 전 세계를 뒤졌다. 에스프리의 이미지 작업 준비를 위해 밀라노『보그』의 그래픽디자인 팀장 로베르토 카라를 포함한 국제적인 사진가들을 불러들였다. 그러나 정상급의 패션사진가들은 하나둘 잘려나갔다. 그들은 미학을 두고 더그와 싸우고 그의 자존심과 부딪혔다. 톰킨스는 이런 갈등을 즐겼고, 펜싱 애호가답게 놀라지 않고 다음번 대결을 대비하는 것처럼 보였다. 그러다가 톰킨스는 저명한 이탈리아인 사진기자의 아들 올리비에로 토스카니를 채용하기 위해 이탈리아어를 배웠다. 토스카니는 패션에 편집자적인 태도로 임했다. 그게 바로 톰킨스가 찾던 것이었다.

　1980년 1월, 톰킨스와 토스카니는 새로운 카탈로그 촬영 날짜를 잡았다. 그들은 전에 없던 이미지, 참신한 느낌, 1980년대를 위한 혁신의 분위기를 원했다. "더그는 주변을 서성거렸습니다. 그가 던진 질문이 공기 중에 맴돌았죠. '자, 뭘 찍지?'" 드웰의 말이다. "나는 회의실에 들어가서 왜

128

이 카탈로그지? 이 카탈로그는 누구에게 무슨 말을 전달하려는 거지?라는 질문에 대답할 수 있을 때까지 머물자고 했습니다. 우리는 두어 시간 자리에 앉아 있었죠. 마침내 더그가 말했습니다. '우리가 전달하려는 건 제품이 아니라 컬렉션이야. 그 모습, 존재 방식.'"

토스카니가 에스프리 드 코르와 협업하기로 했을 때 더그는 라이프스타일에 있어서나 미적 취향에 있어서나 곧장 유대감을 느꼈다. 토스카니는 더그만큼이나 자존심에 따라 움직이고 성미가 급한 사람이었다. 그들은 패션업계를 무시하며 함께 즐거워했다. 시장의 수용도나 대중적 신뢰도로 측정했을 때 업계 정상에 있던 에스프리 드 코르는 더이상 전문 모델을 기용하지 않겠다고 선언했다. 톰킨스와 토스카니는 '평범한 사람들'이 이야기를 전하는 캠페인을 최초로 시작했다. 에스프리 드 코르의 직원이, 그다음에는 고객이 전세계 매장에서 채용되어 회사 광고에 출연해 "일식 요리사인 동시에 감수성이 예민한 남자를 찾습니다"라거나 "나한테 작은 건 두 가지뿐이죠, 발이랑 방광" 등 괴짜 같은 말을 했다.

"토스카니는 내가 이미지메이킹 기술을 배울 때 큰 도움이 되었다." 톰킨스는 그렇게 적었다. "나는 업계 사람들 사이에 들어가 방법과 규율을 배우기 시작했다. 업계 전체가 우리가 하는 일을 지켜보았다. 모든 훌륭한 건축가, 디자이너, 예술가, 브랜드, 회사는 스타일을 만든 다음 느리고 신중한 수정을 거쳐 그것을 변화시킨다. 늘 모든 고객이 자신을 따라 함께 움직이도록 만든다. 라이프스타일의 변화는 느리다. 한순간에서 다른 순간으로 비약하지 않는다."

에스프리 카탈로그 촬영은 전설적인 이벤트가 되었다. 수천 명의 고객이 캐스팅되기 위해 줄을 섰다. 촬영지는 전 세계에서 물색했다. "[더그는] 사람들에게 가닿는 내면의 힘이 있었습니다. 더그와 있으면 엄청나게 많은 것을 손에 쥔 사람과 함께한다는 느낌이 들었죠." 카탈로그의 사진 책임자 헬리 로버트슨의 말이다. "더그는 훌륭한 취향을 가지고 있었습니다. 에너지도요. 그는 요세미티를 등반할 수 있었죠. 비행기도 조종할 수 있었고요. 빠르게 차를 몰며 즐길 수도 있었습니다. 더그는 일을 성사시키는 사람이었습니다."

에스프리는 십대 패션의 첨단을 달리는 회사이자 괴짜 회사로 유명해졌다. 구직 원서와 팬레터가 쏟아져 들어왔다. 에스프리가 대학 4학년생을 대상으로 한 스탠퍼드 채용 박람회에 나갔을 때 지원자가 넘쳐났는데, 그들은 다름 아닌 박람회에 나온 다른 회사의 채용 담당자들이었다! 에스프리에 활기가 있다는 것만은 분명했다. 뉴욕 신발 박람회에서 더그는 직원들한테 사람들에게 스시를 대접하면서 회사를 홍보하라고 했다. "케이터링 업체를 쓰니 우리 직원들이 뉴욕 박람회에서 초밥을 대접하게 하는 게 낫다고 생각했습니다. 그게 더 재미있으니까요. (……) 직원들은 식당 종업원으로 일하는 방법이 아니라 고객과 상호작용하고 그들에게 좋은 인상을 주는 방법을 배웠습니다." 더그가 말했다. "우리의 직원도 우리가 만드는 제품의 라이프스타일을 구현한다는 걸 보여줬습니다."

그러나 세세한 사항에 대한 관심은 톰킨스가 미친 게 아닌가 직원들이 의아해하는 결과로 이어지기도 했다. 톰킨스는 샌프란시스코의 에스프리 아웃렛 매장 근처에 열 계획인 레스토랑 '카페 에스프리'에서 쓸 독특한 크기의 냅킨이 필요해지자, 냅킨에 대해 조사하도록 직원 한 명을 출장 보냈다. 냅킨 조사원은 팔 개월 만에 돌아왔고, 더그는 예술 작품과 다름없는 자신의 냅킨이 정확히 16×16인치가 되어야 한다고 선언했다.

카페 에스프리의 포장 봉투는 너무도 엄격한 디자인과 검증 절차를 거쳤기에 누구나 탐내는 액세서리로 암암리에 패션 돌풍을 일으켰고, 핸드백으로 유행하기도 했다. 모든 영수증에는 더그가 가장 좋아하는 일본인 그래픽아티스트이자 디자이너인 타모츠 야기가 만든 다채로운 색깔의 소용돌이가 들어갔다.

에스프리 사보는 장난스러웠으며, 가십과 유용한 팁, 풍자를 더해 매주 발행되었다. 리 로젠버그가 쓰는 장난기 어린 '미 제너레이션Me Generation'은 직원을 대상으로 한 칼럼으로 '섹스 없는 죄책감'에 대해 설명하고♦ '가족의 거실을 차고로 바꾸는 방법'에 관한 특별한 조언도 담았다.

에스프리의 인기는 하늘 높은 줄 모르고 치솟았다. 시장조사회사에서는 에스프리를 젊고 사회적 지위 향상을 추구

♦　원래는 '죄책감 없는 섹스'여야 하는데 우스갯소리로 바꿔 쓴 것이다.

하며 독립적인 여성상과 결부된 브랜드로 분석했다. 마케터들은 이런 새로운 집단을 '에스프리 십대'라고 정의했다. 구애자가 줄을 섰다. (당시 한 달에 삼백만 부가 팔리던)『코스모폴리탄』의 전설적인 편집장 헬렌 걸리 브라운은 에스프리의 화려한 등장을 눈여겨보고, 알짜배기 광고 예산의 일부를 따내기 위해 더그를 직접 만나 영업했다. 그녀는 더그 사무실의 무른 발사나무 바닥을 보호하기 위해 하이힐을 손에 들고 다가가 조심스럽게 제휴를 제안했다. 톰킨스는『코스모폴리탄』표지의 여성 모델들을 조롱했다. "그 사람들은 가슴골이나 자랑하는 성적 대상 같은 유형이던데요. 인위적인 머리 모양을 하고, 화장도 진하게 하죠." 그는 충격받은 걸리 브라운에게 말했다. "그건 내가 그리고 싶은 이미지가 아닙니다. 그러니 우리 고객 중에 그 잡지를 읽을 사람은 그리 많을 것 같지 않네요." 톰킨스는 입에 박하사탕 하나를 튕겨 넣으며 결론지었다. "그냥 취향 문제겠죠."『GQ』에 실을 톰킨스의 프로필을 작성하러 와 있던 모린 오스는 더그가 에스프리를 통치한 방식은 "선량한 독재"였으며 "모두의 입에 맞는 약은 아니었다"라고 표현했다.

그러나 에스프리의 젊은 직원들은 톰킨스를 이해했고, 직장을 '작은 유토피아'나 '캠프 에스프리' 같은 이름으로 부르며 활약했다. 더그는 거리감이 느껴지긴커녕 다가가기 쉬운 사람이었다. "결국 문제는 소매를 걷어붙이고 열심히 일하며, 일상의 구체적인 일들에 참여하는 겁니다. 그래야 무슨 일이 벌어지는지 제대로 알 수 있죠." 더그의 말이다. "대규모 조직을 운영하는 사람은 모두 무심하게 됩니다. 미국 대통령이 길거리에서 일어나는 일에 너무도 자주 무심해 보이는 것처럼."

에스프리는 지역공동체와의 연결을 구축하고자 했다. "에스프리는 이웃과 관계가 무척 좋았습니다." 에스프리의 관리임원 빌 에번스의 말이다. "에스프리는 흑인 노동자계급이 사는 동네의 창고 건물에 있었습니다. 더그는 근처에 사는 모든 사람과 협상하고 나무를 심었죠. 공장장 드루가 인도 일부를 들어낸 뒤 나무를 심고, 더 근사해 보이도록 에스프리 건물과 바로 근접해 있는 집들에 페인트칠했습니다."

에스프리 본사 근처의 집에 불이 나 전소하자 톰킨스는 그 기회를 잡아 부지를 샀다. 먼저 건물을 철거하고, 그다음에 실험을 시작했다. 도시의 부지는 더그의 거대한 배양접시나 마찬가지였다. 단일 부지에 공원을 얼마나 더 조성할 수 있을까? 타이어 그네나 집라인을 설치해야 할까? 보행자가 벤치에서 쉬고 싶다면, 그늘이 있는 걸 더 좋아하지 않을까?

이 년 뒤 공원은 물고기가 있는 연못과 피크닉장까지 완벽하게 갖추어졌다. 그곳은 에스프리 직원과 거리를 지나는 누구라도 쓸 수 있는 점심식사 공간으로 디자인되었다. 톰킨스는 에스프리 본사 반대편 블록 전체를 매입했다. 그곳은 원래 금속도금장이었다. 땅이 오염되었기에 흙을 다 들어냈다. 더그는 새 토양을 마련한 뒤 비행기를 타고 오리건으로 날아가 판매용 나무가 있는 농장을 빙 돌았다. 약 1,450킬로미터 남쪽으로 뿌리째 옮기려면 특별한 평상형

트럭이 필요한 10미터 높이의 커다란 나무들이었다. 톰킨스는 트럭 몇 대 분량의 나무를 샀고, 그로써 자신의 도시 속 자연 피난처에 삼나무숲까지 완벽하게 갖춘 조깅 트레일을 만들기 시작했다.

구글의 공동 창업자 세르게이 브린이 모스크바의 공립병원에서 태어나기 몇 년 전, 샌프란시스코에서 가장 '힙한' 사람들이었던 더그와 수지 톰킨스는 워낙에 직원 중심적인 회사라 몇몇 사람은 종교 집단이라고 부를 정도였던 직장 문화를 키워냈다. 톰킨스는 이탈리아어 수업과 카약 여행, 전사 차원의 핼러윈 파티를 제공했을 뿐 아니라 직원들에게 도시를 벗어나라고 압박했다. 떠나라고. 탈출하라고. "솔직히 그냥 휴가를 주고 싶지는 않습니다." 더그의 말이다. "하와이 해변에 누워 지내는 휴가야 누구나 떠날 수 있지만, 히말라야에 래프팅하러 갈 사람이 몇 명이나 있겠습니까? 이건 서로에게 윈윈입니다. 직원들은 살아 있다는 감각이 고조되겠죠. 그들이 역동적으로 살아간다면, 그 사람이 속한 조직에도 그 결과물이 돌아가게 됩니다."

에스프리에서 몇 년간 일한 헬리 로버트슨의 말이다. "나는 영업부와 디자인부 사이의 연락책으로 고용되었습니다. 샌프란시스코에서 상당히 성공적이고 힙한 부티크를 운영했었거든요. 직원에게 정말 잘해주었습니다. 수영장이 딸린 사택이 있었어요. 음식은 전부 제공됐죠. 하루종일 일한 뒤엔 모두와 함께 식사했습니다. 주말이면 재미있는 무언가를 하러 떠나곤 했고요. 언제나 그렇게 하기에 아주 좋은 분위기였습니다. 회사는 내가 늘 사업 생각만 하기를 기대하지 않았어요. 일 외의 관심사를 키워주면 우리가 더욱 활력이 넘치게 된다는 걸 깨달았기 때문이겠죠."

에스프리에서 사내 연애는 불가피한 일이었다. 회사의 모든 직급의 직원들이 어울렸다. 그들은 에스프리 테니스장이나 배구팀에서 만나고, 숲이 우거진 타호호수 기슭의 낭만적인 별장에서 잠을 잤다. "에스프리는 기분좋은 곳이었습니다." 드웰의 말이다. 그는 에스프리에서 벌어진 복잡한 성적 관계 때문에 아내를 잃었다. "수많은 기회와 성공, 돈이 있었어요. 너무 유혹적이었습니다. 우리 부부는 서로를, 우리의 자녀를 잊어버렸죠. 뭐랄까, 에스프리의 길을 따르는 것 외에 다른 모든 길을 잊은 겁니다. 우리는 둘 다 마약을 하지 않았지만, 에스프리가 마약 같았어요."

1982년에는 에스프리에서 가장 높은 성과를 올린 부서 직원들에게 상으로 칠레 비오비오강으로의 급류 래프팅 여행을 제공했다. 비오비오강은 세계에서 손꼽히는 거친 강에 속했다. 바로 톰킨스가 십오 년 전 펀호그와 함께 건넌 강이었다. 이번에 톰킨스는 가족을 그 강에 데려갔다. 더그와 수지, 퀸시, 서머 모두가 래프팅 여행을 떠났다.

에스프리 팀은 비행기를 타고 산티아고로 가서 소벡이라는 회사에서 나온 안내자들과 만났다. 소벡은 아우구스토 피노체트 장군 독재하에 있던 칠레에서 활동하던 선구적인 미국 급류 래프팅 여행회사였다. 군사정부는 잔인했다. 무장한 군인이 '구금 후 실종'으로 알려진 수법으로 삼천 명이라 추산되는 민간인을 암살했다. 활동가가 체포, 고문, 살해당했고 그들의 시신은 헬리콥터에 태워졌다가 바다로 버려졌다. 독재에 맞서 매주 일어나는 거리 폭동과 대중 봉기를 생각할 때, 관광 산업은 존재하지 않는 것이나 마찬가지였다. 피노체트의 비밀경찰이 에스프리 팀의 방문을 파일에 기록했다. BMW 오토바이 도난으로 문제를 일으켰던 세뇨르 톰킨스가 칠레에 다시 방문했다고.

비오비오강에서 래프팅을 하기 위해 에스프리 팀은 산티아고를 떠났다. 그들은 과수원, 와인 양조장, 밀밭이 가득한 긴 계곡을 통과해 남쪽으로 향했다. 지친 여행자에게 길가에서 저녁식사와 갓 구운 쿠키를 제공하는 독일인 거주지 콜로니아 디그니다드 근처도 통과했다. 경작 가능한 4만 에이커의 땅에 자리잡은 콜로니아 디그니다드는 소문과 전설에 싸인 수수께끼 같은 곳이었다. 제3제국의 살아남은 통치자들이 그 거주지에 숨어 있다는 이야기가 무성했다. 전범자를 본 사람은 아무도 없었지만, 제복을 입은 남자들이 줄지어 준군사훈련을 받는 모습은 흔히 볼 수 있었다. 지하에 숨겨진 어마어마한 무기고는 낙농업 이면에서 벌어지는 활동을 더욱 의심하게 했다. 그곳에 사는 주민은 가혹한 규율 아래 성별에 따라 나뉜 숙소에서 지내야 했다. 독일인들은 낙농협동조합과 공공보건소 운영 외에도, 남아메리카 좌익 반란 단체를 진압하고자 하는 극우파의 요청에 따라 기밀정보 수집 활동을 했다. 피노체트 장군은 주기적으로 수감자와 방문자를 콜로니아 디그니다드로 보냈는데, 그중에는 고문이 예정된 어머니들도 있고 안전한 장소에서 신선한 공기를 즐기며 시골에서 자유롭게 뛰어놀러 온 피노체트의 자식들도 있었다. 에스프리 팀은 그곳에 들렀을 때 쿠키를 사먹지 않았다.

비오비오 지역에 도착한 에스프리 팀은 증기기관차를 타고 계곡을 올랐다. 기관차가 산속에 증기를 뿜어냈다. 에스프리 팀은 1850년대 개척자들이 그랬듯, 싸구려 와인을 5리터짜리 유리 주전자에 담아 파는 외딴 시골 마을에서 냄비와 프라이팬을 샀다. 그들이 강둑의 첫 출발점에 도착하고 몇 시간 뒤 바이러스로 인한 복통이 일어났다. 직원들은 아픈 배를 부여잡고 토했다. 반쯤 마비된 채 제대로 걷지도 못했다. 예상과 달리 기온은 거의 영하로 떨어졌다. 한 직원은 비오비오강의 얼음장 같은 물에 들어갔다가 구조되었다. "아무도 다치지 않았지만, 싸구려 와인으로 끔찍한 숙취를 앓고 있는 사람이 수영을 하기는 어려웠죠." 가이드 중 한 명인 데이브 쇼어의 말이다.

그러나 톰킨스 가족에게는 그때가 함께할 수 있는 드문 순간이었다. 그들은 낮이면 비오비오강 상류를 떠다니고, 밤이면 '산티아고의 벽'에서 야영했다. '산티아고의 벽'이란 검은색 판초 차림에 이가 하나도 없는 어느 카우보이의 집이었다. 그 사람이 염소나 양을 끌고와 강둑에서 바비큐를 해주었다. 여행 온 에스프리 여성 직원들과 노련한 래프팅 가이드의 연애는 수많은 사건으로 이어졌고, 일 년 만에 세 쌍이 결혼했다.

더그는 원정을 함께 다니던 친구 로열 로빈스와 함께 카약을 타고 강을 따라 내려갔다. 수지에게, 그리고 로열의 딸 태머라와 어울리는 아이들에게 이 여행은 점점 따로 지내는 시간이 많아지던 혼란스러운 가족생활에서 잠시나마 벗어날 수 있는 기회였다. 당시 수지는 일 년에 몇 달씩 홍콩에서 보내며 종종 어린 딸들을 데려갔다. 더그는 샌프란시스코에 머물다가도, 일 년 중 몇 달씩 모험을 떠나 탈출하곤 했다. 가족은 파편화되었지만, 에스프리의 핵심층을 제외한 누구에게도 그 분열은 보이지 않았다.

1983년, 에스프리의 매출은 하루에 100만 달러를 찍었다. 더그와 수지는 샌프란시스코 사업계의 유명 인사였고, 그들의 게스트하우스는 이웃인 스티브 잡스나 배우 로빈 윌리엄스를 볼 수도 있는 숙소였다. "로빈 윌리엄스는 더그를 미치게 했습니다. 더그는 그 사람이 너무너무 지나치다고 생각했어요." 릭 리지웨이가 웃으며 말했다. "로빈은 달리기를 좋아했습니다. 그가 집에 머물 때면, 더그는 로빈의 말을 듣는 데 지친 나머지 '가서 달리기나 하자'고 말했죠. 더그는 로빈의 기운을 빼놓을 작정으로 그와 함께 온 도시를 달렸습니다. 로빈이 조용했던 그날 밤이 그와 함께 보낸 최고의 밤이었다고 하더군요."

더그는 일 년에 한 번 '페퍼 파티'를 열었다. 이날 그는 양념장에 재운 빨간 피망을 천천히 굽는 마법을 완벽히 익힌 솜씨 좋은 요리사였다. 그는 등반을 하고 카약을 타는 그의 영웅들과 온갖 분야의 예술가가 포함된 손님들을 완전히 장악했다. 더그는 열댓 명의 정신 나간 천재를 한자리에 모으려고 여러 종류의 초대장을 프린트했다. 모든 VIP가 자신이야 말로 파티의 주인공이라고 생각하도록 고안한 맞춤형 초대장이었다. 유명 인사들은 이 속임수를 알면서도 참석할 이유를 찾았다. "이본 쉬나드도 오고, 가수 다이앤 캐럴도 왔습니다." 카약 사진가이자 영화제작자인 롭 레서의 말이다. "문제는 그들이 누구인지 모른다는 점이었습니다. 알고 보면 아마 업계의 거물이었을 텐데요. 하지만 더그는 허풍선이나 자만심 강한 사람과는 어울리지 않았습니다. 흥미로운 사람, 자신에게 자극을 주는 사람과 사귀었죠. 더그는 생각이 아주 빠르게 돌아가서, 일 초 만에 상대를 꿰뚫어볼 수 있었습니다. 자기 시간을 낭비하는 사람과 대화할 때면 무례하게 굴지 않으면서도 노련하게 스르륵 사라졌습니다."

본관 안에 있는 그의 미술 수집품 중에는 보테로의 그림과 프랜시스 베이컨의 삼부작도 있었다. "더그가 미술품 수집에 빠져 있을 때면 내가 종종 더그와 런던에서 지냈습니다. 거기서 우리는 갤러리에 다녔죠." 그의 친구 피터 버클리의 말이다. "더그는 먼저 특정 예술가의 레퍼토리 전체를 보았습니다. 그런 다음 작품에 담긴 이야기를 잘 듣고 골랐습니다. '이거야. 이게 걸작이야'라고 말하곤 했죠. 그게 더그가 자신이 주목하는 예술가에게 취하는 절차였습니다."

리지웨이가 그의 아내 제니퍼와 하룻밤 묵었을 때, 톰킨스는 그들에게 침대 머리맡에 걸린 그림을 건드리지 않도록 조심하라고 말했다. 리지웨이는 생각했다. '당연히 기름진 머리카락이 그림에 흠집을 내는 게 싫겠지.' 그때 더그가 말했다. "저 그림을 움직이면 시내 경찰서에 있는 모든 경보가 울리거든." 리지웨이가 다음에 보았을 때 그 작품은 파리 퐁피두센터♦에 전시되어 있었다.

더그 톰킨스는 미국 소매업계의 못 말리는 왕자님이 되었다. 에스프리의 다채로운 색감의 옷은 판매대에서 폭발적으로 팔려나갔다. 잡지 표지에 "더그가 말하길" 같은 헤드라인과 함께 그의 얼굴이 실렸다. 에스프리는 세계에서 화젯거리가 되는 브랜드 중 하나였고, 핵심은 전부 더그였다. "더그는 어떤 정신을 드러내고자 했습니다. 어느 정도 연습한 뒤에는 그 정신이 뭔지 말로 표현할 수도 있었고요. 그건 바로 '우리는 이미지를 창조하는 사업을 한다'라는 것이었습니다." 더그의 동업자 드웰의 말이다. "그러니 그 정신 안에서 살아야 했어요. 어떤 이미지를, '나 이미지me image'를 투사해야 했습니다. 청렴하고 사교성 있고 흥미진진하고 섹시하고 역동적인 이미지를. 그 이미지를 내면화하지 않으면, 자기가 하는 일에 투사할 수도 없기 때문입니다."

톰킨스는 CEO라는 직함이 지나치게 기업적이고 고리타분하다고 생각했다. 그래서 그는 수없이 샘플을 검토한 뒤 명함에 '이미지 디렉터'라는 직함을 찍었다. 그런 직함은 전 세계로 여행을 다니며 이탈리아어를 배우고 비행기를 사는 등의 행동을 정당화해주었다. 그는 일 년에 구 개월간 '이미지 디렉터'로 살고, 나머지 삼 개월은 그가 "나만의 MBA"라

♦ 　1977년 프랑스 파리 중심부에 개관한 국립현대미술관.

부른 것을 실험했다. 이본은 농담삼아 더그의 MBA를 "부재 중 경영Management by Absence"이라 불렀다. 야생으로 떠나는 그들의 모험은 어김없이 새로운 생각에 활기를 불어넣었으며, 회사 임원들에게는 더 깊은 책임감과 독립심을 심었다. 더그와 이본은 회사를 상장해 자신들이 비웃던 '주식 가치'를 위해 내재적 가치를 희생하는 위험을 감수하고 싶어하지 않았다. 사실상 회사 채무가 없고 외부의 자금 조달도 거의 없는 파타고니아와 에스프리는 창업자의 리더십에 걸맞게 뿌리부터 설계되었다. 한 번에 사무실을 비우는 것이 둘의 일상이었다. "우린 전혀 상관없었습니다." 상사인 더그가 자리를 비울 때 에스프리에서 일했던 로버트슨의 말이다. "때로는 안심이 될 때마저 있었어요."

톰킨스는 미지의 지구를 탐험하면서 소매사업을 할 기회도 찾을 수 있었다. 그는 이 년가량 중국과 협상을 벌이며 중국 최초의 미국 의류 소매업체가 되려고 노력했다. 미국의 의류 수입 제한을 고려해, 홍콩에서 들여오는 수천만 달러어치의 의류와 액세서리에 특별 관세 면제 조치를 받기도 했다.♦ 미국 전체를 통틀어 단일 회사로서 가장 큰 홍콩 수입 쿼터를 적용받은 것이었다. 일찌감치 시장을 알아본 더그는 세계에서 제일 품질이 좋고 가격이 낮은 제조업계를 그러쥐었다. 이제 그는 전 세계 칠천여 개 매장에서 옷을 판매하

♦ 당시 미국은 중국산 의류 수입에 엄격한 제한을 두었지만, 홍콩은 영국령 자유항으로 별도의 무역 규제를 받지 않았다. 이 때문에 중국에서 생산한 의류를 홍콩을 통해 우회 수입하는 방식이 널리 쓰였으며, 특별 협상을 통해 관세 면제 등 혜택을 받는 경우도 있었다.

게 되었다. 그의 제국은 값싸게 대량생산한 의류에 근거하고 있었다. 펜실베이니아에서 제작한 카탈로그의 최종 인쇄량이 150만 부였다. 그 말은, 에스프리 사보에서 자랑했듯 "그 모든 걸 인쇄할 종이를 싣는 데만 기차 화물칸 스물두 대"가 필요했다는 뜻이다.

톰킨스가 이따금씩 자리를 비울 수 있었던 까닭은 에스프리가 개인 소유였기 때문이다. 소유권이나 지배권을 약화시키고 싶지 않았던 더그와 수지는 굳은 결심으로 에스프리를 자신들의 손에 쥐고 있었다. 따라서 그들은 주주의 반란이나 주가에 관한 염려, 경영권 문제로부터 자유로웠다. 연간 수익이 6억 달러에 가까워지고 매출이 수십 개 국가로 확장되었음에도, 더그는 종종 샌프란시스코 본사에서 탈출해 삼 주간 부탄으로 원정을 떠나거나 한 달 동안 전 세계 강을 돌아다니며 최초로 급류를 타고 하강한 사람이 되었다.

      ●

더그와 나는 [칠레의] 산티아고 위에 있는 마이푸강 남쪽 갈래를 따라가기로 했다. 그때까지 아무도 가본 적 없는 곳이었다. 우리는 그곳에 내린 뒤 강을 따라 배를 몰다가 가파른 모퉁이가 있는 구역을 만났다. 반대편에서 굉음이 들렸다. 새로운 강을 탈 때는 정찰을 해야 한다. 나는 배에 머물렀고, 더그가 내려 작은 언덕을 올라 모퉁이 근처를 살폈다. 그때 군인 두 명이 다가왔다. 그들은 더그의 등을 총으로 쿡 찌르며 여권을 보여달라고 했다. 더그는 "대체 무슨 말입니까? 여권 같은 건 없어요. 난 카약을 타는 사람입니다. 안 보여요? 반바지 차림이잖아요!"라고 말했다. 그들이 본부에 연락하는 도중에 더

그는 도망쳐서 언덕을 달려 내려오더니 내게 아무 말도 해주지 않고 배에 뛰어올라 쏜살같이 모퉁이를 돌았다. 완전히 당황했다. '세상에, 저 모퉁이 너머에 뭐가 있을지 몰라. 저 사람들이 우리를 쏠 수도 있어'라고 생각했다. 그렇게 모퉁이를 돌았다. 너무 당황한 나머지 배 위에 뻣뻣하게 앉아 있었다. 아니나 다를까, 나는 역류를 맞아 거꾸로 뒤집혔다. '어떻게 하면 최대한 오래 뒤집혀 있을 수 있지? 올라갔다가 총에 맞고 싶지는 않은데'라고 생각했다. 그날 밤늦게서야 우리는 그곳이 [독재자] 피노체트의 여름 별장이었다는 걸 알았다. 당시에는 전혀 몰랐지만.

이본 쉬나드

●

톰킨스에게는 더이상 자존심을 높여줄 페라리가 필요하지 않았다. 대신 그는 낡아빠진 검은색 스테이션왜건 지붕에 새빨간 플라스틱 카약을 묶고 베이 에어리어 전체를 돌아다녔다. 사람들이 입을 쩍 벌리고 쳐다보았다. 도시에 카약을 실은 자동차가 돌아다니다니 이상했다. 사람들은 멈춰서서 그에게 질문했다. "언젠가 한 청년이 내가 나타날 때까지 차 주변에서 기다리고 있었습니다. 이게 뭔지 알아보려고 십오 분이나 기다렸다더군요. 몬터레이 출신의 서퍼였는데, 그 이상하게 생긴 물건에 대해 꼭 알아내야만 했던 거죠. 다들 그게 배라는 건 알았지만, 대체 그걸로 어디를 가냐는 거죠."

여행을 다닐 때 더그는 5성급 호텔은 피했다. 친구 집 소파에 침낭을 깔고 자는 걸 더 좋아했다. 침낭은 더그가 언제나 여행 가방에 가장 먼저 쑤셔넣는 물건이었다. "전용기를 가질 수도 있었지만 상상이 되지 않았습니다." 그가 말했다. "나는 엔진 하나짜리 작은 프로펠러 비행기를 천천히 몰고 다니며 해변에 착륙하곤 했습니다."

디자인에 대해 더 배우고 싶다는 톰킨스의 욕구는 커져 만 갔다. 그는 첨단 디자인과 건축에 관한 책을 연달아 읽은 뒤, 슈퍼스타 조 두르소, 에토레 소트사스, 구라마타 시로를 고용해 맨해튼, 밀라노, 도쿄에 에스프리 매장을 짓도록 했 다. 아는 사람들 입장에서는 마라도나와 메시, 펠레를 한 축 구팀에 두는 것이나 마찬가지라고 여겨졌다. "더그는 자기 가 일하고 생활할 공간을 만들어줄 디자이너와 함께 작업하 고 싶어했습니다." 피터 버클리의 말이다. "일본에 있을 때 더그는 싱가포르와 홍콩의 에스프리 매장을 설계한 구라마 타에게 집을 설계해달라고 했습니다. 그 집이 더그가 일본 에서 지낼 때 머문 곳이죠. 더그는 그런 경험을 무척 좋아했 습니다."

회사 로고를 다시 디자인하기 위해 존 카사도를 고용한 다음, 더그는 그를 롬바드 스트리트에 있는 자기 집으로 초 대했다. "러시안 힐에 있는 초록색 싱글 지붕의 근사한 집이 었어요. 한 블록에서 다음 블록까지 이어질 정도였죠." 카사 도는 회상했다. 그는 하얀 널빤지 바닥과 대단히 현대적인 외관을 즉시 알아보았다. 더그는 주방에서 뭔가 하느라 바 빠서 카사도에게 옷장에 코트를 걸어두라고 했다. 걸어들어갈 수 있는 형태의 옷장이었는데, 카사도는 재킷을 걸다가 무언가를 깨달았다. 이곳은 옷장이 아니라 도서관 같았다. "벽에 있는 모든 책이 디자인이나 스타일, 건축에 관한 내용이었습니다. 나도 디자인에 관한 책은 꽤 많이 읽었기에 당황했죠. 더그는 매우 난해한 디자인 관련 책을 여러 권 가지고 있었습니다. 거기서 나온 나는 '내가 졌네요. 당신, 숨은 디자인 고수예요? 이게 다 뭡니까?'라고 물었어요. 그러자 더그가 대답했죠. '아니, 그냥 디자인을 좋아할 뿐입니다.'" 그 말에 카사도는 진정했다. 그는 자신이 설득할 필요 없는 고객과 일하고 있다는 것을 깨달았다. 더그는 카사도가 해줄 수 있는 일의 가치를 제대로 알아봐줄 사람이었다.

스티브 잡스는 초기 애플 플래그십 매장을 설계할 때, 에스프리가 만들어낸 감성적 소비자 경험의 아름다움과 화려함을 간접적인 오마주로 삼았다. 톰킨스가 『에스프리: 종합 디자인 원칙』이라는 책을 출간했을 때 잡스는 팀원들에게 이 3킬로그램짜리 책을 한 권씩 사라고 명령했다. "애플 매장 콘셉트 디자인을 하던 1999년에 잡스는 『에스프리』에 나오는 매장을 본떠 자기 매장을 만들고 싶어했습니다. 디자인팀에 보여주겠다며 내게서 그 책을 오십 권 샀죠. 잡스는 그 책을 '디자인의 정석'이라고 불렀습니다." 야기의 말이다. "더글러스 톰킨스를 보면 나는 스티브 잡스가 생각납니다. 아니, 스티브 잡스를 보면 더글러스 톰킨스가 생각난다고 해야 할까요?"

톰킨스는 1980년대에 대한 다양한 취향을 가지고 있었다. 아마 그 시대를 규정하는 스타일이 없다는 사실 자체가 그가 여러 스타일을 넘나들 수 있는 기회가 되었던 것일지도 모른다. 그는 몇 년간 이탈리아 양식을 시도했고, 일본의 모든 것과 사랑에 빠지기도 했고, 그다음에는 (잠시) 영국 건축가 노먼 포스터의 매끄럽고 현대적인 하이테크 스타일에 빠졌다. 노먼 경과 더그는 정말이지 특이한 한 쌍이었다. 귀족과 카약커라니.

노먼 경은 더그와 같은 혁명가였다. 그는 대중적으로 '더 거킨'이라 알려진 미래주의적 곡선의 돔형 건물로 런던의 스카이라인을 뒤덮었다. 톰킨스는 한계 없는 제국을 건설하고자 하는 욕구에 사로잡혀 노먼 경에게 에스프리 본사를 수백만 달러 규모의 예술 프로젝트로 설계하는 일을 맡겼다. 그 건물을 온 세상을 구현할 수 있는 도시로 조각해내고 싶었던 것이다. 에스프리 본사는 축구장, 보육센터, 헬스장으로 둘러싸여 있었다. 유기농 텃밭은 회의실의 자연조명만큼이나 정교하게 설계되었다. 샌프란시스코 남쪽은 부동산 가격이 비교적 낮고, 몇몇 언덕에는 여전히 삼나무가 심겨져 있었다. 톰킨스는 샌프란시스코 반도의 잘 알려지지 않은 도시 쿠퍼티노를 선택했다. 그는 그곳에 캠퍼스를 짓지 않았으나, 스티브 잡스는 지었다.

쿠퍼티노는 애플의 전 세계 본사가 되었고, 잡스는 선구적인 사고로 찬사받았다. 반면 톰킨스는 잡스를 야단치느라 바빴다. "나는 인터넷과 개인용 컴퓨터, 핸드폰이 천국으로 가는 길이라고 믿었던 내 친구 스티브 잡스와 종종 싸웠습니다." 그가 말했다. "잡스는 그런 것이 우리를 약속된 땅으로 이끌어줄 거라고 생각했죠. 나는 잡스에게 그것이 세상을 망치고 있다고 말했어요. 잡스는 성을 내곤 했습니다."

뉴욕 출신으로 고등학교도 졸업하지 못한 마흔세 살의 톰킨스에게 1980년대 중반의 화려한 삶은 정말로 황홀한 것이었다. 그러나 디자인과 건축에 대한 사랑의 대가는 말도 안 되게 값비쌌다. "톰킨스는 이탈리아로 가서 자신을 위한 기념비들을 세웠습니다. 밀라노에 매장을 크게 지었고, 디자이너들과 어울리기 위해 2천만 달러를 밑 빠진 독에 처넣었죠." 더그의 풀타임 동업자이자 1980년대 중반에는 파트타임 아내였던 수지의 말이다. "런던에서 노먼 포스터와 벌인 일도 똑같았어요. 이런 상황이 벌어지고 있었죠. 그것 때문에 회사가 수렁에 빠지고 있었어요. 우린 미국에서 급여도 감당하지 못했는데, 더그는 전 세계에서 수백만 달러를 쓰고 있었어요."

톰킨스의 호화로운 지출은 에스프리의 임원들에게 딜레마가 되었다. 톰킨스의 추진력 없이 회사가 지속될 수 없는 것은 분명했다. 그렇지만 거꾸로, 더그가 대표로 있다고 해서 회사가 살아남을 수 있을까? "결국 우리는 '세상에, 노먼 포스터와 타모츠 야기, 조 두르소 등 훌륭한 건축가와 협력했는데 남은 건 아무것도 없군요. 아무것도요'라고 말할 수밖에 없었습니다." 댄 임호프의 말이다. "슬픈 일이죠. 내가 이탈리아에 있을 때, 그 사람들은 임대한 건물의 벽을 10센티미터 옮기겠다고 100만 달러를 썼습니다. 내 생각에 더그는 정신이 나가 있었습니다. 나는 더그가 한 많은 일을 존경합니다. 아무리 그래도 어떤 면에서는 정도가 지나쳤어요. 머릿속에 떠오르는 기발한 일들을 절대 멈추지 못했습니다. 하긴, 무슨 장난을 치든 자기 돈이었으니까요."

1983년경에 톰킨스는 자기 확신의 과용으로 괴로운 일을 당했다. 그는 자신의 독특한 미적 나침반을 지나치게 신뢰하다가 길을 잃었다. 오류를 온전히 깨닫지 못한 채 특유의 신조인 "어떤 세부 사항도 사소하지 않다"가 "어떤 세부 사항도 비싸지 않다"로 돌연변이를 일으키도록 놔두었다. 그는 매장에 쓸 철제 계단을 주문 제작한 다음 크롬 난간을 덧붙였다. 베네치아산 석재 타일을 고른 뒤에는 배송 상자의 디자인에까지 관여했다. 밀라노 포스트모던 '멤피스 그룹' 디자인 운동에 참여한 그의 멘토 에토레 소트사스와 협업해 에스프리의 밀라노 전시 매장 가구를 디자인했다. 어느 비평가는 그 결과를 "부분적으로는 바우하우스♦이고 부분적으로는 피셔프라이스♦♦"인 기하학의 독특한 충돌이라고 표현했다.

하지만 톰킨스가 전례 없는 전시 매장을 만들고자 한 곳은 로스앤젤레스의 라시에네가와 샌타모니카 대로였다. 그곳은 디자인에 헌정하는 사원이었다. 거기서라면 속옷을 투명한 요구르트 용기에 담고, 수건을 바게트 전용 비닐봉지에 넣

♦　1919년 독일 바이마르에 설립된 디자인학교와 그 사조. 기능성과 단순성을 중시한다.
♦♦　미국의 유아용 완구 전문 브랜드.

어 전시할 수 있었다. 톰킨스는 '플리퍼스 롤러 부기 팰리스'라는 롤러스케이트 디스코장을 인수했다. '바퀴 달린 LA판 스튜디오 54'로 유명한 곳이었다.

플리퍼스는 완전한 KISS 분장을 한 진 시먼스나 화려한 옷차림의 프린스를 볼 수 있는 곳이었다. 고고, 존 쿠거, 라몬스가 라이브 공연을 했다. 톰킨스는 이 세련된 전시 매장이 로스앤젤레스를 완전히 휩쓸기를 꿈꾸며, LA에 섹시하고 신선한 향기, 말하자면 캘리포니아 북부만의 관능적이고 싱그러운 향기를 들여왔다(그랬다고 상상했다). 그는 존 보이트가 제인 폰다와 롤러 댄스를 추던 로스앤젤레스를 디자인과 영 패션의 중심지로 재탄생시키겠다고 선언했다. 에스프리의 로스앤젤레스 전시 매장에 가면, 삶이란 "나이가 아니라 태도"라는 회사의 풍조가 스며나왔다. 하지만 '천사의 도시'에 새로 온 더그 일행은 없는 태도를 꾸며내는 것이 보기보다 어려운 일임을 곧 깨달았다. 톰킨스는 콘크리트 바닥을 광택나는 검은색으로 페인트칠한 뒤 왁스를 바르라고 했다. 그 결과 매끄럽고 멋진 바닥이 되었지만, 너무 미끄러워서 직원과 손님 모두 수시로 넘어졌다. LA 매장에서 일한 한 시공업자는 말했다. "더그는 마치 실물 크기의 모형을 가지고 작업하는 것 같았습니다."

갭 같은 경쟁사에서 매장에 1제곱피트당 약 70달러를 쓴 반면, 전 롤러스케이트 디스코장은 여섯 배인 1제곱피트당 400달러를 썼다. "더그는 그 전시 매장을 하나의 작품으로 만들려 했습니다. 모든 게 과도하게 디자인되었어요." 프로젝트에 참여한 이탈리아인 협업자 알도 치빅의 고백이다.

"뭐랄까, 자기 집을 지으면 '바닥이 최고 중의 최고였으면 좋겠어. 벽도 최고 중의 최고였으면 좋겠어. 조명이 무엇보다 아름다워야 해. 가구는 환상적이어야 해'라는 식으로 말하게 되죠."

로스앤젤레스 매장은 대실패였다. "더그는 소매업에서 가장 중요한 세 가지 원칙을 완전히 무시했습니다. 위치, 위치, 위치 말이죠." 친구 버클리의 말이다. 에스프리는 700만 달러의 예산이 책정된 매장 리노베이션에 결국 2,400만 달러가 들었음을 공식적으로 인정했다.

드웰이 웃으며 말했다. "〈월 스트리트 저널〉에서 공식 입장을 요청하더군요. 은행에서 에스프리를 걱정했던 것 같습니다. 나는 '에스프리는 국제적인 멀티미디어 예술 작품입니다'라고 말했어요. 더그는 격분했죠. 나는 '뭐, 그게 사실이잖아요?'라고 했죠. 더그는 '그래, 하지만 은행에는 사업 이야기를 했어야지'라고 말했습니다."

이윤이 솟구쳤던 십팔 년의 세월에 도취되었던 더그는 1986년에 그의 회사가 곤경에 빠졌다는 여러 신호를 놓쳤다. 패션 유행은 화려한 색상에서 좀더 전통적인 색조로 옮겨가고 있었다. 미국 달러 가치가 폭락해 홍콩의 제조사에서 요구하는 가격이 치솟았다. 연간 수익은 800만 달러로 곤두박질쳤다. 공황에 빠진 톰킨스는 미국 본사 직원 이천 명 가운데 3분의 1을 해고하고, 직원에게 제공하던 발레 공연 표와 래프팅 여행권을 없앴다. 그러나 더 큰 문제는 바로 집안에 있었다. 아내 수지와 주도권을 두고 분쟁을 벌이게 된 것이다. "우리는 한 자루에 들어 있는 고양이들처럼 십오 년 동안 싸웠습니다." 톰킨스는 『GQ』에 말했다. "우리가 결혼생활을 유지한 건 단지 편의 때문이었습니다."

치명적인 분열의 뿌리는 훨씬 더 깊었다. 이사회 구성원이나 상황을 잘 아는 몇 안 되는 소수가 보기에, 창업자 부부의 끊임없는 전쟁으로 에스프리에 균열이 생기고 있었다. "디자인실을 곧바로 가로지르는 보이지 않는 선이 있었습니다. 수지의 편을 들거나 더그의 편을 들거나였죠." 수지의 개인 비서로, "더그와 수지의 불행에 지쳐" 회사를 그만둔 브리엘 존크의 말이다.

"문제가 생기면 다 내 잘못이었어요." 수지가 말했다. "더그가 사업을 지나치게 확장하고 기념비적 건물들을 세우는 바람에 재정적으로 벽에 부딪혔을 때도 '내 잘못'이 됐죠. 롬바드 스트리트에 있는 우리집 위층에서, 디자인팀 모두가 보는 앞에서 더그가 말하더군요. '저 여자를 빼야 해. 너무 늙었어. 자기가 무슨 일을 하는지도 몰라.' 나는 바로 그날 밤에 떠났어요. 그게 한계였죠."

톰킨스는 불안정한 결혼생활이 서머와 퀸시, 그리고 에스프리에 대한 자신의 역할에 어떤 영향을 미쳤는지 거의 눈치채지 못했다. 그는 초조해했고, 조바심을 냈다. 그가 죽는다면 묘비에 뭐라고 새겨질까? "올림픽 스키팀에 들어갈 뻔한 사람"? "주목할 만한 의류 영업사원"? 더그는 열여섯 살 때 한 인터뷰에서 자신이 "평범한 인간은 가지 못하는 곳에

갈" 운명을 타고났다고 했다. 지금 그의 상황은 당시에 상상한 유산과는 거리가 멀었다.

회사 내부자들이 그의 불안한 결혼생활을 의식하는 동안, 톰킨스는 미국의 기업문화 전반에 대해 의구심을 품었다. 톰킨스는 더이상 이 게임을 하고 싶지 않았다. "어쩌다보니 마케팅에 발목을 붙잡혔더군요." 톰킨스는 회상했다. "그래서 더 큰 그림을 놓쳤습니다. 나는 존재하지 않는 욕망을 만들어내고 있었어요. 아무에게도 필요하지 않은 제품을 만들고 있었죠."

그의 친구 리토는 말했다. "더그에게는 사업은 멋진 것이라는 생각이 있었어요. 순전히 사업을 잘해내겠다는 순수하고 대단한 열정으로 그 일을 했죠. 하지만 더그가 돈을 벌려 한다는 느낌은 한 번도, 단 한 번도 받지 못했습니다. 그저 사업이 자기가 하는 일이었기에 성공하고 싶어했던 거예요. 세상에는 부자가 되기 위해 행동하는, 돈의 이치에 매우 밝은 사람도 있습니다. 하지만 더그는 절대 그런 영혼이 아니었어요."

제리 맨더는 점심을 먹으러 자주 에스프리로 톰킨스를 찾아갔다. 그는 친구가 점점 더 불만스러워하는 것을 알아챘다. "더그는 돈을 많이 벌고 있다고, 그건 좋은 일이라고 했어요. 하지만 다른 걸 하고 싶다고 인정했습니다." 더그에게 깊은 신뢰를 받았기에 자주 그의 고백을 들었던 맨더의 말이다. "그런 상황이 몇 년이나 이어졌습니다. 더그의 일부는 에스프리에 속해 있는 것을 참지 못했어요. 더그는 계속해서 '이건 나한테 맞지 않아. 난 다른 뭔가를 해야 해. 네가 하는 일을 해야 해'라고 말했습니다."

맨더와 그의 동업자 허브 차오 건서는 샌프란시스코의 선구적이고 당시 기준으로는 유일했을 진보적 광고회사 퍼블릭 미디어 센터에서 틈새시장을 찾은 터였다. 그들은 시에라 클럽의 데이비드 브라우어를 위한 캠페인을 진행했다. 그중에는 애리조나주의 웅장한 글렌캐니언을 침수시킬 댐 건설 계획을 조롱하는 인기 슬로건도 있었다. 그들은 전면 광고에 큰 헤드라인을 걸었다. "관광객이 천장 가까이 갈 수 있게 시스티나 예배당도 침수시켜야 할까요?" 퍼블릭 미디어의 사무실은 톰킨스에게 사무실 밖의 사무실이 되었다. 톰킨스는 그들이 하는 일을 배우고 맨더와 건서가 활동하는 모습을 지켜보러 갔다.

톰킨스는 환경 분야의 다양한 저자와 활동가, 철학자들을 파고들었다. 최전선에 있는 이러한 인물들에게 팩스와 편지, 전화, 질문을 끊임없이 전했다. 자주 그들과 개인적 친분을 쌓았다. 그는 하루에 몇 시간을 '학문 연구'에 썼다. 이때 '학문 연구'란 새로운 작가를 발견하거나 숲을 위해 싸우는 활동가에 관한 글을 읽는 데 쓰는 시간을 가리켰다. 더그는 이 표현을 좋아했다. 그는 기꺼이 일본의 포경선을 들이받고 괴롭힐 각오가 된 최전방의 환경 투사들과 벌목을 저지하려고 삼나무숲의 60미터 상공에서 몇 달씩 사는 젊은 활동가들을 존경했다. 톰킨스는 환경보호에 관한 책을 폭넓게 읽고, 전통적인 대학 교육을 신랄하게 조롱했다. 누군가의 지도나 가르침을 원치 않았던 그는 자신이 이해한 것을 믿고 책을 읽었다.

이어 톰킨스는 미국 작가 조지 세션스와 노르웨이 산악등반가이자 철학자 아르네 네스가 정립한 철학적 실천인 '심층생태학'에 대해 알게 되었다. 네스는 저서에서 인류는 지구에서 우리가 차지하는 위치를 전면적으로 다시 생각해야 한다고 했다. 생태계를 통합적으로 이해하고, 한 종을 다른 종보다 우선하는 인간의 오만을 종식해야 한다고 주장했다. 네스는 야생동물과 서식지 파괴가 지구 생명의 자연스러운 균형을 뒤엎고 행성 전체를 위기로 몰아간다고 보았다. 기후변화와 멸종위기가 대화의 주된 소재가 되기 수십 년 전에 네스와 그의 추종자 집단은 유한한 행성에서 영원히 경제성장을 하겠다는 꿈은 불가피하게, 그것도 머잖아 환경재앙으로 이어지리라고 단언했다. 톰킨스는 충격을 받았다. 그는 네스와 세션스에게 여러 통의 편지를 보냈다.

불과 오 년 전만 해도 톰킨스는 밀라노 디자인계의 거장들을 사로잡고 있었다. 이제 그는 심층생태학의 선구자들에게 구애하고 있었다. "나는 환경운동에 완전히 몰입한 채 아침을 보내다가, 정오쯤에 덜컥 현실로 돌아와 사업 운영에 집중해야 했습니다. 무언가 바뀌어야 했어요." 톰킨스의 말이다. "내 인생을 자연보호와 환경 관련 작업에 바칠 목적으로 사업에서 손을 떼기 시작했습니다. 생각해보면 아직도 이상합니다. 내 마음이 정말로 소속된 곳인 '지구 먼저!'와 함께하지 못할 만큼 사업에 정신이 팔려 있었다니 말이죠."

2부

6장
나의 북쪽은 어디?
남쪽으로 날아가다

1980년대 중반에 나는 내가 엉뚱한 일을 하고 있었음을 천천히 깨닫게 되었다. 의류회사에서 누구에게도 필요하지 않은 제품을 아주 많이 만들고 있었다. 나의 주된 일은 환경 위기를 되돌려놓기보다 심화했다. 나는 무언가 다른 일을 해야 한다는 걸 깨달았다.

더그 톰킨스

1989년 지구의 날, 릭 클라인은 칠레에서 비행기를 타고 밤새 날아 로스앤젤레스에 도착했다. 그는 가방을 챙기자마자 벤투라로 첫 일정을 소화하러 갔다. 태평양 연안 고속도로의 교통량에 따라 달라지지만, 벤투라는 북쪽으로 대략 한 시간 거리에 있었다. 그는 파타고니아의 이본 쉬나드를 만나 칠레 남부에 있는 특별한 숲을 보호하기 위한 기금을 요청할 예정이었다. "나는 카니 생크추어리의 높은 산봉우리에서 찍은 남양삼목숲의 코닥 스냅숏사진을 가지고 있었습니다. 기금 모금을 위한 프레젠테이션이었죠. 아름다운 호수와 남양삼목숲으로 가득한 코팅 사진 아홉 장을 펼쳐놓고 말했습니다. '13만 달러만 있으면 실질적으로 이 숲을 구할 수 있습니다. 그 돈이면 우리가 이곳을 소유하고 칠레 최초의 민영공원을 만들 수 있어요.'"

릭은 이본에게 사진을 보여주었다. 테이프로 붙여놓은 그 사진들은 약 60센티미터 길이로 아코디언처럼 펼쳐졌다. 남양삼목숲은 캘리포니아 삼나무숲만큼이나 웅장했다. 릭은 이본에게 이 오래된 숲을 보존하는 일이 중요하다고 말했다. 지금까지 한 건의 기부금을 받았는데, 액수는 5만 달러라고 했다. 이본이 말했다. "알겠습니다. 여기 4만 달러를 드리죠. 샌프란시스코에 있는 내 친구 더그 톰킨스에게 가서 내가 4만 달러를 기부했다고 하세요. 장담하는데, 그 친구도 함께할 겁니다. 그러면 13만 달러를 확보할 수 있을 거예요."

클라인은 캘리포니아 북부로 날아갔고, 샌프란시스코에 도착하자 더그의 개인 프로젝트 매니저 돌리 마를 통해 더그에게 연락을 취했다. 돌리 마가 클라인에게 말했다. "더그가 관심을 보이네요. 이본이 기부를 했다면 자기도 4만 달러를 기부하겠다고 했어요. 여기 수표가 있습니다." 클라인은 순식간에 칠레의 오래된 숲을 구하겠다는 꿈을 밀고 나갈 돈을 갖게 되었다. 믿을 수가 없었다. "쾅! 하고 일이 이루어졌습니다."

클라인은 캘리포니아 태생으로 1970년대 중반에 칠레로 이주했다. 그는 비오비오강 상류 근처에 있는 레세르바 가예투에서 공원순찰대로 일하며 피비린내 나는 군사독재 시절을 간신히 살아냈다. 덥수룩한 머리와 턱수염을 자랑하는 그는 비밀경찰이 그를 게릴라로 오해하고 납치해 고문할지 모른다는 지속적인 위험 속에 살았다. 그의 상사는 "자넨 혁명가가 아니라 시인이야, 릭"이라며, 그에게 콧수염과 턱수염을 밀라고 간청했다.

클라인은 칠레와 캘리포니아를 오가며, 캘리포니아주 아케이디아에 근거지를 둔 비영리단체 '고대 숲 국제연대'를 운영했다. 그는 완전벌채♦ 반대 시위를 벌이는 활동가들을 조직했다. 칠레에서는 뉴질랜드의 악명 높은 벌목회사 플레처 챌린지의 위협으로 위기에 빠진 숲을 구하기 위해 싸웠다. 즉각적인 행동이 없으면 남양삼목숲은 완전벌채될 터였다. 그러나 칠레의 남양삼목숲은 클라인이 이리저리 뛰어다니며 보호하고자 애쓰는 유일한 숲도, 수종도 아니었다. 더그의 사무실에서 4만 달러의 수표를 챙긴 뒤, 그는 시에라 클럽의 전 수장인 데이비드 브라우어를 만나러 갔다. 브라우어는 '어스 아일랜드 인스티튜트'에서 일하고 있었다. 클라인은 브라우어에게 진행중인 '고대 숲을 구하자' 캠페인에 관해 간단히 설명했다. 캠페인에는 파타고니아의 북쪽 경계선에 있는, 벌목 위협에 직면한 칠레의 숲으로 활동가들을 데려가는 원정대를 조직하는 일도 포함되었다.

브라우어는 클라인이 이전에 칠레의 숲에서 진행했던 탐험에 도움을 준 적이 있었다. 한 탐험에서 그들은 '세계에서

♦ 　특정 구역의 모든 나무를 한꺼번에 베어내는 벌목 방식으로, 경제성과 효율성은 높지만 산림 생태계를 심각하게 훼손한다.

가장 오래된 나무'를 찾고자 했다. 클라인은 그 나무가 거의 캘리포니아 삼나무만큼 키가 큰 칠레삼나무이리라 생각했다. 클라인은『내셔널 지오그래픽』이 이 이야기에 관심을 보이도록 주의를 환기시키는 데는 성공했지만, 편집자는 계약을 성사시키고 기사를 펴내려면 수준급 풍경사진가가 필요하다고 했다. 브라우어는 점심을 먹으며 클라인을 그 잡지의 스타 사진가 중 한 명인 갤런 로웰에게 소개해주었다. 로웰은 탐험에 참여해 칠레삼나무숲을 촬영해달라는 릭의 요청을 흔쾌히 수락했다. 알고 보니 그는 어쨌거나 몇 달 뒤 친구 더그 톰킨스와 경비행기를 타고 칠레에 갈 예정이었다.

로웰은 톰킨스에게 탐험을 제안했고, 톰킨스는 기회를 놓치지 않았다. 그는 에스프리의 CEO로 생존할 유일한 방법이 더 자주 탈출하는 것뿐이라고 느꼈다. 카약을 타고 흰고래의 개체수를 조사하거나 북극곰의 활동을 살피는 일과 같은 의미 있는 활동을 하면서 그는 에스프리에서 점점 더 자주 벗어날 수 있었다. 이번 여행으로 칠레에 머무는 동안, 더그와 갤런은 비오비오강을 따라 래프팅하고 파타고니아의 뾰족한 봉우리인 세로 카스티요를 등반하기로 했다.

로웰의 아내 바버라도 톰킨스의 비행기와 같은 기종인 세스나 206을 몰고 칠레 남쪽으로 날아가기로 했다. 그들은 샌프란시스코에서 티에라델푸에고까지 가는 비행경로를 계획했다. 더그는 대여섯 번 비행해본 길이었다. 그럼에도 비행은 그의 정신에서 야성적인 부분을 일깨웠다. 톰킨스는 조종을 나눠 하기 위해 친한 친구이자 때로 동업자이기도 했던 피터 버클리를 데려왔다. 사기를 북돋기 위해 바버라도 형제인 밥 쿠시먼을 데려왔다. 그는 스키순찰대 대장이자 경험 많은 야외활동가였다. 클라인은 그들이 도착하면 푸에르토몬트에서 만나기로 했다. 그들을 이끌고 칠레삼나무숲 트레킹에 나설 예정이었다.

버클리는 기초 비행기 조종 훈련을 막 마친 상태로, 떠나기 일주일 전에 임시 면허증을 받았다. 그는 비행 경험이 겨우 마흔 시간밖에 안 되었지만, 이륙하자마자 톰킨스는 독서해야 한다며 그에게 조종간을 넘겼다. "더그가 제리 맨더의 신간 『신성이 사라진 세상』의 원고를 가지고 있었기에 주로 내가 비행기를 몰아야 했습니다. 가는 내내 더그는 큰 소리로 책을 읽었죠." 버클리의 말이다. "그 책은 더그가 자본주의에 대해 품고 있던 비판적 생각이나 자본주의란 환경파괴에 책임이 있는 또하나의 거대 기술이라는 생각을 여러모로 뒷받침했습니다. 그렇게 더그의 새로운 인생이 시작됐죠."

우리는 현기증을 느끼며 산소 없이 비행해서는 안 되는 고도보다 훨씬 높은 4,267미터 상공에서 날고 있었다. 마지막 순간에 산소를 틀자 갑자기 모든 것이 선명해졌다. 정신이 또렷해졌다. 계기판도 정확히 인지됐다. 더그도 기운을 차렸다. 그런데 이 분쯤 지나자 산소 공급선에 유출이 생겨 탱크가 다 비어버렸다. 더그가 구역감을 느끼기 시작하더니 게워냈다. 나는 계속 비행하려 애썼다. 더그가 말했다. "망했네." 그러고는 고개를 들어 정말로 집중하려 노력했다. 이제 상황이 심각해졌기 때문이다. 그가 말했다. "피터, 저쪽 언덕 사이에 있는 틈을 통과해. 내 생각엔 저기에…… 내 생각엔 저게……" 우리는 그 틈새를 지났고, 나는 커다란 비행장을 보았다. 완전히 독립된 공간이었다. 난데없이 이런 곳에 비행장이 왜 있는 걸까? 우리 차트에는 없는 비행장이었다. 더그가 말했다. "비행기를 착륙시켜." 그래서 곧장 그리로 들어갔다. 내가 비행기를 착륙시키다니. 플레어♦를 하다니. 더그가 고개를 들고 말했다. "젠장!" 우리는 활주로를 '통통' 튀어갔다. 내가 알아서 해야 했다면 우리는 아마 추락했을 것이다. 더그가 어떻게든 비행기를 착지시켰다. 그런 다음 더그는 더이상 버티지 못했다. 우리는 정지했고, 더그는 비행기에서 내려 바닥에서 구역질했다. 그러고 있는데 군대가 나타나 더그를 데려갔다. 갤런이 말했다. "와, 여기 훌륭한데!" 우리는 사실상 체포된 상태였다. 곧장 리마로 날아가 자수하라는 지시를 받았다. 우리는 이륙했고, 더그는 "저리 내려가. 낮은 곳에 머물러"라고 말했다. 나는 알겠다고 답했다. 그렇게 정말로 낮게 그 계곡을 날았다. 무전기가 살아나더니 사람들이 소리쳤다. 그들은 사십오 분간 완전히 미쳐 날뛰었다. [페루의] 리마로 가는 대신, 칠레로 향했다. 국경을 넘었다. 우리는 비행 계획이 없었다. 등록되어 있지도 않았다. 끔찍, 끔찍, 그야말로 끔찍한 일이었다. 더그는 말했다. "괜찮아. 칠레인은 페루인을 싫어하거든." 그 지역 경찰 수장은 결혼식 같은 어떤 행사에 가 있었다. 더그가 말했다. "내가 마을에 가서 얘기해볼게. 괜찮을 거야." 더그는 한 시간 뒤에 돌아왔다. 약간 취한 채였다. 경찰 수장은 완전히 취해 있었다. 그가 모든 서류에 도장을 찍어주더니 더그의 등을 철썩 내려쳤고, 우리는 이륙했다.

피터 버클리

● —————

♦   비행기가 착지 직전에 기수를 위로 향하고 활공하는 것.

페루와 볼리비아의 안데스를 가로질러가며 겪은 산소 부족에서 살아남은 비행기 두 대는 계속해서 남쪽으로 날아가 산티아고에 도착했다. 버클리는 거기서 내려 민항기를 타고 집으로 향했다. 남은 네 명은 더 남쪽으로 갔다. 갤런이 더그와 함께 비행하고, 바버라는 밥을 부조종석에 앉힌 채 비행기를 몰았다. 푸에르토몬트에 도착한 톰킨스는 마을 한복판의 호텔에서 처음으로 릭 클라인을 만났다. 클라인은 아코디언처럼 생긴 사진 묶음을 또 꺼내놓았다. 이번에는 칠레삼나무숲 사진이었다. 톰킨스는 충격을 받았다. 숲을 보니 노르웨이가 생각났다.

산티아고의 중앙정부는 푸에르토몬트 남쪽 지역에 정착지를 만들려고 백 년간 노력해왔다. 그럼에도 비가 많이 오는 그 야생지에 사는 사람은 1제곱마일당 열 명에도 못 미쳤다. 1980년대에는 정신나간 독재자가 공공사업을 밀어붙이며 파타고니아를 다이너마이트로 터뜨려 1,126킬로미터 길이의 '피노체트 고속도로'를 만들었지만, 그조차 밀도 높은 생태계를 파괴하지는 못했다. "여기 대부분은 화산입니다. 아니면 계곡을 따라 형성된 암벽과 늪 지대죠." 클라인은 가파르고 험준한 지역을 그렇게 묘사했다. "덩치 큰 사냥감이 드물어서 원주민은 절대 저 안으로 다시 들어가지 않습니다. 고대 숲이 우거진 이 계곡의 일부 후미진 곳에는 어떤 인간도 발을 들인 적이 없습니다."

하지만 숲은 공격당하고 있었다. 클라인이 일 분에 한 번꼴로 호텔 옆을 지나 부두로 가는 트럭을 가리켰다. 트럭들은 이곳의 자생 활엽수를 싣고 가서 5층 높이의 우드칩스♦ 더미에 쌓았다. 색깔은 모래언덕과 비슷하고 형태는 화산과 비슷한 우드칩스 '사구'는 칠레의 자생림을 갈아내 만든 도리토스 크기의 조각으로 이루어져 있었다. 끊임없는 트럭 행렬이 우르릉대며 마을로 들어와 일본 구매자에게 판매된 '칩'을 내려놓았다. 도쿄에서 이런 우드칩스는 고운 종이를 만드는 원재료가 되었다.

클라인은 알레르세안디노 국립공원으로 차를 몰며 흥분을 주체하지 못했다. 『내셔널 지오그래픽』에서 호평받는 사진가 갤런 로웰이 참여했을 뿐 아니라, 돈과 숲을 보호하겠다는 열정을 지닌 괴짜 더그 톰킨스도 함께였기 때문이다. 차를 타고 가면서 그들은 진지해졌다. 푸에르토몬트를 나서며 사방에서 산림파괴 현장을 목격했다. 수십 개의 투박한 제재소에서 하루 5톤의 우드칩스가 생산됐다. "저들이 우리 유산을 1톤당 50달러에 팔고 있습니다. 어마어마한 파괴가 일어나고 있죠." 칠레 식물학자 아드리아나 호프만의 말이다. "우리는 전 세계적으로 독특한 서식지를 파편화하고 파괴하고 있어요. 우리가 파괴하는 것은 재생 가능한 자원이 아닙니다. 이 나무들은 수천 살이에요." 그녀가 손가락을 튕기며 말했다. "이런 식으로 쉽게 재생될 수 없어요."

분기점에 도착한 톰킨스 일행은 칠레인 가이드 두 명과 숲으로 들어가 트레킹을 시작했다. 나흘에 걸친 여행에 필요

♦ 통나무나 가지 등을 잘게 썰어 만든 나뭇조각으로, 주로 펄프 제조, 바이오매스 연료, 뿌리 덮개, 조경 자재 등으로 사용된다.

한 식량도 챙긴 터였다. 로웰은 황홀해했다. 가장 오래된 칠레삼나무는 최소한 삼천 년 전에 싹을 틔웠다. 그는 『내셔널 지오그래픽』의 독자들이 칠레삼나무 이야기를 무척 좋아하리라는 것을 알았다. 둘째 날 밤, 대피소 근처에서 모닥불에 둘러앉아 소박한 음식을 먹던 중 말다툼이 일어났다. 가이드들이 돈을 더 요구하며 클라인을 압박했다. 톰킨스와 쿠시먼은 거래는 거래라면서 집어치우라고 했다. 아침에 눈을 떠보니 가이드들은 떠나고 없었다. 식량도 거의 다 가져가 버렸다.

쿠시먼은 아침식사로 에너지바를 나눠주었다. 클라인이 앞장서서 멋진 칠레삼나무숲 트레킹을 이끌었다. 나무 한 그루 한 그루가 배의 돛대처럼 곧게 뻗어 있었다. 일부는 높이가 60미터나 되었다. 로웰이 사진 장비를 설치하는 사이 톰킨스는 작은 우산을 꺼내더니 막 싹을 틔운 고사리로 이루어진 작은 숲을 밟지 말라고 주변 사람들을 나무라기 시작했다. "우리가 본 것 중 가장 아름다운 고대 정원이었습니다." 클라인이 말했다. 그는 사진 촬영을 마무리한 다음 계곡 윗부분의 산등성이에서 야영할 계획을 세웠다. 그는 산등성이에 맑은 샘과 이십 분 정도 트레킹을 하면 자갈길로 돌아갈 수 있는 가파른 트레일이 있다는 말을 들은 터였다. 사진을 찍고 산등성이까지 힘차게 트레킹을 한 일행은 충격을 받았다. 물이 없었다. 트레일도 없었다. "네, 호수까지 이십 분이면 갈 수 있겠더군요." 클라인이 웃었다. "절벽에서 이십 분 동안 자유낙하하면요."

물도 없고 그늘도 없는 산등성이에 고립되자 톰킨스는 분통을 터뜨렸다. 그는 클라인이 난국으로 일행을 이끌었다는 사실을 믿을 수 없었다. "즐거운 모험이 될 줄 알았는데 남은 건 두려움, 비난, 굶주림, 탈수뿐이었습니다. 우리는 뼛속까지 지쳤고, 절벽에서 굴러떨어질까봐 두려웠습니다." 클라인이 말했다. "더그가 다시는 나와 이야기하지 않겠다고 했습니다. 찡그린 표정으로 얼굴이 굳어버렸죠."

일행은 피를 빠는 거머리가 기어다니는 가파르고 축축한 산등성이를 따라 호수로 내려가는 수밖에 없었다. 그들은 하루종일 미끄러지며 한 걸음씩 더디게 내려왔다. "정말, 정말 빽빽한 숲이었습니다." 쿠시먼이 말했다. "우리는 가시덤불을 헤쳐나가고, 통나무를 타고 기어내려가거나 그 밑을 지나야 했습니다. 쓰러진 나무가 너무 많았어요. 지형이 험해서 느리게 나아가느라 호수에 내려갔을 즈음에는 모두가 기진맥진한 상태였습니다."

그들은 집으로 차를 몰아가던 중 통나무나 우드칩스를 높이 쌓아 싣고 가는 트럭을 보고 또 보았다. 일행을 가둬두었던 쓰러진 나무 둥치와 우듬지로 이루어진 풍경이 쓸려나가고 있었다. 완전벌채지는 폭탄이라도 맞은 듯한 모습이었다. 높이 60센티미터를 넘는 것은 무엇도 파괴에서 살아남지 못했다. 더그는 분노했다. 그는 클라인과 이야기하지 않겠다던 다짐을 거두고 악수를 청하며 그의 눈을 들여다보더니 물었다. "이 땅이 얼마랬죠?" 더그는 계속 자기 몸을 꼬집었다. "그러니까, 여기를 1에이커당 25달러에 살 수 있다고요?" 그는 숲이 얼마나 빨리 사라지는지 직접 목도했다.

톰킨스를 칠레에서 자신이 가장 관심을 쏟는 프로젝트 중 하나에 얽어넣고 싶다는 생각에 릭은 그를 데리고 카우엘모 온천으로 날아갔다. 온천은 클라인이 탐내는 오지의 보석 같은 곳이었다. 그는 여러 차례 상공을 오간 뒤 더그를 안내해 바다와 아주 가까운 계곡의 작은 농장 방목지에 착륙하도록 했다. 활주로를 확보하기 위해 톰킨스는 윙윙거리는 소리를 내 긴 초원에서 풀을 뜯던 소와 양을 겁주어 쫓아야 했다. 비행기가 마침내 착륙지에 다가가자 칠레인 카우보이들이 말을 타고 나타나 낙오한 동물을 쫓아냈다. 더그는 비행기를 착륙시켰고, 다섯 우아소가 달려왔다. 그들은 판초와 챙이 뻣뻣한 밀짚모자 차림이었다. 더그는 그 자리에서 이 거대한 농장을 사기로 결정했다. "일종의 충동구매였습니다." 나중에 그는 인정했다. "최악의 경우라도, 해수면 높이에 있는 자생림이라면 개인적으로 보호할 만한 가치가 있다고 생각했거든요." 땅은 그야말로 헐값이었다. 샌프란시스코의 방 두 개짜리 아파트 한 채 가격으로 생태계 전체를 소유하게 된 것이다.

매물로 나온 자연 낙원의 규모를 살피던 더그는 먼 곳을 바라보며 이 지역을 잘 아는 우아소 중 한 명에게 물었다. "저기 산봉우리가 눈으로 뒤덮인 화산이 있는데, 저것도 이 땅에 포함됩니까?"

"시, 세뇨르 톰킨스." 관리인이 대답했다. "화산도 포함입니다."

톰킨스는 자신이 공들여 세운 기업 에스프리에 대한 애정이 그 어느 때보다도 소원해졌다고 느끼며 샌프란시스코로 돌아왔다. 그는 에스프리의 메시지를 재구조화하기 시작했다. 수지도 에스프리 본사에 '생태환경부'를 만들어두긴 했다. 그러나 더그는 재활용 팁과 사람들에게 필요 없는 옷을 그만 사라고 촉구하는 마케팅 캠페인이 포함된 환경 관련 내용을 삽입해 카탈로그를 혁신적으로 바꾸었다. 그와 토스카니는 에스프리 티셔츠를 입은 침팬지를 등장시키는 불쾌한 이미지를 제작해 에스프리의 이미지를 기괴하게 '해체'했다. 톰킨스는 직원들에게도 에스프리 옷에 "필요하지 않다면 우리 옷을 사지 마세요"라는 문구를 넣으라고 지시했다. 톰킨스는 전복적인 메시지가 선풍적인 마케팅 효과를 일으킬 가능성이 높다는 걸 알았다. 그게 반문화였기 때문이다. 놀란 주거래 은행 담당자와 임원들이 톰킨스에게 따졌다. 누군가는 화를 내며 "사람들한테 우리 제품을 소비하지 말라는 겁니까?!"라고 물었다.

톰킨스는 이런 소란을 아주 좋아했다. 에스프리의 광고 지출은 연간 2,500만 달러에 이르렀다. 이미지 디렉터로서 그에게는 캠페인을 변경할 권한이 있었다. "내 메시지는 소비자에게 소비를 줄이라는 부탁이었습니다. 물론 자유시장경제라는 개념에서는 이단아 취급을 받겠지만요." 그가 말했다. "반응은 믿을 수 없을 정도였습니다. 광고업계까지 즉시 이 메시지에 주목했습니다. 논평과 기사가 나오기 시작했죠."

더그와 수지의 부부싸움은 회사의 가장 높은 층위에서 계속 마찰을 일으키며 에스프리를 더욱 진창으로 끌어내렸다. 결국 창업자 부부는 강등당해 직접적인 경영 업무에서 배제되었다. "우리는 더그가 MBA 프로그램에서 돌아다니며 일하기 경영 프로그램으로 이동했다고 농담하곤 합니다. 아, 이때 MBA는 '부재중 경영'이라는 뜻입니다. 벤처기업일 때는 그것도 괜찮죠." 새 CEO 페데리코 코라도가 재미있다는 듯 말했다. 톰킨스는 빛을 보았다. 미국 기업계의 제약에서 탈출할 기회가 생긴 것이다. 그는 가지고 있던 에스프리 지분 50퍼센트를 비밀리에 넘기고 숲을 위한 싸움에 온 에너지를 쏟을 계획을 세웠다.

수지 톰킨스도 점점 멀어져만 가는 배우자와 사업에 대한 이해관계를 분리하고 싶어했다. 그녀는 더그를 길게 늘어선 아첨꾼이 떠받치는 "악성 나르시시스트"라고 표현했다. "당신은 오만하고 무례한 방식으로 사람들을 따르게 하지. 고마운 줄도 모르고, 관대하지도 않고." 그녀가 말했다. "상대는 당신에게 인정받고 싶어서 계속 당신을 위해 일해. 나르시시스트가 브랜드를 잘 만드는 이유는 그 자신이 브랜드라고 생각하기 때문이야."

은행을 포함한 금융기관도 더그 톰킨스에게 경계심을 느꼈다. "은행가들은 더그가 무슨 일을 저지를지 모르는 인물이라고 생각했습니다. 수지의 대리인 아이작 스타인이 더그를 확실히 그런 식으로 캐릭터화했죠." 피터 버클리의 말이다. "그들은 은행에 더그가 세계 최악의 경영인이라고 말했습니다. 더그는 '그래, 맞는 말이야. 하지만 난 CEO가 아닌 걸. 난 아트디렉터라고. CEO가 될 사람은 피터지'라고 말했습니다."

마흔아홉이라는 나이에 인생의 새로운 단계를 시작하기 위해 톰킨스는 현금과 자유 시간, 기업계로부터의 탈출이 필요했다. 그는 50퍼센트 지분에 대한 입찰 경쟁에 불을 붙이기 위해 여전히 에스프리 사업에 홀려 있는 듯이 굴었다. 1991년 6월, 톰킨스는 일단 에스프리 브랜드를 화려하게 다시 론칭할 거라는 신호를 주다가, 갑자기 지분을 전 아내 수지와 골드만삭스 은행가들에게 팔았다. "눈속임에 불과했죠. 하지만 가만히 앉아서 회사를 다시 론칭할 거야라고 말할 수는 없었어요. 진심인 것처럼 보여야 했습니다." 당시 에스프리 이사회에 있던 버클리의 말이다. "하지만 어느 시점, 어느 순간, 어느 방식으로도 더그는 회사를 사들일 생각이 없었어요." 더그는 에스프리의 미국 지분 50퍼센트를 약 1억 5천만 달러에 유동화했다. 전 세계에서 사업을 하며 일 년에 10억 달러 가까이 벌어들이는 에스프리 제국을 운영하는 것은 더이상 그가 신경쓸 문제가 아니었다.

에스프리 미국에서 돈을 챙겨 빠져나온 뒤에도 톰킨스는 회계사, 변호사, 세법 전문가와 매주 회의했다. 에스프리 유럽과 에스프리 극동에 가지고 있는 지분 매각도 체계적으로 진행해야 했기 때문이다. 에스프리 브랜드가 독일, 이탈리아, 홍콩에 강력한 입지를 구축한 터라 그 지분으로 그는 5천만에서 1억 5천만 달러를 추가로 확보할 수 있었다. 이로써 그가 에스프리에서 취한 돈은 대략 3억 달러가 되었다.

이십 년 전, 톰킨스는 노스페이스를 매각하고 가족에게 작별을 고한 뒤 친구들과 차를 몰고 남아메리카를 남쪽으로 가로지르는 야생의 모험을 떠났다. 1990년대 초반에도 그는 여느 때처럼 급진적이고 혁명적이었다. 그는 헌신할 대상도 없고 아이디어가 부족하지도 않았다. 또한 수십억 달러가 들어 있는 빵빵한 은행 계좌도 있었다. 더그는 에스프리를 청산하고 나오며 변호사와 수지 측 은행가들을 만나 수없이 많은 서류에 서명했다. "그 사람들은 정장을 입었고, 더그는 평소대로 카키룩을 입었어요." 당시 더그의 여자친구였던 캐서린 잉그럼의 말이다. "은행가 중 한 명이 '그래서, 더그. 이 많은 돈으로 뭘 할 겁니까?'라고 물었죠. 더그는 말했어요. '당신들이 저지른 일들을 모두 되돌려놓으려고요.'"

7장

지구 먼저!

더그는 추진력이 매우 강했어요. 그냥 그런 사람 있잖아요. 어느 때를 골라도 지구에 그런 류의 사람은 한줌뿐이죠. 더그는 내면에 타오르는 불길이 있었어요. 자기가 해야 한다고 생각하는 일을 했어요. 더그는 "나를 좀 봐"로 치환되지 않는 무언가가 있었죠. 남들이 자기를 전혀 몰라줘도 상관하지 않았을 거예요.

캐서린 잉그럼, 『간디의 발자취를 따라서』 저자

톰킨스는 에스프리 지분을 팔고 몇 달 되지 않아 수천만 달러를 '심층생태학재단'으로 옮겼다. 노스페이스와 에스프리 이후 더그가 떠올린 가장 대담한 발상으로, 그의 재산을 환경에 투자하기 위해 고안한 캘리포니아의 비영리단체였다. 캘리포니아 법에 따르면, 처음에 재단 기금으로 면세 혜택을 받을 수 있는 최대액은 5천만 달러였고 톰킨스는 최대액을 다 채웠다. 이십 년간 에스프리를 세계적 브랜드로 키운 이후, 그는 반대편으로 돌아섰다. 과연 그가 이 돈을 쌓으며 일으킨 환경파괴를 전부 되돌릴 수 있을까? 그에게 세상을 조금이라도 나아지게 하기에 충분한 돈이 있는 걸까?

심층생태학재단은 1990년 초에 성인이 된 일군의 특별한 환경운동가들에게 구명줄이나 다름없었다. 이 비영리단체는 매년 수백만 달러를 활동가 콘퍼런스, 야생지 보존 캠페인, 그 외에도 세계적 기업이 야기한 걷잡을 수 없는 파괴를 지연하는 활동에 기금을 댔다. 초기 자금 보조금이 3천 달러에서 30만 달러까지 다양하게 지원되었다. "우리는 자연이 먼저임을, 이 행성을 다른 생명과 공유할 윤리적 의무가 있음을 무엇보다도 믿는다." 톰킨스는 비영리단체의 자금 지원 우선순위를 계획하며 적었다. "우리는 인간 중심이 아닌 생태 중심 가치를 담아내려 노력할 것이다."

톰킨스는 스위스의 화상畵商 에른스트 바이엘러에게 미술품을 경매에 부쳐달라고 했다. 바이엘러는 친구의 개인 소장품 목록을 작성하며 놀랐다. 더그의 예술 레이더는 섬세하게 조율되어 있을 뿐 아니라—그는 베이컨과 보테로가 주류가 되기 수십 년 전에 그들의 걸작을 샀다—개별 작품에 대한 안목도 매우 훌륭했다. 바이엘러는 미술 수집품을 팔아 1,800만 달러를 모았고, 더그의 자연보호 캠페인을 지원하는 의미로 경매에 따르는 모든 비용을 면제해주었다. 수익금은 더그의 꿈인 심층생태학재단의 기금으로 100퍼센트 들어갔다.

지원금은 더그와 그의 팀원들이, 적어도 더그가 가치 있다고 본 수십 개의 선도적 단체에 분배되었다. 생물다양성 상실이 "모든 위기의 어머니"라고 믿었던 그는 환경복원을 수백 년에 걸쳐서 해야 할 놀이, 최종 점수는 2100년이나 심지어 3000년에 집계될 게임으로 보았다. 그는 어머니 지구를 있는 힘을 다해 보호하지 않으면 2020년경에는 보존할 만한 것이 별로 남지 않으리라고도 확신했다. 이 연도는 수많은 환경운동가가 중대한 생물종과 서식지 상실이 기하급수적인 멸종 순환으로 들어가기 전, 변화를 위한 마지막 해라고 여긴 때다. 금문교와 태평양이 보이는, 샌프란시스코 러시안 힐 꼭대기의 전망대 같은 집무실에 앉아 더그는 경악했다. 읽으면 읽을수록 진행중인 파괴가 두려워졌다. 더그는 "살아갈 수 있는 지구가 없다면 집이 다 무슨 소용이겠는가?"라는 헨리 데이비드 소로의 말을 즐겨 인용했다.

더그의 우편함은 성대한 만찬, 시상식, 전시회 개막식 초대장으로 넘쳐났지만, 그는 모든 것을 무시하고 독서에 집중했다. 책더미가 다이닝룸, 주방, 침실 곳곳에 쌓여 있었다. 그는 비행기에도 종종 환경철학에 관한 밀도 높은 논문이나 멸종이 벌어지는 최전선으로부터 들려오는 최근 소식을 다룬 잡지 기사를 잔뜩 가지고 탔다. 하지만 더그는 우울한 예측으로 열정에 흠집을 내는 대신, 연료로 삼아 새로운 열정에 불을 붙였다. 그는 어디에 가든 가장 많은 책을 읽은 환경운동가가 되기로 작정했다. 그는 철인삼종경기 훈련을 하는 사람처럼 규율을 가지고 접근했다. 디자인과 건축, 퀼트에 대한 사랑에 쏟았던 열정이 방향을 틀었다. 더그는 방문한 모든 국가에서 보았던 생태학적 붕괴를 더 잘 이해하기 위해 지적 도구로 자신을 둘러쌌다. 더그가 수많은 젊은 활동가를 포함한 최고의 환경운동가 팀을 소집하면서, 샌프란시스코 저택의 게스트하우스는 환경운동의 활발한 중심지가 되었다.

톰킨스는 새로운 재단을 운영할 후보를 인터뷰하면서 지원자 중 한 명과 사랑에 빠졌다. 작가 캐서린 잉그럼과의 관계는 그가 경험했던 어떤 관계와도 달랐다. 캐서린은 불교도이자 더그의 빈약한 공감 능력과는 차원이 다른 정서적 능력을 갖춘 수행 지도자였다. 그녀는 더그를 내면의 여정으로 이끌었다. "우리는 샌프란시스코의 박물관에서 달라이 라마와 조촐하게 점심식사를 하는 비공개 행사에 초대받았어요. 더그가 달라이 라마를 만난 건 그때가 처음이었죠." 잉그럼이 말했다. "더그는 달라이 라마에게 매료됐어요. 자신이 마주하고 있는 사람이 평범한 인물이 아니라는 걸 직감했죠. 나는 더그의 인생에 불교적 요소를 아낌없이 가져다주었고, 더그는 무척 좋아했어요."

잉그럼과 함께하며 톰킨스는 어마어마한 싸움과 깊은 변화를 거쳤다. "잉그럼은 톰킨스에게 세상의 더 부드러운 면, 더 철학적인 면, 더 영적인 면을 소개했습니다." 그의 친구 에드거 보일스의 말이다. "당시 더그는 사업에 더이상 얽매이지 않았지만, 결국엔 가게 될 길을 가기로 결심하지는 못한 상태였어요. 잉그럼이 더그에게 소개해준 사람들이 그의 영적 깨달음에 일조했죠. 아야우아스카◆도 일부 활용된 게 분명합니다. 잉그럼은 세상의 다른 영역과 연결되어 있었어

◆ 환각작용이 있는 음료.

요. 우리 같은 더그 관찰자에게는 뭐랄까, 놀라운 점이었죠. 와, 이건 다른데. 잉그럼은 달라."

잉그럼은 편안한 호텔을 선호했다. 톰킨스는 아무 소파에나 침낭을 깔고 자는 걸 좋아했다. 그는 충동적이고 고집스러웠다. 잉그럼은 『간디의 발자취를 따라서』를 비롯한 불교 서적을 쓴 작가였다. 둘은 순간순간을 만끽했지만, 더그는 절대 정착할 수 없었다. "더그는 그럴 수 없는 사람이었어요. 더그한테는 너무 먼 이야기였달까요." 잉그럼의 회상이다. "몇 번은 내가 더그의 가이드 명상을 이끌어줬어요. 이따금 빅마인드 가이드 명상도 했고요. 그러고 나면 더그는 '그래, 그걸 좀더 해야겠어'라고 말하곤 했어요. 하지만 어째서인지 더그의 삶은 항상 질주하고 있었죠."

잉그럼이 동기를 부여한 대로 나아가면서, 톰킨스는 즉흥적으로 정신없는 세계여행을 시작했다. 그는 한 달간 노르웨이 전역을 가로지르며 심층생태학의 창시자 아르네 네스를 따라다니고, 그다음달에는 영국-프랑스계 환경철학자 에드워드 '지미' 골드스미스와 멕시코를 여행했다. "지미는 멕시코에 있는 자기 집으로 우리를 초대했어요. 대단한 곳이었죠." 잉그럼의 말이다. "우리는 제러미 리프킨, 노먼 리어, 리처드 브랜슨, 제리 맨더를 비롯해 여러 사람을 데리고 가서 세계화에 도전할 전략을 짜며 사흘을 보냈어요."

잉그럼과 떨어져 지낼 때면 톰킨스는 그녀를 애타게 그리워했다. 그는 감상적인 러브 스토리를 섞어 그녀와 동행했던 노르웨이 자동차 여행에 대해 이야기하고, 그녀를 떠올리게 한다며 밴 모리슨의 발라드를 8트랙 테이프로 재생하고 또 재생해 오랜 비서였던 톰 몬초를 놀라게 했다. 잉그럼은 말했다. "우린 사실 사랑에 미쳐 있었어요. 뭐랄까, 셰익스피어의 희곡에 '사랑에 빠진 사람 가운데 첫눈에 반하지 않은 사람이 있겠는가?'라는 대사가 있잖아요. 우리가 그랬어요."

보조금 지원 계획이 꼴을 갖추자 톰킨스는 재단의 일상적인 운영을 맏딸인 퀸시에게 맡겼다. "내가 십대였을 때는 에스프리가 중요했어요." 퀸시의 말이다. "우리집에서는 내가 첫 대학생이었죠. 아버지는 '일단 대학에 가. 가서 언어도 배우고, 예술도 배우고, 문화, 역사, 뭐든지 배워. 그런 다음에 와서 회사를 운영해'라고 했어요. 나야 좋다고 생각했죠. 그래서 나는 에스프리 환경부서에서 일했어요. 그런데 이 년 뒤에 아버지가 '와서 재단을 운영해'라고 하더군요. 흠, 환경 재단이라니 새로웠어요."

더그는 주류 환경단체가 너무 안일하다고, 사실상 환경파괴에 공모하고 있다고 믿었다. 그래서 최전선에 몸을 내던지는 활동가, 자기 몸을 불도저에 쇠사슬로 묶을 수 있는 부류의 시위자를 찾았다. 해변에서 기억에 남는 추수감사절 파티를 열고, 새로운 고속도로 건설을 늦추기 위해 광활한 땅에 박혀 있는 측량용 말뚝을 뽑아낸 더그와 이본, 그리고 다른 손님들과 비슷한 사람들을 말이다.

더그는 언론의 관심을 빼앗는 장난을 즐겼다. 언제나 서커스 같은 연출을 좋아했던 더그는 활동가들이 애리조나주 글렌캐니언의 수력발전댐 표면에서 90미터 아래까지 '균열'을 펼쳐놓자 그 유머 감각을 높이 샀다. 미국 서부에 건설된 댐 중에서도 글렌캐니언을 수몰시키고 300킬로미터 길이의 파월 인공호수를 만든 8억 달러짜리 시멘트 구조물만큼 사람들의 분노를 산 댐은 없었다. 멀리서 보면 펼쳐놓은 비닐이 균열처럼 보였다. 구조물이 무너지는 것처럼 말이다. 이 '균열'은 사실 댐이 무너지기 시작한 것처럼 보이도록 수십 미터 아래까지 펼쳐둔 묵직한 짙은 색 비닐이었다.

이런 식의 장난과 곡예에 가까운 홍보는 에드워드 애비의 1975년 소설 『멍키렌치 갱단』을 통해 전설로 남았다. 소설에서 쾌활한 개구쟁이들은 "어머니 지구를 지키는 데 타협은 없다"라는 슬로건을 걸고 산업기계와 전쟁을 벌인다. 주인공은 베트남전 참전 용사인 그린베레 조지 헤이듀크로, 그는 자연의 편에 서서 반란을 일으킨다. "우스꽝스러운 광상곡" 같은 이 소설은 돌풍을 일으켰고, 추종자들은 애비의 '멍키렌치'를 허구에서 공상으로, 다시 현실로 쏘아올리기 위한 실제적인 운동이 일어나게 만들었다. 이들은 스스로를 "지구 먼저!"라고 불렀다. 이들의 로고에는 언제나 느낌표가 붙었다. '지구 먼저!'는 잘 알려지지 않았으나 대단히 효과적인 환경운동의 한 축이었다. 다름 아닌 더그 톰킨스가 기꺼이 그 씨앗을 뿌렸다. "더그는 『애드버스터스』라는 잡지를 도왔습니다." 그의 가까운 친구 에드거 보일스의 설명이다. "그 잡지에 자금을 댔죠. 『애드버스터스』는 캐나다에 근거를 둔 잡지사로, 소위 '문화 교란' 작전을 펼쳤죠. 규범과 소비 혹은 과소비에 대한 사람들의 인지에 문제를 제기하는 가짜 광고와 포스터를 실은 겁니다."

캡틴 폴 왓슨도 더그 톰킨스를 열정적인 동맹이라 생각한 활동가였다. 왓슨은 대여섯 명의 동료 활동가와 그린피스를 설립하는 데 참여했다가 떨어져나왔다. 1977년에 그는 쌍동선과 충격용 돌격선으로 쓸 수 있을 법한 낡은 쇄빙선 두 척까지 포함된 '넵튠의 해군'이라는 잡다한 선단을 꾸렸다. 왓슨은 나중에 '시 셰퍼드Sea Shepherd'로 이름을 바꾼 반란군 함대를 이끌고 포경선에 대항하는 캠페인을 시작했다. '적 함대'를 무력화하겠다는 그의 선언은 지지자와 기부금과 전 세계적인 공감을 이끌어냈으며, 그런 공감은 나중에 〈고래 전쟁〉이라는 제목으로 애니멀플래닛에서 방영된 미니시리즈를 통해 소중히 기록되었다. "시 셰퍼드 단원들은 정부가 해야 하지만 일본의 무역 보복이 두려워 직접 하길 거부한 일을 하고 있습니다." 왓슨의 말이다. 그는 몇 년 동안 심층생태학재단을 통해 더그 톰킨스에게서 기부금을 받아왔다.

"아버지는 자금을 지원하는 것을 주저하지 않았어요. 오히려 그게 괜찮은 일인지, 합법적인 일인지 확인하는 건 내가 CFO나 변호사와 해야 하는 일이었죠." 더그의 맏딸이자 1991년부터 2000년까지 심층생태학재단의 이사장을 맡았던 퀸시 톰킨스는 이렇게 말하며 웃었다. "불법적인 건 없었어요. 급진적인 것만 있었죠. 아빠는 그런 사람들을 도우려 했어요. 우리는 그걸 검토해야 했고요."

폭정의 첫발은 한 사회의 대기업이 공공의 신뢰를 민영화하고 훔치려드는 데서부터 시작한다. 진정한 자유시장에서는 천연자원의 가치를 제대로 평가해야 한다. 우리가 그런 자원을 낭비하는 것은 자원의 가치가 평가절하되었기 때문이다. 오염을 일으키는 자들은 다른 모두를 가난하게 만듦으로써 부자가 된다. 다른 모두의 삶의 질을 떨어뜨려 자기 삶의 수준을 높인다. 자유시장의 규율에서 벗어나 자신의 생산 비용을 공공에 떠넘긴다. 당신이 내게 공해 유발 기업을 보여주면 나는 그들이 받는 보조금을 보여주겠다. 정치적 영향력을 이용하는 기득권층을 보여주겠다.

로버트 케네디 주니어

톰킨스가 재단을 통해 처음에는 수십 곳, 이어 수백 곳의 직접행동 환경단체를 지원하던 그때 미국 서부에서는 환경운동에 반대하는 캠페인이 폭발적으로 일어났다. 유타주 모아브, 캘리포니아주 유카이아, 몬태나주 미줄라에서 환경운동가들이 위협당하거나 총에 맞았다. 누군가 그들의 개에게 독을 먹이고 집에 불을 질렀다. 석탄업계와 거대 석유회사, 설상차 제조사의 자금 지원을 받은 공격적인 반환경 캠페인 '와이즈 유즈Wise Use'는 1990년대 초반에 부상하던 환경운동의 흐름에 대한 반운동으로서 등장했다. '와이즈 유즈'는 풀뿌리단체를 자처했지만, 나중에 그 대부분이 공해산업에서 자금 지원을 받은 홍보 프로젝트였음이 드러났다.

같은 시점에 '지구 먼저!'의 창립자 중 한 명인 데이브 포먼은 FBI의 THERMCON♦ 작전 표적이 되었다. 일 년간의 위장 수사와 천 시간이 넘는 통화 감청은 물론 포먼을 불법 적 행동에 끌어들이려는 시도 끝에, FBI 요원들은 뉴멕시코 에 있는 그의 소박한 집을 특공대로 둘러싸고 그를 체포했 다. "그때처럼 벌거벗은 기분이 든 적은 없습니다." 아내 낸 시와 나체인 상태로 눈을 떠보니 요원들이 그의 머리에 권 총을 겨누고 있었다며, 포먼은 신랄하게 말했다.

FBI와 연방 검사는 별다른 증거도 없이 포먼이 핵발전소 로 들어가는 전선을 파괴하려는 음모에 가담했다는 혐의로 엮으려 했다. 연방 검사는 그에게 징역 이십 년을 구형했다. 더그와 이본이 포먼의 변호사 비용을 대지 않았다면 엉터 리 재판이 이루어졌을지도 모른다. 기소당한 활동가는 말도 안 되는 혐의와 맞서면서, 톰킨스와 오랜 시간 토론했다. 그 들은 이를 '지구 먼저!'에 대한 "더러운 공작"으로 이루어진 FBI의 전쟁이라고 보았다. 톰킨스와 쉬나드는 법률팀의 호 텔과 항공권 비용으로 수만 달러를 썼다. 법률팀은 이본의 이웃인 노련한 변호사 게리 스펜스가 이끌었다.

변론 전략은 성공적이었다. 절차적 지연이 몇 달간 이어 진 끝에 FBI는 포먼과 관련된 대화가 녹음된 비밀 오디오 자료를 넘길 수밖에 없었다. FBI 요원 마이클 페인은 포먼 을 어떻게든 엮어보려고 마지막으로 밀어붙이다가, 대화가 녹음되고 있다는 사실을 잊고 동료 요원과 잡담을 나눴다.

♦   FBI가 급진적 환경단체 활동가들에게 송전탑 폭파를 제안하고 유도해 체포한 함 정수사 작전.

"이 [포먼이라는] 놈은 사실 우리가 체포해야 할 놈이 아니야. 내 말은, 진짜 범죄자인가 하는 관점에서 말이지." 페인 요원이 말했다. "하지만 우린 어떤 메시지를 전달하기 위해 이놈[포먼]을 없애야 해. 사실 우리가 하는 일은 그게 전부야. 우리가 이놈을 잡지 못하면 어떤 메시지도 전달할 수 없어…… 어, 이런! 테이프에 녹음되면 안 되는데. 아, 이런."

포먼은 모든 중범죄에 대해 무죄판결을 받은 후 전국의 대학교를 순회하며 토크 콘서트를 열었다. 거기에서 그는 녹색운동가들에게 "무거운 형벌"에 대비하라고 경고하면서, "목숨을 걸" 의사가 있느냐고 물었다. 포먼은 영감을 불어넣는 연사였다. 청바지에 카우보이모자를 쓴 그는 활동가들에게 측량용 말뚝을 뽑고 주류 환경단체를 비판하고 어떠한 대가를 치르더라도 어머니 지구를 보호하라고 촉구했다. 포먼은 말했다. "더그와 이본의 위대한 점은 돈을 버는 것이 목표가 아니라는 걸, 돈을 버는 건 그 돈으로 뭔가를 이루기 위해서라는 걸 안다는 점이었습니다. 더그는 작은 단체에, 적극적인 단체에 매우 집중했습니다."

1990년대 초반에 '지구 먼저!'는 위기 국면에 처해 있었다. FBI의 도발로(여기에는 위장 요원이 활동가와 섹스하고 폭발물을 사고 폭력을 선동하는 등의 행위가 포함되었다) 편집증이 극심해졌다. "'지구 먼저!'는 거대한 야생 지역을 구하기 위해 설립됐습니다. 타협하지 않는 자세로 자연을 보호하려고요." 포먼이 설명했다. "그러자 FBI가 침투해왔습니다. 당연한 일이지만, 레이건 행정부는 우리를 실질적인 위협으로 보았으니까요. '지구 먼저!'에는 반문화적인 사람들도 모였습니다. 이들은 국가에, 말하자면 권력자에게 반대하지만 딱히 야생과 관련해 강력한 윤리의식을 가진 사람들은 아니었죠. 그래서 오래된 활동가들은 '지구 먼저!'에서 이탈해 『와일드 어스Wild Earth』라는 잡지를 만들었습니다. 더그 톰킨스는 즉시 정중한 편지와 거액의 수표를 보냈고요."

더그는 자연보호 계획을 확장하기 위해 환경운동 내에서 그가 존중하고 신뢰하는 목소리를 내는 두 사람, 포먼과 존 데이비스를 찾았다. 둘 다 '지구 먼저!' 조직과 『와일드 어스』 자문위원회의 중심적인 톱니바퀴였다. "더그는 '최고의 활동가가 누구입니까?'라고 물었습니다." 데이비스의 말이다. "자기 얘기는 별로 하지 않았던 것 같습니다. 그저 자신은 성공한 사업가이고, 효과적으로 야생과 야생동물 보호 단체에 투자하는 데 관심이 있다고만 하면서 누가 최고라고 생각하느냐고 물었죠. 나는 전화로 어떤 단체가 야생 공간과 야생동물을 보호하는 데 가장 큰 성과를 냈는지 이야기했습니다. 더그와 꽤 오래 통화했죠."

톰킨스의 샌프란시스코 저택 내 집무실에서 데이비스와 포먼, 제리 맨더, 퀸시, 더그는 환경과 관련된 의제를 발전시켰다. 에스프리에서 탈출할 날만 꿈꾸며 몇 년을 보낸 뒤였기에, 더그는 1억 5천만 달러를 현금으로 가지고 있는 '자유로운 급진주의자'였다. 무엇이 불가능하겠는가?

톰킨스는 포먼을 도발했다. "당신은 북아메리카의 야생복원에 대해 이야기해왔습니다. 거창한 생각을 몇 년이나 말해왔죠. 훌륭한 생각입니다. 그런데 왜 실행하지 않습니까? 왜 핵심적인 사람들을 모아 북아메리카 야생복원♦ 전략을 실행할 계획을 세우지 않습니까?" 포먼은 미끼를 물었고, 숲 복원을 위한 정상회담을 준비하기 시작했다. 톰킨스는 항공료와 식비를 지원했다. 숙소는 그의 집 거실 바닥이었다.

톰킨스는 샌프란시스코의 언덕 위에 있는 자기 집에 과학자, 작가, 젊은 숲 활동가, 포먼 같은 노련한 베테랑, 최고의 생물학자를 불러모았다. 생물학자 중에는 보존생물학이라는 과학 분야의 '지적 대부'라고 불리는 마이클 술레도 있었다.

매일 저녁 거실은 열정적인 토론으로 끓어넘쳤다. 톰킨스는 다양한 사람들을 섞어놓기를 즐겼다. 그래서 이탈리아의 청바지 디자이너 피오루치, 레인포리스트 행동 네트워크Rainforest Action Network의 창립자 랜디 헤이스 같은 친구도 불러들였다. 그는 외교적인 예의 같은 것은 개의치 않고 VIP 테이블에서 열변을 토할 수 있는 사람이었지만, 활동가들을 만날 때는 귀기울일 줄도 알았다. "더그는 이런 비사업적인 문제에 있어서는 그보다 더 많이 알고, 더 많이 읽고, 더 많이 경험한 사람이 주변에 있다는 걸 알았습니다." 헤이스의 말이다. "에너지와 별난 태도를 가진 사람치고 그는 사실 우리와의 관계에서 매우 겸손했습니다. 우리를 많이 아는 사람, 배울 것이 있는 사람으로 생각했으니까요."

"어떤 목표에 있어서 타협을 통해 이뤄야 하는 상황이라

♦　인간의 개발이나 농경 등으로 훼손된 자연생태계를 다시 본래의 야생 상태로 되돌리는 환경보호 활동.

면, 그 결과에 더그는 전혀 관심을 보이지 않았어요." 릭 리지웨이의 말이다. "더그는 의견이 다른 사람들을 통합하는 데 아무 관심이 없었습니다. 하지만 비슷한 생각을 가진 사람들을 모아서 공통의 목표를 이루는 데는 뛰어났죠."

더그의 지나친 자의식은 거침없고 직설적인 화법과 더불어 때로 그를 병적인 자기중심주의자로 보이게 했다. 하지만 그는 문화적 흐름을 남들보다 훨씬 앞서 감지해내는 능력으로 친구와 적 모두를 놀라게 하곤 했다. 세계적인 사업가로서 미래에 대한 후각은 그에게 수십억 달러의 부를 안겨주었다. 자기 집을 환경적 사고와 환경운동을 위한 핫플레이스로 바꿔놓은 지금, 그는 자신에게 중대한 질문을 던졌다. 숲을 온전히 보호하기 위한 가장 대담한 계획은 무엇일까? 가장 파괴적인 완전벌채 관행은 무엇일까? 수십억 달러를 가지고 생태계의 산업적 파괴를 어떻게 늦출 수 있을까?

브리티시컬럼비아주 정부를 압박하려 애쓰던 한 숲 활동가에게 잘 곳이 필요해지자, 톰킨스는 그가 브리티시컬럼비아주의 이미지를 새롭게 정의할 전략을 짜는 몇 주 동안 롬바드 스트리트에 있는 자신의 집 소파에서 지낼 수 있도록 해주었다. 두 사람이 함께 "캐나다, 북아메리카의 브라질"이라는 슬로건을 내세웠을 때 더그는 기뻐했다. 그는 영리한 문구로 기업을 공격하는 것을 매우 좋아했다. 유머가 담겨 있다면 더더욱. "편안한 환경이었습니다. 사람들은 힘을 받았죠. 거기엔 더그처럼 뭔가를 일으키고 싶어하는 사람들이 잔뜩 있었습니다." 톰킨스의 집에서 그와 활동가 정상회담에

186

참여했던 지속 가능한 농업 전문가 앤디 킴브럴의 회상이다.

자연보호에 관한 전위적인 아이디어를 최우선으로 염두에 둔 톰킨스는 사흘짜리 전략회의부터 몇 년씩 이어질 수도 있는 소송에 이르기까지 다양한 활동에 자금을 댔다. 그는 야생과 야생동물을 위한 소송이 효율적인 투자 중 하나라고 생각했고, 전 세계의 법적 분쟁에 수십만 달러를 상시적으로 투입했다. 숲과 강, 습지에 대한 일부 법적 보호는 수십 년 동안 존재했다. 그러나 일거리를 따내기 위해 경쟁하는 대형 로펌을 거느린 기업에 비해 환경운동가는 돈도, 힘도 턱없이 부족했다. 100만 달러의 비용이 드는 몇 년에 걸친 법적 공방을 버텨낼 수 있는 풀뿌리단체는 얼마 없었다. 바자회로 예산을 마련하는 지역 환경단체가 그렇게 많은 돈을 가진 사람들에게 어떻게 승리를 거두겠는가?

"더그는 대담한 아이디어에 돈을 내놨습니다. 그 돈의 아주 많은 부분으로 체제에 도전했죠." 롬바드 스트리트에 있는 톰킨스의 집에서 그와 함께 브레인스토밍을 했던 작가이자 반세계화 활동가 빅터 메노티의 말이다. "더그는 사상가들과 대담한 아이디어를 가진 사람들을 지원하는 데 있어 정말 독보적이었습니다. 그들이 영향력 있고 독창적이며 절실히 필요한 계획과 의제를 구상할 수 있도록 자유를 주었죠. 위험을 감수하며 아이디어에 투자하고 그게 결실을 맺기를 기대했어요. 벤처캐피털과 비슷했죠."

톰킨스는 5성급 호텔을 못 본 체하고 비행기는 이코노미석을 탔다. 그러나 한편으로는 어느 정도 사치를 누리기도 했다. 그는 이틀 이상 비행을 쉰 적이 거의 없었다. 때로는 사업을 위해서였지만, 보통은 그가 매입을 검토중인 땅을 방문하기 위해서였다. 환경 작가 더그 피콕과 브리티시컬럼비아주로 여행을 떠났을 때, 톰킨스는 온전한 숲 위를 날아가며 누구의 손도 닿지 않은 채 수 킬로미터에 걸쳐 펼쳐진 숲을 음미했다. 숲이 너무 빽빽해 하늘에서 보면 땅이 보이지 않을 정도였다. 그러다가 그는 흉터를 보았다. 훼손된 나무둥치와 부러진 나뭇가지, 타이어 자국이 뒤엉켜 웅장한 숲과 평행하게 이어지고 있었다. "우리는 광범위하게 파괴된 자생림의 모습에 경악했습니다." 그는 애석해했다. "산업적, 기술적 경영으로 인해 고대 숲의 아주 넓은 부분이 완전 벌채됐습니다. 우리는 그렇게 훼손된 아래쪽 풍경을 슬픔과 절망을 품고 지켜보았습니다. 경비행기 창문을 내다보면서, 우리는 각자의 마음속으로 물러나 개인이 어떻게 이 광기를 멈출 수 있을지 생각했습니다."

톰킨스의 머릿속에 한 비전이 떠올랐다. 그는 숲 보호에 관한 책을 만들고 펴내기로 했다. 그는 비행기를 조종하며 삼림지가 어떻게 벌목되는지 보았다. 마치 거인이 면도칼을 들고 지구의 표면에 난 초록빛 솜털을 뻣뻣하고 짧은 수염 뿌리만 남기고 밀어버린 것만 같았다.

그는 주류의 상식과 가까운 모든 것에서 자신의 행동을 분리하기로 결심했다. 그는 수많은 환경 관련 NGO가 온건하고 무능하며, 야생의 진정한 가치를 알아보지 못한다고 보았다.

그들은 모두 도시중심적이고 상황을 잘 모른다. (……) 주위를 둘러보는 그들에게 풍경은 그저 배경일 뿐이다. 그들은 풍경을 통합된 전체로 보지 않는다. 기술을 믿기에 산업적 임업과 농경, 어업 등을 전부 믿는다. 기술낙관론자이기 때문이다. 그들은 이런 일이 다 괜찮다고 진심으로 생각한다. 이 부분을, 또는 저 부분을 조금만 개혁하면 된다고 말이다. 그들은 우리 모두가 빠져 있는 위기를 깊이 있게 체계적으로 분석하지 못한다. 그래서 내가 보기에는 엉뚱한 곳에 노력을 쏟는다. 얄팍한 생태학이라고 할 수도 있겠다. 그들은 개혁론자다. 인간 복지 중심의 환경주의자다. 그들은 자연을 인간이 사용할 수 있는 자원의 거대한 창고로 본다. 다른 생명체를 깊이 존중하지 않는다. 사실 그들은 다른 종과 이 행성을 나눠 쓰는 것이 근본적으로 중요하다고 생각하지 않는다. 이런 관점이야말로 인간의 경제와 사회적 구조를 이끌어갈 방향을 설정하는 출발점인데 말이다.

더그 톰킨스

이십오 년 전, 톰킨스는 시에라 클럽에서 펴낸 활동가들의 도서를 열심히 읽은 적이 있었다. 그 책들은 존 맥피가 환경운동의 대사제라고 칭했던 데이비드 브라우어의 독창적인 발명품이었다. "그가 남긴 위대한 유산 중 하나는 시에라 클럽 도서 프로그램이었습니다. 거기에서 많은 것을 배웠습니다. 그 프로그램이 우리 책에 영감을 주기도 했죠." 톰킨스의 말이다. "내 머릿속에 아이디어의 씨앗을 심어준 건 전부 브라우어의 공입니다. 나는 시에라 클럽이 아름다움을 위해 그런 일을 할 수 있었다면, 우리는 추함에 같은 과정을 활용할 수 있겠다고 생각했습니다."

심층생태학재단은 3.6킬로그램이라는 무게를 자랑하는 『완전벌채: 산업적 임업의 비극』이라는 제목의 커피테이블 비치용 도서를 만들었다. 이 책을 통한 숲 보호 프로젝트를 시작하는 데에 25만 달러가 들어갔다. 『완전벌채』는 오래된 숲을 완전벌채하는 일의 온갖 추한 점을 아름답게 보여주었다. 산비탈, 계곡, 축구 경기장 크기의 땅을 채운 쿠키 틀 모양의 격자 흉터. 더그는 이 책을 판매할 계획이 전혀 없었다. 무료로 배포할 생각이었다. 이 책은 파괴적인 임업 관행을 비판하는 좀더 큰 홍보 캠페인을 위한 선물이자 도구였다. 목재회사가 자생림을 몇 킬로미터씩 파괴한 다음 산림파괴의 규모를 대중에게 숨기고자 고속도로를 따라 "아름답고 긴 숲"을 남겨둔다는 사실을 설명했다.

톰킨스는 비행기 조종사였기에 진실을 알았다. 도로 양옆에 늘어선 나무는 숲의 낙원으로 이어지는 진입로가 아니었다. 그 나무들은 어마어마한 파괴를 감추고 있는 장막이었다. 톰킨스는 자동차만 타고 다녀서 이런 사실을 잘 모르는 '평지 인간'들에게 책을 통해 메시지를 전하고 싶었다. 책 디자인은 에스프리에서 몇 년간 더그와 일했으며 이후에는 애플에서 스티브 잡스와 합을 맞춘, 수상 경력이 있는 디자이너 타모츠 야기에게 맡겼다.

『완전벌채』의 가제본이 마침내 준비되었을 때, 더그는 각 페이지의 이미지를 16×20인치로 키워달라고 했다. 정신적으로 페이지 한 장 한 장을 걸어다니듯 체험하고 싶었기 때문이다. 톰킨스는 타모츠의 샌프란시스코 스튜디오로 갔다. 더그와 타모츠는 사진 배치를 다시 하고, 전반적인 디자인을 열정적으로 수정했다. 그때 머리가 희고 허리가 구부정한 일흔두 살의 산악등반가가 나타났다. 제2차세계대전 참전군인이자 이후에는 미국에 국립공원을 만들고자 무수한 싸움을 해온 데이비드 브라우어였다. 브라우어는 시에라 클럽의 수장 자리에서 쫓겨나, '지구의 벗Friends of the Earth'과 어스 아일랜드 인스티튜트를 창립했다.

브라우어는 곧바로 비평에 뛰어들었다. 세 남자는 각 사진에 관해 의논하며 스튜디오를 오갔다. "더그는 마흔아홉 살이었습니다. 브라우어는 칠십대 초반에 머리가 하얀 노인이었죠. 나는 뒤로 좀 물러나 서 있었습니다. 둘의 머릿속에서 톱니바퀴가 돌아가는 게 보일 지경이었어요." 『완전벌채』의 사진 편집자 에드거 보일스의 말이다. "브라우어는 세상을 구하기 위해 아름다움에 관한 책을 만들었습니다." 친구 더그가 무슨 일을 하는지 즉각 알아본 보일스는 말했다. "그런데 파괴에 관한 아주 아름다운 책이 나오게 됐죠. 내 눈앞에서 세대교체가 이루어지고 있었습니다."

『완전벌채』를 인쇄할 준비가 되었을 때 논란이 터졌다. 북아메리카의 인쇄업자들이 인쇄를 거부한 것이다. 이 프로젝트에 전혀 참여하고 싶어하지 않았다. 펄프와 제지 산업을 비난하는 책은 그들의 이해관계에 맞지 않았다. 그들은 반발을 두려워했다. 원시림을 베고 종이를 만들기 위해 나무 농장을 세우는 기업의 행각을 폭로하는 일은 상업적 자살행위나 마찬가지였다.

결국 더그와 타모츠는 기꺼이 책을 펴내겠다는 일본의 인쇄업자를 찾아냈다. 결과는 놀라웠다. 한 권 한 권이 맞춤형으로 제작된 상자에 담겨 도착했다. 표지는 마분지였고, 내지는 재활용 종이에 인쇄했다. 빌 더발과 마이클 술레를 비롯한 선구적인 사상가들이 야생지의 미래에 대해 쓴 에세이가 파괴된 숲의 종말적 사진 사이사이에 배치됐다. 페이퍼백과 양장본 두 판본으로 인쇄한 이 책은 수천 권이 기증되었다. 책을 받은 사람 중에는 미국 하원의원도 포함되었다. 전국의 공공도서관과 야생지 보호의 최전선에서 일하는 활동가들도 책을 받았다. "이 책은 임업대학에서 공부하는 학생들의 매트리스 밑에 깔려 있었습니다. 금서나 마찬가지였거든요." 보일스가 웃으며 말했다. "물론 몬태나주의 도서관에서는 누군가 이 책을 대출하고는 반납하지 않았죠. 누가 빌려가서 없애버린 겁니다."

더그의 가까운 친구들을 포함한 수많은 환경운동가의 입장에서 보면 책의 제작비는 터무니없이 비쌌다. 그러나 더그는 다른 축으로 자기 투자금의 가치를 평가했다. 그의 '손익계산서'에서 중요한 지표는 약 이백 년 후인 2192년 어느 숲의 건강 상태나 최상위 포식자의 회복이었다. 예컨대 1700년에 싹을 틔운 삼나무는 3000년 무렵에도 중년에 이르지 못할 터였다. 삼나무의 수명은 거의 4000년 무렵에야 다할 것이다. 매일 아침 더그 톰킨스를 침대에서 일으켜세우는 건 바로 그런 종류의 급진적인 생각이었다. "나는 언제나 내가 아는 누구보다 많은 걸 했습니다. 소수의 예외는 있었지만요." 더그는 쉰 살 생일이 가까워질 즈음에 어느 인터뷰에서 말했다. "나는 살면서 뭔가를 하지 않았다거나, 더 많은 것을 성취했어야 한다거나, 경험했어야 한다고 느껴본 적이 없습니다. 늘 그런 일을 해왔으니까요. 그게 전형적인 중년의 위기를 피하는 방법입니다. 나는 언제나 열 사람 몫의 인생을 살았습니다."

더그는 늙기를 적극적으로 거부했다. 그의 에너지 수준은 가혹할 정도였다. 그는 친구들이 잠에서 깨기도 전에 샌프란시스코의 언덕 위 집에서 자전거를 타고 금문교를 건너 머린 헤들랜즈로 갔고, 산등성이를 따라 통통 튀며 자전거를 탄 다음 오전 여덟시가 되기 전에 완전히 한 바퀴를 돌아 집으로 돌아오곤 했다. "더그는 내가 일이 주에 걸쳐서 할 만한 일을 하루에 다 하곤 했어요." 당시 더그와 같이 살던 잉그럼의 말이다. 이런 에너지는 야성적인 매력을 풍기는 동시에 그를 대단히 독립적인 사람으로 만들었다.

젊은 사상가와 활동가를 곁에 둔 덕에 더그는 앞으로 나아갈 수 있었다. 그는 누구보다도 상류층 사교 집단에서 먼 인물이었다. "나는 텔루라이드 영화제에 참석하지만, 영화제를 운영하는 친구들의 집 소파에서 잡니다." 그는 젊음이 뿜어대는 에너지를 만끽한다고 고백하며 말했다. "아주 많은 아이들이, 일반적인 성인보다 훨씬 더 많은 아이들이 환하게 반짝이는 눈을 가지고 있습니다. 아이들은 실제로 자극을 받습니다. 사방에서 무언가를 받아들이죠. 그게 눈에 보입니다. 아이들의 눈에서 다 보여요. 아이들은 모든 곳을 봅니다. 뭔가가 여과되지 않고 들어오죠…… 그런 다음에는 어떤 부모들이 아이들을 너무도 빨리 무뎌지게 만드는 걸 보게 됩니다. 그러면 뭐든 아주 느리게 들어오죠."

『와일드 어스』에서 오랫동안 일한 편집자 톰 버틀러는 편집장으로서 수십 년 동안 더그와 함께 책을 비롯한 간행물을 만들었다. 톰킨스가 십여 권의 서로 다른 커피테이블 비치용 도서를 출간하는 데 도움을 준 버틀러는(각각의 책이『완전벌채』만큼 크고 정교했다) 톰킨스의 출판 제국 이면에 있던 전략적 사고를 이렇게 설명했다. "더그는 생각했습니다. '환경단체 중에서도 풀뿌리단체는 자본도, 자원도 없다. 그러니까 기계화된 임업으로 발생한 공공 부지의 피해를 다룬 커다란 커피테이블 비치용 도서 같은 걸 만들 돈도, 창의력도 없다.' 하지만 더그는 도구만 효과적으로 주어지면 그런 단체가, 더그의 표현대로라면 '종이호랑이'를 가질 수 있을 거라고 했죠. 생산가가 높은 책을 들고 회의에 들어가면 활동가의 첫인상부터 달라지니까요. 상대방은 그를 초라한 더트백 환경운동가일 때보다 더 진지하게 받아들이게 되죠."

함께 출판 활동을 이어간 끝에 톰킨스와 버틀러는 공장식 축산에 대한 비판부터 산불 통제 방법에 관한 제안에 이르기까지 다양한 책으로 도서관 책장 하나를 가득 채우게 되었다. 최종 출판 비용은 1,300만 달러를 조금 넘었는데, 더그는 책에 대한 투자를 단 한순간도 후회하지 않았다.

"더그는 인도의 리시 같았어요." 더그의 집에서 열린 샌프란시스코 전략회의에 참여했던 식량주권 활동가 반다나 시바의 말이다. "리시는 우리가 살아가는 세상, 이 물질적인 세상은 지나가는 것에 불과하다는 걸 깨달은 현자예요. 그래서 사라지지 않고 지속되는 것에 헌신하죠. 자기 것을 아주 조금만 소유하는 방법으로요. 더그는 궁극적으로 베푸는 삶, 자연에 주는 삶을 살기 위해 돈을 썼어요. 쓰레기 취급받는 자연을 보호하기 위해서 말입니다. 이윤극대화를 위해 돈을 쓰다가 자연을 성장시키기 위해 돈을 쓰다니. 내가 볼 때는 인간 발달이나 의식에 있어서 가장 높은 차원이에요."

자연보호 계획이 구체화되면서, 톰킨스는 파타고니아로 이주할 준비를 했다. 그는 샌프란시스코를 떠나 칠레로 갈 준비를 하며 창고 정리 바자회를 열고 라이크라 카메라, 아미시 가구, 랭 스키화를 팔았다. 노스페이스 시절의 오래된 물건들이었다. 그는 설명할 엄두조차 나지 않는 새로운 방향의 인생을 시작하기 위해 샌프란시스코의 세련된 집을 버리고 사교계의 지위를 포기할 준비가 되어 있었다. 롬바드 스트리트에 있는 그의 집은 계속해서 재단 본부로 쓰이겠지만, 더그는 거주지를 옮기기로 했다. 그는 여자친구 캐서린 잉그럼을 칠레 남부로 데려가 매입한 농장 위로 비행기를 타고 날아가며, 그곳을 새로운 집으로 삼으면 어떻겠느냐고 말했다. "난 더그가 남아메리카와 연애하고 있다는 걸 알았어요." 잉그럼의 말이다. "어디에 가든 더그는 '이 토마토 맛 좀 봐'라며 열광했죠. 더그에게는 칠레의 모든 것이 너무도 아름다워 보였어요." 잉그럼은 이번 여정에 함께하지 않겠다고 거절했다. 둘은 남반구와 북반구 중 어디에 살고 싶은지에 관해 의견이 달랐다. 그녀는 스페인어를 할 줄 몰랐고, 브리티시컬럼비아주도 충분히 멀다고 생각했다.

톰킨스는 캐서린을 사귀어본 여자 중 "최고의 집순이"라고 불렀다. 캐서린은 그 점을 고맙게 여겼다. 하지만 답답해질 때면 톰킨스는 그가 사귀어본 모든 여자 중에 잉그럼이 "최악의 바깥순이"라고 말하곤 했다. 그들은 톰킨스가 칠레 남부의 외딴곳으로 떠날 계획을 확정하면서 헤어졌다.

"더그는 '난 언젠가 사고로 죽을 거야'라고 말하곤 했어요." 잉그럼의 말이다. "그럴 때마다 우리는 끔찍한 대화를 나눴죠. 나는 더그에게 그의 목숨은 그만의 것이 아니라고, 수많은 사람이 그를 아낀다고, 그런 상실을 경험하면 내 인생이 영원히 영향받을 거라고 더그를 설득하려 했어요. 목숨을 함부로 여기면 안 되잖아요! 그러면 더그는 말하곤 했어요. '정말 사랑하는 일을 할 수 없다면 살아갈 가치가 없어.' 나는 반박하곤 했어요. '목숨 자체를 위험에 빠뜨리지 않고도 사랑할 수 있는 평범한 일들도 있잖아?' 하지만 나는 이 논쟁에서 한 번도 이기지 못했어요. 단 한 순간도, 더그는 그걸 하나의 선택지로 절대 인정하지 않았어요."

8장
개척자 마을

마스터플랜은 없었다. 하지만 그는 다트판에 다트를 던지는 사람이 아니었다. 우리는 최고의 환경사상가와 보존생물학자를 초청해 롬바드 스트리트에서 여러 차례 회의했다. 그는 스스로 관련 지식을 섭렵하며 배우고 있었다. 서로 연결된 광대한 야생의 아름다움을 생각했다. 그는 거의 쉰 살이었다. 준비가 되어 있었다. 자신의 세계관에 더는 맞지 않는 사업을 떠나려 했지만, 몸에 밴 제국 건설의 본능을 없앨 수는 없었다. 그는 제국의 건설자였다. 멈출 수가 없었다. 절대로. 그게 더그의 방식이었다.

댄 임호프, 에스프리 환경부서장이자 더그 톰킨스의 사위

1991년, 톰킨스는 수천 킬로미터를 날아 산티아고로 간 다음 다시 남쪽으로 푸에르토몬트까지 두 시간을 더 날아갔다. 거기에서 그는 경비행기를 몰고 정상이 눈으로 뒤덮인 화산이 있는 낡은 레니우에 농장으로 갔다. 그곳이 톰킨스의 새집이었다. 레니우에의 어떤 건물도 방수나 단열이 잘되지 않았다. 폐허 같은 농장을 살펴보던 중 톰킨스는 8×8피트의 구조물을 발견했다. 이곳을 돌아다니는 양치기들이 비를 피할 때 유용하게 쓰는 건물이었다. 나무스키드 위에 얹힌 그 작은 집은 오래전 빽빽한 숲을 베어낸 들판을 건너

황소가 끌고 온 것이었다. 전기가 없었기에 양초와 기름등잔이 빛을 대신했다. 냉장은 오두막 바깥에 줄로 묶어둔 금속 상자를 근처의 빙원에서 불어오는 바람으로 식히는 방식으로 했다. 식수는 지붕에 고인 빗물을 나무통으로 똑똑 떨어지게 했다. 톰킨스는 이제 금문교 대신 퓨마가 돌아다니는 눈 덮인 화산 미친마우이다를 바라보게 되었다.

더그는 지역 장인을 찾아 오두막을 고치고 작은 집을 한 채 더 지었으며 모닥불 화덕을 대신할 장작 난로를 설치했다. 그런 다음 깔때기로 물을 모아 주방과 옥외 화장실에 공급하는 담수 집수 시스템을 만들었다. 더그조차 현관문을 지나려면 허리를 숙여야 했다. 친구들은 그 판잣집을 "호빗의 집"이라 불렀다.

관리인이 톰킨스를 말에 태우고 그가 소유하게 된 강과 호수, 수 킬로미터의 해변을 구경시켜주었다. 어느 방향으로든 160킬로미터 안에는 주민 쉰 명 이상이 되는 정착지가 드물었다. 잎 길이가 1.8미터에 이르는 고사리가 이끼 낀 숲 바닥에서 솟아났다. 한 달에 최대 60센티미터의 비가 내리는 이 지역은 녹색으로 아른거렸다. 덤불이 너무 무성해 일반적인 크기의 사슴은 절대 덤불을 통과할 수 없었다. 키가 겨우 33센티미터로 세계에서 가장 작은 사슴이자 멸종위기종인 푸두가 이런 숲에 사는 고유종이었다.

톰킨스는 개척자로서의 경험이 무척 마음에 들었다. 낮이면 그는 카약을 타고 검은색과 흰색이 섞인 커머슨돌고래가 우글거리는 외진 피오르를 탐험했다. 친구들이 날씨라는 장벽을 뚫고 북반구에서 그를 만나러 올 때면 함께 오지의 빙하를 등반했다. 배가 고프면 강둑이나 카약에서 낚시를 하고, 새로 지은 온실에서 채소를 수확했다. 비와 추위가 집요하게 이어져, 온실의 식물이라도 살리려면 장작 난로가 필요했다. 해상 폭풍이 절정에 이르면 더그는 선체가 나무로 된 보트를 태평양의 거친 파도에 띄웠다.

정부에서 수십 년간 토지 무상 소유권, 주택 난방비 보조금, 판매세 면제 등 후한 인센티브를 주었음에도 인구는 별로 늘지 않았다. 길을 따라 버려진 거주지가 싹을 틔우지 못한 씨앗처럼 흩어져 있었다. 주민 천 명이 넘는 마을이 드물었다. 라훈타와 코크라네 같은 몇몇 지역은 성장했지만, 수도 적고 서로 거리도 멀었다. 여름철 방문객은 열 명 단위로 셀 수 있었다. 겨울에는 진흙과 산사태로 몇 주씩 길이 막혔다. 수백 개의 강이 울퉁불퉁한 지형을 따라 흘렀다. 그중 대부분이 지도에는 N/N, 즉 '이름 없음No Name'으로 표시되었다. 지도에 숫자를 적는 걸 좋아하는 칠레인의 성향을 반영하듯 칠레의 각 지역에는 로마숫자가 붙었다. 레니우에는 제10구역의 일부라 간단하게 'X 구역'이라고 불렸다.

이 지역을 지나는 연락선은 북쪽의 푸에르토몬트까지 가는 교통편이 되어주었지만, 개척지 가정 중 이처럼 비싼 여행을 할 여유가 있는 사람은 얼마 없었다. 가족을 방문하고 제대로 된 가게에서 보급품을 사고 괜찮은 병원에서 치료받을 때가 아니면 지역민은 거의 이동하지 않았다. 초라한 마을에서 320킬로미터 이상 벗어나는 경우가 드물었다. 일요일마다 열리는 경마만이 들판을 베어 즉석에서 만든 경기장에 모일 구실이 되었다.

배로 도착하는 대부분의 물자는 푸에르토몬트에서 실려 하루의 항해 후 피오르에 있는 톰킨스의 집 근처 작은 부두에 내려졌다. 이런 물품의 유입과 배송은 끊임없이 계속됐다. 하지만 간조 때는 배가 해변에서 1.6킬로미터쯤 떨어진 곳에 정박했고, 더그는 장화를 신고 허우적대며 물속으로 들어가 어깨에 공급품 상자를 지고 왔다.

겉보기에는 방치된 듯했지만, 더그는 이 동네에 어마어마한 잠재력이 있다고 확신했다. 에이커당 25달러라는 헐값의 땅이 수만 에이커 뻗어 있었다. 맨해튼 센트럴파크 크기의 뒤뜰을 6만 달러에 살 수 있었다. "도박으로 3만 5천 달러를 잃은 어떤 사람은 칠레삼나무 원시림으로 가득한 계곡을 통째로 더그에게 팔고 싶어했습니다." 댄 임호프의 말이다.

톰킨스는 새집에 매료되었지만, 외부 세계와 통할 방법을 마련해야 했다. 그래서 푸에르토몬트 시내에 사무실과 집을 마련했다. 푸에르토몬트는 벌목꾼과 어부, 목장주로 이루어진 지저분한 소도시였다. 사랑스러운 동시에 지독하게 병든 초라한 들개떼가 돌아다니는 푸에르토몬트는 고약한 첫인상을 남겼다. 미적 감각은 이곳 시장실과 공원위원회, 공공사업부를 모두 비켜간 듯했다.

도시에는 하수시설과 제대로 된 배수시설이 부족했다. 구역 분할과 관련된 시의 규정도 없었다. 봉급은 월 200달러를 넘는 경우가 드물었다. 그 말은 푸에르토몬트의 가정생활에 현대의 흔적이 거의 없다는 뜻이었다. 컬러TV도 1990년대 중반에야 막 도입된 터였다. 전화기는 여전히 특권이었다. 분명 이 도시는 숲의 풍요로움으로부터, 특히 칠레삼나무로부터 태어났다. 지붕널만 봐도 알 수 있었다. 바람에 날려온 비를 막기 위해 여러 겹으로 포개어 붙인 지붕널은 수십 가지 디자인으로 만들어졌다. 단 하나의 칠레삼나무 지붕널이 팔십 년어치의 빗물을 흡수하고도 튼튼하게 유지되었다. 지배계층에 속한 수백 가구의 부지런한 사람들이 이 지역에 빅토리아양식 주택을 지었다. 가톨릭교회에는 칠레삼나무를 깎아 만든 정교한 문이 달려 있었다. 그 특별한 교회는 선박 건조자와 목수가 손으로 선체와 집을 만들던 근처의 섬을 기리는 뜻에서 칠로에 스타일로 알려지게 되었다. 더그로서는 대단히 기쁘게도, 이곳에는 공예와 목공에 대한 애정이 살아 있었다. 하지만 칠레삼나무 지붕널을 마름질하고 조각하고 설치하는 노동을 감당할 사람은 많지 않았다. 푸에르토몬트의 가족들은 대부분 사탕만한 빗방울이 시끄럽게 땡그랑거리는 가운데 초라한 집안으로 물줄기가 새어들어오는 양철 지붕 아래 옹송그리고 살았다.

1990년대 초반, 칠레는 트라우마를 겪는 나라였다. 인구 대부분은 십칠 년간의 가혹한 군사통치와 국가에서 지원한 암살, 공중파에 흘러넘치는 군사적 프로파간다, 비밀경찰 암살단, 광범위하게 활용된 고문과 정적의 '실종' 탓에 집단적 PTSD라고 할 만한 증상을 겪었다. 사람들은 완전한 복종은 아니라도 최소한 광범위하게 순응할 수밖에 없는 위축

된 상태였다.

1973년에서 1987년까지 미국은 피노체트 체제의 잔혹한 정책을 지지했다. 그러나 1986년에 쿠바 정부에서 훈련시킨 암살자들이 피노체트 장군을 기습해 다섯 명의 경호원을 죽였다. 그들은 피노체트는 죽이지 못했지만 부상을 입혔다. 이때 미국 정부는 기류가 바뀌는 것을 감지했다. 피노체트의 시대가 끝난 것은 명백했다. 1988년, 미국은 마침내 편을 바꿔 피노체트의 추방을 요구하는 시민운동을 지지했다. 칠레의 정재계 지도자들은 세계를 맞아들이기 시작했다. 그들은 칠레의 자유시장 이데올로기를 증명하려고 열성을 보였다. "모든 것이 상품"이라는 정신은 좀더 깊고 구조적인 차원의 사회적 변화를 요구하는 열정적인 아우성에도 아무런 영향을 받지 않았다. 이십 년의 가혹한 노력이 필요하긴 했지만 임무는 완수되었다. 칠레는 이제 아무렇지 않게 "세계에서 가장 자유로운 시장"으로 언급되었다. 지역의 환경파괴가 가속화되기 시작했다.

인권범죄에 군대가 공모했다는 깊은 의혹에도 불구하고 X 구역의 수많은 주민은 중앙정부로부터 버림받았다고 느꼈다. 그래서 구조 서비스를 제공하고 비상 물품을 전달하는 해군과 육군을 포함한 몇 안 되는 권위의 흔적에 충성을 바쳤다.

푸에르토몬트에서 더그는 '부인 하우스'라 알려진 걸작 건축물을 매입해 마시 루돌프와 사업을 시작했다. 에스프리에서 마시는 전시 매장의 마법사였다. 전시 매장이 대중에게 공개되기 전에 와서 무대를 마련하는 사람이 바로 그녀였다. 톰킨스가 에스프리에서 탈출해 칠레의 오지에서 새로운 삶을 시작하겠다는 이야기를 처음으로 꺼냈을 때 마시는 그와 함께하고 싶다는 유혹을 느꼈다. 그녀는 더그에게서 편지를 받고 한 번에 몇 달씩 파타고니아에서 지내며 더그를 도왔다.

"우리는 어떤 자유분방한 집에서 어느 가족과 함께 살았어요. 그 집에서 키우는 개, 할머니, 아이와 함께요." 마시의 말이다. "집의 일부인지조차 알 수 없는 위층 공간에서 지냈죠. 거기엔 조그마한 방이 세 개 있었어요. 맏딸은 건축학교를 졸업했지만, 그 집에서 같이 살았어요. 그리고 나랑 더그가 있었죠. 우리는 화장실을 같이 썼어요. 더그는 그 모든 게 너무 멋진 일이라고 생각했죠. 나는 혼자서 이게 뭐가 그렇게 멋지다는 거야?라고 생각했고요. 더그는 그 모든 해괴함을 사랑했어요. 할머니는 언제나 개를 데리고 발을 끌며 아침식사를 하러 왔죠. 그러면 개가 할머니 무릎에 앉았어요."

푸에르토몬트의 부인 하우스를 다시 짓는 동안, 톰킨스는 정부 조사 자료와 관광 지도, 고속도로 설계도와 지질도를 주문해 지역 지리를 연구했다. 그는 사실상 아마추어 지도제작자이자 기간시설 연구자가 되었다. 동시에 그는 자원 추출에 기반한 칠레 경제에 대한 맹렬한 비판자였다. 더그는 계속해서 일주일에 한 권씩 책을 읽었다. 때로는 그보다 더 많이 읽기도 했다. 그는 과학 보고서를 게걸스럽게 읽어 치우고, 지역의 개발계획을 연구했다. 그는 최근에 개종한 사람다운 열정으로 행동했으나 그의 절친들조차 더그의 계획이 무엇인지 알 수 없었다. 칠레에 계속 살려는 건가? 지루해져서 다시 캘리포니아로 돌아오려나?

톰킨스는 칠레 남부의 숲을 보호하기 위한 다양한 전략을 브레인스토밍했다. 산림파괴는 전속력으로 진행되었다. 더그는 파타고니아로 들어오는 도로의 확장을 저지하면 고대 숲의 완전벌채를 늦출 수 있을까 생각했다. 그는 "도로가 오면 파괴도 온다"고 믿었다. 캘리포니아 시에라네바다산맥에서, 브리티시컬럼비아주에서, 로키산맥에서 그런 일이 일어나는 걸 보았다. 그는 도로를 확장하면 자연스럽게 결국 강을 건널 수밖에 없다고 예상하고, 다리를 짓기에 가장 경제적인 자리를 계산해냈다. 다리 건설을 방해할 수 있을까? 건설될 가능성이 있는 건널목을 매입하면 어떨까? 건설을 늦출 수 있을까? 좁은 길목들을 충분히 매입하면, 대중의 인식이 단기적 이윤의 광기를 따라잡을 때까지 개발 세력을 막을 수 있을까? 더그는 시민들의 의식과 분노가 그의 끔찍한 예측과 일치하는 건 시간문제일 뿐이라고 가정했다. 사람들도 세계화된 자본주의가 지구를 죽이고 있음을 알 터였다. 그는 '개발계획'과 도로 건설 계획은 전염병이나 커져가는 암세포와 비슷하다고 진단했다. 그것이 사방으로 거미줄처럼 뻗어나가 피해를 줄 게 자명하다고 말이다. 데이비드 브라우어는 미국 정부가 '글로벌 CPR'♦이라는 프로그램을 운영해야

♦ '글로벌 심폐소생술'이라는 뜻으로도 읽히지만, 원래 명칭은 '보존, 보호, 복원(Conservation, Preservation, Restoration)'이라는 뜻이다.

한다고 주장했다. 피스코♦와 유사한 방식으로 훼손된 생태계를 복원하는 프로그램이었다. 그리고 더그는 그 의견이 완전히 옳다고 생각했다.

"난 더그가 누구인지 전혀 몰랐습니다." 당시 칠로에섬에 살고 있던 수상 경력이 있는 건축가 에두아르도 로하스의 회상이다. 로하스는 "캘리포니아의 미국인"에게서 난데없이 걸려온 전화를 떠올렸다. 그는 외국인 억양이 심한 스페인어로 미팅을 하자고 했다. "나더러 레니우에를 매입했다면서, 이번 모험에 도움을 줄 건축사무소를 찾고 있다고 하더군요. 조사를 하다가 내가 집필에 도움을 준 소책자를 발견했다면서요. 더그는 '감사의 말'에서 내 이름을 보고, 내가 바로 함께 일할 사람이라고 판단했다고 했습니다. 더그가 비행기를 몰고 나를 만나러 왔죠. 그날 늦은 시간에 우리는 레니우에로 날아갔습니다. 더그는 빠르게 결정하고 행동을 요구하는 사람이었습니다."

레니우에에 착륙한 더그는 로하스에게 이곳이 얼마나 심하게 방치되었는지 개략적으로 설명했다. 헛간은 반쯤 무너지고 소는 언덕으로 도망친 뒤며, 이 땅에 들어오는 길은 푸에르토몬트에서 물길을 따라 오는 위험한 뱃길뿐이었다. 톰킨스는 이번 임무가 만만치 않다는 사실을 오히려 무척 반가워했다. 그가 스물한 살 때 샌프란시스코에서 개조했던 조그마한 노스페이스 매장이 그랬듯, 이곳에는 그의 엄청난

♦　1961년 미국 케네디 행정부 시절 출범한 국제자원봉사단. 개발도상국의 교육, 보건, 농업 등 다양한 분야에서 미국 청년들이 봉사활동을 하는 정부 프로그램이다.

에너지를 쏟을 만한 도전이 있었다. 과연 그는 학대당한 땅을 복원할 수 있을까?

톰킨스가 도착하기 전에 레니우에 부지에 살던 관리인과 그 가족은 칠레인이 아닌 사람을 만나본 적이 거의 없었다. 그들은 새로운 주인을 자세히 살폈다. 첫 주에 더그는 마이크로트래시♦ 수거 활동을 조직했다. 그때까지 지역민은 보통 쓰레기를 땅에 묻거나 구덩이에 넣고 태웠는데, 톰킨스는 그 사실에 분노했다. 사방에 담배꽁초와 자잘한 쓰레기가 흩어져 있다니 믿을 수 없었다. 처음 이틀 동안 그는 일꾼들에게 마이크로트래시를 전부 주우라고 했다. "사람들은 이게 현실일 리 없어!라는 식이었죠." 마시가 웃으며 말했다. "그 사람들은 카우보이, 즉 가우초였어요. 터프가이요. 그런 사람들은 쓰레기를 줍지 않아요."

활주로를 수리하는 와중에 톰킨스는 허스키를 구입했다. 시속 64킬로미터로 느리게 날며 새처럼 방향을 틀 수 있고, 테니스장 두 개를 이어붙인 정도의 길이만 되면 어디에서든 이착륙할 수 있는 마력 좋고 가벼운 비행기였다. 톰킨스는 윙윙거리며 나무 위를 스칠 듯 날면서 자기 땅을 탐험했다. 비행기에 여분의 연료탱크를 장착했기에 더 오래 비행하며 깊이 탐험할 수 있었다. 그는 가파른 협곡에 들어가 새로 살게 된 지역의 유일무이한 아름다움에 입을 쩍 벌리고 감탄

♦ 야생동물이 삼키면 위험할 수 있는 작은 쓰레기.

했다. 활화산과 높이 나는 콘도르, 전혀 벌목되지 않은 숲, 댐이 세워진 적 없는 강. 모든 것이 자연이 정교하게 설계한 그대로, 누구의 손길도 닿지 않은 채 결점 하나 없이 존재했다. 단, 소는 예외였다.

"더그를 미치게 한 것 중 하나가 그 사나운 소들이었습니다." 작가이자 환경운동가 앤디 킴브럴의 말이다. "소떼가 토양이 망가질 정도로 지역 전체를 씹어댔어요. 그래서 더그는 대규모 복원 작업을 했습니다. 소 치는 사람은 모두 떠났지만 소는 남아서 사나워졌어요. 야생화된 거죠. 그곳은 일종의 협곡, 산 사이의 계곡이었습니다. 더그는 비행기를 타고 그리 올라가곤 했습니다. 나도 더그와 같이 갔고요. 그런 다음 더그는 사나운 소가 있는 데서 한참 뒤쪽으로 날아갔어요. 소들은 그야말로 빈둥거리며 살을 찌우고 있었죠. 더그는 비행기를 낮게 띄워 그 소떼를 쫓아내곤 했습니다. 비행기를 무서워하세요? 그럼 더그와 함께 이런 일은 하지 마시길 바랍니다. 하지만 난 좋았어요. 더그가 소를 쫓아다닌 이유는 소가 소음을 매우 싫어했기 때문입니다. 더그는 반복해서 소떼를 앞쪽으로 몰아갔습니다. 거기서 소를 포획할 수 있었거든요. 마지막 한 마리까지 전부 없애버리고 싶어했죠." 톰킨스는 소떼를 울타리에 가둔 뒤 배에 실어 본토로 보냈다. 소는 거기에서 판매될 예정이었다.

이 우림을 헤치고 나아간다는 것은 거의 불가능한 일이었다. 높이 23미터까지 자라는 자생 대나무 킬라가 뚫을 수 없을 정도로 두꺼운 벽을 이루었기 때문이다. 비행기나 계잡이 목선을 타고 탐험하는 편이 더 빨랐지만, 톰킨스는 노 저을 때의 고요함을 즐겼다. 이본이 찾아왔을 때, 두 사람은 며칠 동안 카약을 타고 등반하면서 피오르를 따라 야영하고 파도와 강한 돌풍으로부터 그들을 지켜줄 아늑한 계곡을 향해 상류로 올라가며 탐험했다. 더그는 자연의 배경음악이 깊은 사색에 적절하다고 여겼으며, 이본은 굳이 수다를 떨지 않아도 편안해하는 사람이었다. 때로 그들은 한마디 말도 없이 반나절을 보내며 자신들의 관계가 이상적이라고 느꼈다.

1990년대 초반, 디지털혁명이 폭발적으로 일어나던 그때에 더그는 인파를 거슬러 잔교를 질주하듯 세상과의 모든 연결을 끊고 아날로그적 삶을 전면적으로 받아들였다. 그는 일 년에 10억 달러를 버는 기업을 운영하던 삶에서, 19세기 개척자들이 쓰던 물건을 20세기 가격으로 파는 카탈로그 겸 잡지 『리먼스Lehman's』를 구독하는 삶으로 옮겨갔다. 그 잡지가 아니면 어디서 등유를 넣는 달걀부화기를 주문하겠는가? 손으로 동력을 공급하는 사과 깎는 기계를 열두 가지 중에서 고를 수 있는 곳은 또 어디고? "더그는 낭만적인 비전을 가지고 있었지만 사람들은 진보를 원했습니다." 마시의 회상이다. "레니우에에 사는 관리인들은 와! 미국인이 이곳을 매입하다니, 우리도 세탁기가 생기겠구나!라고 생각했겠죠. 하지만 더그는 시간을 거꾸로 돌리고 싶어했습니다. 그들은 '아니. 안 돼, 안 돼!'라는 식이었죠. 여섯 시간씩 산더미 같은 빨래를 하고 싶지는 않았으니까요. 그들은 버튼 하나만 누르면 깨끗이 빨래가 되는 세탁기를 원했습니다."

더그는 밤에 제한적으로 전기를 공급하고, CB 무선과 VHF 무선통신을 사용하기 위해 휘발유 발전기를 계속 유지했다. 비가 너무 심하게 내리면 무전 교신조차 알아듣기 어려웠다. 이처럼 은둔자 생활을 하며 더그는 매우 흡족해했다. 그는 샌프란시스코의 동료와 친구들에게 북받치는 감정이 실린 편지를 수백 통 보냈다. 아날로그적 삶을 찬미하는 그는 선교라도 하는 것 같았다. 친구들은 그의 급진적인 새로운 생활방식을 해독하려 애쓰며 서로에게 같은 질문을 던졌다. "더그가 미친 걸까?"

9장
시베리아에서 호랑이를 쫓다

세상은 우리가 허용하는 만큼만 커진다. 야생 공간과 동물은 우리가 귀를 기울일 때만 비밀을 전한다. 약간의 위험은 우리에게 도움이 된다. 우리는 죽을 수 있다는 걸 알아야 한다. 라바 폭포 규모의 갑작스러운 급류, 빙판 경사면에 퍼져 있는 심한 블랙아이스, 빙하에서 맞닥뜨리는 화이트아웃, 곰 혹은 특히 호랑이 등에 의해서 말이다.

더그 피콕

1990년대 초반, 러시아가 자본주의적 개발에 문을 열며 독특한 경제호황이 일어났다. 수많은 목격자가 서부의 무법 시대에 비견할 만하다고 느낀 혼란스러운 시기였다. 고루하고 보수적인 관료 집단이 새로 출범한 과두정의 지배자들에게 치이면서, 이본 쉬나드는 거의 알려지지 않은 러시아의 야생지에 뜻하지 않게 초대되었다. 그곳은 야생 시베리아 호랑이를 관찰할 수 있는, 마지막 남은 서식지 중 하나였다. 이본은 그곳을 무척 탐험하고 싶어했다. 숲이 곧 완전 벌채될 거라는 소문이 있었다. 톰킨스는 얼른 여행에 합류했다. 그 역시 야생의 해변과 빽빽한 숲을 탐험하고 싶어 흥

211

분했다. 러시아의 한 정보원이 인터내셔널 페이퍼와 현대 Hyundai가 원시림을 사서 벌목할 계획이라고 그들에게 알려주었다. "마음에 들면 우리가 살 수도 있습니다." 톰킨스가 선언했다.

지브 엘리슨은 철의 장막 너머에서 래프팅 여행을 운영해 본 경험이 있고, 많은 사람이 탐내는 여행허가증을 얻을 수 있을 만큼 세상 물정에 밝은 몇 안 되는 모험가였다. 그가 사냥 비자를 신청했다. 이렇게 하면 별다른 의심을 사지 않을 터였다. 비록 그는 자신의 그룹이 사냥꾼에게 허가된 구역을 한참 넘어선 곳까지 여행하리라는 걸 알았지만, 어쨌든 사냥 비자가 있으면 그들은 탐험 장비를 가지고 러시아에 합법적으로 입국할 수 있을 터였다.

지브와 톰킨스와 쉬나드는 동해 근처, 극동 러시아의 한 구역에 눈독을 들이고 있었다. 러시아에 있는 그들의 연락책이 그곳을 멧돼지떼가 돌아다니고 숲속에서 표범이 오가며 아시아불곰이 나무껍질을 긁어내는 야생의 보고實庫라고 묘사했기 때문이다. 또한 그 숲에는 세계에서 가장 크고 강력한 야생 고양잇과 동물인 시베리아호랑이가 어슬렁거린다고도 했다.

지브는 강 사나이였다. 수년 전 그는 RAFTRussians and Americans For Teamwork를 창립하고 여행자들을 당시 소련으로 데리고 들어갔다. 그는 샌프란시스코의 유명한 주니 카페에서 RAFT를 소개하는 슬라이드 쇼를 하다가 톰킨스를 만났는데, 톰킨스는 나중에 지브를 따라 카약과 뗏목을 타고 소련을 탐험하는 여행에 나섰다.

지난번 소련에 갔을 때 지브는 더그의 목숨을 구해주었다. 미지의 강을 따라 내려가기 직전이었다. 더그는 큰 바위로 가득한 5급 급류가 흐르는 강을 따라 뗏목을 타고 내려가자고 고집을 부렸다. 지브가 반대했다. 그는 탐험대에서 어린 대원에 속했지만, 그렇게 내려가는 건 너무 위험하다는 의견을 굽히지 않았다. 열띤 토론 끝에 더그의 제안은 거부당했다. 며칠 뒤, 헬리콥터를 타고 그 급류 위를 지나게 된 그들은 지브가 그들 모두를 자명한 죽음으로부터 구했다는 걸 분명히 알았다.

더그는 동료 모험가들을 "하는 녀석들"이라고 불렀다. 이 표현은 더그가 형편없이 번역된 일본 만화책에서 훔쳐온 것인데, 딱 맞는 별명이기도 했다. '하는 녀석들'의 여행에는 그 핵심에 개인의 자립에 대한 깊은 믿음이 있었다. 탐험대장은 없었다. "뭐랄까, 각자 알아서 야생마를 잡아타라는 식이었죠." 지브의 설명이다. "자신을 돌보는 건 자기 일입니다. 그런 정신을 따르고, 다른 사람들도 그걸 진지하게 받아들인다면 극도의 책임감이 생기지 않겠습니까? 누구도 대신 책임져주지 않습니다. 이건 훨씬 더 오래된 방식이에요. 근본적으로는 '삽질하지 마'라는 원칙이죠."

러시아의 극동 해안, 즉 동해에 면한 연해주 일대에는 지형의 보호를 받아 해군기지로 이용되는 수십 곳의 물굽이가 있었다. 블라디보스토크에는 전략잠수함기지가, 사할린 반도에는 ICBM 미사일발사기지가 있었다. 1940년대 후반부터 시작된 냉전으로 이 지역은 이후 육십 년간 미국인은 사실상 갈 수 없는 곳이었다. 소련의 군사전략 지역은 톰킨스의 관심사가 아니었다. 그는 더 넓은 지역을 탐험하고 싶었다. 3,900제곱킬로미터에 걸쳐 뻗은 비킨 숲의 저지대 구역을 말이다. 이곳은 사람의 손길이 닿지 않은 세계 최대의 숲으로 잎이 넓은 참죽나무로 이루어져 있었다. 러시아와 중국의 야생 호랑이 개체군이 교배할 수 있는 유일한 자연 통로이기도 했다.

지브는 '하는 녀석들'에게 필요한 항공편과 이동 시간 추산, 여행 날짜를 고려해 여행 계획을 마련했다. 더그는 육 주 동안 자유 시간이 있었으나 탐험대의 다른 사람들은 삼 주밖에 없었다. 지브는 러시아의 연락책에게 '하는 녀석들'이 6월에 도착할 수 있다고 설명했다. "그건 말도 안 됩니다." 러시아인은 완강했다. 호랑이 연구는 늘 겨울에 진행된다는 것이다. 눈이 있어야 추적하고 연구할 수 있다고 말이다. 지브는 자기도 알지만, '하는 녀석들'이 바빠서 모두가 움직일 수 있는 날짜를 잡기가 어렵다고 말했다. 6월이 삼 주 동안 모두가 갈 수 있는 유일한 시간이었다.

"그럼 좋습니다." 호랑이 연구자는 웃으며 말했다. "야영지에서 당신들을 맞이할 사람이 있는지 확인해보죠. 하지만 당신들이 정말로 호랑이를 본다면, 그게 이승에서 마지막으로 보는 게 될 겁니다. 여름에는 호랑이를 찾아다니면 안 돼요. 어디서나 풀이 1.5미터까지 자라니까." 지브는 '하는 녀석들'에게 돌아가 메시지를 그대로 전달했다. 지브는 그때

'하는 녀석들'에게서 들은 대답을 영영 잊지 못했다. "뭐……함께 갈 수 있는 시간이 그때뿐이니까, 아무튼 갑시다."

1992년 6월, 더그와 지브, 더그 피콕은 시애틀에서 아에로플로트 비행기에 올랐다. 하바롭스크에 내린 그들은 그린피스 대표를 만나 기차를 타고 은밀히 소베츠카야가반으로 들어갔다. 그곳은 핵잠수함기지가 있는 극도로 제한된 도시였다. 그들은 수년 만에 처음으로 이 지역을 찾아온 미국인이 틀림없었다.

일행은 늦게 도착한 터라 즉시 세 명의 마피아 단원을 만나러 갔다. 조명이라고는 알전구 하나밖에 없는 어두운 지하실이었다. 러시아인들은 담배를 피우며 배가 필요한 미국인들을 갈취하려 했다. 대화는 몇 차례나 격렬하게 끝날 뻔했다. 결국은 대폭 낮아진 금액으로 합의가 이루어졌다. 그들은 적십자 소유 선박을 이용하기로 했다.

톰킨스와 지브, 피콕은 다른 친구들이 도착하기 전에 열흘간 탐험할 시간이 있었으므로, 그 배를 타고 해안선을 따라 내려가며 자연보호구역을 탐험했다. 러시아의 강에 카약을 내렸을 때, 그들은 새로운 세상으로 노를 저어 들어가는 기분이었다. "이곳의 보호구역은 관리자와 관광객이 있는 미국 국립공원과는 다르다. 여기엔 아무도 없다." 피콕은 일기에 적었다. "이 숲에는 내가 여행해본 어느 곳보다 많은 포유류 종이 살고 있다. 러시아인은 외진 위치 자체가 보호 장치로 쓰이도록, 이 땅이 스스로 살아남도록 둔다. 내 영혼의 야성적인 부분은 이런 자유를 부러워한다."

피콕과 톰킨스는 삶의 방식이 근본적으로 달랐으나 야생을 사랑한다는 점만은 같았다. 피콕은 미국 서부의 야생 국립공원에서 회색곰과 함께 야영을 했었다. 톰킨스는 다국적 기업을 이십 년간 운영했었다. 두 사람 모두 야생에서 도시적 병폐에 대한 해독제를 찾았다. 그들은 현대사회가 질병이며 야생 경험이 그 치료제라는 점에 동의했다. 둘 다 아름다움을 숭상했다. 특히 피콕은 악의 얼굴을 직접 마주한 적 있는 사람이기도 했다.

미군 특수부대의 의무장교였던 피콕 중위는 전투중에 보여준 용맹함으로 브론즈스타 훈장을 두 번이나 수훈했다. 그는 밀라이 대학살의 참상이 폭로된 1968년에 미국으로 돌아왔다. 베트남 고원에서 벌어진 사건이 피콕의 정신에 흉터를 남겼다. 그는 영혼의 한 조각을 베트남에 두고 왔다. 베트남 민간인들의 죽음, 전투에서 숨진 동료들, 셀 수 없이 반복된 충격의 기억이 문득문득 떠올라 그를 괴롭혔다. 미국에 돌아온 피콕은 인간 문명을 참을 수 없다고 느꼈다. 그는 자신을 괴롭히는 악마를 길들이기 위해 야생으로 이주했다. 유타주에서, 그다음엔 몬태나주에서 야영하며 야생 회색곰과 함께 살았다. 〈피콕의 전쟁〉이라는 제목의 PBS 다큐멘터리는 그의 용맹함과 야생에 대한 유례없는 사랑을 보여주었다.

피콕은 자연주의 작가 에드워드 애비와 깊은 우정을 유지했다. 애비는 피콕이 모닥불가에서 해준 이야기를 가져와서, 죄책감을 느끼는 그를 보호하기 위해 이름을 바꿨다. 그렇게 가상의 전직 그린베레인 '야생지의 어벤저스'이자 그의 소설 『멍키렌치 갱단』의 주인공 조지 헤이듀크가 탄생했다. 애비의 환경보호 전사 판타지에서 피콕은 불도저와 댐에 복수하는 파괴 활동가다. 피콕은 애비가 사망한 뒤 자연이 재활용하도록 그의 시신을 사막에 남겨두는 데 도움을 주기도 했다. 애비의 시신은 야생 조류가 뜯어먹고, 뼈는 동물이 씹어삼켰다.

해안을 따라 배를 타고 천천히 내려간 뒤, 일행은 외진 마을 근처에서 야영했다. 저녁 시간에 그들은 강둑 근처에 모닥불을 피워놓고 식사하다가 고르바초프라는 이름의 현지 사냥꾼을 만났다. 일행은 그 자리에서 고르바초프를 고용했다. 야생동물을 그보다 잘 추적할 수 있는 사람이 있겠는가? 고르바초프는 그들을 자기 집으로 데려가 지역의 별미를 제공했다. 갓 구운 무스의 심장이었다. 영화의 한 장면 같았다. 고르바초프의 집 빨랫줄은 수백 마리의 말린 생선이 걸려 축 늘어져 있었다. 아이들이 모피를 안쪽으로 해서 기운 동물 가죽 장화와 신발을 신고 모닥불에 생선을 훈제했다. 노을이 진 다음 일행은 한데 모였다. 술은 어디서나 통하는 언어였다.

피콕은 마침내 숙취가 가셨을 때 본 장면을 여행 일기에 적어두었다. "톰킨스가 테이블 끝에서 또 한번 건배를 제안한다. '현대 망해라!' 나는 그가 유리잔의 내용물을 화분에 쏟는 모습을 지켜본다. 톰킨스는 편리하게도 화분 옆에 자리를 잡고 있었다. 반면 나는 내 술을 억지로 삼킨다." 피콕의 글이다. "더그는 이런 식으로 다섯 번 더 건배하면서, 보드카가 든 커다란 잔을 들어올리곤 아무도 보지 않을 때 술을 버린다. 나는 더그 때문에 식물이 죽지 않기를 기도한다. 내가 테이블에 토해 새로운 친구들의 기분을 상하게 하는 일이 없기를 바란다. 톰킨스의 얼굴에는 크고 능청스러운 미소가 떠올라 있다."

숲에 들어간 톰킨스는 지역을 정찰했다. 하지만 마흔여덟 시간 후, 미국인들은 야영지를 버릴 수밖에 없었다. 그들은 제대로 된 비자가 없어 추방될 수 있다는 위협을 받았다. 지역 깡패들이 그들의 방문을 비밀로 해주는 대가로 거액을 요구했다. 세 탐험가는 서둘러 숲을 떠났다. 톰킨스는 낙담했다. 피콕은 "이 사람은 정말로 숲을 사랑한다"라고 적었다.

하바롭스크로 돌아온 그들은 동료 탐험가들과 합류했다. 이본 쉬나드, 릭 리지웨이, 그리고 비교적 신참인 톰 브로코였다. 생물학자 디미트리도 합류했다. 그는 일행이 자연보호구역에서 만나 함께하자고 설득한 사람이었다. '하는 녀석들'은 정해진 형태가 없는 리더십에 따라 움직였다. 이들의 신조는 '하면서 배우기'였다. 이들은 속도를 늦추지도, 신참을 가르치지도 않았다. "더그가 내게 카약을 알려주었습니다. 사실상 나를 배에 태우고 '따라와'라고 말했죠." 쉬나드의 말이다. "브로코한테도 마찬가지였습니다. 우리는 아무경험도 없는 그를 몇 차례 등반에 데려갔습니다. 브로코는 로프 매듭도 지을 줄 몰랐어요. 하지만 강했죠."

평생 야외활동을 해온 브로코는 수백만 명의 미국인에게 〈NBC 이브닝 뉴스〉의 진행자로 알려져 있었다. 미국의 선도적인 TV 네트워크의 주요 정치기자인 브로코는 베를린장벽이 무너질 때 현장을 생중계했고, 미국 방송에서 최초로 미하일 고르바초프를 인터뷰했다. 하바롭스크에 온 첫날, 브로코는 KGB 요원들이 "관광 허가"의 대가로 2천 달러를 요구하며 '하는 녀석들'을 갈취하려 했을 때 "반칙"을 처음 지적한 사람이기도 했다. 브로코는 모든 외교적 관행을 무시하고 "이건 강도질이지!"라고 외쳤다.

'하는 녀석들'은 비밀경찰의 강탈에 직면해 머리를 맞댔다. 가이드와 헤어져야 할 때가 온 걸까? 결정은 만장일치로 이루어졌다. 그들은 멋대로 헬리콥터를 타고 몰래 빠져나가기로 했다. "우리는 헬리콥터 조종사에게 말보로를 잔뜩 줬습니다. 조종사는 매우 기뻐했죠. 우리는 『플레이보이』를 몇 권 더 얹어주고 떠났습니다." 피콕의 회상이다. "KGB는 우리가 어디로 가는지 알 수 없었습니다."

헬리콥터 안에서 '하는 녀석들'은 러시아 군인들과 나란히 앉아 환호했다. 녹슨 헬리콥터는 지나치게 많은 짐을 실은 데다 노후된 듯 보였다. 베트남전쟁에서 전쟁터의 부상병을 치료하며 몇 년을 보낸 피콕은 마치 "날아다니는 화물차" 안에 틀어박힌 느낌이었다고 적었다.

가이드를 따돌린 '하는 녀석들'은 출렁거리는 우유가 담긴 금속 통들이 줄지어 놓인 모습을 긴장한 눈으로 바라보았다. 그 우유통 때문에 헬리콥터에 위험할 정도로 짐이 많이 실렸다는 걱정이 더 깊어졌다. 좌석은 없었고, 헬리콥터는 우유를 배달하러 주기적으로 마을에 착륙했다. 날씨는 덥고 창문도 열려 있었지만, 헬리콥터를 이용한 이들의 탈출은 성공적이었다. "아무도 우리를 다시 보지 못하리라 생각했습니다." 브로코의 말이다. "우리는 완전히 불법적인 방식으로 그곳에서 나왔어요."

'하는 녀석들'은 여행의 첫 목표를 이루고 기뻐했다. 목표란 신나게 문명을 떠나는 것이었다. 톰킨스는 숲 위로 낮게 비행하는 동안 창밖을 내다보며 조종사의 눈으로 아래쪽 숲을 살폈다. 그는 지도로 이 야생지를 본 적이 있었다. 광활한 미지의 녹색 영토로, 자작나무숲과 거친 강, 포르투갈 면적의 지역 전체에 흩어져 있는 소규모 개척자 마을로 조각조각 나뉘어 있었다.

일행이 초청한 생물학자 디미트리는 헬리콥터가 나무의 바다 위를 덜컹거리며 나아가는 동안 그들이 가진 유일한 지형도를 살폈다. 그들은 비킨강에 진입할 만한 장소를 찾고 있었다. 가장 까다로운 진입점이 어디일까? 비킨강의 최상류 지점에서 출발할 수 있을까? 피콕은 지도를 달라고 한 뒤 창가로 다가갔다. 지도가 휙 하며 둥근 창 밖으로 날아가 버렸다. 피콕은 믿을 수 없다는 듯 바라보았다. 그는 양손에 지도의 3분의 1만 쥐고 있었다. 비킨강 상류가 표시된 가운뎃부분은 사라졌다. "모두가 하이파이브를 하며 이게 훨씬 더 멋진 여행이야라고 떠들기 시작했습니다." 브로코의 말이다. "러시아 사람은 웃고 있었어요. '상류가 어딘지는 내가 압니다. 거기를 찾으면 되죠. 강은 언제나 아래로 흐르니까요'라고 했죠. 더그는 더할 나위 없이 행복해 보였습니다. 우리는 우리가 어디에 있는지, 어디로 가는지도 모른 채 짜릿해했어요."

강 근처의 들판에 내린 '하는 녀석들'은 강둑을 따라 야영지를 설치하고 숲을 탐험했다. 그들은 멧돼지를 보았다. 나무에 난 긁힌 자국은 근처에 곰이 산다는 신호였다. 밤에는 늑대 울음 같은 소리가 들렸다. 정착지는 보이지 않고 간격은 멀었다. "정글의 북이 울리고 있었습니다." 브로코가 말했다. "우리가 수렵채집꾼을 위한 작디작은 임시 야영지에 들어가면, 짐승들도 우리가 오는 걸 알았거든요."

'하는 녀석들'은 시골 가정집의 앞마당에서 야영하며 집주인과 화장실을 함께 쓰고 얼음장 같은 강에서 목욕하고 현지 빵을 신선한 꿀에 푹 적셔 먹었다. 덫사냥꾼이 모피를 팔러 시장으로 노를 저어 간 사이에 그들은 갖가지 훈제 생선을 게걸스럽게 먹어치웠다.

'하는 녀석들'은 물가에서 야영하다가 냄새가 고약한 호랑이 오줌 웅덩이를 발견했다. 폭이 15센티미터는 족히 되는 발자국을 통해 젊은 수컷 호랑이임을 알 수 있었다. 녀석은 수백 미터마다 긁은 자국을 남겨 자기 영토를 표시하는 지배적인 포식자였다. 수백 킬로미터 안에 정착지가 몇 없었기에 시베리아호랑이가 숲을 다스렸다. '하는 녀석들'은 호랑이가 돌아다니는 웃자란 풀 사이를 지나다니는 것은 위험하다는 사실을 알았기에 가면을 썼다. 그중 한 사람은 로널드 레이건 가면을, 또 한 사람은 조지 부시 가면을 썼다. 그들은 사냥감을 찾아 돌아다니는 호랑이를 쫓을 수 있길 바라며 이 가면을 뒤통수로 돌려 썼다. "우리는 인도 농부들이 뒤통수에 가면을 쓴다는 말을 들었습니다." 쉬나드의 말이다. "호랑이는 사냥감을 앞이 아니라 뒤에서 공격한다더군요. 호랑이를 쏘아보면 쫓을 수 있대요. 그래서 그 가면을 가져간 겁니다."

브로코는 숲속을 걸어가며 호랑이가 바로 앞에 있다고 확신했다. "놈이 가까운 곳에 있었습니다. 분명했어요. 소변의 악취와 호랑이가 여기 있다는 감각이 우리에게 매우 뚜렷하게 느껴졌습니다. 우리는 제정신이 아니었어요." 그가 말했다. "그 이후 일이 년 동안 호랑이의 습격으로 사냥꾼과 지역 정착민을 비롯한 모든 사람이 전멸당했다는 이야기가 들렸습니다."

갑자기 디미트리가 얼어붙더니 내게 앞으로 나오라고 손짓했다. 호랑이의 자취가 진흙에서 번들거렸다. 진창에 남은 흔적은 겨우 하루밖에 되지 않은 것처럼 보였으며, 폭은 13센티미터였다. 디미트리는 그 발자국이 이 일대를 지배하는 약 다섯 살 정도 된 젊은 수컷 호랑이의 것이리라고 말했다. 밀렵꾼에게 살해당한 이전의 우두머리 수컷을 대체한 녀석이라는 것이었다. 젊은 호랑이는 수백 미터마다 긁은 자국을 남기고, 영역 표시를 위해 나무 지표에 냄새를 뿌려둔다. 우리는 그런 나무에 멈춰 섰다. 마찬가지로 강한 냄새에 끌리는 아시아흑곰이 나무껍질을 벗긴 흔적이 있었다. 나는 무릎을 꿇고 헐벗은 나무둥치에 코를 댔다. 호랑이의 고약한 악취가 콧구멍을 가득 채

웠고, 아주 잠깐이지만 그 커다란 고양이와 함께 여행한다고 느꼈다. 주황색과 검은색 줄무늬가 물결치는 녹색의 소철 바다에서 거의 눈에 띄지 않게 번뜩이는 것만 같았다. 그렇게 나는 오래전 나 자신의 것이었던 야성적 포식자의 세계로 들어갔다.

더그 피콕

외딴 숲에서 카약을 타고, 텐트에서 자고, 모닥불가에서 이야기를 나누고, 불에 데운 콩 통조림을 즐기는 그 여행이 '하는 녀석들'에게는 천국이었다. 문명의 가장자리 너머에서 그들은 각자에게 필요한 생활방식과 연결될 방법을 찾아냈다. 호랑이 여행은 야생을 기리는 시간이었다. 숲에서는 삶이 자연의 리듬에 맞춰 느려졌다. 물이 흘러가는 소리가 배경음악이었다.

일행은 강을 타고 조용히 떠내려갔다. 곰의 소리를 들으려고 침묵을 지키며 저녁거리를 위해 낚시를 한 다음 함께 요리했다. 톰킨스는 종종 그 침묵을 깨서 다른 사람들을 짜증나게 했다. "더그는 내 뒤에서 노를 젓곤 했습니다." 브로코의 말이다. "넌 급진적 환경운동을 충분히 하고 있지 않아라면서 귀에 못이 박히도록 이야기했죠. 나는 결국 뒤돌아보며 말했습니다. 더그, 빌어먹을. 난 그런 것에서 벗어나려고 여기 온 거야. 그런 소리나 들으려고 온 게 아니라고. 더그는 그래, 그래, 알았어라고 했습니다. 그리고 십 분 뒤 다시 시작했죠."

카약 탐험을 마무리하면서, 일행은 문명으로 돌아갈 탈것이 필요해졌다. 그들의 선택지는 매일 밤늦게 숲 근처를 지나가는 기차뿐이었다. 밤 열한시 기차는 구 개월 전에 이미 매진되었지만, 러시아의 해결사들이 기차 승무원과 조율해 두었다. 그 말은 표가 있든 없든 가장 많은 돈을 내는 승객이 기차에 탄다는 뜻이었다.

'하는 녀석들'은 웃돈을 낸 다음, 손바느질한 옷과 두꺼운 재킷으로 위장하고 다음과 같은 지시를 정확히 따랐다. 기차가 멈추면 장비를 기차에 던져라. 어떤 상황에서도 허락을 구하지 마라. 영어를 쓰지 마라. 금니를 한 성마른 노파는 걱정하지 마라, 그 사람도 팀원 중 한 명이다. '하는 녀석들'은 표 없이 기차에 올라 은밀히 시선을 주고받으며 기초적인 수어로 의사소통했다. 계략이 통해 그들은 아침쯤 도시에 도착했다. 일행의 가이드 디미트리가 미국인들에게 근처 블라디보스토크에 사는 자기 가족을 만나러 오라고 고집을 부렸던 곳이었다.

외국인은 블라디보스토크에 들어갈 수 없었다. 러시아 법에 따르면 블라디보스토크는 '제한된 군사도시'로 외국인의 접근이 금지되었기 때문이다. 기자는 특히 그랬다. "브로코가 미쳐 날뛰었습니다. 자신이 체포되어 대대적인 보도가 이루어질 거라고 생각했거든요." 지브 엘리슨은 웃으며 말했다. 디미트리는 녹슨 국가체제를 유지하는 지역의 뒷거래꾼과 해결사를 알고 있었기에 손님들을 벼룩시장으로 데려가 각자에게 새 옷을 사주었다. '하는 녀석들'은 모두 겨울

모피 모자를 받았다. 모자가 너무 커서 눈 아래까지 내려왔다. "그냥 좀 취한 척하세요." 디미트리가 고집을 부렸다.

허가 없이 블라디보스토크에 몰래 들어간 디미트리는 비밀 손님들을 작은 아파트로 데려갔다. 그곳에서 일행은 디미트리의 가족과 만찬을 즐기고 민요를 부르고 바닥에 쓰러져 잤다. 보드카로 다져진 우정에서 깨어난 그들은 퍼시픽 인스티튜트 사무실을 방문했고, 외국인은 물론 수많은 러시아인에게도 접근이 금지된 지역을 가로지르는 관광에 나섰다.

"항구에 웬 낡은 러시아 잠수함이 정박해 있었습니다." 리지웨이의 회상이다. "주말이라 사방에 행인이 있었습니다. 잠수함은 공개돼 있었어요. 디미트리가 말했습니다. '완벽해, 잠수함 관광을 하면 되겠어!' 브로코는 이때쯤 정말로 겁에 질려 있었어요. 우리가 러시아인처럼 옷을 입고 들어가서는 안 되는 도시에서 잠수함을 구경하고 있었으니까요. 물론 톰킨스는 완벽한 여행이라고 생각했습니다. 규칙이란 규칙은 다 어기고 있었으니, 우리가 천국에 와 있다고 생각했죠."

톰킨스는 야생에서 보낸 시간이 매우 즐거웠지만, 러시아가 투자할 만한 곳은 아니라고 확신했다. 울창한 숲에 매료되었지만 사들이지는 않을 생각이었다. 소련 해체 이후 자본주의의 부패한 관행에는 뇌물과 마피아, 너무 많은 수상한 인물이 연루되었다. 톰킨스는 남아메리카의 숲이 이곳 숲만큼 저렴하다는 걸 알았고, 칠레에서는 지역민이 규칙을 지키리라 생각했다.

10장
이상한 나라의 두 외국인

전설적인 야생과 아름다움이 있는 지역 파타고니아를 여행하는 사람은 자신을 변화시키는 경험을 하게 될 것이다. 이곳 풍경은 비할 데 없는 자연의 보물로 이루어져 있다. 야생의 자연을 품은 마지막 위대한 요새 중 하나다.

더그 톰킨스

　시베리아의 야생에서 삼 주간 야영하면서 톰킨스는 내면의 열정에 다시 불이 붙었다. 그는 자연에 바치는 자신만의 사원, 즉 파타고니아 야생지에 50만 에이커 규모의 공원을 짓겠다는 결심을 더욱 굳힌 채 칠레로 돌아왔다. "여기가 세계에서 가장 큰 민간 자연보호구역이 될 거야." 그는 젊은 비서 다니엘 곤살레스에게 말했다. 기회는 찰나라고 더그는 강조했다. 개발 세력이 브리티시컬럼비아, 마다가스카르, 인도네시아, 브라질의 숲을 밀어버리고 있었으니 말이다. 그는 이미 칠레의 자생림도 여러 곳 사라졌다고 경고했다.

　칠레 남부의 지도를 살펴본 톰킨스는 숲을 사들일 계획인 목재 및 우드칩스 업계를 훼방 놓을 방법을 구상했다. 그는 산업 발전의 힘을 막을 수는 없으리라고 생각했지만, 시간을 벌 수는 있으리라고 똑같이 확신했다.

톰킨스는 곤살레스가 지휘본부를 꾸리도록 도와주었다. 그들은 선구적인 탐험가들이 그랬듯 찾을 수 있는 모든 지도를 모아 이 미지의 땅 전체에 걸쳐 어마어마한 공원의 평면도를 스케치했다. 그들은 산티아고에 있는 에스프리 매장 위층의 작은 사무실을 무상으로 쓸 수 있었다. 현지 에스프리 영업권 소유자인 후안 엔리케 아바디에가 톰킨스를 깊이 존경해서, 에스프리의 전설적 창업자에게 기꺼이 자원을 공유해준 것이다. 곤살레스와 톰킨스는 그 작은 사무실에서 낙원을 상상했다. 이곳 땅의 최상위 포식자는 퓨마라 알려진 근육질의 산사자였다. 몸무게가 최대 54킬로그램에 달하는 퓨마는 토종 사슴과 외래종 양을 잡아먹고 살았다. 톰킨스는 요세미티의 절반 크기에 달하는 공원을 스케치했다. 그는 불가능한 것을 요구하는 행위의 아름다움을 이해했다. 자신의 평면도에 '푸말린 공원'이라는 이름을 붙이고, 그곳이 세계에서 가장 큰 민간 자연보호구역이 되리라고 말했다.

더그가 처음 칠레의 숲 보호에 관심을 갖게 만든 릭 클라인은 톰킨스가 관심사를 실현하는 모습을 지켜보았다. 파타고니아의 고대 숲을 지키겠다는 클라인의 아이디어가 꽃을 피우고 있었다. 비록 더그가 클라인을 완전히 주변부로 밀어냈음에도 클라인은 기쁨을 감추지 못했다. 클라인은 농담삼아 푸말린 공원을 "더그의 자아 생태계"라 불렀다.

톰킨스는 실무상의 어려움을 즐겼다. 그는 원시림에 대한 권리를 쥐고 있는 부재지주에게서 토지를 매입해 공원으로 만들면 어떨까 하는 전략을 세웠다. 처음 아래쪽에 무엇이 있는지 모른 채 폭포에서 카약을 타거나 미지의 급류로 내려갔을 때 그랬듯, 톰킨스는 이런 발상에 전율했다. 비전이 확장되면서 지도로 뒤덮인 그의 임시 사무실 벽도 확장되었다. 톰킨스는 그곳에 에스프리 본사에 있던 명령을 다시 적었다. 어떤 세부 사항도 사소하지 않다.

곤살레스는 매물로 나온 땅을 발견하면 톰킨스에게 좌표를 찍어주었고, 둘은 경비행기를 타고 날아가 그곳을 탐사했다. 톰킨스는 수천 시간을 비행한 노련한 조종사였다. 그는 시골길에 착륙하고 외진 방목장을 통통 튀어 가로질러가며 편안함을 느꼈다. 일단 땅에 내려오면 톰킨스는 지역 카우보이 한 명을 불러와 짐말에 짐을 싣고 음식과 침낭을 마대에 쑤셔넣은 뒤 말을 타고 오지로 이틀, 어쩌면 엿새까지도 이어질 여행을 떠났다.

"톰킨스는 극단적인 일을 너무도 편안하게 해냈습니다. 그는 삶이 근본적으로 바뀌었는데도 신경쓰지 않았어요. 다른 삶은 살아볼 만큼 살아본 것 같았습니다." 마시 루돌프의 말이다. 마시 역시 샌프란시스코 에스프리에서 일하는 삶에서 파타고니아의 삶으로 근본적인 전환을 했다. "나는 멋진 레스토랑에서 외식하는 걸 매우 좋아하고 샌프란시스코가 세계에서 가장 위대한 도시라고 생각하던 더그가, 사업을 하느라 온 세계를 돌아다니던 그가 이제 남쪽에 틀어박혀 산다는 사실을 믿을 수 없었어요." 마시는 이렇게 회상했다. "톰킨스는 훌륭한 샴페인에도 관심 없고, 음식에도 신경 쓰지 않았어요. 모든 것이 바뀌었죠. 우리는 샐러드를 먹었고, 누군가 물고기를 잡으면 식단에 생선을 추가했어요. 못 잡으면 참치 통조림을 따자라고 했죠. (……) 난 더그가 달라졌다거나 다른 사람이 됐다고 생각하지 않아요. 더그가 자신이 가진 모든 에너지를 칠레에 쏟았다고 생각해요."

톰킨스는 동심원 형태의 보호 구역이 있는 푸말린 공원을 상상했다. 그 지역은 험하고 비가 끊임없이 내렸다. 그래서 정착을 시도하는 사람이 거의 없었다. 인간을 막는 것은 어렵지 않았다. 사실 비슷한 생각을 가진 정착민을 꾀어 비가 오는 레니우에의 분수령에 살게 하는 것이 오히려 더 어려웠다. 더그는 마시에게 개척자 마을을 설계하려는 자신의 계획을 설명해주었다. 그곳은 저차원의 기술을 활용하는(때로는 아예 기술을 활용하지 않는) 육체노동 기반 경제공동체였다. 사이좋은 이웃들이 힘을 합쳐 울타리를 만들고 잘려나간 나무의 밑동을 치우는 곳, 공원 예정지 근처의 땅을 훼손하기보다 경작하는 방식으로 지속 가능한 농업에 인생을 바치는 곳이었다.

톰킨스는 야생동물과 토종식물을 우선시했지만, 현실적인 사람이었기에 소규모 정착지를 조성하는 것이 장기적인 완충지대를 만들 수 있는 가장 좋은 방법임을 알았다. 그는 중요한 분수령마다 한 가족을 정착시킬 구상을 했다. 그들이 그 땅에서 먹고살며 생태계의 환경적 건전성을 감시할 수 있도록 말이다. "우린 양봉과 벌꿀 판매 방법을 가르칠 거야." 톰킨스는 미국에 있는 동료들에게 보낸 편지에서 선언했다. "그 사람들이 빈곤의 악순환에서 벗어나고, 처절한 생존의 선을 뛰어넘도록 용기를 주는 거지."

태평양에서 안데스산맥을 거쳐 아르헨티나 국경에 이르기까지 칠레 전역에 보유한 토지가 늘어나면서 톰킨스는 칠레를 절반으로 가르는 땅을 소유하게 되었다. 톰킨스는 이를 자연보호라는 더 큰 꿈의 우연한 부수적 결과로 보았다. 그러나 칠레 당국은 국가의 주권이 위협당한다고 느꼈다. 톰킨스는 제독과 장군들에게 걱정하지 말라고, 이 모든 땅을 칠레 정부에 무상으로 기증할 예정이라고 쾌활하게 장담했다. 하지만 이는 전략상의 실수였다. 톰킨스는 이로 인해 큰 대가를 치러야 했다. 그는 국립공원을 짓는 어마어마한 계획을 실현할 때까지 시간이 좀더 필요할 뿐이라며 당황한 군 지도자들을 설득하려 노력했다.

군사정부의 음흉한 거짓말과 은밀한 조작에서 벗어나는 중인 나라에서, 이타주의적인 미국인이 1억 5천만 달러를 투자한 다음 아무 조건 없이 그 모든 땅을 기부하려고 왔다는 말을 믿는 사람은 없었다. 칠레에서는 군대의 통행금지령과 탄압이 대부분의 사회적 단결을 틀어막았기에, 1973년에서 1990년까지 지구의 날 행사를 개최하지 못했다. 특히 활동가들이 표적이 되었다. 1990년대 초에 환경보호 의식은 막 출현하기 시작한 터였고, 숲을 구하고 사슴을 보호하겠다는 톰킨스의 반복된 약속은 훨씬 더 악한 무언가를 가리기 위해 형편없이 꾸며낸 이야기처럼 느껴졌다.

"내 생각엔 아무도 톰킨스를 믿지 않았던 것 같습니다." 당시 칠레 육군 최고사령관이었던 후안 에밀리오 체이레 장군의 말이다. "아무도 톰킨스를 믿지 않았던 이유는 그 말이 너무 이상했기 때문입니다. 땅을 기증하겠다니, 무슨 말입니까? 그 반대여야 하는 것 아닙니까? 더 많은 땅을 사려는 건 아니었을까요? 톰킨스의 말은 절차에 맞지 않는 구두 약속이었습니다. 구체적인 날짜나 세부 내용, 양도 계획이 있는 것도 아니었습니다. 톰킨스가 정말 그 땅을 기부할 거라고 믿을 수 없었습니다."

톰킨스는 자신이 자리잡은 지역에서 수십 년간 벌어진 영토분쟁에 대해 알지 못했다. 지역민은 칠레 지배계층에게 기만당하고 학대당하고 땅을 빼앗겨 쫓겨나는 일에 오래도록 익숙해져 있었다. 그런 지배계층은 강력한 정치인과 공모해서 움직이는 경우가 많았다. "우리가 그 지역에 들어갔을 때 콜로노[초기 정착민]는 이미 정부에, 또 외부자로 인지되는 사람들에게 깊은 불만을 품고 있었습니다." 종종 더그와 함께 야생으로 나가 지역민을 만났던 곤살레스의 말이다. "그들은 삼십 년간 땅에 대한 권리를, 소유권을 약속받았지만 아무 일도 일어나지 않았습니다. 우리는 지역민에게 이미 좌절스러운 상황에 들어온 또하나의 관계자에 불과했습니다. 여러모로 위협적인 존재로 인지됐습니다."

"아무도 더그의 자연보호 계획에 반대하지 않았습니다. 자연을 보호하고 숲과 수로를 보존하자는 사람에게 누가 반대할 수 있겠습니까?" 당시 내무부 고위 관료였던 엑토르 무뇨스의 말이다. "문제는 톰킨스 철학의 거대한 규모였습니다. 우리는 그가 심층생태학의 추종자이자 환경중심주의 신봉자라는 걸 알아냈습니다. 그 말은 자연이 먼저이고, 인간은 자연의 요소 중 하나일 뿐이며, 모든 존재에게 동일한 권리가 있다고 믿는다는 뜻이었죠. 톰킨스는 심지어 바위에도 인간과 같은 권리가 있다며 나와 말다툼을 벌였습니다! 그때 우리는 비로소 톰킨스의 이념적 성향을 이해하기 시작했습니다. 이 사람은 자기 신념을 절대적으로 믿는다고요. 그에게는 터무니없는 광신적 믿음과 깊은 확신이 있었습니다."

톰킨스는 자신의 자연보호 계획이 유발한 적대감을 전혀 인식하지 못했다. 청소년 패션계를 뒤집어놓은 직후인데다 돈도 넘쳐났던 터라 뭔가 잘못될 수도 있다는 고민에 별로 시간을 쓰지 않았다. 그는 앞을 내다보며 누구보다 먼저 마스터플랜이란 없다는 점을 인정했다. 세계에서 가장 큰 민간 공원을 만드는 꿈을 실행하려면 팀이 필요하다는 것도 알았다. 에스프리에서 그의 성공은 보이지 않는 소규모 동맹 덕분에 가능했다. 그의 출중한 업무관리자 데비 라이커와 오랫동안 복잡한 실무를 처리하고 항공관제사처럼 끊임없이 흘러나오는 아이디어를 정리해준 돌리 마 같은 사람들 말이다. 라이커와 마는 샌프란시스코의 작은 사무실에서 톰킨스의 에스프리 이후 재정을 관리했다. 사무실은 그의 기상천외한 아이디어를 감시하는 본부처럼 기능했다. 하지만 톰킨스에게 필요한 사람은 헌신적인 공모자였다. 그 공모자는 톰킨스의 가장 친한 친구 이본 쉬나드였다. 더그에게 평생의 사랑이 된 여자를 소개해준 사람 역시 쉬나드였다.

1990년 초, 이본 쉬나드는 휴식이 필요했다. 그는 이십 년간 빙벽등반이나 카약 모험을 할 때와 비슷한 열정을 가지고 파타고니아 의류회사를 이끌어왔다. 파타고니아는 내구성과 디자인이 뛰어난 의류를 보장하면서 충성스러운 고객으로 이루어진 넓은 시장의 신뢰를 얻어냈다. 연간 매출액은 1985년 2천만 달러에서 1990년 1억 달러로 치솟았다. 하지만 파타고니아는 캐시카우가 아니었다. 더 강한 회사를 만드는 데 이윤을 재투자하고, 지역사회를 지키기 위해 싸우는 풀뿌리 환경단체에 수백만 달러를 기부했다.

쉬나드는 일상적인 경영을 새로운 경영팀에 맡겨야 했으므로 그들을 엘칼라파테라는 작은 마을로 데려갔다. 엘칼라파테는 쉬나드가 삼십삼 년 전 원정에서 톰킨스와 함께 설동에 갇혔다가 회사에 파타고니아라는 이름을 붙여야겠다는 영감을 얻었던 바로 그 지역과 그리 멀지 않은 곳이었다. 쉬나드는 그곳에서라면 회사의 이름만이 아니라 환경운동에 대한 헌신에도 영감을 불어넣었던 야생에 대한 사랑을 불러일으킬 수 있으리라고 생각했다.

파타고니아의 CEO 크리스 맥디빗은 회사의 체제 전환을 주도하고 있었다. 서른일곱 살인 그녀는 전직 스키 선수였다.

유연하고 건강하며 의지가 굳었고 장거리달리기 선수의 체형과 에너지를 갖추었다. 그녀는 파타고니아의 초창기 직원 일곱 명 중 한 명이었는데, 오랫동안 CEO로서 파타고니아 브랜드를 키우는 한편 고객과 직원 모두에게서 깊은 충성도를 끌어내 업계의 부러움을 샀다.

파타고니아 경영팀 휴양 여행의 마지막 날에 더그는 안데스산맥으로 날아가 엘칼라파테에 착륙했다. 이본과 점심을 먹기 위해 온 것이었다. 더그가 도착했을 때 이본은 우연히도 크리스와 함께 앉아 있었다. 파타고니아 팀은 비공식적 일정을 마무리하고 다음날 캘리포니아로 돌아갈 준비를 하고 있었다. 더그는 벽지의 투박한 레스토랑에서 크리스 옆에 앉아 그녀의 등을 철썩 치며 말했다. "야, 꼬맹아. 잘 지내? 미국 갈 때 태워줄까?"

크리스는 그 제안을 거절했다. 더그는 고집을 부렸다. "어차피 여객기 타고 갈 거잖아." 더그가 놀렸다.

크리스가 계속 거절하자, 더그는 자기 대신 책가방 하나를 캘리포니아에 다시 가져다줄 수 있겠느냐고 물었다. 크리스는 그게 작은 카약용 가방이리라고 생각하고 그러겠다고 했다. 더그는 책이 가득 담긴 27킬로그램짜리 더플백을 가지고 돌아왔다. 나중에 크리스는 말했다. "우리는 둘 다 더플백이 실은 다시 연락할 핑계라는 걸 알고 있었어요."

크리스가 보기에 더그는 괴짜이자 뛰어난 선구안을 가진 사람이었다. 자신의 오랜 상사인 이본의 친구이기도 했다. 크리스는 긴 세월에 걸쳐 더그와 마주쳤다. 그녀의 전남편이 더그와 파키스탄 북부의 트랑고 타워를 등반한 적도 있었다. 크리스는 플레이보이이자 카리스마 넘치는 기업가라는 더그의 평판도 잘 알았다.

크리스는 더그만이 아니라 이본과도 깊이 아는 몇 안 되는 사람 중 한 명이었다. 캘리포니아 남부 토박이인 그녀는 겨우 열일곱 살 때 이본과 함께 주문을 받고 서류를 처리하기 시작했다. '서핑 소녀'로 불리며 쉬나드 장비회사의 우편물실에서 일하던 초창기부터 크리스는 팀을 꾸리는 재능을 보여왔다. 그녀는 대담하고 자신감이 넘쳤으며, 이본에게 충성했다. 회사가 커지면서 그녀는 꾸준히 승진했다. 그녀의 오빠 로저 맥디빗은 CEO가 되었다.♦

로저가 회사를 떠나면서 크리스에게 제안이 들어왔다. 갑작스럽고 우연하게도 크리스가 파타고니아를 책임지게 되었다. 경영 경험이 전혀 없다는 점을 고려해, 그녀는 벤투라 지역의 은행가들에게 무턱대고 전화를 걸어 물었다. "내가 이 회사의 운영을 맡았는데, 망치고 싶지 않아요. 어떻게 해야 하는지 도와줄 수 있을까요?" 그녀의 비정통적인 방법과 매력이 통했다. 그녀는 빠르게 파타고니아를 장악했다. 성장하는 파타고니아 팀 내에서 기이할 정도인 그녀의 마케팅 실력과 리더십은 그녀를 신뢰받는 경영자 자리에 올려놓았다.

이본과 그녀의 우정은 이본이 벤투라에 가지고 돌아오곤

♦ 파타고니아 공식 기록에 따르면 로저 맥디빗이 CEO를 한 적은 없다. 쉬나드가 회사를 떠난 이후 크리스가 줄곧 CEO를 맡았고, 로저 맥디빗은 중요한 역할을 수행했지만 공식적으로 CEO 직책을 맡았다는 명확한 기록은 찾기 어렵다.

하는 끝없이 변화하는 아이디어를 걸러내는 데 도움이 되었다. 크리스는 훌륭한 아이디어는 실행하고 터무니없는 아이디어는 무시하는 방법을 알았다. 그 덕에 (시간이 지나면서) 이본은 더 희한한 아이디어를 다듬을 줄 알게 되었다. 그들은 역동적인 한 팀이었다. 쉬나드 개인 소유인 파타고니아의 직원 가운데 주식과 지분을 받은 사람은 크리스뿐이었다.

크리스는 뻗어가는 이본의 제국에서 세부 사항을 처리하고 그의 오랜 부재를 메우는 재주를 가진 능숙한 기업가라는 평판을 얻었다. 그녀는 자기 자신을 농담거리로 삼으면서 유머 감각을 키웠다. 쉬나드가 일본에서 발견한 리프 워커스라는 회사의 해괴한 디자인 신발을 구매하라고 고집을 부렸을 때 크리스는 거절했다. 이본이 계속 고집을 피우자 그녀는 자기 책상 위의 대들보에 검은 잉크로 이렇게 썼다. "사장님이 리프 워커스 이만 켤레를 사라고 합니다." 그녀는 쉬나드에게 그 천장에 사인하게 했다. 신발은 전혀 팔리지 않았지만, 그 사건과 낙서는 회사의 전설로 남았다.

아르헨티나에서 우연히 만난 뒤로 더그는 몇 주 동안 크리스를 따라다녔다. 그는 여러 차례에 걸쳐 그녀를 저녁식사에 초대했다. 크리스는 더그의 간청을 절묘하게 전부 쳐냈다. 더그는 벤투라에서 올라오라고 크리스를 계속해서 설득했지만 그녀는 망설였다. 바쁘기도 했다. 하지만 둘의 일정이 겹쳐 더그의 샌프란시스코 집에서 함께 저녁을 먹을 기회가 생겼다. 더그의 집에 들어선 크리스는 예술 작품과 스타일, 음식에 깊은 인상을 받았다. "더그는 놀라운 토마토

소스로 파스타를 요리해줬어요. 아마 평생 만난 모든 여자에게 요리해준 소스겠죠! 그런 다음에 우리는 밤새 이야기를 나눴고, 나는 다음날 아침 일찍 떠났어요."

크리스는 만돌린 콘서트와 환경 관련 강좌에 오라는 초대장을 수없이 받으면서도 계속 망설였다. 하지만 그녀가 파리로 간다는 소식을 들은 더그가 그곳까지 날아왔다. 밤에 함께 외출하자고 크리스를 불러낸 그는 그녀를 세계화 반대 토론회에 데려갔다. 크리스는 더그가 내부자 그룹에 속해 있으며 핵심적인 참가자 몇 명과 오랫동안 우정을 맺어왔다는 걸 알아챘다. 토론회가 끝나고, 둘은 저녁을 먹은 뒤 파리에서 밤 산책을 했다. 새벽 세시에 크리스는 가야 한다고 말했다. 그녀는 다음날 몽블랑을 등반할 예정이었다. 더그는 택시에 앉아 시간을 끌었다. 크리스에게 함께 칠레로 가자고 했다. "'너한테 아무 일도 일어나지 않게 할게'라고 하더군요." 크리스의 말이다. "더그가 그 말을 하자 뭔가 다르게 느껴졌어요."

크리스는 자신과 더그를 모두 아는 친구 제리 맨더에게 더그의 제안을 받아들여 칠레 파타고니아에 있는 그의 외딴 오두막에 십이 일 동안 방문할 계획이라고 했다. 맨더는 웃으며 말했다. "더그 톰킨스랑 오두막에서 십이 일을 버틸 수 있는 사람은 아무도 없어."

크리스는 그 조언을 무시했다. "될 대로 되라고 생각했어요. 그냥 아무런 기대 없이 가자고요."

비가 휘몰아치는 파타고니아의 오두막에 도착했을 때 크

리스는 자신이 대체 무슨 짓을 저지른 건지 의아해졌다. 더그가 어떠냐고 물었을 때 크리스는 속마음을 드러내고 말았다. "어떨 것 같은데? 난 방금 내 인생에 원자폭탄을 떨어뜨렸어."

더그는 모든 것을 받아들이고 물었다. "사람들한테 네가 내 애인이라고 말해도 돼?"

두 사람은 그 뒤로 한 번도 뒤돌아보지 않았다. 더그와 있으면 크리스는 진정한 자아를 발견한 기분이 들었다. 이전의 삶은 모조품인 것만 같았다. 이 강렬하고도 뛰어난 동반자와 함께 자연을 위해 싸우는 것이 옳다고 느껴졌다. 더그의 친구들은 깜짝 놀랐다. "크리스는 더그가 마음을 활짝 열게 만들었습니다. 맞아요, 크리스를 만난 이후로 더그는 완전히 달라졌습니다. 그건 확실해요." 쉬나드의 말이다. "전에는 훨씬 과격했거든요. 내 뜻대로 하거나 아예 안 할 거야라는 식이었죠. 모든 것에 반박하고, 다른 사람의 관점은 받아들이지 않았습니다. 아주 많은 사람이 더그와 잘 지내지 못했죠. 더그는 너무 자기중심적이고 자기 의견만이 옳다고 지나치게 확신했으니까요. 크리스는 더그를 통제하고 정말로 변화시킬 수 있었어요."

크리스틴 맥디빗과 더글러스 톰킨스는 1994년 샌프란시스코 시청에서 간단한 예식을 올리고 결혼했다. 더그는 노스페이스 매장에서 초창기 그레이트풀 데드의 콘서트를 연 이래로 함께 일해온 진취적인 홍보 전문가 제리 맨더와 맨더의 아내 엘리자베스를 증인으로 데려왔다. 결혼식을 하고 샴페인을 터뜨린 뒤 그들은 집으로 돌아와 책 디자인을 마무리한 다음, '지구 먼저!'의 창립자 데이브 포먼과 회의를 했다. 데이브 포먼을 두 시간 동안 혼자 두고 나가 결혼식을 하고 돌아왔던 것이다.

나중에, 이제는 파타고니아의 야생지에 있는 그들의 근거지가 된 외딴 오두막에서 크리스는 사과나무에 슨 곰팡이를 문질러 닦아내고 촛불 빛에 의지해 책을 읽고 그 지역 지도의 스페인어를 해독하는 자신을 발견했다. 전기는 발전기를 가동하는 밤의 몇 시간 동안만 들어왔고, 비가 매일같이 지붕을 두드려댔다. 폐소공포증에 시달리며 어딘가에 갇혔다는 느낌을 받으리라고 예상했지만, 크리스는 오히려 보호받는 기분이었다. 집이 둥지처럼 느껴졌다. "크리스와 더그가 사랑에 빠지고 크리스가 저멀리 남쪽으로 더그와 살기 위해 갔을 때, 더그에게 일어난 변화는 그가 정말로 행복해졌다는 겁니다. 그는 크리스 덕분에 강해졌다고 느꼈습니다." 그들의 친구 피터 버클리의 말이다. "내 생각에 더그는 크리스 덕분에 하고 싶은 일을 할 능력이 더더욱 배가되었던 것 같아요. 크리스는 더그의 능력을 완벽하게 보완해주는 사람이었습니다. 더그에게는 사람들을 잘 대접하고 돌보는 성품이 빠져 있었거든요. 둘은 서로를 밀어주었고, 크리스는 더그를 필사적으로 지지하며 의리를 지켰어요. 더그에게 맞서기도 했죠. 더그가 거칠거나 심술궂게 구는 경우도 있었거든요. 크리스는 더그가 헛소리를 하면 바로 잡아주곤 했어요."

너무 외진 곳이라 통신에는 CB 무전을, 샤워에는 빗물을 사용해야 하는 농장에서 둘은 일생일대의 기회가 하늘에서

뚝 떨어졌다는 느낌과 열정을 품고 결혼생활을 시작했다. 그들에겐 수십만 에이커의 야생지에 둘러싸인 엉망진창인 농장, 그리고 세상을 바꾸겠다는 열망이 있었다. 과연 50만 에이커의 캔버스에 무엇을 그릴 수 있을까?

11장

연어 전쟁

국립공원에는 좋은 점이 많다. 일단 국립공원은 사람들을 자연으로 불러낸다. 모두에게 속한 것이므로 일종의 사회적 자산이다. 모든 시민에게 스트레스 가득한 세상에서 마음을 환기할 기회를 준다. 명상과 깊은 사색을 위한 공간을 제공한다. 세상 어디에든 새로운 공원이 만들어지면, 사회는 그때마다 이 행성을 다른 생명과 나누어 쓰고 생물다양성을 보존해야 한다는 점을 깊이 이해하게 된다.

더그 톰킨스

더그와 크리스는 비가 잦은 농장에 살면서 종종 이본과 맬린다 쉬나드를 초대해 새로운 정착지를 탐방하게 했다. 어느 날 아침, 더그와 이본은 카약을 타고 한 시간 정도 노를 저어 가면 나오는 솟아오른 바위 위의 바다사자 서식지 근처로 갔다. 더그는 둥둥 떠 있는 1.5미터 길이의 통나무처럼 보이는 무언가를 향해 노를 저었다. 그것은 연안 하구에 반쯤 잠겨 있었다. 가까이 다가간 톰킨스는 악취에 깜짝 놀랐다. 쓰라린 깨달음이 찾아왔다. 공기로 가득차 퉁퉁 부어 있는 '통나무'는 죽은 바다사자였다. 더그는 사체를 살펴보며 털 속을 손가락으로 더듬다 꿰뚫린 상처를 찾아냈다. 매끄러운 총상이었다. 더그는 그 구멍이 대구경 탄환에 맞아 생긴 것이라고 의심했다. 연어 양식업자들이 고용한 솜씨 좋은 사수가 공기를 마시러 올라온 이 동물을 총으로 쏜다는 사실이 알려져 있었기 때문이다. 바다사자가 양식업자의 귀한 연어를 먹지 못하게 하려는 잔인한 전략의 일환이었다.

톰킨스는 버거운 사체를 카약의 뱃머리 위로 끌어올린 뒤, 악취가 나는 사체가 떨어지지 않도록 균형을 잡으며 피오르도 블랑코라는 연어 양식장으로 노를 저어 갔다. 더그는 그곳을 자기 앞마당이나 다름없다고 생각했지만, 그 업체는 피오르에 산업용 연어 양식장을 설치할 권리와 토지사용권을 가지고 있었다. "더그는 그 사람들의 배에 죽은 바다사자를 던지더니 말했습니다. 이 바다사자를 죽인 사람에 대해 제보하면 보상하겠습니다." 이본의 말이다.

톰킨스는 진실을 밝히기 위해 현금을 사용했다. 그는 바다사자 학살에 관해 제보하면 칠레 돈으로 100만 페소를 주겠다고 했다. "그 지역 연봉의 두 배였죠. 그러니까 전쟁이 벌어진 겁니다." 에스프리에서 톰킨스와 함께 일했던 환경부서장 임호프의 말이다. "더그는 돈을 이용해 동물을 위해, 이 세상의 생명체를 위해 싸웠어요. 그 점에 대해서 나는 더그에게 모든 공로를 돌리고 싶습니다. 더그는 대가를 치러야 했지만요." 톰킨스는 알지도 못하는 사이에 칠레의 가장 반동적인 세력을 상대로 첫 총성을 울린 셈이었다. 그로써 무언의 전쟁이 일어날 터였다. 상대 세력 중 일부는 연어 양식업계에서 일하는 사람들이었다.

칠레 법에 따르면, 해군이 해안에 대한 권리를 일부 통제했다. 피오르도 블랑코 연어 부화장의 소유주는 육지의 거점 운영 센터는 물론 연안의 양식장도 지을 수 있는 정부 허가증을 받았다. 밤이면 고등학교 축구 경기장처럼 클리그등을 밝히는 연어 양식장은 시끄럽고 냄새가 많이 나며 더러웠다. 덤프트럭이 연어의 창자와 머리, 잡다한 쓰레기를 더그와 크리스의 땅에 버리기 시작했다.

바다에 버려져 해변으로 밀려오는 27톤의 연어 사체가 풍기는 악취와 난장판, 기괴한 풍경 때문에 톰킨스는 법적 전쟁을 시작했다. 톰킨스는 페드로 파블로 구티에레스에게 전화를 걸었다. 구티에레스는 레니우에를 매입할 때 첫 서류 작업을 도와준 변호사일 뿐 아니라 스페인어권에서 더그의 최측근 조언자이기도 했다. 그는 대단히 중요하고 저명한 외국투자 프로젝트의 협상을 맡는 로펌 캐리 앤드 캐리의 젊은 파트너 변호사로, 칠레의 협소한 경제 지형을 지배하는 열댓 개 가문의 재산을 관리하는 사람들과 같은 사무실에서 일했다. 그는 톰킨스의 강한 요구에 따라, 오염 없는 환경에서 살 권리를 보장하는 칠레 헌법을 인용하며 연어 양식장에 소송을 걸었다.

레니우에 농장으로 돌아온 톰킨스는 직원들에게 도로를 따라 설치된 울타리에 자물쇠를 채우도록 했다. 이로써 연어 양식업자들은 반도 끝에 고립되었다. 연어 양식업은 더그 톰킨스나 지역 어민과 갈등을 빚고 가공공장에서 노동법을 수없이 위반했지만, 어쨌든 이 지역에 일 년 내내 안정적

인 일자리를 제공하는 환영받을 만한 존재였다. 이곳의 일
자리는 대체로 저임금이었고, 계절성 노동에 그치는 경우가
많았다.

톰킨스는 에두르지 않고 모든 연어 양식업에 반대한다
고 선언했다. 그는 연어 양식 허가를 유예해야 하는 십여 가
지 이유를 줄줄이 말했다. 특히 피오르도 블랑코에서 행하
는 연어 양식에 대해 말이다. 조악한 방식의 양식 사업 운영
은 그의 깨끗한 물굽이에 플라스틱이 둥둥 떠다니고, 해변
은 타프와 스티로폼, 버려진 부표로 뒤덮이게 했다. 그는 또
한 양식장에서 키우는 연어 자체도 비판했다. 먹이 사료에
염료를 첨가해 속살의 분홍빛 색조까지 정확히 조절하고 비
정상적으로 살찐 인공 생명체. 화장실 벽 색깔을 고르는 집
주인처럼 칠레 연어 생산자들은 타는 듯한 노을 색에서 좀
더 미묘한 자몽 색에 이르는 대여섯 가지 분홍빛 색조 중 마
음에 드는 색을 선택했다. 해양환경운동가들은 연어라는 강
한 생명체가 먹이사슬의 낮은 부분까지 내려왔다는 사실에
경악했다. 그들은 양식장에서 키운 연어를 "바다의 닭"이자
"아가미 달린 오트밀"이나 다름없이 맛없는 무른 단백질 덩
어리라고 비웃었다.

해양생물학자들은 개체수가 지나치게 많은 연어 양식장은
ISA 바이러스를 포함한 전염병의 온상이며, 물고기의 외피
를 뜯어먹는 기생충의 침입을 받는다고 경고했다. 이는 걸
리면 피라냐에게 공격당한 것처럼 보이는, '바다 이'라 알려
진 메뚜기떼 같은 역병이었다. 양식업계는 살아 있는 물고

기를 항생제로 절임으로써 질병 발생에 대처했다. 검사 결과에 따르면, 칠레 연어에는 스코틀랜드나 노르웨이 연어에 비해 킬로그램당 수천 배에 달하는 항생제가 들어 있었다.

연어 산업의 연간 수익이 수억 달러로 크게 늘면서, 파타고니아의 깨끗한 호수는 연어의 배설물로 질식할 지경이 되고 호수의 산소 농도는 곤두박질쳤다. 그에 따른 대중의 분노로 연어 양식장은 호수에서 쫓겨나 외따로 떨어진 바다의 물굽이로 옮겨갔다. 머잖아 그 물굽이가 죽어가기 시작했다. 업계에서는 피해를 부정했다. 그러자 톰킨스는 원격조종되는 수중 로봇을 구매하고 바닷속을 조사하도록 조종사를 고용했다. 잠수함처럼 생긴 장치가 피해를 기록했다. 연어 사료와 연어 배설물, 쓰레기가 끝도 없이 길게 쌓여 바다 밑바닥을 변화시켰다. "더그는 환경평가를 진행했습니다." 쉬나드의 말이다. "결과는 그 지역이 죽어 있다는 것이었죠. 그 아래에 살아 있는 건 아무것도 없었습니다. 그게 다 연어 양식장 때문이었어요."

●

나는 칠레의 우리 피오르에 있는 캐나다인 양식업자에게서 바이러스가 퍼지든 말든 눈곱만큼도 상관없다는 말을 들었다(그가 직접 한 말이다!). 그는 바이러스가 돌면 그 질병에 견디는 유전적 형질을 가진 개체가 생존할 것이며, 그런 유전자를 이용해 자기 회사에서 개발중인 GMO 연어를 생산할 거라고 했다. 나는 악을, 그것도 냉혈한 악을 마주보고 있음을 알았다. 그 순간이 내게 윤리적으로 중대한 순간이

247

었다. 그때 나는 인간의 프로젝트 전체에 대한 결심을 굳혔다. 나는 절대 그 결심을 잊지 않았다. 그자는 진지한 냉혈한이었고, 자기 사업의 목적에만 맞는다면 야생 연어가 사라져도 일말의 후회조차 하지 않을 터였다. 그가 굳이 말하지 않아도, 야생 연어가 사라지면 시장에 양식 연어만 남을 것이었다.

더그 톰킨스

양식장에서 탈출한 연어도 칠레 남부를 장악하며 환경에 심각한 위협이 되었다. 연어는 지역의 강과 개울에 침입해 토종 물고기의 알과 유생을 먹어치우고, 최상위 포식자이자 생태계 파괴자로 빠르게 자리잡았다. 너무도 많은 연어가 양식장에서 탈출하는 터라, 전통적인 어부들은 살이 굴색인 이 놀랍도록 값비싼 침입자를 점점 더 많이 잡게 되었다. 연어는 심지어 푸에르토몬트 근처 차도에 몸을 던지기도 했다. 운전자들은 4.5킬로그램짜리 연어가 방향을 잃고 이주하는 가운데 헤엄쳐와 펄쩍 뛰어올랐다가 물에 잠긴 도로에 축 늘어지는 모습을 넋 놓고 바라보았다. 칠레 연어협회의 주장에 따르면 이 연어들은 야생이 아니라 양식장에서 도망쳐온 것이었다.

협회에서는 목장주가 잃어버린 소를 되찾을 수 있도록 고안된 법을 활용해, 강에서 잡힌 것이든 바다에서 잡힌 것이든 어떤 연어라도 판매하려 하는 지역 어민을 기소하고 처벌

하는 법을 만들었다. 이는 논란의 여지가 있는 독점 유지 전략의 일환이었다. 연어 생산업체는 개인이 연어 필렛을 만들어 판매하는 것을 불법화하려 했다. 로비 단체는 모든 '야생' 연어가 양식장에서 나온 것이므로, 양식업체가 그 번식 개체 전부에 대한 권리를 보유한다고 주장했다. 그래서 연어 암시장이 출현했다. 초라한 옷차림의 중년 남성들이 바퀴가 약한 손수레에 '불법 생선'이 담긴 스티로폼 아이스박스를 싣고 푸에르토몬트를 누비기 시작했다. 길거리 생선장수는 시내를 이리저리 다니면서 반쯤 속삭이는 목소리로 홍보했다. "연어요, 연어. 신선한 연어가 왔어요."

톰킨스의 압박에도 불구하고 피오르도 블랑코 보안대는 바다사자가 끈질기게 양식장에 침입하는 것을 막으려는 무력한 캠페인의 일환으로 바다사자를 계속 저격했다. 톰킨스는 자신의 잠수함 순찰과 '포상 포스터'가 맹렬한 역풍을 일으켰다는 사실도, 연어 양식장 직원 레네 파트리시오 킬로트가 퇴역 대령이자 피노체트 장군의 비밀경찰인 DINA의 고위급 인사였다는 사실도 몰랐다. 독재 기간에 스페인 외교관을 죽이고 다른 사람들을 고문한 혐의를 받는 킬로트는 산티아고의 군부 및 정보부와 연락을 유지하고 있었다. 톰킨스와 마찬가지로 그 역시 지구의 끝자락에 있는 파타고니아 지방에 정착했다. 그러나 톰킨스와 달리 킬로트는 전화기를 가지고 있었다. 그는 몇 군데에 전화를 걸었다. 킬로트와 피오르도 블랑코는 이 미국인을 떼어내고 싶어했다.

머잖아 산티아고 중앙정부에서 특별위원회를 구성했다.

명확히 밝힌 적은 없지만 그들의 임무는 분명했다. 더그 톰 킨스의 인생을 관료주의 지옥에 빠뜨리는 것. 그들은 정부 내 핵심 부처에서 작동되는 작은 권력의 지렛대로 그를 고문하기 시작했다. 프랑스인이 프티 뷰로크라트♦라고 폄하하는 바로 그런 부처였다. "그 이후로 우리는 칠레에서 가장 강력한 사람들과 지속적인 마찰을 빚기 시작했습니다. 그 사람들이 이 산업의 주인이었거든요." 톰킨스가 자연보호 전략을 실행하기 위해 개인 조수로 고용했던 급류 래프팅 담당자 카롤리나 모르가도의 말이다. "우리는 푸에르토몬트에 사무실을 두고 있었어요." 그녀는 회상했다. "누가 '무에르테 아 톰킨스'라는 낙서를 해놨더라고요. '톰킨스에게 죽음을'이라는 뜻이었어요."

산티아고의 고분고분한 우익 언론이 톰킨스에 대해 온갖 악의적 소문을 냈다. 칠레 소설가이자 노골적인 나치 부역자 미겔 세라노는 더그와 크리스 톰킨스가 비밀리에 유대인 마을을 만들 계획이라는 내용의 전단을 칠레 남부에 뿌리는 캠페인을 조직했다. 더그와 크리스는 둘 다 성공회교도로 컸는데도 말이다. 곧 더그가 아메리카들소를 들여오려 한다는 소문이 퍼졌다. 미국 버펄로가 떼로 들어와 소를 대체할 거라는 내용이었다. 더그 톰킨스를 "더러운 유대인"이라고 모욕하는 전화가 사무실에 너무 많이 걸려오자, 접수원은 더그의 고약한 성격을 이야기하며 "톰킨스는 유대인이 아니

♦　직역하면 '작은 관료'이지만, 실제로는 보잘것없는 권한으로 형식과 규칙에만 집착하는 하급 관료를 조롱하는 프랑스식 표현이다.

에요, 진상이지!"라고 소리쳤다. 그녀는 칠레 말로 "노 에스 후디오! 에스 호디도!"라고 했다.

세뇨르 톰킨스가 미국에서 나온 핵폐기물을 매립할 땅을 찾고 있다고 떠드는 사람들도 있었다. 그가 소와 양 심지어 지역의 생활방식까지 말살할 슈퍼 퓨마를 사육하고 있다는 소문도 돌았다. "나는 세상의 이목에서 벗어나고 싶었습니다. 그런데 그 한복판으로 끌려들어갔죠." 톰킨스의 말이다. "큰 프로젝트는 자연스럽게 논란을 일으킵니다. 홍보팀에 일을 맡기라는 조언을 받았지만, 그게 좋은 해결책이라고 생각하지 않았습니다. 그러면 현실과 나 사이에 막이 생기니까요. 대중이 진짜 내 모습을 알 수 없게 되죠. 차라리 두 달 정도 스페인어 집중교육을 받을 걸 그랬습니다. 칠레 언론에 나가서도 내 의견을 명확히 말하지 못했어요."

톰킨스를 겨냥한 비방은 칠레의 신자유주의 대통령 에두아르도 프레이가 밀어붙이던 이데올로기적 흐름을 따른 것이었다. 전직 대통령의 아들인 젊은 프레이는 처음부터 아버지의 발자취를 따른 게 아니었다. 처음에 그는 수력공학자가 되었다. 비판자들은 프레이가 깨끗한 강을 보면서 전기가 흐르는 모습을 떠올린다고 농담했다. 대통령이 되었을 때 에두아르도 프레이는 칠레 남부의 어마어마한 자원을 10억 달러 규모의 계획을 위해 개방하기로 작정했다. 그는 자생림을 파괴하고, 대신 좀더 수익성이 좋은 유칼립투스와 소나무를 심는 방안을 지지했다. 거대한 알루미늄 제련소에 전력을 공급하기 위해 오염되지 않은 원시 그대로의 강들에 댐을 건설하는 사업 또한 지지했다. 이와 같은 프로젝트들은 수십억 달러 규모의 예산 낭비가 아니라, 오히려 진보의 상징으로 여겨졌다. 프레이 정부의 친親개발 의제는 국제적 투자를 불러들이고 칠레를 피노체트의 인권침해가 드리운 그림자에서 벗어나게 하는 한편, 피노체트가 내세웠던 자유시장 기조의 핵심 원칙은 유지했다.

나치 추종자들이 스프레이로 살해 협박 낙서를 하고 정부 관료들이 톰킨스의 자연보호 계획을 무너뜨리려 혈안이 된 가운데, 그를 괴롭히는 캠페인이 더욱 기승을 부렸다. 더그와 크리스는 둘의 변호사인 구티에레스와 상의했는데, 그는 정부 내 권력정치를 명확히 이해하고 있었다. 그들은 칠레의 FBI인 PDI 출신 퇴직 형사를 고용하기로 했다. 구티에레스는 이 형사가 어떤 음모에 관한 작은 단서를 발견했다고 보고했다. "푸에르토몬트에 있는 더그의 아파트에 마약을 심어놓고, 경찰이 그 아파트를 급습하게 하려는 계획이었습니다. 아, 마약이 발견됐으니 이걸로 모든 게 설명되는군. 톰킨스 씨는 마약상이야라고 말하려는 거였죠."

이 계획의 다음 단계는 칠레에서 톰킨스를 추방하는 것이었다. 그러면 문제 해결이었다. 하지만 칠레 주재 미국 대사인 가브리엘 게라 몬드라곤이 강력히 반발했다. 그는 톰킨스가 칠레에 투자했으며, 게임의 규칙을 따랐다고 칠레인들에게 강조했다. 톰킨스는 승인된 자금 루트를 통해 돈을 들여와 그에 맞게 투자했다. 톰킨스 씨가 마약상이라는 암시는 전부 터무니없는 소리였다.

그 이후에는 톰킨스의 사생활에 관한 정보가 언론에 새어 나가는 의심스러운 일이 벌어졌다. 이는 톰킨스 부부가 감시당하고 있다는 의미였다. 그래서 전기기술자들을 비행기에 태워 푸에르토몬트에 있는 더그와 크리스의 사무실로 데려오기까지 했다. 그들은 톰킨스에게 "전화가 도청당하고 있습니다"라고 말했다. 더그는 적절히 대처하기로 작정하고, 어떻게 하면 되겠느냐고 물었다. "우리는 전류를 반대 방향으로 흘려보내 도청 장치를 날려버렸어요." 크리스의 말이다. "그러면서 우리 전화 시스템도 다 날아갔죠."

"우린 그걸 '밤의 무게'라고 부릅니다." 칠레의 영향력 있는 로비스트 엔리케 코레아의 말이다. 그는 1990년대 중반에 막 출현한 칠레의 민주주의를 위협하고 재갈을 물리는 데 사용된 파시즘의 보이지 않는 손에 대해 설명했다. 그의 설명에 따르면, 억압적 권력은 가톨릭교회의 보수파와 칠레 군대에(민주정으로 돌아간 뒤에도 아우구스토 피노체트는 군에서 총사령관으로, 그 이후에는 '종신 상원의원'으로 임명되었다) 집중되어 있었다. '오푸스 데이'라고 알려진 보수적 가톨릭 운동은 산티아고에서 매우 강력한 영향력을 행사했는데, 교회 지도자들이 헤비메탈 밴드 아이언 메이든에 '사탄 숭배자'라는 딱지를 붙이고 1992년 산티아고에서 열릴 계획이었던 콘서트를 무산시킬 정도였다.

심층생태학재단의 성명서를 샅샅이 훑어본 오푸스 데이 대표단은 더그가 여성의 임신중지권을 옹호했다는 사실을 캐냈다. 그들은 더그를 임신중지 옹호자로 공격하며 응징하려 들었다. 극단적인 가톨릭 신앙에 따르면 톰킨스에게는 두번째 죄악도 있었다. 바로 호모사피엔스를 신의 모든 창조물 위에 두지 않았다는 것이었다. 심층생태학재단과 수백만 달러의 현금을 가진 톰킨스는 프레이 같은 칠레의 유력한 관료가 보기에 위험한 변절자였다.

더그와 일하던 변호사 구티에레스는 칠레가 경제 마피아 통제하에 있다는 것을 알아차렸다. 또한 칠레인이 단검이나 총알보다는 스테이플러와 법률 서류를 가지고 결투한다는 것도 알고 있었다. 구티에레스는 높은 자리에 있었기에, 용의자 명단을 추릴 만한 시야를 가지고 있었다. 이 추악한 캠페인을 관장하는 게 누구일까? 그는 칠레 내무부 차관이자 피노체트 독재에 맞서 비밀 캠페인을 벌여온 것으로 알려진 민주화운동가 벨리사리오 벨라스코가 반톰킨스 정서의 설계자라고 의심했다. 구티에레스는 벨라스코가 "매일 언론에서 더그를 공격했다"라고 말했다.

상황을 진정시키기로 마음먹은 구티에레스는 벨라스코에게 전화를 걸어, 뉴스 헤드라인과 언론 캠페인을 통해 전투를 벌이는 대신 만나서 차관을 그토록 안달나게 하는 것이 무엇인지 허심탄회하게 이야기하자고 제안했다. "내가 그리로 찾아가서 회의를 했죠. (……) 회의에서 그가 언급한 내용 중 하나는 '이봐요, DEA♦가 톰킨스 씨를 걱정하는 건 당신도 알 테죠. 언론에 새어나가면 칠레에서 그 사람은 끝이라는

♦   Drug Enforcement Administration. 미국 법무부 산하의 마약단속국.

것도요'였습니다."

막강한 권력을 가진 차관은 톰킨스를 엮으려는 은밀한 위협에 대해 침착하게 설명했고, 그 말에 귀기울이면서 구티에레스는 반격을 준비했다. "내가 말했습니다. '저기요, 차관님. 톰킨스 씨는 미네랄워터조차 마시지 않습니다. 커피도 안 마셔요. 사실 톰킨스 씨는 어떤 종류의 약물도 하지 않고 어떤 약물과도 관계가 없습니다.'" 구티에레스가 톰킨스에 대한 최근의 위협을 칠레의 최고위급 미국 관료이자 법적으로 칠레 DEA의 수장인 게라 몬드라곤 대사에게 전하자, "대사는 매주 벨라스코에게 전화를 걸기 시작했습니다. 확인하는 차원에서요. 우리가 지켜보고 있다는 걸 알려줬죠."

이후 벨라스코는 톰킨스를 기습적으로 중상모략할 계획을 세웠다. 처음에 그는 톰킨스를 대통령궁의 자기 사무실로 초대해 그가 소유한 광대한 토지에 대해 이야기했다. 짧은 만남이 이루어지는 동안 벨라스코는 톰킨스가 아르헨티나에 보유한 부동산에 관해 물었다. 그러나 톰킨스는 자신이 국경선을 따라 양국의 토지를 모두 보유하고 있다는 주장을 일축했다. 그는 자신의 아르헨티나 토지가 수백 킬로미터 떨어진 곳에 있다는 점을 지적하며 문제를 해결했다고 여겼다. 하지만 벨라스코는 쉽게 넘어가지 않았다. 다음날 기자회견을 열고 톰킨스를 비난했다. "톰킨스는 국경 양쪽에 토지를 보유하고 있다고 인정했습니다." 벨라스코는 사실상 그렇게 발언해, 자연보호를 위한 땅이 칠레의 주권을 위협한다는 생각을 전면으로 끌어냈다.

톰킨스는 다가오는 대혼란에 순진하게 대처했다. 그는 여러 달에 걸쳐 자연보호 계획에 대한 공격과 정치적 방해가 일어난 뒤에야 중상모략 캠페인의 규모를 제대로 파악했다. "우리는 벨라스코의 음흉한 조종에 대해 전혀 몰랐습니다. 하지만 시간이 지나며 명백해졌죠." 톰킨스의 말이다. "그래서 우리는 대처하기 시작했습니다. 토지소유권을 명확히 하고, 다른 협상을 진행하고, 기간시설과 인력을 배치하는 등 다른 모든 일상 업무에서 심각하게 주의를 빼앗길 수밖에 없었습니다. 많은 일이 미뤄지거나 폐기됐습니다."

일명 '톰킨스 사건'에서 수행한 역할에 관해 질문받자 벨라스코는 말했다. "나는 대통령의 권한을 위임받아 행동한 것입니다. 언젠가 나와 직접 만났을 때 톰킨스는 '칠레인은 내가 보존하는 숲을 고맙게 여겨야 한다'라고 말했습니다. 그래서 내가 대답했죠. '그 숲은 천 년 동안 그 자리에 있었고 아무도 그 숲을 착취하지 못할 겁니다. 지형이 너무 가팔라서 그 안에 들어가 작업할 기계가 없으니까요.'"

톰킨스의 변호사들은 초과근무를 해가며 더러운 수작을 뭉개버렸다. 이들이 엄청난 시간을 낭비한 이유는 세무 당국에서 말도 안 되는 논리로 방대한 서류를 요구했기 때문이다. 구티에레스는 문제의 근원에 파고들어, 어느 중간급 세무관에게 어째서 더그에게는 세금 관련 서류에 대응할 시간이 마흔여덟 시간밖에 주어지지 않느냐고 물었다. "누구 지시에 따르는 겁니까?" 구티에레스가 물었다. "아주 상냥했던 그 담당자는 말했습니다. '저기, 못 본 척할 테니까 내

앞에 놓인 메모를 읽어보세요.' 그건 톰킨스 씨를 쫓아가서 뭐든 잡아내라는 [벨라스코] 차관의 지시였습니다."

"벨라스코는 인간적으로 더그를 싫어했습니다. 복수심에 불타는 타입이었고요. 더그가 슈퍼히어로였다면 벨라스코는 슈퍼빌런이었습니다." 젊은 보좌관 곤살레스의 말이다. "난 외교와 관련된 경험이 전혀 없었습니다. 회의에서 '뭐, 지금 벌어지는 일은 이런 거고요. 여기 지도가 있습니다' 같은 말만 했죠. 벨라스코는 그걸 아주 싫어했습니다. 당시에 우리는 정직하고 솔직하게 대응하는 게 최선이라 생각했어요. 세월이 지나면서, 일이 그런 식으로 풀리지 않는다는 걸 알게 되었죠."

크리스는 스트레스로 쓰러질 지경이었다. "온 세상이 무너져내리는 것 같았어요." 크리스가 말했다. 맬린다 쉬나드와 장시간 의논한 끝에 그녀는 용기를 얻었다. 맬린다는 자연보호는 논쟁으로 점철되기 마련이라며 와이오밍주에 있는 그랜드티턴 국립공원 설립에 대해 자세히 적힌 책을 인용했다. "우리가 현재 진행중인 이야기의 일부일 뿐임을 깨달은 건 그때가 처음이었어요." 크리스의 말이다. "자연보호를 하려는 곳에서는 늘 이런 류의 적대감과 갈등이 함께 일어났더군요."

그러다가 톰킨스의 지역 사무실에 잠입한 누군가가 내부 서류를 훔쳐갔다. "카를로스 마르티네스라는 그자는 칠레의 주요 잡지에 더그의 인터뷰 기사를 싣고 싶다며 우리를 찾아왔습니다." 더그와 크리스의 비서 모르가도의 말이다.

"어느 날 밤, 확인할 게 있어서 사무실로 돌아온 나는 서류를 복사하던 그 사람을 발견했습니다. '여기서 뭘 하는 겁니까?' 내가 묻자 그는 말문이 막힌 것 같았어요."

머잖아 톰킨스가 이끄는 다양한 재단의 도둑맞은 서류가 환경운동가를 힐난하는 기사에 실렸다. 나중에는 톰킨스를 조사하던 칠레 의회위원회의 손에도 들어갔다. "우리는 카를로스를 비롯한 여러 정보원으로부터 가까스로 얻어낸 정보에 근거해 톰킨스가 대변하는 위협을 확인했습니다." 벨라스코의 수석 보좌관 엑토르 무뇨스의 말이다. 이렇게 그는 내무부가 도난 정보를 입수했음을 암묵적으로 인정했다.

"톰킨스에게는 구세주 콤플렉스 같은 게 있었습니다." 서류 절도범으로 추정되는 카를로스 마르티네스의 말이다. "그는 자기가 세상의 일부를 구한다고 느꼈어요. '이건 나와 세상의 대결이야. 진보도 나쁘고 발전도 나빠. 여기에는 무엇도 있으면 안 돼'라는 식이었죠." 침입자 마르티네스는 기자 행세를 하며 톰킨스와 땅 위를 몇 시간씩 날아다니는 동안 그의 머릿속을 파헤쳤다. 그러는 내내 더그는 파타고니아에서 자행된 파괴에 대해 조목조목 설명했다. 마르티네스는 말했다. "내가 톰킨스를 부정적으로 본 이유는 그가 이 나라의 중요한 부분을 통제하게 될 것이 뻔했기 때문입니다. 톰킨스가 계획하는 일은 진보와 발전을 가로막는 일종의 댐이었어요."

한편 톰킨스는 동료들에게 편지를 보냈다. "정치적 반대자들은 온갖 더러운 수법을 쓰고, 우리는 매일 그걸 목격하고 있습니다. 우리가 돌파할 수 있을지는 알 수 없어요. 두고 봐야겠죠. 하루하루 상황을 받아들이며, 가능한 최선의 전술과 전략을 활용해 프로젝트를 밀어붙이고 있어요. 그 사람들은 우리에게 극단적인 짓을 하려다가 끔찍한 딜레마에 직면할 겁니다."

괴롭힘은 비행기가 레니우에의 집 상공을 낮게 날아가며 굉음을 내는 식으로도 계속 이어졌다. 가끔은 지붕 바로 위로 날았고, 창밖으로 카메라를 내밀어 감시 사진을 찍기도 했다. 칠레 국가정보원 요원인 세르히오 카르데나스는 이런 괴롭힘 임무가 전업에 가까웠다고 설명했다. 비행기를 타고 날아다니며 톰킨스를 감시한 카르데나스는 이단적 외국인을 국가가 얼마나 손쉽게 괴롭혔는지 이야기했다. "톰킨스를 때리는 데는 아무 비용이 들지 않았습니다." 어느 인터뷰에서 카르데나스가 말했다. "그래서 정부는 톰킨스를 때렸죠. 몇몇 의회의원도 톰킨스를 때렸습니다. 우파 의원은 톰킨스가 유대인을 데려와 영토를 차지하려 한다고 생각해서 그랬고, 좌파 의원은 톰킨스가 미국인이라서 그랬죠. 벨리사리오 벨라스코 차관과 프레이 대통령 둘 다 톰킨스를 때리는 건 공짜라는 걸 알았습니다. 그와 연관된 비용은 전혀 없었습니다."

한 기자가 톰킨스에게 공격에 어떻게 대처하고 있는지 물었다. 톰킨스는 자신이 기습당하고 있다는 걸 깨달은 이후, 그 난장판에 끼어들어 일부러 격렬한 공개 토론을 조장하고 논란을 이용해 정부 관료와 일반 대중의 관심을 끈다고 설명했다. 톰킨스의 말이다. "내가 볼 때 칠레에서 일어나는 일은 다른 많은 곳에서 일어나는 일과 비슷합니다. 정부와 일반 대중의 관심을 환기하는 공론장을 마련하는 건 우리 같은 단체죠. 우리는 행동하고, 이런 과정의 선두에 서 있다는 걸 자랑스럽게 여겨야 합니다. (……) 모든 곳에서 이와 비슷하게 환경을 위한 싸움이 벌어지고 있습니다. 보존 세력 대 개발 세력의 싸움이죠. 우리는 끝까지 싸우는 외로운 병사와 비슷합니다."

그러나 괴롭힘은 열띤 공개 토론을 넘어섰다. 큰 폭풍에 나무가 쓰러져 인근의 강으로 떠내려왔을 때 톰킨스는 목수들에게 임시 제재소를 세우고 넘어진 나무를 건축자재로 쓰게 했다. 하지만 어느 기자가 이 상황을 사진으로 찍었고, 이틀 뒤에 지역신문에서 더그가 자생나무를 베어냈다고 비난했다. 헤드라인은 이랬다. "톰킨스, 건축을 위해 자생나무 벌목하다." 어느 협업자는 말했다. "일상적으로 그런 일이 벌어졌어요. 사람들은 언제나 중상모략 캠페인을 벌일 방법을 찾았죠."

"이상한 일이었습니다. 칠레에 와서 임업회사를 세우고 나무를 베어내려는 사업가나 기업가가 아주 많았는데, 거기에 반대하는 사람은 없었으니까요." 사회학자 에르난 블라디니치의 말이다. 그는 자생나무를 우드칩스용으로 수출하는 일에 맞서 싸우는 칠레 NGO에서 일해온 사람이었다. 톰킨스는 칠레 대통령궁인 라모네다의 최고위층과 관계를 쌓고자 블라디니치를 고용했다. 블라디니치가 맞닥뜨린 반응은 냉담했다. "자연보호를 촉진하겠다는 사람을 칠레가 왜 용인해야 하지?"라는 식이었다. 믈라디니치는 또다른 문제를 깨달았다. 더그 톰킨스가 의도적으로 거침없이 말한다는 점이었다. 더그는 조용한 환경운동가가 아니었다. 믈라디니치의 기억이다. "더그는 언제나 공원을 만드는 건 쉬운 부분이라고 말했습니다. 논란이 있긴 하지만, 대체로 사람들은 공원을 긍정적으로 보니까요. 하지만 개발 모델 자체를 비판하기 시작하면 어떨까요? 산업화, 산업적 농업, 기술을 비판하면? 어떤 집단의 사람들은 그런 걸 신성하게 여깁니다."

반대와 방해, 위협에도 불구하고 톰킨스는 토지 매입을 계속했다. 계곡을 통째로 사고, 화산을 매입하고, 원시림을 확보했다. 미국과 유럽의 핵심적인 동맹으로부터 상당한 재정지원을 받으면서, 더그와 크리스는 광범위한 후원자 기반을 구축했다. 더그는 개인 자금으로 토지 매입에 1,500만 달러를 썼다. 하지만 여전히 핵심적인 한 조각이 빠져 있었다. 푸말린 공원 예정지 한복판에 있는 75,000에이커 규모의 땅이었다. 이 조각은 칠레의 주요 항구도시 발파라이소에 있는 가톨릭대학교의 소유였는데, 대학 지도부는 우이나이라 알려진 이 땅을 매각하고 싶어했다. 대학은 심각한 재정난에 빠져 있었기에 위치도 외지고 쓸 데도 없는 숲을 하루빨리 처분하고자 했다. 톰킨스는 대학 지도부와 만나 자연환경보전을 위한 계획을 설명했다. 그들은 유심히 들은 뒤 임신중지에 대한 그의 입장을 물었다. 주교는 더그가 노동자들에게 임신중지를 강요한다는 게 사실이냐고 물었다.

심층생태학에 대한 그의 신념이 반인간적인 믿음을 위장한 것이냐고 추궁했다. 보수적인 가톨릭교회의 수장 호르헤 메디나 주교는 처음에 우이나이를 톰킨스에게 매각하기로 비밀리에 합의했다가, 갑자기 결정을 내리지 못했다고 공개 선언을 했다. 일주일 뒤, 푸에르토몬트의 대주교 베르나르도 카차로가 톰킨스의 신념을 공격했다. "자연의 이익을 인간의 이익보다 앞세운다"는 이유에서였다.

"우이나이 부지는 발파라이소교황청 가톨릭대학교 소유였습니다." 막강한 권력을 가진 차관 벨라스코의 회상이다. "그곳 총장이 내 오랜 친구인 베르나르도 도노소였고요. 나는 그에게 '톰킨스에게 그 땅을 팔면 안 돼. 칠레 정부가 매입하거나, 매입해줄 다른 기업을 찾을 거야'라고 말했습니다." 대학은 결국 그 땅을 프레이 대통령과 밀접하게 닿아 있고 정치적 연줄이 있는 에너지 재벌 ENDESA에 팔았다. 벨라스코는 자신이 거둔 승리에 환성을 지르며 이렇게 논평했다. "톰킨스는 심장마비를 일으킬 뻔했을 겁니다. 그 부지가 톰킨스의 땅 한가운데를 갈라놨거든요. 톰킨스는 온전한 땅덩이를 원했는데 말이죠."

벨라스코는 ENDESA가 정부의 더러운 일에 기꺼이 자금을 댈 강력한 공익기업이라고 생각했다. 임지를 매입할 마땅한 사업적 동기가 없었던 ENDESA는 사실상 프레이 대통령과 칠레 대통령궁에 있는 그의 자문관들이 개발한 괴롭힘 계획에 자금을 댄 셈이었다. ENDESA는 톰킨스의 공원 계획을 방해하겠다는 목표만으로 외진 숲을 수백만 달러에 사들였다. 자신의 마스터플랜이 성공하자 벨라스코는 언론에서 톰킨스를 조롱했다. "톰킨스가 공원을 계획했던 땅 한가운데를 ENDESA가 사들였다고 해서 그가 위협을 느낄 이유는 없습니다." 벨라스코는 비꼬는 투로 고소해하며 말했다. "야심의 크기를 줄이면 되죠. 30만 헥타르 대신 27만 헥타르 규모의 공원을 만들면 됩니다."

톰킨스는 격분했다. 그는 프레이 대통령을 "공학자에 불과하다"고 비난하고, 자신에 대한 정부의 작전을 "악마적"이라고 일컬었다. 그는 "그런 식의 쇼에 쓸 시간은 없습니다. 나는 당국으로부터 이러한 대접을 받을 이유가 없습니다"라고 말했다. 산티아고에서 변호사들과 한자리에 모인 톰킨스는 차마 하고 싶지 않은 생각을 했다. 내가 이 싸움에서 진 건가?

3부

12장
빛나는 물의 땅

장기적으로 보면, 경제와 환경은 같은 것이다. 환경친화적이지 않은
것은 경제적이지도 않다. 그것이 자연의 법칙이다.

몰리 H. 비티

칠레 당국이 톰킨스를 감시하며 괴롭히고 위협하는 동안,
안데스산맥 반대편에서는 아르헨티나의 환경단체가 돈과 자
연에 대한 사랑을 가진 이 미국인을 호기심 어린 눈으로 지
켜보았다. 여론조사에 따르면 아르헨티나인들은 일반적으로
지구상의 어느 나라보다도 반미 감정이 심하다고 여겨진다.
다만 이 나라의 환경운동가들은 톰킨스를 깊이 존경했다.
그의 자연보호 계획이 칠레에서 통하지 않는다면 아르헨티
나에서 기회가 생기지 않을까? 아르헨티나 국립공원청장 프
란시스코 에리세에게서 초청장이 왔다. 세뇨르 톰킨스가 아
르헨티나의 잠재적인 보호구역을 여행하는 데 관심이 있는

지 묻는 내용이었다. 칠레에서의 갈등과 달리 협조적인 어조로 생물다양성 위기 지역 목록이 함께 전해졌다.

더그와 크리스는 부에노스아이레스로 날아간 뒤, 아르헨티나를 정신없이 여행하기 시작했다. 훼손되었지만 생물학적으로 귀중한 다양한 생태계를 방문했다. 우림과 빙하를 살펴보면서 고래와 콘도르, 펭귄과 앵무새를 구할 기회도 얻었다. 땅의 면적을 기준으로 했을 때 지구에서 여섯번째로 큰 나라인 아르헨티나는 방대한 종의 식물과 동물을 보유하고 있었다. 그리고 그 동식물이 현대적 농업과 임업, 어업 관행으로 공격받고 있었다.

아르헨티나의 황폐해진 생태계를 여행하면서, 더그와 크리스는 소로 인한 피해에 경악했다. 스테이크가 이 나라의 대표 요리였고, 소고기 수출은 수십억 달러의 외화를 벌어들이는 원천이었으며, 일요일 바비큐는 축구에 견줄 만한 국가적 여가 생활이었다. 토착 생태계가 소를 칠 자리를 비우느라 파괴되었고, 정부는 소고기 수입을 연간 20톤에서 100톤으로 다섯 배 늘려달라고 미국에 로비했다. 심지어 아르헨티나 정부는 로비 캠페인의 일환으로 테니스 스타 가브리엘라 사바티니를 '소고기 홍보대사'로 임명하기까지 했다. 아르헨티나에서는 소가 아니면 '고기'도 아니었다. 외국인 여행자가 종업원에게 채식 메뉴를 주문하면 닭고기 요리가 나왔다.

아르헨티나 북서부의 융가스♦ 지역에서 돌아오는 길에 크

♦　　주로 남아메리카 안데스산맥 동쪽 경사면에 위치한 열대 고산 우림 지역.

리스와 더그는 아르헨티나 북동쪽에 있는 코리엔테스 지방에 들렀다. 파라나강이 브라질과 파라과이 국경 근처에 광대한 지류망을 형성하고 있는 곳이었다. 코리엔테스 지방은 플로리다주의 에버글레이즈와 비견할 만한 크기의 습지가 있는 곳으로, 뜬 섬에 카피바라와 카이만, 독수리, 해오라기가 서식했다. 한 세기 동안 이어진 깃털과 모피 무역에 더해, 비교적 최근에 생겨난 대규모 소나무 단작농장이 수많은 종을 거의 멸종 직전으로 몰아갔다.

뜬 섬들은 독사와 위험한 싱크홀, 피라냐가 들끓는 웅덩이로 빽빽했다. 이곳은 건조한 초원과 사바나, 숲, 늪이 뒤얽힌 지형이었다. 땅과 물의 독특한 조합이 주황빛 짖는원숭이와 멸종 단계에 이른 팜파스사슴을 포함하는 생물다양성이 풍부한 구역들을 지켜주었다. 재규어는 이 지역에서 사냥당한 끝에 멸종되었고, 갈기늑대의 개체수는 극소수로 줄어들었다. "그곳에 착륙했을 때 나는 정말로 지옥에 내려섰다고 생각했어요." 크리스는 이베라라고 알려진 습지에 대한 첫인상을 이렇게 설명했다. "평평하고 뜨겁고 벌레투성이였죠. 내 마음에 들거나 알아볼 수 있는 건 아무것도 보이지 않고 그저 거기서 벗어나고 싶었어요. 하지만 더그는 달랐죠."

아르헨티나에서 국립공원은 국가적 자부심의 원천이었다. 칠레와 달리 아르헨티나의 공원은 정부에 실질적인 수익을 안겨주는 중요한 자산이기도 했다. 더그는 국립공원을 위한 아르헨티나의 법적 체계가 유달리 견고하다는 사실을 깨달았다. 입장료 수익은 수많은 비공식적 경로로 새어나갈 수 있었지만, 공원 자체가 도난당하거나 팔려나갈 일은 없을 것 같았다.

이베라의 외진 활주로에 처음 내려선 지 사 개월 만에 더 그는 습지 한가운데에 있는 26,000에이커 규모의 섬 산알론소를 매입했다. 이 섬은 전략적 요충지였다. 톰킨스는 등대지기처럼 감시초소를 갖게 되었다. 그의 땅에 활주로로 쓸 만한 목초지가 있었으므로, 톰킨스는 땅과 공중에서 습지에 불법적으로 침입하는 자들을 사진으로 찍고 문서로 남길 수 있었다. 그는 생태계 전체를 단일한 공원으로 바꿔놓을 구상을 했고, 그 싸움이 칠레인에게 대처하는 것보다 더 힘들 리는 없다고 판단했다.

●

점점 더 많은 선구적 기업가들이 환경운동가는 자신들이 무슨 일을 하는지 모른다고 생각하는 듯하다. 환경운동가는 경영하는 방법을 모른다. 공원 경영은 기본적으로 사업체를 운영하는 것과 같기에 사업가가 더 잘할 수 있다. 나는 더그와 크리스가 그토록 큰 성공을 거둔 이유가 그래서라고 생각한다. 그들은 기업가였으니까. 그들은 트리 허거◆가 아니었다. 그건 큰 차이다. 우리에게 그런 사람들이 더 필요하다는 건 명백하다. (……) 사람들은 내가 전 세계의 환경운동가에게, 특히 환경단체나 정부에 지나치게 비판적이라고 말한다. 그럴 때마다 나는 더그와 크리스는 지금껏 존재했던 환경운동가 중 가장

◆　자연보호를 위해 나무를 껴안고 벌목을 막는 환경운동가. 상황에 따라 조롱하는 말로 쓰인다.

위대한 사람들이라고 말한다. 나는 정말로 그렇게 믿는다. 그런 부류는 그들밖에 없다. 그들이 평생에 걸쳐 이룬 성과는, 비록 비교적 늦게 시작했지만, 자연보호라는 관점에서만 보더라도 실로 유례없는 것이었다. 그들과 비슷한 사람이 지구상에 오백 명 또는 천 명 있다고 생각해보라! 지구는 완전히 다른 곳이 될 것이다. 하지만 그런 사람은 없다. 존재하지 않는다. 열 명이나 있을지 모르겠다. 슬픈 일이다. 하지만 사람들이 마음을 먹었을 때 할 수 있는 일은 경이롭다.

J. 마이클 페이, 생태주의자이자 야생동물 보호가, 탐험가

이베라는 험악하고 때로는 무법적인 곳이었다. 오만한 '양키'가 지역 환경에 대한 이해 없이 투자할 수 있는 곳이 아니었다. 안데스산맥 반대편에서 칠레인과 칠 년간 싸운 경험은 더그에게 지역문화를 먼저 공부하고 행동하라는 교훈을 주었다. 그는 즉시 카를로스라는 지역 조종사와 비행에 나섰다. 그는 톰킨스를 어디로든 안내해줄 수 있는 악동이자 무모한 모험광이었다. 카를로스는 스턴트맨처럼 비행기를 뒤집어 나는 것으로 악명이 높았다. 더그와 카를로스는 서로에게 자극제가 되었다. 더그는 자칭 지역 에이스 못지않게, 어쩌면 그보다 더 거칠게 비행할 수 있었다. 카를로스는 권총을 꺼내들고 활주로를 질주하며 하늘을 향해 마구 쏘아댔다. 카를로스와의 교류는 톰킨스에게 본능적인 끌림인 동시에 약삭빠른 전략이기도 했다. 지역민이 그의 존재를 어

떻게 해석하든, 새로운 양키를 '평범한 남자'로 규정지을 사람은 아무도 없었다.

사교적이고 적극적인 코리엔테스 주민들은 내성적이고 의심이 많으며 절대 폭력을 쓰지 않는 칠레인과 정반대였다. "코리엔테스는 전사의 지역 같았어요. 그들은 스스로 그렇게 생각했죠. 농담이 아니에요." 크리스의 말이다. "그 사람들은 거칠고 매우 독립적이에요. 대부분이 중앙정부를 싫어하고, 외국인에게도 호의적이지 않아요."

이베라는 신화적인 인물 가우초♦의 고향이기도 했다. 하지만 이 가우초는 아르헨티나 남부의 고귀한 가우초가 아니었다. 북쪽의 습지대에서 '가우초'라는 단어에는 도망자라는 뜻도 있었다. 때로 그들은 사회를 버리고 덤불에서 살아가는 사람, 수렵채집에 의존하며 은둔자로 생존하는 외로운 사람이었다.

습지의 배경음은 새의 요란한 울음소리였다. 노란 홍관조와 흰 딱따구리가 300종 이상의 새에게 집이 되어주는 갈대와 숲의 빈 공간을 가로지르며 날아갔다. 이 정도면 유럽 전체에서 발견되는 것과 비슷한 종수였다. 플라밍고와 거위가 매년 파타고니아에서 이동해와 겨울을 보냈다. "이베라에는 철새가 일 년의 절반은 북쪽에서, 나머지 절반은 남쪽에서 찾아옵니다." 이베라에서 활동하는 야생동물 사진가 후안 라몬 디아스의 설명이다.

♦   스페인어권 남아메리카에서 전통적으로 활동했던 목동 또는 유목민 기마민족을 가리키는 말.

272

파라나 분수령의 광범위한 일부로, 이베라 습지는 한때 강바닥이었다. 거대한 파라나강이 북쪽으로 굽이쳐 흐르는 동안 습지는 일 년 내내 빗물로 가득차 세계에서 두번째로 큰 과라니 대수층으로 들어가는 입구를 만들었다. 이 지역을 건너기가 어려운 탓에 습지는 신화와 소문, 음모론의 온상이 되었다. 지역민은 미국에서 온 양키를 불신했지만, 그들에게 더욱 거부감을 일으키는 적이 하나 있었다. 바로 부에노스아이레스에 있는 정치 거물들이었다. 코리엔테스 주민들은 수도의 정치인을 비롯한 연방정부에 버림받았다고 느꼈다. 이들은 아르헨티나 국기를 내걸긴 했으나, 이들의 충성심은 코리엔테스 지방을 향했다. "사람들은 코리엔테스가 다른 나라라고 합니다." 어느 지역민의 말이다. "여기 올 때 여권을 받아야 한다면서요. 아르헨티나에 전쟁이 일어나면, 코리엔테스가 도와주긴 할 거라네요." 톰킨스는 이베라의 반항적인 기질을 편안하게 느꼈다. 규칙과 통제, 일정한 틀이 없는 땅에서는 무엇이든 가능했다.

더그는 자신이 이베라 습지에서 다이아몬드 원석을 찾았음을 깨달았다. "그림 같아." 그는 과라니 원주민 문화에서 이베라라고 이름 지은 습지 위로 날아가며 그 풍경을 친구들에게 묘사했다. 이베라는 '빛나는 물의 땅'이라는 뜻이었다.

2000년, 크리스는 파타고니아 주식을 매도하고 국립공원 설립을 촉진하기 위해 캘리포니아 소재의 비영리단체 콘세르바시온 파타고니카를 설립했다. 그녀는 생물다양성이 풍부한 지역을 조사하고 아직 재규어가 돌아다니는 아르헨티나 북쪽의 브라질 국경 근처 정글부터 호수 지역 인근의 남단까지 전체를 탐험했다. 또 더그와 함께 한때 번성했던 생물학적 통로의 흔적을 파악해 정리했다. 과연 이곳에 유의미한 규모로 재구성할 수 있을 만큼 많은 생물이 남아 있을까? 그렇지 않다면, 생물다양성이 보존된 개별 섬들이라도 보호할 가치가 있을까?

더그와 크리스는 어떤 생태계를 우선시할 것인지 토론했다. 지역 환경운동가들은 우울해질 정도로 많은 최종 후보 목록을 만들었다. 대두 플랜테이션으로부터 자생림을 보호하는 프로젝트를 먼저 해야 할까? 아니면 연안으로 가서 해양보호구역을 개발함으로써 삼백 년간 약탈당해온 바다에 아직 남아 있는 물고기와 해양포유류를 최소한이라도 보호해야 할까?

환경역사가 해럴드 글래서는 말했다. "둘은 한 팀이었어요. 더그는 불도그처럼 끈질기고 단단한 사람이었죠. 하지만 사람들이 일하는 방식을 알고 상황을 무마하며 모두에게서 최선을 끌어낸 사람은 크리스였습니다. 크리스는 언제나 합리적이었어요. 편협하지 않고 비판적 사고 능력이 매우 뛰어났죠."

마침내 크리스는 몬테레온에 노력과 '주식 판매 수익'을 쏟기로 했다. 몬테레온은 아르헨티나 남부의 대서양 연안을 따라 양떼 목장이 생기면서 지나친 방목에 오남용된 생태계였다. 거친 해안선과 펭귄 서식지, 그리고 수천 마리의 양떼가 뜯어먹는 바람에 사막처럼 변해버린 연안의 취약한 초목지가 165,000에이커의 땅에 뻗어 있었다.

크리스는 아르헨티나에서 존경받는 국립공원청장 에리세와 협력해 삼자간 양도를 위한 초석을 깔았다. 먼저 콘세르바시온 파타고니카에서 아르헨티나 야생동물재단이라는 비영리단체에 자금을 지원해 황폐해진 목장지를 매입하면, 재단이 그 땅을 국립공원청에 넘길 터였다. 프로젝트는 삼십육 개월 만에 완수되었고, 몬테레온은 또하나의 아르헨티나 국립공원이 되었다. 아르헨티나 최초의 연안 국립공원인 이곳은 미래에 해양 기반 보존 사업을 해나갈 동력을 만들어줄 해양보호구역으로 가는 길을 열었다. "아르헨티나에 아무리 반미 정서가 심하다지만, 돈 많은 사람이 사유지를 사들여 복원한 다음 국가에 다시 기증하고 싶다는데 싫어할 사람은 없습니다." 톰킨스의 말이다. "비용은 우리가 부담하고, 그 사람들은 땅을 다시 국유화하는 거니까요."

더그와 크리스 톰킨스의 연간 일정이 확립됐다. 그들은 계절에 따라 푸말린에서 이베라로 이동했다. 이제 둘은 이베라에서 습지 보호 캠페인에 점점 더 깊이 관여하게 되었다. 파타고니아의 겨울은 습하고 어두웠다. 그때가 바로 이베라 습지가 봄처럼 느껴지는 계절이었다. 비가 많이 오는 레니우에 농장에서 아르헨티나로 가는 여행은 크리스가 "끝없는 신혼여행"에 비유한 일종의 순례였다. 며칠에 걸쳐 장거리 운전을 하는 동안, 두 사람은 번갈아가며 서로에게 큰소리로 책을 읽어주었다. "우린 차 안에서 웃고 토론하며 즐거운 시간을 보냈어요." 크리스의 말이다. "내가 앉아 있는데 지치면, 더그는 차를 세우고 책을 읽었죠. 그러면 내가 차 앞으로 달려나가 더그에게 신호했어요. 더그는 읽던 걸 내려놓고 나를 잡으러 왔죠."

이베라에서 더 많은 활동을 벌이기 위해 더그와 크리스는 아르헨티나 국립공원청에서 십칠 년간 경험을 쌓은 선구적인 아르헨티나 생물학자 소피아 에이노넨을 고용했다. 자신감 있고 열정적인 자연의 옹호자 에이노넨은 겁 없는 사람이었지만, 더그의 대담함에는 놀라움을 금치 못했다. 더그는 소피아의 제안에 따라 이베라를 돌아보며 지역민과 담소를 나누었는데, 이것이 일종의 혁명적 선언이 되었다. 톰킨스는 자신이 국립공원을 만들고 재규어를 돌아오게 하고 자연보호를 중추로 삼아 지역 경제를 다시 세우기 위해 왔다고 단언했다.

에이노넨은 당황했다. 그녀가 지켜보는 가운데 톰킨스는 광활한 습지 주변을 돌며 각 지역 마을에 공개적으로 혁명을 선포했다. 그녀가 톰킨스를 위해 일한 지 사 주 만에 보수적인 농업 관계자들과 톰킨스의 만남은 소동을 일으켰다. 톰킨스는 확신을 담아 비전을 제시했다. 지역민들은 어떻게 반응해야 할지 몰라 숨만 삼켰다. "꼭 더그가 난 달에 갈 겁니다, 그다음에는 화성으로 갈 거고요, 그런 다음에는 목성에 집을 지을 거예요라고 말한 것 같았어요." 에이노넨은 웃으며 말했다. "그 사람들은 더그를 미쳤다고 생각했습니다. 불가능한 꿈을 꾸는 사람이라고요. 더그를 자신이 어디에 착륙했는지

276

도 모르는 외계인처럼 봤죠."

톰킨스는 이 지역의 독특한 생태계를 제대로 이해하고자 스페인 출신 야생생물학자 이그나시오 히메네스를 고용했다. 그러나 히메네스는 큰개미핥기, 팜파스사슴, 재규어를 통해 습지를 야생으로 되돌리는 작업이 얼마나 복잡한지 설명하기 전에 먼저 자기 집 앞 계단에서 벌어진 '반란'부터 해결해야 했다. 톰킨스가 사기꾼일지도 모른다는 지역민의 두려움을 누그러뜨리는 일이 급선무였다. "아르헨티나 사람들은 늘 그래요. 절대 안 돼. 다른 얘기 해봐. 못 믿겠어. 이런 식이죠." 히메네스의 말이다. "첫째, 모든 미국인은 우리를 망치려고 한다. 둘째, 모든 백만장자는 개자식이다. 그러니 이건 분명히 뭔가 꿍꿍이가 있는 거다. 그런 분위기였어요. 저로서는 굉장히 충격이었죠. 사람들은 정말 공격적이었습니다. 혐오감도 대단했고요. 광업이나 임업, 벼농사 같은 평범한 사업을 하기 위해 외국 기업이 땅을 사들였다면 아무 논란도 없었을 겁니다. 하지만 자연보호를 이유로 외국인이 땅을 대규모로 매입하는 건 달랐어요. 그건 곧바로 논란이 되었죠. 더그는 외계인 같은 존재였습니다. 아무도 그런 사람을 본 적이 없었으니, 그의 진심을 믿을 수 없었던 겁니다. 결국 사람들은 자신이 이해할 수 있는 이야기를 만들어내야 했어요."

비판자 가운데는 아르헨티나 상원의원 세르히오 플린타도 있었다. 그는 이베라 지역을 대표하는 국회의원이자 지역사회의 목소리를 대변하는 인물이었다. "우선 나는 더그가 토지를 사들이러 온 미국인이라는 점에 반감이 있었습니다. 이 지역엔 오래전부터 양키 혐오증이 강하게 있었거든요." 플린타의 말이다. "둘째, 더그는 이베라의 수자원을 노리는 것처럼 보였습니다. 지역사회가 이베라를 활용하지 못하도록 장벽을 세우려는 것 같았죠. 더그는 생산보다는 자연보호에 더 관심이 많았어요. 게다가 더그에 대해 이런저런 소문도 돌았습니다. 이를테면, 그가 칠레를 두 쪽 냈다는 말 같은 거요. 그런 것이 지역 농민연합의 강한 반발을 일으켰습니다."

톰킨스는 습지에 대해서는 제한적으로 접근하는 게 유리하다는 사실을 깨달았다. 이베라의 신비로운 늪은 마리스카도르, 즉 팔 수 있는 것은 무엇이든 사냥하거나 포획하는 유목 사냥꾼의 전용지로 알려져 있었다. 거기에 들어가는 걸 편안하게 여기는 사람은 없었다. 목장주는 물론 농장 일꾼들도 마찬가지였다. 마리스카도르는 덫을 놓아 수달을 잡고, 암염으로 습지사슴을 유인하고, 습지를 가로질러 소떼를 이동시키며 이 섬에서 저 섬으로 연기 신호를 보냈다. 그들이 카이만을 너무 많이 포획해 그 개체수가 수십만에서 겨우 수백 마리로 줄어들었다.

에이노넨은 말했다. "이베라는 텅 빈 땅이었습니다. 더그가 그 땅을 매입했을 때 거기에 동물은 하나도 없었어요. 하지만 더그는 기회를 보았죠. 다른 용도로 쓰이지 않는 땅이라면 서식지가 될 수 있을 거라고 생각한 겁니다. 더그는 이베라 위를 비행하면서 그곳을 야생동물로 되살리는 장면을 상상했어요. 아무것도 없는 무대에서 진짜 야생을 복원해보 겠다고 결심한 겁니다."

마리스카도르에게 뱀 가죽은 몇 달러에 팔리는 상품이었 다. 그런 이유로 약 5미터에 이르는 노란색 아나콘다가 밀 렵으로 거의 멸종했다. 해오라기는 발을 나뭇가지에 달라붙 게 하는 끈적한 덫을 설치해 잡았다. 모자 장식용으로 쓰이 는 이 새의 깃털을 거둬 무게 단위로 파는 것이 마리스카도 르 가족 전체의 일거리였다. 그러나 화려한 유행이 쇠퇴하 면서 마리스카도르 인구는 급격히 감소했다. 총 수천 명에 이르렀던 인구 수는 겨우 삼백 명으로 떨어졌다. 그중에는 떠돌이 무법자 집단도 있었다.

"그 사람들이 꼭 위험한 노상강도는 아닙니다. 그보다는 법을 잘 모르는 사람들이죠. 애초에 법이라는 개념 자체가 그들에겐 없으니까요." 에이노넨의 설명이다. "예를 들어, 마리스카도르가 마을 파티에 갔다가 미성년자인 소녀를 만 나 습지로 데려갔다고 쳐봅시다. 그는 그 아이가 몇 살인지 도 몰랐을 것이고, 나중에 왜 마을 사람들이 자신에게 법적 소송을 제기했는지도 이해하지 못했을 겁니다. 결국 그는 두 번 다시 마을로 돌아오지 못했겠죠. 사람들이 왜 자신을 쫓는지도 알지 못한 채로요."

에이노넨은 뜬 섬에 누가, 또 무엇이 사는지 제대로 알아 보기 위한 조사를 제안했다. 그녀는 말을 타고 다녔는데, 때 로는 말에게 나무 카누를 끌게 했다. 그렇게 그녀는 습지 깊 은 곳을 탐험했다. 물이 너무 깊으면 말을 매어두고 막대를 이용해 카누를 갈대 사이로 밀었다. 십 개월 동안 오지를 탐험하며 멸종위기에 처한 습지사슴을 발견하고 살아남은 야생종이 무엇인지 알아보고자 배설물을 살펴보았다. 그녀의 임무는 은둔자처럼 사는 사람들의 거주지를 조사하는 것이었다.

이처럼 외딴 정착지를 돌아다니며, 에이노넨은 인간으로 이루어진 또다른 생태계를 마주쳤다. 도망중인 살인자, 납치된 여자, 습지에서 태어나고 자란 아이들이 있는 불법 가족, 이따금씩 개와 말이 유일한 동행인 외로운 남자를 발견했다. 때로는 모닥불가에 앉아, 재규어 가죽을 시장에 내다 팔고 총으로 정부를 이길 수 있었던 옛 시절 이야기에 귀기울이며 습지의 수수께끼를 해독해보려 했다. 그녀는 함께 마테차를 마시며 그들의 신뢰를 얻었다.

마테차 마시기는 아르헨티나와 우루과이, 파타고니아, 파라과이와 브라질 일부 지역에 있는 의식이다. 예르바 마테라는 식물의 말린 줄기와 잎사귀를 호박 껍질로 만든 잔에 넣은 뒤 물에 불린다. 설탕을 넣은 다음(넣지 않아도 된다) 두꺼운 스테인리스 빨대로 빨아 마신다. 예르바 마테는 코리엔테스의 토종식물로, 시골 사람과 도시 사람을 이보다 분명하게 구분하는 의식은 드물다. 빨대를 움직이면 잔여물에 빨대가 막힌다. 그래서 빨대로 음료를 젓는 것은 지역문화를 모욕하는 엄청난 실례다.

에이노넨은 이런 벽지를 모험하며 놀라움과 존경심을 불러일으켰다. 여자가 혼자서 이런 곳을 탐험하는 경우는 거의 없었다. "그곳에는 아무 자원이 없었습니다. 정말로 늙은 남자들이나 아무런 서류가 없는 제도권 밖의 사람들뿐이었죠. 그 사람들은 스페인어를 몰랐습니다. 과라니어만 썼어요." 에이노넨의 말이다. "우리는 이 사람들을 여러 명 공원 순찰대로 고용해 사냥을 막았습니다. 모두를 고용한 건 아니지만, 적어도 가족당 한 명은 고용하려고 노력했습니다."

밀렵꾼에서 수호자가 된 이들은 동물을 보호하는 임무를 맡아 카누와 모터보트를 타고 습지를 누볐다. 누군가 지역 농장 일꾼과 마리스카도르의 신뢰를 얻어 외부인과 함께 일하게 만든 비결을 묻자 스페인 생물학자 히메네스는 미소지으며 "마테차를 강물처럼" 마셨다고 고백했다.

더그와 크리스는 몇 달 동안 계속해서 메르세데스, 콘셉시온, 산미겔을 비롯해 이베라 습지를 둘러싼 마을의 흙길을 탐험했다. 지역민이 얕보듯이 "우리의 수프 그릇"이라고 부르는 마을들이었다. 어릴 때 베네수엘라에서 몇 년 살았던 크리스는 스페인어를 할 줄 알고 오지의 전통도 이해했다. 그녀는 점차 이 반항적인 벽지 마을과 사랑에 빠졌다.

더그가 지역민의 마음을 얻기 위해 처음으로 노력을 쏟은 곳은 콜로니아 카를로스 페예그리니라는 작은 마을이었다. 그는 이곳의 시골 환경을 편안하게 느꼈다. 수년간 배낭 여행을 다닌 경험 덕분에 장터를 자연스럽게 돌아다녔고, 사람들에게 카누를 타고 늪으로 들어가는 길에 관해 조언해달라고 부탁했다. 그는 바비큐를 나눠 먹거나 농담을 맞받아치고 지역 사투리로 대거리하며 흥정을 즐겼다. "더그는 그

문화를 매우 친근하게 느꼈습니다. 자신들의 문화를 보존하고 싶어하는 사람들을 사랑했어요. 더그는 거친 환경에서 사는 사람들을 정말로 존경했어요." 크리스의 말이다. "그 사람들에게는 문화가 있었고, 그 문화를 지키고 싶어했습니다. 그들을 존중하는 마음이 더그의 가슴속에 아주 강하게 자리잡고 있었어요."

더그는 해먹이나 바닥에서 자곤 했다. 지역민들은 이 특이한 새 이웃에 대해 웅성거렸다. 때로는 그가 자동차 뒷자리에서 자는 모습이 목격되기도 했다. 그가 카이만이 들끓는 물에서 한 시간을 수영했다는 이야기도 돌았다. 더그의 식습관에 대해서도 말이 나왔다. 더그는 절대 담배를 피우지 않았고, 어떤 식으로든 튀긴 음식은 거의 먹지 않았다. 술을 마시는 일도 드물었다. 더그는 '멘스 사나 인 코르포레 사노mens sana in corpore sano', 즉 '건강한 몸에 건강한 정신'이라는 스파르타식 전통을 따랐다. 모두가 그의 세련된 옷차림을 알아보았다. 흰 베레모와 보트슈즈, 버튼다운셔츠. 지역민들은 그가 여러모로 이국적이며 전혀 지루하지 않다고 생각했다.

한번은 더그가 아르헨티나의 어느 화려한 결혼식에 내빈으로 초대됐다. 미리 도착한 그는 평소 인물 사진을 찍는 취미대로 하객들의 스냅숏을 찍기 시작했다. 마구 사진을 찍어대는 미국인을 결혼식 전문 사진사로 생각한 하객들은 그에게 이래라저래라 지시하기 시작했다. 톰킨스는 장단을 맞추었다. 주빈 테이블에 자리잡을 시간이 되었는데 VIP 자리가 하나 비었다. 부유한 미국인 톰킨스 씨는 어디에 있는 걸까? 더그가 수줍게 카메라를 내려놓고 자리에 앉자 하객들은 얼어붙었다. 그들이 하인 대하듯 했던 남자가 실은 내빈이었다니. 톰킨스는 장난을 좋아했기에 씩 웃었다. 사진 찍기는 그가 사람들 사이에 숨는 방법이기도 했다. 대규모 사교 행사에서 수다를 떠는 스타일이 아니었던 그는 카메라를 방패로 썼고, 결국 인물 사진을 꽤 잘 찍게 되었다.

더그가 이념적이고 정치적인 싸움에 뛰어들어 혼란과 소동을 즐기는 동안 크리스는 지역의 힘 있는 여자들을 고용해 풀뿌리 캠페인을 진행했다. "크리스는 언제나 만일의 사태를 생각하는 사람이었지만, 더그는 전혀 그렇지 않았습니다." 에이노넨의 말이다. "그래서 둘이 뭐랄까, 균형이 맞았죠. 나는 크리스가 곁에 있어서 더그가 좀더 편해질 수 있었다고 생각합니다. 크리스 없는 더그는 달로 가는 로켓과 비슷했을 거예요. 크리스가 더그를 붙잡고 질서를 잡아주었습니다."

마리시 로페스는 이베라 사무실의 접수원이었는데, 더그와 크리스가 그녀의 특별한 재능을 발견했다. 마리시는 마치 정치인처럼 지역 정세를 읽어낼 줄 알았다. 그녀가 지역 정치 세력과의 관계를 구축하는 데 핵심 역할을 했다. 특히 세르히오 플린타 상원의원과의 관계에서 그랬다. 마리시가 더 많은 책임을 맡으면서 상황이 본격적으로 진행되었다. "더그는 고용한 사람들에게 절대 제한을 두지 않았어요." 마리시의 말이다. "강한 여자들을 고용하고, 그 사람들에게 아주 많은 책임을 맡기길 좋아했죠. 더그가 나를 굳게 믿어서 나는 상상조차 못했던 일을 할 수 있었습니다. 더그는 사람을 웅덩이 깊은 곳에 던져놓고 헤엄쳐 나오라고 하는 스타일이었어요. 헤엄치면 축하해주고, 도움이 필요해지면 그 사람을 던져넣은 자신을 탓했죠."

톰킨스를 위해 일한 변호사 테레시타 이투랄데는 이베라의 사라진 종을 야생복원하는 동시에 관광에 기반한 경제를 일궈내는 작업의 시너지효과를 설명하며 지역민을 결집시켰다. 이투랄데는 인상적인 사진을 가지고 다니며, 톰킨스의 대담한 행보 이후 으레 따라오는 질문에 응답했다.

톰킨스는 코리엔테스 사업계의 엘리트를 상대하며 처음에는 비판했고, 그다음에는 그들의 토지소유권에 정면으로 도전했다. 톰킨스는 약자의 입장에서 싸우기를 좋아하고 지역의 산업계 거물에게 도전해 그들의 홈그라운드에서 경쟁하길 즐겼다. 습지 안팎의 대규모 논을 가진 지주, 소나무 플랜테이션 소유주, 소를 키우는 목장주는 거추장스러운 환경법을 무시하는 데 익숙했다. 그들은 자신이 다스리는 작은 왕국을 사적인 영역이라 생각했고, 자신에게 닥쳐올 일에 대해 전혀 알지 못했다.

습지에 멋대로 쳐들어와 그곳의 지형을 바꿔놓는 힘 있는 사업가에게 저항하는 사람은 거의 없었다. 그러니까 톰킨스가 비행기를 타고 와서 건방진 질문을 시작하기 전까지는 말이다. "더그는 처음으로 그들의 정신이 번쩍 들게 하며 '코리엔테스 주민 여러분, 이걸 좀 보세요'라고 말한 사람이었습니다." 플린타 상원의원의 말이다. "나는 콜롬비 주지

사♦에게 말했습니다. '손을 써야겠어요. 우리가 해야 할 일은 우리가 아는데, 미국인이 우리한테 이래라저래라 하게 둘 수는 없죠.'"

상공에서 이베라를 훑어본 톰킨스는 목장주들이 습지에 기나긴 불법 제방을 쌓았다는 걸 깨달았다. 소가 그 제방을 따라 걸을 수 있도록 말이다. 소는 풀을 뜯으며 물을 오염시켰다. 제방은 영양분의 자연스러운 흐름과 토종생물의 이주를 방해했다. 대규모 논은 네 개의 둑으로 구획되어 생태계를 질식시키고 있었다. 이런 행위는 불법이 분명했다. 파라나강과 그 분수령이 지역 경제에서 띠는 중요성을 생각할 때, 엄격한 수자원 활용 관련 법은 분명 자연스러운 물길의 변경을 규제할 터였다. 그러나 이런 사업을 금지하는 법이 실제로 집행되는 경우는 드물었다.

톰킨스는 비행기 조종석에서 그 광경을 내려다보며 분노했다. 그의 계산에 따르면 이베라 습지에 남은 시간은 약 십 년이었다. 자연을 보호하기 위한 체계적인 반격이 없으면, 유의미한 규모의 서식지가 사라져 이 환경을 야생복원하겠다는 모든 노력이 덧없어질 터였다. 톰킨스는 행동에 나섰다. 이곳에서 가장 뛰어난 변호사들을 고용했다.

코리엔테스에서 소송이라니? 그것도 자연보호를 위해서? 아무도 그런 짓은 하지 않았다. 토지분쟁은 맥주와 총알, 협박으로 해결되었다. "나는 더그에게 아르헨티나에서는 언론

♦   코리엔테스의 전 주지사 리카르도 콜롬비를 가리킨다.

을 찾아가거나 시위를 하더라도 사법제도를 믿지는 않는다고 말해줬습니다. 소송에는 십 년이 걸릴 수도 있고, 아무도 관심을 기울이지 않으니까요. 판사는 계속 바뀌고 모든 판사가 부패했기 때문이죠." 에이노넨의 말이다. "더그는 '상관없어요, 다 고소하죠!'라고 말했습니다. 나는 변호사 세 명을 고용했습니다. 우리는 이웃 전부와 국가를 상대로 54건의 소송을 시작했죠. 폭풍을 일으켰어요!"

법정에서 톰킨스는 판판이 승리를 거두었다. 그는 직원에게 전하는 메모에서 습지에 쌓은 13킬로미터짜리 제방이 불법이라는 법원 결정에 거역하려 했던 포레스탈 안디나의 주인 세뇨르 마시아벨로의 "실수와 어리석음"을 이야기했다. 법원에서 마시아벨로에게 제방을 철거하라는 명령을 내렸을 때 톰킨스는 환호했다. 그는 선언했다. "역사상 처음으로 시민이 극서부 지방 특유의 '뭐든 멋대로 하겠다'는 태도에 반기를 들고 세뇨르 마시아벨로를 법정에 세워 법적 소송에서 승리를 거두었습니다. 하나, 둘, 셋, 네 건 연속으로! 법은 명확하고, 마시아벨로 씨는 칠십이 시간 후면 제방을 무너뜨리고 피해를 복구하는 작업을 시작하거나 감옥으로 가야 합니다. 이는 일반 시민들이 수없이 불만을 제기했음에도 불구하고 아르헨티나에서 사법제도가 실제로 작동할 수 있다는 긍정적 신호입니다."

톰킨스는 불법 제방 위를 계속 날아다니며 모든 트럭과 작업 인부의 사진을 찍고, 자신의 목소리가 들릴 만큼 가까이 있는 모든 사람에게 이 자연 낙원에서 개발 세력을 쫓아낼 거라고 말했다. 그는 이제부터 이베라는 야생동물을 위한 피난처가 될 거라고 단언했다. 오래전에 권리를 빼앗기고 빈곤의 최전선에서 살아가던 지역 노동자들이 귀기울였다. 아르헨티나의 어떤 백만장자도 자연을 옹호하거나 엘리트에게 도전하지 않았다. 과연 이 양키는 어디로 가려는 것일까?

환경 혁명을 약속하고 이 지역의 사업계 엘리트를 상대로 50건 넘는 소송을 제기하면서, 톰킨스는 이미 위태로운 상황에 처해 있었다. 그때 뜻밖의 손님이 이베라에 도착했다. 칠레 대통령이었다. "에두아르도 프레이가 와서 더그에 대해 험담했습니다." 플린타 상원의원의 말이다. "프레이가 코리엔테스에 와서 우리 주지사를 만났죠. 내가 회의에 들어가 직접 들었어요. 프레이는 더그가 수자원을 전부 차지하려 할 것이며, 톰킨스 부부가 칠레를 두 쪽 냈다고 했습니다. 더그는 악마라고 했어요."

13장

푸말린 공원

더그의 적들은 정말로 그를 죽이고 싶어했다! 그들은 언론을 통제했다. 더그가 하는 일에 대해 온갖 말도 안 되는 정신 나간 이야기를 지어냈다. 그런 이야기가 마구 떠돌아다녔다. 우리는 아름다운 하이킹 코스를 따라 피오르 아주 높은 곳까지 올라가곤 했다. 점심을 먹고 나면 더그는 그냥 무너져내렸다. 흔치 않은 일이었다. 그는 온 세상의 짐을 어깨에 지고 있었다. 놈들은 더그가 대가를 치르게 하려 했다. 더그를 치우기 위해 온갖 더러운 수단을 동원했다. 더그는 그들이 끌어내리기엔 너무도 강력한 존재였지만, 나는 알 수 있었다. 그들은 더그에게 심각한 타격을 입혔다.

댄 임호프, 더그의 사위이자 동료 환경운동가

1997년 가을, 톰킨스에게는 셀 수 없이 많은 칠레인 적이 생겼다. 에두아르도 프레이 대통령이 지휘하는 맹공격에 가톨릭교회 주교와 해군 제독, 〈엘 메르쿠리오〉라는 대형 보수 언론사도 가담했다. 이 언론사는 피노체트 장군의 강력한 동맹이었던 아우구스틴 에드워즈의 소유였다. 푸말린 공원을 짓기 위해 오 년간 싸워온 톰킨스는 포위당했다고 느꼈다. 깨어 있는 시간의 절반을 방어에 써야 했다. 그 바람에 공원 설립이 더디게 진행되었다.

연락선 선착장을 수리하고 재건하며 몇 달을 보낸 뒤, 톰킨스는 칼레타 곤살로 공동체(수백 마리의 바다사자와 그보다 더 적은 수의 인간이 사는 곳)에 제대로 경사로까지 갖춘 새 선착장을 선물했다. 짧은 연락선 운항 구간에는 안전 조명과 조경, 지역 관습을 존중하는 의미에서 깃대도 설치되었다.

소박한 기념식과 함께 칠레 국기를 게양한 뒤였다. 지역 시장이 반격을 해왔다. 그는 엘살바도르의 잔혹한 내전에서 십 년간 경험을 쌓은 전직 정치공작원이자 정치인 호세 미겔 프리티스였다. 프리티스는 미국인이 칠레의 주권을 침해한다고 비난하며 톰킨스가 칠레 국기를 걸지 못하게 했다. 이 전투는 개인적인 차원으로 번졌다. 톰킨스는 프리티스가 경매로 잃은 땅을 사들였다. 프리티스는 더그의 일거수일투족을 감시하려는 연방정부의 작전에서 눈과 귀가 되었다. 그는 개를 새로 입양한 뒤 조롱하듯 '더그'라고 이름 지었다.

칠레 해군은 톰킨스를 더 제대로 감시하기 위해 선착장 옆에 새로운 사무실을 지었다. 프레이 대통령은 심지어 인구가 백 명도 안 되는 보두다우에에 경찰서를 짓도록 승인했다. 톰킨스는 외딴 경찰서 건물에 자신의 이름을 붙여야 한다고 농담했다. 그는 이런 조치에 맞서 싸우는 대신 오지에 마을을 조성하는 데 필요한 토지를 기증하겠다고 했다.

"한 가지 강조해야 할 점은 칠레가 법치국가라는 겁니다. 브라질에서 더그처럼 했다간 총을 맞습니다. 페루에서도 그렇고요. 더그가 총을 맞지 않은 이유는 그곳이 칠레였기 때문입니다. 하지만 사람들은 더그를 정말로 싫어했습니다."

톰킨스와 밀접하게 협력했던 칠레 환경운동가 후안 파블로 오레고의 말이다. "게다가 더그는 똑똑하고 백만장자인데다 솜씨 좋은 사업가였습니다. 그런 사람은 존중했어야죠. 오히려 존경했어야 합니다. 하지만 그들은 더그를 뼛속까지 증오했어요. 더그는 그들과 비슷한 부류이면서도 반대편에 있는 사람이었으니까요. 그는 칠레에서 환경운동이 태동하도록 자금을 댔기에 그들의 적이 되었습니다."

프레이 대통령은 톰킨스에 대한 압박의 강도를 높였다. 그는 세무 당국에 전력을 다하라고, 톰킨스나 그의 단체가 서명한 모든 서류를 꼼꼼히 살펴보라고 명령했다. "뭐든 찾아내!" 세무관들은 그런 명령을 받았다. 숨은 동기를 캐내고 더그의 야비한 비밀을 밝혀내겠다는 프레이 대통령의 집착은 대단히 단순한 이유로 벽에 부딪혔다. 바로 더그에게 아무런 마스터플랜이 없다는 점이었다. 물론 톰킨스는 파타고니아 숲의 많은 부분을 샀다. 마음에 드는 땅을 보면 그것도 샀다. 때로 그는 땅을 복원하느라 수백만 달러를 썼다. 나중에 그 땅을 팔기도 했다. 그의 최측근들은 더그가 즉흥적으로 행동하고, 대부분의 사람이 한 달 안에 처리하기도 힘든 일을 일주일 안에 해낼 수 있다는 걸 알았다.

더그는 겉으론 침착하게 굴었지만 속은 끓고 있었다. 그는 현미경 같은 감시망 아래에서 사는 게 싫었다. 자신이 옳다는 확신으로 가득차 있었기에 더욱 그랬다. 그는 하늘에서 위안을 찾았다. 비행기 조종석에 앉아 파타고니아에서 가장 높은 봉우리인 몬테산발렌틴 상공을 날았다. "더그는 세상사에 대한 생각을 내려놓고 비행과 눈앞에 보이는 풍경의 아름다움에 집중했습니다." 동료 조종사 로드리고 노리에가는 회상했다. "그러면서 여유로워졌죠. 더그는 휙 돌면서 주위를 둘러보곤 했습니다. (……) 더그가 마음을 다스릴 수 있었던 건 비행하며 위에서 상황을 내려다볼 수 있었기 때문이기도 합니다. 땅에만 발붙이고 있었다면 그런 전체적인 시야를 얻지 못했을 겁니다."

새로운 땅의 잠재력을 평가해야 할 때면, 더그는 몇 시간씩 그 땅 위를 선회했다. 산 사면의 윤곽이나 강의 기울기, 계곡의 깊이를 확인하며 나무 위로 겨우 6미터 떨어진 곳에서 지구의 살갗을 스치기도 했다. 건축가 로하스의 설명에 따르면, 더그는 공중에서의 시야에 근거해 건축 마스터플랜을 구상하곤 했다. "종이에 그리지는 않았어도, 더그의 머릿속에는 선명한 평면도가 있었습니다."

로하스는 톰킨스와 비행기를 타고 공원 프로젝트에 필요한 기간시설을 위해 건물과 하이킹 트레일, 활주로, 유기농 온실을 설계하면서 시간을 보냈다. "이처럼 외진 시골에 건물을 지을 때는 이웃도, 거리도, 지역 관련 규제도, 건축법도 없습니다." 로하스의 말이다. "하지만 다른 법이 있죠. 자연의 법 말입니다. 이런 곳에서는 경관, 경사, 날씨의 영향을 막아줄 숲 같은 요소를 고려해야 합니다. 더그는 공중에서 바라보는 관점으로 문제를 해결했습니다."

레니우에에서 더그와 크리스는 유기농 온실을 설계했다. 장작 난로로 난방을 하고 촛불로 조명을 밝힌 교실에서 수십 명의 학생을 교육하는 학교도 지었다. 심지어 매달 수천 킬로그램의 유기농 꿀을 생산하는 양봉 프로젝트도 시작했다.

안정적인 노동력은 가정에서 나온다는 점을 깨달은 더그와 크리스는 지역의 부부를 고용했다. 질 좋은 교육, 목표가 있는 노동, 제때 급여를 지불하는 상사가 있으니 어린 자녀를 둔 가족 입장에선 거부하기 어려운 매력적인 제안이었다. 에스프리에서 그랬듯, 더그는 최고 수준의 임금을 주지는 않아도 훌륭한 복지를 제공했다. 건강보험, 퇴직연금, 유급휴가가 모두 보장되었다. 응급 상황에 맞닥뜨린 노동자는 톰킨스가 허스키에 시동을 걸어 폭풍을 뚫고서라도 병원에 데려다주리라고 믿을 수 있었다. 아이가 태어날 때는 톰킨스가 그 아이의 아버지를 병원까지 태워다주었다.

톰킨스는 수십만 달러를 지역 경제에 투자했다. 그는 금속 세공사와 석공을 고용해 푸말린 공원 입구에 관리사무소와 숙소를 지었다. 목공이 간판을 새기고 목수가 가구를 만들었다. "아름다운 일이었습니다. 장인의 솜씨를 존중하는 일거리였거든요. 작업이 끝나면 사람들은 자신의 작품을 자랑스럽게 여기며 다른 이들에게 기꺼이 보여주곤 했습니다." 점점 늘어나는 농장과 공원 관련 건물을 지을 때 더그와 협력했던 젊은 건축가 프란시스코 모란데의 말이다.

톰킨스는 사소한 세부 사항도 꼼꼼히 챙기는 사람이었다. 그의 공원은 안내 표지판도 보기 좋고 우아해야 했다. 푸말린 공원의 건물을 페인트칠할 때는 그가 색깔에 대해 하도 까다롭게 굴어서, 지역 철물점이 재고에 새로운 녹색을 추가했다. 색깔이 딱 맞을 때까지 페인트칠을 하고 또 하느니 정해진 색깔을 구비하는 게 더 쉬웠기 때문이다. 사람들은 그 색을 "톰킨스 초록색"이라 불렀다.

더그는 다이닝룸 식탁에 놓을 식기용 매트를 수작업하는 지역 직공에게 주문했다. 지역 금속세공사가 주방에 쓸 구리 도금 배기후드를 단조했다. 우유주전자와 화분은 도자기로 잘 알려진 칠레의 마을 킨차말리에서 샀다. 전기가 들어오지 않는 지역이었기에, 장인들은 핸드드릴과 기둥−보 공법, 황소를 활용해 보통은 전기드릴과 크레인, 굴착기로 하는 작업을 해냈다. 그들은 작은 손도끼와 톱으로 건물을 지었다. 그들은 할 줄 아는 일들을 믿을 수 없을 만큼 잘해냈다. 톰킨스는 그들의 솜씨에 매료되었다. 장인이 뭐든 손으로 만들어낼 수 있다는 게 참 좋았다.

그 지역 특유의 아름다움을 보여줌으로써 톰킨스는 공예 기술이 활성화할 수 있게 불씨를 제공했다. 심지어 그는 굴착기 기사를 예술가로 칭송하는 일련의 포스터를 만들기도 했다. "트랙터를 모는 사람에게 그의 작업이 유의미한 결과로 이어지는 가치 있는 일이라고, 창의적이고 중요한 행위라고 느끼게 해주려면 어떻게 해야 할까요? 트랙터를 모는게 더 큰 프로젝트의 일부라고 알려주면 됩니다." 더그와 크리스 톰킨스의 비서 네이딘 레너의 말이다. "더그는 종종 이런 프로젝트에서 가장 토대가 되는 작업을 하는 사람들과 어깨를 맞대고 일했습니다. 그래서 사람들은 자신이 가시적이고 귀중한 일을 한다고 느끼게 됐죠."

톰킨스 부부는 그 지역 외국인 가운데 전례 없이 깊은 수준으로 지역문화에 투자했다. 더그는 교회 라디오방송국에 기부금을 내고, 후안 루이스 이세른 몬시뇨르♦를 설득해 환경보호를 주제로 한 일일 방송프로그램을 운영하게 했다. 더그와 크리스는 드러나지 않게 지역 축구팀에 장비를 사주고, 소방관으로 구성된 마을 악단에 아코디언을 마련해주었다. "더그는 사람들을 만났습니다. 사람들이 어떻게 사는지, 어떤 사람들인지 보려고요." 더그가 고용한 임업공학자 잉그리드 에스피노사의 말이다. "어느 날, 그가 사려는 땅을 둘러보기 위해 제가 모든 준비를 해두었죠. 그 땅은 아주 소박한 목장이었어요. 주인들이 구운 양고기와 감자로 바비큐를 차려놓고 더그와 앉아 거래 이야기를 나눌 준비를 다 해놨더군요. 정말 따뜻하고 유쾌한 자리였죠. 더그도 전혀 불편해하지 않았어요. 평소엔 굉장히 바삐 움직이는 사람이지만, 그런 자리에선 결코 서두르지 않았죠. 그는 남는 건 시간밖에 없는 사람처럼 행동했어요. 양고기와 감자를 먹고, 마테차도 마셨죠. 더그는 마테차에서 빨대를 한 번도 빼지 않았어요. 단 한 번도!"

이처럼 더그는 이웃과의 관계를 개선하고 칠레의 자생적 환경운동으로부터 지지를 얻어갔다. 그러나 정부에는 더그의 동맹이 별로 없었다. 세무 당국의 감사는 누그러들지 않

♦ 가톨릭교회에서 교황이 공적을 인정해 특정한 신부에게 주는 명예 칭호.

고 계속되었다. 하지만 더그에게는 필승 카드가 있었다. 그는 칠레 정부가 미국과 자유무역협정을 맺는 최초의 남아메리카 국가가 되고 싶어한다는 걸 알았다. 그렇게만 되면 10억 달러의 투자금이 들어올 터였다. 구리광산, 목재용 완전벌채, 아황산가스를 뿜어내는 알루미늄 제련소 등 환경파괴적인 프로젝트에 그 돈이 쓰이리라는 사실은 자명했다. 그래도 칠레인들은 미국과의 자유무역협정을 간절히 바랐다.

톰킨스는 찰스 황태자와 테드 터너♦의 직통번호를 가지고 있었다. 그런 차원에서라면 정치하는 법을 알았다. 게다가 에스프리에서 중국 관료들과 무역협상을 하며 이 년의 시간을 보낸 적이 있기에 칠레인들이 캘리포니아에서 온 거물 투자자를 놓치고 싶어하지 않는다는 걸 알았다. 더그는 그들의 허세를 꿰뚫어보았다. 칠레 정부가 미국 금융시장의 거물들에게 수십억 달러 규모의 투자를 끌어내려는 마당에, 그의 투자자산을 압류해서 초래될 파장을 감수하진 않을 거라고 확신했다.

몇 년간 공개적인 분쟁을 벌인 끝에, 1998년 톰킨스는 칠레 정부와 휴전협정을 맺었다. 톰킨스는 평화를 위해 십이 개월간 토지를 더이상 매입하지 않겠다고 약속했다. "우리가 서명한 합의서는 구속력이 있는 문서라기보다 일종의 의정서입니다. 정부의 마음을 편안하게 해주고, 이 프로젝트를 밀고 나가는 데 도움이 됩니다." 더그는 직원들에게 보

♦　미국의 대표적인 언론 재벌이자 환경운동가.

내는 편지에 이렇게 썼다. "올바른 방향으로 가는 한 걸음이죠. 앞으로 팔 년간 진지한 작업을 해야 할 것 같습니다. 우리는 시간의 절반을 속임수, 위협, 비판 같은 온갖 공격을 막는 데 썼습니다. 이제는 시간의 98퍼센트를 공원 설립에 집중할 수 있습니다. 우리는 환경을 위한 작은 공격을 성공시켰습니다. 양동이에 물 한 방울이 더해진 셈입니다. 하지만 수많은 사람이 우리 세계를 돌보는 구원군이 되려면 그 양동이에는 아주 많은 물방울이 필요할 겁니다."

프레이 대통령의 강성 자문관들은 톰킨스에게 재갈을 물리려 했다. 그들은 더그에게 휴전협정에 미국과 칠레의 자유무역협정에 반대하는 행동이나 말을 하지 않겠다는 내용을 포함하라고 했다. 대통령을 비판하지 않도록 한 조치이기도 했다. 그러나 법적 합의를 통해 재갈을 물리려는 시도는 실패하고 말았다. 칠레 활동가 카를로스 쿠에바스, 그리고 파트리시오 로드리고와 힘을 합친 톰킨스는 정부 관료조직과 관계를 맺는 법을 배웠다. 그는 특히 공공사업부 장관이자 칠레의 차기 대통령 후보 중 한 명인 리카르도 라고스와의 관계에 힘을 쏟았다. 쿠에바스와 로드리고는 정열적인 활동가로 둘 다 공공사업부에서 일해왔다. 톰킨스는 그들이 가진 내부자로서의 관점을 귀하게 여기며 그들을 핵심 동맹으로 여겼다.

존 올리리 대사를 포함한 미국 대사관의 고위급 인사들이 톰킨스를 대사관으로 공개 초청했다. 올리리는 일부러 남쪽으로 비행기를 타고 와서 더그와 크리스가 후원하는 연례

포크 음악 축제에도 참석했다. 올리리는 흥겨운 뷔페 스타일 행사에 참석한 손님 삼백 명과 함께 깔끔한 목초지를 돌아보고 수제 애플파이를 먹고 공원 부지 전체에서 느껴지는 놀랍도록 꼼꼼한 손길에 감탄했다. 작은 다리든 시내든 숙소를 장식한 흑백사진이든 프로젝트 전체에서 아름다움이 뿜어져나왔다.

더그는 공원 설립 계획을 진행중이었으며, 이제는 일곱 가족이 그의 목장에 정규직 직원으로 상주하고 있었다. "우리는 서른 개의 프로젝트를 진행중이었고, 하루종일 같이 일했습니다. 밤에는 함께 저녁을 먹었고요." 모란데의 말이다. "우리는 숙소와 레스토랑에서 개집에 이르기까지 모든 것을 설계했습니다."

톰킨스는 지구를 절반쯤 가로지른 곳에 있으면서도 샌프란시스코에 있는 재단을 예의주시했다. 그는 전 세계 환경운동가 네트워크에 자금을 지원하는 일에 계속 전념했다. 심층생태학재단을 통해 제공되는 지원금은 매년 300만 달러에 이르렀다. 톰킨스는 약자를 후원하는 일을 즐겼다. 지원금의 상당 부분은 국립공원 내부에 도로를 건설하지 못하게 막거나 북극의 흰고래를 위해 싸우는 등 국소적인 분야에 초점을 맞추는 단체에 주어졌다. 소규모 스타트업 기금은 수십 명의 환경운동가 공동체가 자신만의 조직을 만들고, 임대료를 내고, 세미나를 조직하고, 책을 펴내게 해주었다. 더그는 신문광고에도 100만 달러 규모의 자금을 지원했다. 그중에는 세계무역기구에 반대하는 시위 광고도 있었다.

1990년대 후반 내내 톰킨스는 남아메리카 끝에 개척자 마을을 세우면서 정기적으로 샌프란시스코로 통근했다. 그는 재단 이사회를 열고, 친구들을 방문하고, 친구인 제리 맨더가 운영하는 싱크탱크 '국제 세계화 포럼International Forum on Globalization, IFG'을 강화하는 데 도움을 주었다. 시민과 환경을 위해 싸우면서, 세계자본주의의 보이지 않는 손을 드러내려 애썼다. 특히나 그는 점점 힘을 키워가는 다국적기업에 대해 경고하고자 했다. 퍼블릭 미디어 센터에서 파견한 팀원, 그리고 샌프란시스코의 국제 세계화 포럼 사무실에서 온 앤디 킴브럴과 함께 더그는 자칭 "전환점 프로젝트"의 전면광고 시리즈를 계획했다.

6만 달러짜리 전면광고가 〈뉴욕 타임스〉와 〈월 스트리트 저널〉에 실렸다. 광고 내용은 세금을 회피하거나 환경보호 협약의 허술한 고리를 찾으려드는 기업 권력에 문제를 제기하는 것이었다. 대체로 뉴욕 주식시장에 상장된 이 기업들은 어떤 국가에도 충성하지 않으며 지구를 먹잇감처럼 취급했다. 톰킨스와 맨더는 적에게 '보이지 않는 정부'라는 이름을 붙였다.

1999년, 세계무역기구의 연례회의가 12월 초 시애틀에서 열릴 예정이었다. WTO 회의가 열리기 전 몇 주 동안 톰킨스는 샌프란시스코, 포틀랜드, 시애틀의 신문에 '전환점 프로젝트' 광고를 연달아 실었다. IFG는 매일 약 삼천 명의 반세계화 활동가를 모아 전략회의를 가졌는데, 더그는 여기에도 자금을 지원했다. 그는 시애틀 교향악단의 근거지이자 그 도시에서 가장 뛰어난 음향시설을 갖춘 베나로야 홀을 빌리는 데 돈을 댔다. 참여자들의 항공비에서 마이크 대여에 이르기까지 모든 금액도 지불했다. 수많은 열정적 활동가들은 연일 서로 이야기를 나누며 열기를 더해갔다. "전 세계의 모든 활동가가 참여했습니다." 맨더의 기억이다. "엄청나고 시끌벅적한 성공이었어요. 언론의 관심을 얻었죠. 그런 다음에는 사람들이 거리로 쏟아져나왔습니다. 시애틀은 WTO에 진심으로 반대했습니다."

11월 30일, WTO 회의가 시작되자 활동가들은 마하트마 간디와 마틴 루서 킹 주니어가 이끌었던 가두 행진과 비슷한 정신의 시민불복종운동으로 시애틀을 마비시켰다. 노동운동가, 학생, 환경운동가 등 수만 명이 거리를 점거했다. WTO 대표단은 호텔방에서 나오지도 못했다. 시애틀의 WTO 시위는 소란스러웠고 대체로 비폭력적이었으며 큰 효과를 거두었다. '지구 먼저!'의 대표 마이크 로젤이 공동 창립하고 러커스 소사이어티♦라 이름 지은 활동가 단체가 "시끄럽고 분노에 찬 방해, 와글와글한 소란, 그리고 혼란"이라는 목표를 이루었다.

WTO의 명령을 거부하는 미국 젊은이와 노동자의 모습이 언론을 타고 전 세계로 전송되었다. 톰킨스는 대중 앞에 나

♦ 1995년 미국에서 설립된 비영리단체로, 사회정의, 환경보호, 인권, 노동권 등의 이슈를 다루는 시민운동가들에게 비폭력직접행동 전략과 전술을 교육하고 지원한다.

서지 않은 채 봉기의 씨앗을 심었다. "놀라웠습니다." 퍼블릭 미디어 센터의 맨더는 회상했다. "우리는 시애틀 거리로 십만 명을 데리고 나와 WTO 회의를 무력화했습니다. 환상적인 사건이었죠."

이후 더그와 크리스는 파타고니아로 돌아갔다. 이들은 야생복원이라 알려진 새롭게 꽃피는 분야의 자연보호 계획으로 국제적인 관심을 받았다. 야생복원이란 자연보호 전략의 하나로, 주요 동식물을 다시 모아 생태계의 회복을 돕는 것이다. 톰킨스 팀이 실천한 대로, 야생복원에는 외래종 억제도 포함된다. 완전벌채가 이루어지고 나면, 수천 년의 진화로 성숙림이 마침내 이루었을 안정적인 다양성과 균형의 씨앗을 다시 심을 방법이 없어진다. 정부의 괴롭힘에도 불구하고 더그와 크리스는 칠레와 아르헨티나에서 100만 에이커에 달하는 땅을 소유했으며, 매입한 수십 곳의 숲과 농장에 야생복원 전략을 시도해볼 어마어마한 기회를 누리게 되었다.

더그는 환경복원이 현대 농업에 대한 재사유에 달려 있다고 보고 자금을 투자했다. 단일작물 재배와 독한 살충제 사용, 전체적인 토양 건강에 대한 무지와 전 세계적인 육류 선호도 증가 탓에 더그는 농업의 대변혁이 없으면 야생복원 계획은 실패할 게 뻔하다고 생각했다. 그는 아르헨티나에서 황폐한 목장을 매입해, 라구나 블랑카라 알려진 18,000에이커 규모의 강변 농장에서 유기농 농사를 지을 계획을 세웠다. 그는 텅 빈 캔버스에 집착하는 화가처럼 매일 비행기를 타고 라구나 블랑카 상공을 선회했다. 그는 오직 조종사만이 상상할 수 있는 규모로 비전을 그렸다.

2000년에 푸말린 공원은 전 세계에서 가장 큰 민영공원이 되었다. 소수의 후원자가 그 땅을 연구하고 자급자족하며 살아가는 독특한 부부를 만나기 위해 파타고니아에 왔다. 칠레 남부에 도착한 후원자들은 더그와 크리스에게 융숭한 대접을 받았다. 더그는 논쟁적인 지적 주장을 내놓고 재치 있는 농담을 던지며 주류의 사고방식을 가차 없이 비판했다. 때로는 알코올은 조금도 넣지 않은(레몬도, 차도 곁들이지 않은) 뜨뜻한 물 한 모금 마실 틈도 없이 계속해서 말을 쏟아내 손님을 불쾌하게 하기도 했다. 이럴 때 크리스는 평화의 중재자 이상의 역할을 해냈다. 그녀는 여러 프로젝트의 숨은 관리자로서 영향력 있는 기부자들과 관계를 쌓고, 감정이 상한 그들을 진정시키고, 남편의 거친 아이디어를 정리했다.

● ———

아침이 되자 그가 "가시죠, 여기 사람들이 천 개 폭포의 땅이라고 부르는 곳을 보여드리겠습니다"라고 말했다. 그에게는 비행기가 두 대 있다. 그중 한 기종의 이름은 허스키였고, 캔버스 천에 덮여 있었다. 좌석은 두 개뿐으로, 조종석 바로 뒤에 하나가 있는 구조였다. 초경량 비행기는 아니지만 작았다. 우리는 하늘로 날아올라 좁은 협곡을 지나며 폭포와 안데스콘도르를 구경했다. 우리 자신이 저 위에 있는 콘도르보다 대단할 것 없는 존재로 느껴졌다. 더그는 그 모든 아름다운 폭포를 보여주었다. 이어 우리는 다시 바다 쪽으로 날아갔다. 그가 말했다. "저 아래에 온천이 있습니다." 그는 온천 위를 낮게 날았다. 온천물을 가두기 위해 쌓아둔 돌더미가 보였다. 나는 아주 작은 모래사장을 보았다. '아, 세상에. 저기에 착륙하려나보군'이라고 생각했다. '아마 착륙할 수 있을 거야. 비행기 길이가 정말 짧잖아. 전에 해본 적이 있겠지'라고. 더그가 고도를 훅 낮추고 모래사장 가장자리에 동체를 걸치며 착륙했다. 꽤 단단하게 다져진 모래였던 게 틀림없다. 우리는 내려서 옷을 벗고 이십 분 정도 온천에 몸을 담갔다. 지구와 우리의 모든 캠페인을 살릴 방법에 대해 이야기했다. 그런 다음 이십 분 정도 바위 위에서 몸을 말리고 다시 옷을 입은 뒤 비행기에 올랐다. 더그는 비행기 뒷바퀴가 물에 잠기도록 활주로 끝까지 천천히 이동했다. 터질 것 같다는 생각이 들 때까지 엔진을 혹사시킨 다음, 말하자면 클러치를 뗐다. 우리는 안전하게 이륙했다. 그날 밤 그가 말했다. "그런 데 착륙하는 게 합법인지는 모르겠지만, 너무 아름다워서 온천을 하지 않을 수 없었습니다."

랜디 헤이스, 레인포리스트 행동 네트워크 창립자

●

더그와 크리스는 공원에 탄탄한 인프라를 구축했다. 오두막 여러 채와 산장 한 채, 방문자센터, 하이킹 여행을 안내하고 공원 부지를 관리하는 한 무리의 지역민을 포함해서 말이다. 더그는 탐방로 입구와 야영지를 어디에 둘지 알아보느라 몇 달씩 그 땅을 걸어다녔다. 그는 노스페이스의 진열창이나 에스프리 카탈로그의 서체에 공을 들였던 것과 같은

303

집중력으로 하이킹 코스를 만들어냈다. 푸말린 공원까지 들어오는 소수의 등반가와 배낭여행객은 유아기에 있는 세계 최고의 자연보호구역을 보게 되었다. 더그는 계곡의 감춰진 한 구석을 "숨겨진 요세미티"라고 즐겨 불렀다.

사회주의자인 리카르도 라고스가 2000년에 칠레 대통령으로 선출되면서, 더그와 크리스가 푸말린 공원을 완성할 가능성이 대단히 높아졌다. 육 년의 임기를 시작하는 라고스는 그들의 동맹이었다. 좌파 성향의 이 정치인은 군사독재 당시에 강제로 추방당해 해외에서 일하며, 채플힐의 노스캐롤라이나주립대학교에서 정치학을 가르쳤다. 그는 톰킨스처럼 극단적인 위험을 헤쳐나가면서도 보기 드문 평정심을 유지하는 용감한 저항가였고, 젊은 사회주의 지도자로서 피노체트 장군의 암살 명단 상위에 올라 있었다. 1986년, 피노체트의 여름 별장에서 독재자를 암살하려던 시도가 무위로 돌아간 이후 비밀경찰 암살단은 라고스를 추적했다. 이에 칠레 형사들이 라고스의 소재지에 관한 정보를 듣고 그를 체포했다. 그들은 라고스를 교도소에서 삼엄한 경비가 이루어지는 감옥에 수감했다. 형사들은 수많은 칠레인이 "강제수용소"라 불렸던 무시무시한 고문실로부터 라고스를 보호하고자 했던 것이다.

칠레가 민주주의를 회복한 이후, 라고스는 공공사업부 장관이 되어 수십억 달러 규모의 고속도로와 교량 건설 계획으로 칠레 경제에 동력을 공급했다. 칠레가 섬유소, 구리, 피시밀, 신선한 과일을 포함한 천연자원 수출에 의존한다는 점을 고려해, 라고스는 정부의 자원을 전국 단위 핸드폰 망 구축, 현대식 공항과 다차선 고속도로와 컨테이너 물류에 적합한 항구 건설 등 다양한 기간시설을 마련하는 데 투자했다. 그는 관광 역시 국가 발전의 중요한 축이 될 것임을 깨달았다. 세상의 다른 어떤 나라가 세계에서 가장 건조한 사막의 온천 여행이나 와인 양조장과 이스터섬을 지나 남극으로 가는 크루즈 여행을 제공할 수 있겠는가?

라고스 대통령은 푸말린 공원을 '자연보호구역'으로 지정해 법적 보호를 제공했다. 강렬한 반대와 관료 집단의 방해, 이례적인 지연에도 불구하고 푸말린 공원은 일급 보호를 받게 되었다. 라고스 정권하에서 이전까지 더그와 크리스를 무시했던 정부 부처의 문이 천천히 열렸다. 더그는 변호사들의 요청을 받아들여 상공회의소 임원과 관광 담당자, 칠레 정부 내의 반동적 인사에게 비공개 브리핑을 진행했다.

칠레 대통령궁에서 열린 VIP 회의에서 톰킨스는 해군 제독을 만날 예정이었다. 예의상 그는 넥타이를 매야만 했다. "더그는 그걸 정말 힘들어했습니다. 뼛속까지 반골이었으니까요." 그의 비서 다니엘 곤살레스가 웃으며 말했다. "더그는 계속해서 '이 사람들을 만나는데 대체 넥타이를 왜 매야하는 거야? 난 넥타이를 안 맨다고!'라고 말했습니다. 더그가 회의에 들어가기 직전에야 겨우 넥타이를 맨 기억이 나네요. 그곳에서 나오자마자 풀었고요."

페드로 파블로 구티에레스는 이렇게 기억한다. "더그는 해군을 상대로 국립공원 설립 프로젝트에 대한 아이디어를 발표했습니다. 나중에 장교 중 한 명이 사과했습니다. '당신에 대해서 온갖 헛소리를 들었는데, 당신을 직접 만나보니 그동안 완전히 속았다는 걸 알겠습니다'라면서요."

톰킨스는 깨어 있는 시간 대부분을 칠레 숲의 파괴를 기록하는 책을 쓰며 보냈다. 『칠레 숲의 비극』이라는 제목의 이 책은 사실상 수년 전에 출간되었던 그의 책 『완전벌채』의 칠레 버전이었다. 이 책은 경비행기를 타고 파타고니아 상공을 수백 시간 비행한 결과물이었다. 톰킨스는 비행기 조종석에서 수천 장의 사진을 찍고, 저녁이면 남아 있는 숲을 연구했다. 어느 날 밤, 그는 사진을 살펴보다가 바이아틱톡이라는 물굽이에서 과이테카라 알려진 연안의 희귀한 사이프러스 원시림을 발견했다. 육로로는 접근할 수 없고 해변과는 거친 바다를 사이에 두고 있는 그 구역은 대부분이 한 번도 벌목된 적 없었다. 한때 훼손되었던 곳도 수십 년 동안 아무도 손 대지 않은 채 남아 있었다. 톰킨스는 이 숲에서 자연재생이 이루어지고 있음을 깨달았다. 그는 틱톡의 소유주가 누구인지 알아보았다.

친구 피터 버클리와 다시 그 지역 상공을 비행하면서 톰킨스는 매물로 나온 땅을 가리켰다. 그 넓은 야생지는 자연보호 프로젝트에 최적인 입지 조건을 갖춘 곳이었다. 톰킨스가 흥분해서 숨쉴 틈도 없이 말을 쏟아내자 버클리는 "카페인을 과다 섭취한 부동산중개인"과 함께 날아가는 것 같다고 농담했다. 바이아틱톡의 수정처럼 투명한 물을 발아래에 둔 화산처럼 생긴 코르코바두 봉우리 상공으로 다가갔을 때 버클리는 완전히 매료되었다. "리우데자네이루의 슈거로 프산을 미니어처로 만든 듯한 거대한 바위와 아름다운 물굽이, 강이 흐르는 화강암 섬을 본 순간, 나는 '와, 이걸 팔고 있다면 내가 사야겠는데'라고 생각했습니다."

일주일 뒤, 톰킨스는 버클리에게 화산과 물굽이, 인근 숲이 매물로 나와 있다고 말했다. 복잡한 부분은 송금이라고 했다. 그들은 리히텐슈타인에 있는 어느 회사를 인수한 다음, 그 회사를 통해 자산이 칠레 토지뿐인 파나마의 회사를 매입해야 했다. "피노체트 일당이 이런 식으로 소유권과 지분을 은폐했거든요." 버클리의 설명이다. 모든 거래는 기록적인 속도로 마무리되었고, 톰킨스는 순식간에 코르코바두 국립공원을 짓는 데 결정적인 땅을 소유하게 되었다.

"피터 버클리가 야생지와 숲 상당 부분을 매입하는 데 175만 달러를 쾌척하기로 했어. 누구한테서도 본 적 없는 순수한 행동이지." 톰킨스가 친구들에게 보낸 편지다. "내가 부탁하니까 그 자리에서 바로 알겠다고 하더군. 난 무척 감동했어, 정말로. 버클리는 약간의 침울했던 분위기를 밝힌 한 줄기 빛이었어!"

톰킨스는 지도를 더 살펴보다가 버클리가 매입한 땅 주변의 토지 대부분이 칠레 육군과 해군 소유임을 알아차렸다. 관리인이 잠수함과 해병대의 상륙작전, 그리고 원시 그대로의 해변에 구리 탄피를 흩어놓았을 게 뻔한 전투 훈련에 대해 이야기하자 더그는 불길한 예감이 들었다.

칠레 정부의 보수적 구성원들은 바이아틱톡을 "비밀 잠수함기지"라고 설명했지만, 톰킨스가 더 잘 알았다. 그곳은 아무런 전략적 의미가 없는 대신 생물다양성은 풍부한 오지였다. 그는 새로운 국립공원을 만드는 데 노력을 집중했다. 푸말린 공원에서 마주한 장애물은 극복할 수 없었대도, 코르코바두에서는 난관을 돌파할 수 있을지 몰랐다.

나는 더그와 친해지면서 그가 아침식사로 뜨거운 물 한 잔만 마신다는 것을 알게 되었습니다. 내가 물었죠. "레몬도 안 넣습니까?" 그가 대답했습니다. "네, 뜨거운 물만 마십니다." 난 '특이한데. 아침식사로 뜨거운 물을 마신다고?'라고 생각했습니다. 더그는 훌륭한 취향을 가진 사람이면서도 찢어진 청바지를 입고 다녔습니다. 어떻게 그런 아이템을 조화시킬 수 있었는지 모르겠습니다. 그는 부에노스아이레스에서 세련된 가구를 주문 제작했고, 미적 감각이 극도로 뛰어난 사람이었습니다. 하지만 자신에 대해서는 그렇게 굴지 않았어요. 분명히 말하지만, 그는 닳아빠진 신발을 신고 다녔습니다. 신발은 신을수록 편해진다는 걸 나도 알죠. 하지만 나라면 그런 신발을 신고는 못 돌아다녔을 겁니다. 더그는 그런 상반되는 성향을 어떻게 조화시켰던 걸까요? 그는 취향이 훌륭하고 안목이 뛰어나며 책을 많이 읽고 모든 것에 관한 최신 정보를 꿰고 있는 사람이었습니다. 그는 늘 자기가 읽고 있는 내용에 대해 내게 쏟아냈고, 나는 그 글을 읽어야만 했습니다. 그러지 않으면 더그가 나를 바보라고 생각할 테니까요. 나는 누가 나를 바보 취급하는 데 익숙하지 않습니다.

리카르도 라고스, 2000~2006년 칠레 대통령

"내가 칠레 대통령이 되었을 때, 우리는 좋은 관계를 유지했습니다." 라고스의 말이다. "어느 날 더그가 나를 만나러 와서 '대통령님, 제안할 사업이 있습니다'라고 말한 것이 계기가 되었어요. 내가 물었죠. '좋습니다. 무슨 사업인가요?' 그러자 더그가 대답했습니다. '제가 코르코바두에 8만 헥타르의 땅을 가지고 있습니다. 육군이 8만 헥타르, 대통령님이 10만 헥타르를 가지고 있고요[이때 '대통령님'은 칠레 정부를 말한다]. 우리가 같이 공원을 만들면 어떨까요? 내 땅 8만 헥타르를 내놓겠습니다. 대통령님이 육군을 설득해 그 땅을 내놓도록 해주세요. 나머지 10만 헥타르는 대통령님이 주시고요.' 나는 대답했습니다. '그럽시다!'"

라고스 대통령은 본능적으로 톰킨스를 신뢰하고 군대를 경계했다. 피노체트 독재 초기에 군대가 그의 정치적 동료들을 고문하고 심지어 처형했기 때문이다. 라고스 대통령이 코르코바두 국립공원 설립을 복수 행위라고 말한 적은 없지만, 1920년대 이후 모든 칠레 대통령이 국립공원을 설립했다는 사실을 알았을뿐더러 군대 소유의 땅을 국립공원으로 바꾼다는 생각에 개인적인 기쁨을 느꼈다.

푸말린 공원에서는 더그가 거의 한 발짝 움직일 때마다 싸움과 괴롭힘이 뒤따랐지만, 코르코바두에서는 어려움 없이 협력이 이루어졌다. 이 지역에는 사실상 정착민이 없었고, 토지소유권은 명확했다. 코르코바두 화산의 눈 덮인 정상에서 느껴지는 순수한 아름다움 때문에 누구도 공원 설립에 반대하기가 어려웠다. 라고스는 직간접적으로 프로젝트를 밀어붙였다. 그는 권력의 지렛대를 작동시키는 방법을 정확히 알았으며, 공원 설립이 공식적으로 승인되었을 때는 푸에르토몬트에서 열린 기념 만찬에서 특별히 더그를 자기 옆에 앉혔다. 톰킨스는 흥분을 감추지 못했다. 버클리에게 보낸 편지에서 그는 현장을 이렇게 설명했다.

나는 대통령과 함께 해변을 산책하며 여러 주제로 깊이 있는 대화를 나눴어. 하지만 그중에서도 가장 중요한 건 환경보호에 대한 이야기였지. 대통령에게 그의 두번째 임기 중에 두번째 국립공원이 완성될 거라고 말했어. 대통령은 미소 지으며 "좋습니다!"라고 했지. 아무래도 이 모든 과정이 결국엔 보람 있는 일인 것 같아. 나의 존엄성을 향한 모욕, 더러운 정치공작, 편협한 관료들의 저열한 행동, 끝없는 트집과 지연, 막대한 비용, 심지어 사랑하는 아내에게까지 조급하게 굴었던 나의 성미까지, 모든 게 결국에는 의미 있었어.

코르코바두 국립공원을 기증한 후, 톰킨스는 버클리에게 사진을 잔뜩 보냈다. 라고스 대통령, 군함, 공원 개장식을 강조해 보여주는 사진이었다. 그러면서도 톰킨스는 버클리를 초대하지 않았다는 걸 깨닫지 못했다. "난 '초대해줘서 고마워'라고 했죠." 버클리의 회상이다. "더그는 '미안해, 내가 실수한 것 같다'라고 말했습니다. 나는 '그 정도로는 못 빠져나가지. 난 리카르도 라고스한테 감사 편지를 받고 싶어'라고 말했습니다. 더그가 그러더군요. '그건 못 해.' 내가 '아니, 할수 있어. 진지하게 하는 말이야. 나는 리카르도 라고스의 감사 편지를 받고 싶어. 네가 전화해서 편지를 써달라고 해'라고 말했습니다." 몇 달 뒤, 칠레는 새로 탄생한 코르코바두 국립공원을 갖게 되었고 버클리는 칠레 대통령이 서명한 감사 편지를 받게 되었다.

14장
파타고니아의 심장부에서

우리가 사는 남아메리카 지역은 아직도 농업 개척지다. 숲을 베어내고 경작지로 바꾸는 일이 여전히 계속되고 있다. 그것도 엄청난 속도로 말이다. 이럴 때 서식지에서는 무슨 일이 벌어질까? 그저 사라질 뿐이다! 우리와 지구를 공유해야 할 다른 생명체를 위한 공간은 어디에 있을까? 왜 우리는 저 남쪽 끝에 고래 보호구역을 만들었을까? 우리는 지금 인간의 문명 프로젝트를 저지하려고, 더이상 확장되지 않게 막으려고 애쓰는 중이다.

더그 톰킨스

더그가 처음 찾아갔을 때, 칠레에 매우 흔한 떠돌이 개가 그렇듯, 차카부코 계곡 목장은 지저분하고 더럽고 추레해 보였다. 2만 5천 마리가 넘는 양이 계곡을 돌아다니며 풀과 덤불, 심지어 묘목까지 모조리 뜯어먹었다. 녹색인 것은 전부 사라졌다. 계곡에 넘실거리던 초원의 풀과 자생 칼라파테 베리, 겨울나무 껍질, 산딸기가 하나도 남지 않았다. 자연주의자 에드워드 애비가 "발굽 달린 메뚜기"라 불렀던 양은 수백 킬로미터에 이르는 철조망에 갇혀 있었고, 목장은 퓨마를 총이나 독, 덫으로 죽이는 '라이언맨'이라는 사냥꾼을 고용했다.

높은 산의 호수에서는 플라밍고떼가 목욕을 했다. 새벽이면 길고 구부러진 부리가 인상적인 담황목따오기가 풀밭을 헤치며 먹이를 찾아다녔다. 인간이 다가오면 그들은 다른 동물에게 경고하듯 날카롭게 울부짖었다. 조그만 남방피그미올빼미가 울타리 말뚝 위에 앉아 있었다. 수천 미터 상공에서는 파타고니아 빙원에서 불어온 바람이 산자락과 부딪히며 형성된 상승기류를 타고 안데스콘도르가 날아올랐다. 군데군데 자리한 너도밤나무숲, 야생 남아메리카 낙타류인 과나코의 작은 무리, 그리고 새떼가 활발히 날아다니는 스무여 개의 고산 호수는 이곳이 한때 얼마나 찬란했는지 상상하게 해주었다. 하지만 2004년 무렵, '발차크'라 알려진 이 목장은 돈과 생물다양성 모두를 빠르게 잃었다. "처음 차를 몰고 차카부코 계곡을 지나갈 때 눈에 들어온 건 엄청나게 높은 '과나코 울타리'였어요. 일류 높이뛰기 선수라고 할 수 있는 이 동물을, 소떼를 방목하기 위한 최상의 풀밭에서 쫓아내려고 울타리를 높이 만든 거예요." 크리스 톰킨스의 회상이다. "계곡을 따라 끝도 없이 풀을 뜯는 수만 마리의 양떼를 보자 눈앞이 흐릿해지더군요. 풀이 자라지 못하고 여기저기 듬성듬성 죽어 있었죠. 야생동물을 위한 건 아무것도 남아 있지 않았어요."

크리스는 발차크의 망가진 땅에 다시 생기를 불어넣기 위한 웅대한 계획을 구상했다. 그녀는 이 도전 과제에 마음을 빼앗겼다. 더그와 크리스는 상공에서 그 목장에 눈독을 들이며 고해상도 항공사진을 잔뜩 찍었다. 목장주인 프란시스코 데스메트는 그들의 레니우에 집에 초대받아 갔을 때, 부부가 항공사진으로 자신의 목장 전체를 철저히 조사해 파악했다는 사실을 알게 되었다. 하늘에서 내려다보는 은밀한 팬이기라도 한듯 더그와 크리스는 그들이 관리하는 차카부코 계곡의 삶을 상상했다. 과연 그들은 토종식물을 잘 자라게 하고 동물을 야생복원할 수 있을까? 이본과 맬린다 쉬나드도 둘과 같은 열정으로 토지와 돈을 기부했으며, 공원 프로젝트가 성공하도록 상당한 영향력을 행사했다.

몇 년에 걸친 실랑이 끝에, 2004년 10월 매각이 공식화되었다. 데스메트는 토지 대금으로 900만 달러를, 양 매입금으로 100만 달러를 원했다. 크리스는 2만 5천 마리의 양을 빼고 목장만 사들이려고 노력했지만 소용이 없었다. 데스메트도 양을 원하지 않았기 때문이다. 양쪽 모두 그렇게 많은 양을 시장에 투하하면 가격이 폭락해 다른 양 농가에 피해가 될 수 있고, 또한 그렇게 많은 고기를 냉장하거나 운송할 여력도 안 된다는 걸 알았다.

크리스가 발차크 목장을 사들인 뒤, 계곡에 소문이 돌았다. "환경운동가들이 목장을 폐쇄할 거래!" 지역민들은 북쪽으로 수백 킬로미터 떨어진 푸말린에서의 싸움 이야기를 듣고 읽은 터였다. "칠레를 두 쪽 낸" 바로 그 미국인 부부가 파타고니아의 심장부에 있는 목장의 정수를 차지하려 하고 있었다. 그들은 하나의 생활방식을 완전히 없애버리려는 걸지도 몰랐다.

지역민의 두려움에 근거가 전혀 없는 건 아니었다. 더그가 1968년 전설적인 자동차 여행 때 한 번, 비오비오강에서 래프팅을 하러 에스프리 동료들과 차를 몰고 또 한번 지나간 적 있는 독일인 거주지 콜로니아 디그니다드가 칠레군의 은밀한 고문 장소였음은 이미 드러난 터였다. 콜로니아 디그니다드는 겉으론 무상교육과 의료서비스를 약속했지만, 실제로는 독일인 은둔자 집단이 운영하는 공포의 집이었다. 칠레의 수많은 유력 정치인에게 콜로니아 디그니다드는 국가 안의 국가처럼 느껴졌다. 독일 정부의 보호를 받는 그곳은 냉전시대의 잔재처럼 보였고, 칠레 정부는 이 강력한 외국인들을 통제하거나 그들의 기이한 관습과 폭력적인 전통을 무너뜨릴 수 없었다. 이제는 상당수의 칠레인이 톰킨스 역시 비밀스러운 목적을 감추고 있을지 모른다고 의심했다.

크리스는 발차크 인수팀을 꾸렸다. 그녀는 규칙을 정하기 위해 세 사람을 모았다. 모두 여성이었다. "우리는 발차크로 내려가서 그 목장을 주인에게서 공식적으로 인수하고 직원 전원을 만나야 했어요. 가우초 스물여섯 명과 요리사 두 명도요." 크리스는 웃으며 말했다. "다들 허리에 칼을 차고 다니는 총잡이 가우초였어요. 그런 사람들 앞에 우리가 도착한 거예요! 카롤리나가 직원용 매뉴얼을 준비했는데, 거기에 '무기 금지'라고 적혀 있었어요. 카롤리나가 그걸 큰 소리로 읽으니까 다들 자기 발치를 내려다봤죠. 모두가 권총에 소총, 바지에 칼까지 가지고 있었거든요. 그런 다음 카롤리나가 '반려동물 금지!'라고 말했죠. 그 사람들은 각자 개를 일곱 마리에서 열두 마리 정도 키우고 있었는데 말이에요.

우스꽝스러운 시작이었어요."

목장을 매입하고 겨우 몇 달 만에 더그와 크리스는 위기를 맞았다. 양 수천 마리가 태어날 예정이었다. 그들은 아픈 양을 돌보고, 죽어가는 양을 안락사시키고, 울어대는 새끼 양 모두에게 백신을 맞혀야 했다. 그제야 그들은 데스메트가 양을 두고 가려고 그토록 애쓴 이유를 이해했다.

크리스가 일을 떠맡았다. 더그와 결혼하기 전에 그녀는 스코틀랜드 양떼 목장의 후손 크리스틴 맥디빗이었다. 더그가 라구나 블랑카로 알려진 아르헨티나의 18,000에이커 규모의 유기농 농장에 수백만 달러를 쏟아붓고 유기농업의 생화학적 작용에 푹 빠져 하루하루를 보내는 동안 크리스는 발차크의 동물에 대한 연구를 체계적으로 진행했다. 이본과 맬린다 쉬나드도 차카부코 계곡에서 야생복원과 복구의 기회를 얻은 것에 깊이 감동했다. 그들은 크리스의 충실한 친구로 그녀가 파타고니아 회사에 얼마나 귀중한 존재였는지 직접 경험해 알고 있었다. 그들은 시간과 자원을 투자해 인접 토지를 매입하는 데 핵심 역할을 했다. 그들이 함께 동물을 연구하고 최적의 자연보호 기술을 토론하고 토지를 사들이는 동안, 질문이 연달아 떠올랐다. 어떤 동물이 사냥당해 멸종했을까? 그 동물을 위한 생태계가 남아 있긴 할까? 황폐해진 땅에 고유종을 다시 들여올 수 있을까? 차카부코 계곡은 파타고니아의 심장부를 통과해 이주하는 동물에게 생물학적 통로 역할을 했다. 그런 만큼 야생복원에 점점 큰 관심을 품게 된 더그와 크리스에게 이상적인 땅이었다.

목장을 매입한 이후로는 크리스가 협상을 주도했다. 그녀와 더그는 칠레 정부에 토지를 아무 조건 없이 넘기겠다고 제안했다. 칠레 국립공원청은 아르헨티나가 몬테레온에 취한 것과 비슷한 과정을 밟아 토지를 관리할 수 있을 터였다. 칠레인들은 이 제안을 거절했다. 공짜 국립공원을 받아들이지 않겠다고 했다. 공원 유지와 기간시설 확충에 필요한 비용 때문에 칠레 정부가 기부를 받아들일 여유가 없는 것이라고 그들은 생각했다.

더그와 크리스는 이 뜻밖의 거절을 하나의 도전으로 받아들였다. 과연 그들은 지나친 방목으로 황폐해진 목장을 복원하고, 그 과정에서 생태계를 재건할 수 있을까? "프로젝트는 낭만적이었어요. 0에서 시작한다는 건 더그와 크리스가 현장에서 많은 작업을 해야 한다는 뜻이었거든요." 그들과 일하며 남편과 함께 레니우에에 살았던 잉그리드 에스피노사의 설명이다. "우리는 그 땅을 자연 상태로 돌려놓고 싶었지만, 처음에는 양 수천 마리를 관리해야 하는 문제가 있었어요."

애초에 발차크에서 사람이 살 수 있는 유일한 건물은 한때 칠레 목동들이 쓰던 낡은 양 축사와 오두막뿐이었다. 더그와 그의 건축가 팀은 양 축사를 기본적인 대피소로 리모델링했다. 머잖아 더그와 크리스는 새로운 국립공원 프로젝트의 기간시설을 개략적으로 그려보며 일주일에 며칠 밤을 그곳에서 보냈다.

해질녘이면 하늘이 십여 가지 파란 색조를 거치는 동안 보랏빛 구름 사이로 햇살이 뻗어왔다. 달빛이 환한 하늘은 지역민이 말을 타고 가며 길을 찾을 수 있게 해주었다. 밤은 야생동물의 우짖는 소리로 가득했다. 과나코는 위협당하면 날카로운 히힝 소리를 냈다. "혼란스러운 추격 소리, 그리고 뭔지는 모르지만 잡아먹히는 듯한 동물의 비명도 들렸습니다." 크리스의 말이다. 퓨마가 자주 가축을 공격하긴 했지만, 더그와 크리스는 호숫가 텐트에서 자는 편을 더 좋아했다. 전화가 전혀 연결되지 않았으므로 CB 무전을 이용했다. 서로에게 콜네임도 지어줬다. 더그는 독수리라는 뜻의 '아길라' 혹은 청년을 의미하는 속어 '롤로'였고, 크리스는 벌새를 뜻하는 '피카플로르'였다.

크리스는 어느 때보다 자신이 살아 있음을 느꼈다. "아침 일찍 밖에 나가면, 해가 뜨지 않아 왠지 모를 불안이 느껴졌죠." 크리스는 차카부코 계곡에서의 새벽 산책에 대해 설명했다. "하지만 난 그런 불안을 의식하는 게 좋았어요. 아주 마음에 들었죠. 우린 최상위 포식자가 아니에요. (……) 나는 굴곡진 초원에 있었고, 와, 고대인의 기분이 이랬겠구나 생각했죠."

이제 그녀의 재단 콘세르바시온 파타고니카가 광활한 계곡을 소유했으니, 탐험할 시간이었다. 그녀가 매입한 것은 정확히 무엇일까? 집을 나선 더그와 크리스는 손을 잡고 산책하는 걸 좋아했다. 전화도, 디지털기기도 없었다. 날씨가 허락하면 옷도 걸치지 않았다.

더그는 더이상 LSD나 환각제를 사용하지 않았다. 나체로 걸어다닐 때, 그는 환각제라는 지름길을 이용하지 않아도 파타고니아 풍경의 아름다움을 감상할 수 있었다. "사람들이 비켜나면 자연이 피어납니다." 더그는 반복해서 말했다. 더그와 크리스는 종종 걸음을 멈추고 썩어가는 사체 위에서 원을 그리는 콘도르의 궤도를 확인하곤 했다. 콘도르가 관심을 둔 대상을 찾아가보면, 때로 부자연스러운 광경을 목격하게 되었다. 갈가리 찢긴 새끼 양 수십 마리였다. 어미 퓨마가 새끼에게 경정맥을 물어 사냥감을 단번에 죽이는 방법을 가르친 것이다. 하지만 새끼 퓨마는 솜씨가 좋지 않아서 종종 새끼 양을 바로 죽이지 못하고 상처만 입히거나 불구로 만들었다. 하룻밤 사이에 스무 마리에서 서른 마리 정도의 새끼 양이 희생되기도 했다. 그렇게 어미 퓨마의 사냥 수업은 피비린내 나는 난장판을 남겨놓았다. 콘도르가 그 위에서 활공하며 사체를 먹을 차례를 기다렸다.

이따금 남아메리카에서 벗어나 해외로 모험을 떠나야겠다고 생각하던 더그는 친구 마이크 페이의 제안을 받아들였다. 당시 페이는 중앙아프리카의 차드공화국에서 항공 조사 프로젝트를 진행하고 있었는데, 그 조사를 도와줄 노련한 조종사가 필요했던 것이다. 이런 일은 비행 임무 중에서 가장 지루했다. 사막을 가로질러 곧장 날아가면서 3,000제곱킬로미터라는 어마어마한 땅에 사는 동물의 개체수를 추정하기만 하면 됐다. 조사를 위해 거대한 모눈종이를 채우듯 모든 방향으로 수백 번씩 비행해야 했다. 톰킨스는 일부러 항법장치를 사용하지 않고 육안으로 확인하며 비행했다. 그래도 경로에서 3미터 이상 벗어나는 경우가 거의 없었다. "끝내쳤습니다." 페이의 말이다. "비행경로가 얼마나 곧은지를 보면 훌륭한 조종사와 형편없는 조종사를 구분할 수 있죠. 더그의 비행경로는 완벽한 직선이었어요. 더그는 정확한 비행 자체에 도전하는 걸 즐겼고, 무엇보다도 야생지를 날아다니며 자연보호 활동에 참여하는 데서 큰 즐거움을 느꼈습니다. 하지만 동시에 더그는 아프리카를 몹시 갑갑하다고 느꼈어요. 무질서와 혼란을 견디지 못했거든요. 그의 체계적인 정신은 아프리카 현장과 조화를 이루지 못했습니다."

차드 상공에서 톰킨스와 함께 선회하며 비행하는 동안 페이는 야영지에 모여 있는 밀렵꾼을 발견했다. 그들은 무장한 채 상아를 얻으려고 코끼리를 사냥하고 있었다. 페이는 톰킨스에게 야영지로 급강하했다가 마지막 순간에 날아오르라고 주문했다. 그러면 페이가 밀렵꾼 한 명 한 명을 사진에 담을 수 있었다. 톰킨스는 그러다 총에 맞는 것 아니냐고 물었고, 페이는 밀렵꾼의 "AK로는 절대 표적을 맞추지 못한다"고 장담했다.

톰킨스는 저고도로 네 차례 야영지 위를 맴돌았다. 페이가 사진을 찍어댔다. "우리에게 총을 겨눈 남자가 보이더군요. 그가 어깨를 움찔거리는 것도 보였습니다. 내가 말했어요. '어이, 더그. 저 사람이 우릴 쏘려 해!' 더그는 이렇게만 대답했습니다. '와, 진짜?' 더그는 계속 빙빙 돌며 비행했어요. 그의 머릿속에 위험은 발도 들이지 못했죠. 우린 그 사람에게서 겨우 60~90미터 떨어져 있었는데요. 높은 상공에 있는 게 아니었단 말입니다. 크리스는 엄청 화를 냈어요.

321

'그러면 안 돼. 그러지 마! 그러다가 그 사람 죽겠어!'라고 말했죠. 난 '죽어도 나 때문은 아닐걸'이라고 말했습니다."

더그와 크리스는 비에 젖은 푸말린 우림에 있는 집과 이베라 습지, 파타고니아 초원의 새로운 프로젝트를 쉴 새 없이 오갔다. 청록색 바케르강 위로 경사를 이루는, 태평양에서 약 80킬로미터 내륙으로 들어온 아름다운 계곡에 자리잡은 발차크는 푸말린의 우울한 잿빛 날씨에 화창하고 푸른 하늘이라는 대안을 제공했다.

세스나를 타고 남쪽으로 갈 때마다 더그는 다른 경로를 택했다. 칠천 시간의 비행시간을 쌓으면서 그는 항법장치를 대체로 사용하지 않았다. 이런 모습에 반한 승객들에게 더그는 항법장치가 고장날 경우에 사고를 피하려면 육안으로 비행하는 것이 필수라고 설명했다. 비행중 연료가 떨어진 경우에도 마찬가지였다. 사실 지나치게 열정적인 더그는 그런 일을 여러 번 경험했다.

환경운동가들이 찾아오면서 가장 큰 위협을 느낀 이들은 퓨마 사냥꾼이었다. 그들은 파타고니아 카우보이 문화의 중심에 있는 고귀한 개척 정신의 화신이었다. 레오네로, 즉 '라이언맨'이라 불리는 그들은 말을 타고 안데스산맥 깊숙한 곳까지 이동하는 용감한 사냥꾼이었다. 때로는 인근 아르헨티나까지 들어가기도 했다. 그들은 칼과 권총, 엽총을 들고 다녔다. 이들의 가장 효과적인 무기는 사냥개 무리였는데, 길거리 모퉁이에 무작위로 흩어져 있는 개들을 모은 것처럼 다양한 색깔과 크기와 종으로 잡다하게 이루어져 있었다. 순종 사냥개보다 똑똑하고 눈치가 빠른 이 개들은 사냥만 하는 게 아니었다. 들판에서 몇 달씩 지내는 가우초의 동반자이기도 했다.

더그는 퓨마 보호에 집착하기 시작했다. 퓨마에게 자유롭게 사냥하고 사냥감을 죽일 넓은 공간을 줌으로써 이 지역 최상위 포식자의 본래 역할을 되찾게 해주고 싶었다. 이것이 토종 야생동물 개체수를 조절하려는 그의 전략에서 핵심적인 부분이었다. 톰킨스 팀은 목장의 라이어맨들을 공원 순찰대로 재교육했다. 그들은 퓨마를 죽이는 대신 마취총을 쏘고, 45킬로그램짜리 동물을 들것에 실어왔다. 그러면 수의사팀이 무선 신호를 방출하는 추적용 목걸이를 그 동물에게 달았다. 굴곡이 심한 계곡 안에서는 목걸이의 무선 신호가 잘 잡히지 않았기 때문에 사냥꾼들은 가장 잘하는 일, 즉 퓨마를 추적해달라는 요청을 받았다. 전직 사냥꾼들은 현장 생물학자를 이끌고 퓨마의 주요 서식지를 찾는 하루짜리 원정길에 올랐다. 한 세기 동안 총알에 쫓겨 계곡 바닥에서 밀려날 수밖에 없었던 퓨마 개체는 여기저기 떨어져 있어 좀처럼 눈에 띄지 않았다. 발차크에 퓨마가 몇 마리나 살고 있는지 아는 사람은 아무도 없었다.

더그는 여러 분야의 전문가로 자연보호 팀을 꾸려 차카부코 계곡에 남아 있는 퓨마의 개체수와 서식지, 건강 상태를 조사하도록 했다. 그는 산티아고 동물원 우리에 갇혀 있는 퓨마의 소변을 모아달라고 동물원측에 요청했다. 여러 통의 퓨마 소변을 외진 파타고니아까지 운반해오는 것이 산사자 개체수를 회복시키는 첫걸음임을 알았기 때문이다. 더그는 분무기에 퓨마 소변을 담아 팀원들에게 정체 모를 퓨마의 냄새로 영역 표시를 하도록 했다. 그는 침입하려던 퓨마가 그 냄새를 맡고 다른 곳으로 가리라고 생각했다. 그러면 퓨마는 쉽게 사냥할 수 있는 계곡 바닥의 양을 더이상 노리지 않을 터였다.

차카부코 계곡 프로젝트를 크리스가 주도하는 가운데, 부부는 지체되고 있는 북쪽 푸말린 공원과 새롭게 '파타고니아 국립공원'이라 명명한 프로젝트 사이에서 시간을 쪼개 썼다. 일은 보통 새벽에 시작해 해가 진 뒤에도 한참 이어졌다. 더그는 종종 하루에 열두 시간을 일했다. 크리스는 다시 CEO가 된 기분이었다. 다만 이번에는 파타고니아 회사를 운영하는 대신 파타고니아 자체에 생태계를 재건하고 있었다. 더그는 그녀의 주머니와 신발, 옷장에 애정 어린 쪽지를 남겨놓았다. 조종석 뒷자리에 테이프로 쪽지를 붙여놓기도 했다. 크리스가 비행기에 앉으면 쪽지가 눈높이에 보였다. "뭐랄까, 부활절 달걀 찾기 같았어요." 크리스가 웃으며 말했다. "그런 사랑을 받으면 온몸의 세포가 바뀌죠. 얼굴이 달라져요. 전화 받는 방식도 달라지고요. 모든 게 상대방과 연결돼요. 우리는 서로에게 푹 빠져 있었어요. 우리에게 행복한 시간이란 단둘이 보내는 시간이었죠."

밤이면 더그는 촛불 빛에 의지해 아이센이라 불리는 지역의 지도를 연구했다. 그는 사진을 나란히 놓고 풍경을 짜맞쳤다. 비행중에는 이 사진을 한 손에 들고 다른 손으로 사진을 찍었다. 땅에서 겨우 15미터 떨어진 상공에서 그러는 경우도 많았다. 카메라에 집중해야 할 때면 그는 무릎으로 조종간을 잡았다. 톰킨스는 개별 이미지를 짜맞추며 계곡의 숨겨진 공간을 들여다볼 수 있었다. 아이센의 지도는 형편없었고, 알려진 정보는 대부분 십 년 넘게 6×6 중형 카메라를 짊어지고 산속을 돌아다닌 알베르토 데아고스티니라는 산악등반가 겸 살레시오회 소속 신부가 1912년에 여행하며 수집한 것이 전부였다. 앤설 애덤스가 그랬듯 데아고스티니의 사진도 광범위한 환경운동의 불씨가 되었다.

데아고스티니가 발견한 것에 감명받은 살레시오회 사제들은 그에게 자유롭게 돌아다니고 감탄하고 사진을 찍으라며 사제로서의 의무를 면제해주었다. 데아고스티니는 살레시오회가 야생으로 파견한 유목 특사였다. 더그는 데아고스티니의 방랑벽을 이해하고 그의 글을 꼼꼼히 읽었다. 그는 탐험가들이 쓴 용감무쌍한 이야기도 읽었는데, 그들은 해안에서 너무 자주 폭풍에 시달려 이 지역에 '고통의 만'이라는 이름을 붙였다.

파타고니아에서는 바람 때문에 이동이 어려웠다. 공중에서는 돌풍이 불어 더그의 경비행기가 구름 너머로 통통 튈 정도였고, 도로에서는 바람이 자동차를 이 차선에서 저 차선으로 밀어버렸다. 호수에서는 거친 바람이 특히 위험했다. 작은 만과 물굽이, 강, 산으로 이루어진 미로 같은 이 지역에서는 여전히 소형 연락선이 자동차와 트럭을 실어 날랐다. 때로는 한 번에 겨우 두세 대만 싣기도 했다. 이 지역의 수온은 영하를 간신히 넘기는 경우가 많았고, 2미터 높이의 파도 때문에 이처럼 짧은 운항도 위험했다. 초기 개척자들은 헤네랄 카레라 호수에 안전한 항구를 짓고, 그 항구에 '푸에르토 트랑킬로', 즉 '고요의 항구'라는 이름을 붙였다.

더그의 호기심을 사로잡은 것은 지도에 있는 공백이었다. 그 너머에는 무엇이 있을까? 누구도 걷거나 보거나 냄새 맡은 적 없는 지역을 그가 발견할 수 있을까? 더그는 탐험하는 동안 특히 마음에 든 장소들은 비밀로 간직했다. 공중에서 그런 구역을 발견하면, 가능할 때마다 조용히 그곳을 매입했다. 길이 없고 접근이 불가능하면 더 좋았다. 그는 자연이 세계 자본과 단절되어 현대 산업화사회의 단기적 요구에 방해받지 않고 진화할 기회를 누려야 한다고 주장했다. 그는 지구의 절반을 아껴둬야 한다고 주장하는 하버드대학교 생물학자 E. O. 윌슨의 활동을 유심히 지켜보았다. 윌슨은 생물종이 살아남아 재생산할 수 있는 토대를 확보하기 위해 지구의 50퍼센트를 자연보호구역으로 보전할 필요가 있다고 주장했다. '지구의 절반' 보호 계획을 들은 더그는 씩 웃으며 "괜찮은 출발"이라고 말했다.

●
더그와 나처럼 비행을 하면, 대부분의 시간은 지면에서 불과 60미터 높이 위를 날게 될 것이다. 거의 땅에 닿을 법한 거리다. 원한다면 지면에서 1.5미터 높이까지 내려갈 수도 있다. 정말로 무언가를 보고

싶다면 그 높이까지 내려가면 된다. 비행은 삼차원 공간에서 이루어 진다. 따라서 우리는 낮게 혹은 높게 나는 것만으로 원하는 관점이나 규모를 취할 수 있다. 모든 계곡을 따라 올라갈 수도 있고, 모든 숲을 살펴볼 수 있으며, 야생동물의 개체군을 파악할 수도 있다.

더그는 거의 오십 년간 수천 시간을 비행해왔다. 그런 조종사는 위험을 대수롭지 않게 여긴다. 그러니 어느 누구도 하고 싶어하지 않는 놀라운 일을 비행기에서 할 수 있다. 더그는 기본적으로 새와 같았다. 비행기의 일부였다. 아니면 비행기가 그의 일부였다. 그는 비행기와 하나였기에, 비행기와 함께 계속 몸을 움직였다. 비행기는 그의 연장된 신체에 가까웠다. 더그는 비행기라는 몸을 장착하자마자 날아올라 놀라운 자유를 느꼈다. 새도 그런 자유를 느낄 것이다. 이런 행위는 인간의 한계를 넘어선다. 아주 극소수의 사람만이 할 수 있는 일이다. 거의 초인이 되는 거나 마찬가지다.

J. 마이클 페이

차카부코 계곡을 조사하면서, 더그와 크리스는 이곳이 부분적으로 약 만 년 전에 빙하에 의해 형성되었다는 걸 알게 되었다. 빙하가 기반암을 갈아 부수면서 생긴 움푹 팬 자리가 이후 물로 채워진 것이다. 수십 개의 호수와 연못이 계곡에 점점이 자리잡고 분홍색 플라밍고와 검은목고니, 청동날개오리를 끌어들이는 습지를 형성했다. 회색여우와 붉은여우가 수많은 토끼, 새, 아르마딜로를 잡아먹으며 번성했다.

스페인 정복자들이 도착하기 수백 년 전에 아오니켄크라

고 불리는 원주민이 이 계곡을 돌아다니며 과나코를 사냥했다. 아오니켄크의 식단은 단백질 함량과 칼로리가 높았다. 스페인 정복자들의 평균 키가 160센티미터 정도였던 당시에 이들의 평균 키는 약 180센티미터에 달했다. 원주민의 키와 근육량에 놀란 탐험가 마젤란은 그들을 "파타곤"이라 불렀는데, 스페인어로 '발이 크다'라는 뜻이었다. '큰 발을 가진 사람들의 땅'이라는 뜻의 파타고니아라는 이름은 거기에서 유래했다.

스페인 식민지가 된 이후에는 생태계 전체를 양이 뒤엎었다. 1908년, 칠레 정부의 허가와 영국인 탐험가 루커스 브리지스의 꿈이 파타고니아에서 행운을 찾으려는 기업을 끝도 없이 끌어들였다. 그 꿈이란, 차카부코 계곡의 넘실거리는 초원을 이론상 엄청나게 많은 현금을 낳을 건강한 양떼와 바꾸자는 것이었다. 그런 일은 벌어지지 않았다. 그곳의 취약한 생태계는 목초지와 과나코의 이주 사이에서 균형을 이루며 진화해온 것이었다. 과나코는 겨우 서른에서 예순 마리씩 무리를 이루어 살았다. 이런 곳에서 수만 마리의 양이 풀을 뜯기 시작하자 초원은 사라졌다. 무릎 높이까지 오는 식물조차 보기 드문, 돌이 박힌 관목지로 바뀌고 말았다. 해가 가도 사업에는 이윤이 남지 않았다. 양이 먹어치우면서 비옥한 토양은 약탈당했다. 식물이 부족해지자 겉흙이 드러났고, 폭우가 쏟아지고 나면 침식이 심해져 개울과 강이 막혔다. 흙탕물에는 산소가 부족했으므로 물고기 개체 수도 곤두박질쳤다.

칠레 정부는 활엽수림 파괴를 더욱 부추겼다. 정착민이 숲을 밀어버리면 그 땅에 대한 소유권을 주었다. 독일과 영국, 칠레의 목축업자들이 경제적 발판을 찾아 이 지역으로 이주해오자 칠레 정부는 토지의 50퍼센트를 방목이나 경작을 위해 소개하라고 요구했다. 활엽수를 제거하는 손쉬운 방법은 불을 지르는 것이었다. "정부는 식민지 개척자들에게 '토지 300헥타르가 필요하다고요? 150헥타르를 태우세요'라고 말했습니다. 그러면 바람이 불어 불이 번졌죠. 이들은 아이센에서 700만 에이커의 숲을 태웠습니다." 환경운동가 후안 파블로 오레고의 말이다. "십 년 넘게 불이 꺼지지 않았습니다. 심지어 영구동토가 녹았어요."

복원 임무를 우선시한 크리스는 첫 장애물로 울타리에 집중했다. 울타리는 과나코의 이동을 막았다. 약 2.5미터 높이까지 뛰어오를 수 있는 이 동물은 철조망이 여러 겹으로 쳐져 있는데도 계곡을 건너려 시도했다. 수백 마리가 철사에 찔려 피를 흘리며 죽었다. 울타리가 존재하는 한 야생동물이 자연스러운 이동 경로를 회복하기란 불가능했다.

크리스는 과나코가 언덕에서 내려오고, 퓨마가 돌아다니며 과나코를 사냥하고, 다윈이 발견한 타조와 닮은 새 레아가 초원을 가로질러 뛰어다니며 개구리와 쥐, 식물을 먹고 살기를 바랐다. 그렇게 하려면 640킬로미터의 울타리를 걷어내야 했다. 그래서 그녀는 자원활동 프로그램을 시작했다. 이본과 맬린다 쉬나드가 그녀와 협력해, 파타고니아 회사 직원들이 근무 대신 자원활동을 하도록 해주었다. 자원

활동가들은 손을 보호하기 위해 두꺼운 장갑을 낀 채 울타리 기둥을 뽑고 철조망을 큰 공처럼 둘둘 말았다. 마치 쇠로 된 회전초처럼 보였다.

자원활동가들은 침입종과도 전쟁을 벌였다. 수천 가지 식물이 땅에서 뽑혀 실려나가거나 태워졌다. "지역민이 울타리 제거에 보인 반응은 정말 흥미로웠습니다." 더그의 오랜 등반 동료로 근처에 땅을 산 리토 테하다플로레스의 말이다. "그 사람들은 그렇게 넓은 공간에 울타리가 없는 모습을 본 적 없을 거예요. 그 광경을 보겠다고 다른 지역에서 찾아오는 농부들도 있었습니다."

더그와 크리스의 몇몇 친구는 차카부코 계곡을 방문했다가 매력에 푹 빠져 근처 땅을 샀다. 샌프란시스코에서 온 더그의 친구 에드거와 엘리자베스 보일스 부부는 푸에르토과달의 한 곳을 매입했다. 그곳에서라면 그들의 아들 웨스턴이 강과 야생지를 탐험하고, 톰킨스의 집에서 활기 넘치는 저녁식사를 할 수 있을 터였다. 웨스턴은 열 살 때부터 '더그 삼촌'에게서 같은 훈계를 들어왔다. 대학은 건너뛰고 곧장 삶에 뛰어들라는 것이었다.

더그의 손자 가드너 임호프는 발차크에서 하이킹과 래프팅을 하며, "하버드는 돈이나 뜯어내는 곳이니, 싸구려 널빤지로 문을 막아버려야 한다"는 할아버지의 설교를 들으면서 방학을 보냈다. 정규교육에 비판적이었던 더그는 부모가 공들여 세운 계획을 뒤흔들며 즐거워했다. 크리스 톰킨스는 그보다 훨씬 더 수완이 좋았으나 자기 입장을 양보하

지는 않았다. 공공장소에서든, 저녁식사 자리에서든, 더그
와 크리스는 열정적인 말다툼을 벌이며 서로의 결론을 무시
하고 상대방의 논리를 갈가리 찢어버리는 것으로 유명했다.
두 사람의 싸움은 치열하기로 악명이 높았다. 하지만 싸움
이 끝나면 채널을 바꾼 듯 다시 교양을 챙겼다. 친구들은 그
들이 공개적으로 충돌하는 모습을 흠이 아니라 그들의 결혼
생활을 단단하게 하는 강점으로 보았다.

탁 트인 하늘과 호수, 야생동물에 둘러싸인 톰킨스의 집
에는 더그와 크리스가 새로운 국립공원 프로젝트를 진행하
는 동안에도 해외에서 오는 다양한 친구와 손님들이 끊임없
이 드나들었다. 이들은 한 번에 며칠씩 하이킹과 등반을 하
거나 새로운 집의 상공을 비행했다. 더그는 아무도 오른 적
없고, 이름 지어준 적이 없는 듯 보이는 산봉우리를 발견하
면 곧바로 그 산을 처음 등반한 사람이 될 기회를 잡았다.
그는 이본과 함께 정상에 오르려고 분투했다. 어려운 기술
이 필요하지는 않았지만, 첫번째 시도에서 이본과 더그는
너무 지쳐 1,893미터의 정상에 도달하지 못했다. 이본의 등
산화는 갈라지고 망가졌다. "여길 '망할 놈의 봉우리'라고 불
러야겠어." 그는 농담했다.

산장으로 내려온 톰킨스는 아내에게 헌정하는 의미로 봉
우리에 '크리스틴산'이라는 이름을 붙이겠다고 선언했다. 그
는 그 산에 이름이 없을 거라고, 그러므로 이름을 붙일 수
있다고 확신했다. 칠레 관료들도 그와 같은 의견이었다. 크
리스가 더그에게서 받은 최고의 선물은 크리스틴산이었다.

"나를 지도에 등재했다니까요!" 크리스틴은 웃었다.

칠레와 아르헨티나에서 우리는 이동할 때 90퍼센트 이상을 비행기로 했다. 우리가 한 대부분의 일이 공중에서 이루어졌다.

비행은 우리가 땅을 보는 방식을 바꿔놓았다. 더 중요한 건, 우리가 풍경을 이해하는 방식을 바꿔놓았다는 것이다. 칠레 남부의 복잡한 지형을 이해할 때는 더욱 그랬다. 비행은 해안선과 섬, 그것이 대륙과 맺고 있는 방식을 살펴보는 방법을 가르쳐주었다. 이베라 습지 상공을 수백 시간 날아다니지 않았다면 우리는 절대 그곳의 생태를 이해할 수 없었을 것이다. 우리가 기증한 국립공원은 봉우리, 계곡의 굴곡, 연못, 호수, 분수령에 대한 모든 정보를 파악해야 이해할 수 있었다. 하늘에서였기에 풍경을 큰 그림으로 한눈에 볼 수 있었던 것이다. 비행은 회의적인 사람, 정치인, 공동체 구성원에게 특정 지역이 왜 그토록 중요한지 명확히 설명하고 그 지역이 공동체에 영향을 끼치거나 끼치지 않는 이유를 보여주는 직접적인 방법이기도 했다.

우리의 사랑 이야기를 제외하면, 남부에서 한 경험 중에서 내가 세상을 보고 아름다움을 평가하고 나의 진정한 자아를 찾는 데 가장 큰 영향을 준 한 가지는 의심의 여지 없이 더그와 함께한 수천 시간의 비행이다. 나는 두 번 죽을 뻔했다. 그중 한 번은 비행할 때였고, 다른 한 번은 한겨울에 칠레 해안선을 따라 항해할 때였다. 이런 경험이야말로 사람을 단단하게 만들고 준비시켜준다. 다른 어떤 것으로도 불가능한 방식으로 우리를 단련시킨다. 우리는 심지어 장을 보러 갈 때도 비행기를 타고 갔다.

더그는 나를 무척 사랑했지만, 우리 침대가 충분히 더 컸다면 그의 사랑하는 허스키가 우리 사이에 누웠을 것이다.

크리스 톰킨스

양 목장에 산다는 건 실질적 운영에 큰 차질이 생긴다는 뜻이었다. 양떼 전체를 매각하는 데는 몇 년이 걸렸다. 하지만 시간이 지나면서 양떼가 줄어들자 더 심오한 아름다움이 싹텄다. 황금빛 풀밭이 펼쳐졌다. "초원 회복의 정도가, 이 생태계가 회복하는 속도가 예상보다 빨랐습니다. 그렇다고 해도 수백 년은 더 걸리겠지만요." 『와일드 어스』의 편집자이자 톰킨스의 책을 오랫동안 편집해온 톰 버틀러의 말이다. "아무튼 초원은 빠르게 되살아났습니다. 차를 타고 파타고니아를 가로지르다보면 풀이 보이지 않아요. 그러다가 차카부코 계곡에 들어서면 넘실대는 풍성한 초원과 대규모 과나코떼를 보게 됩니다. 그게 올바르게 느껴져요. 마법 같다고, 천국 같다고 느껴지죠. 회복할 기회를 얻었을 때 자연이 해내는 일은 놀랍습니다."

15장
강의 살해자

이곳은 희생된 땅이다. 사회적으로나 환경적으로나 이곳은 희생의 땅이다. 칠레는 강 대부분을 살해했다. 로아강은 더이상 바다로 흐르지 않는다. 거기에 남아 있는 물은 전부 하수와 산업폐기물이다. 아콩카과강은 죽은 강이나 마찬가지다. 마이포강은 이미 죽었다. 칠레가 착취를 위한 땅이라는 건 하나의 패러다임이다. 그런데 우리에게와서 국립공원을 만들어야 한다고 말하는 이 미국인은 누구일까?

후안 파블로 오레고, 칠레 환경운동가

한 기자가 크리스에게 전화를 걸어, "당신들이 이제 막 새로운 공원을 조성하기 시작했는데 바케르강에 댐이 들어선다니, 기분이 어떻습니까?"라고 물었을 때 크리스는 기자가 무슨 말을 하는 건지 알지 못했다. 그러다가 그녀는 신문을 읽었다.

일군의 기업이 파타고니아 심장부를 수력발전댐 열두 개를 짓기 위한 32억 달러 규모의 단지로 선정했다고 발표했다. 이중 가장 규모가 큰 댐은 높이가 73미터였으며, 건설에 구 년이 걸릴 예정이었다. 파타고니아의 풍경은 송전선과 발전소, 육천 명의 임시직 노동자를 동반한 시끄럽고 지저분한 구 년의 건설 주기로 조각조각 나뉠 터였다. 남아메리카에서 그 말은 빈민굴과 성매매, 엄청나게 많은 쓰레기와 더불어 평화로운 시골 생활의 파괴를 의미했다. 이 프로젝트는 '이드로아이센HidroAysén'이라 불렸으며, 칠레 역사상 최대 규모의 에너지 프로젝트가 될 터였다.

댐 프로젝트는 칠레에서 가장 부유한 마테 가문이 소유한 콜분과 스페인의 상장 다국적기업 ENDESA의 합자로 이루어졌다. 이들은 차카부코 계곡에서 겨우 몇 킬로미터 떨어진 곳에 댐을 건설할 예정이었다. 이들이 계획한 댐은 차카부코강이 흘러드는 바케르강을 막을 터였다. 그 말은 분수령 전체가 영향을 받으리라는 뜻이었다.

더그와 크리스는 충격을 받았다. 그들은 우이나이, 그러니까 북쪽에 있는 푸말린 공원 프로젝트의 한가운데에 있는 땅을 매입하기 위한 싸움에서 ENDESA에 농락당한 적이 있었다. 이제 ENDESA가 다시 그들의 코앞에 들이닥쳤다. 이번에는 열댓 개 강에서 에너지를 거둬들이기 위한 일련의 댐을 짓겠다는 계획을 가지고 말이다.

ENDESA와 콜분은 거대한 댐 건설을 위한 자금을 마련했다고 선언했다. 두 회사는 이 프로젝트가 지역 경제에 이십 년간 호황을 가져다줄 것이라며, 댐의 수익으로 1,200억 달러가 발생하리라고 예측했다. 댐과 송전선이 설치되면 우선 전기가 인근 코크라네 마을로, 그다음에는 칠레 전역을 지그재그로 가로지르는 약 오천 개의 송전탑으로 전달될 것이라고 했다. 총 1,600킬로미터에 걸쳐 약 400미터마다 거대한 송전탑이 하나씩 세워지는 것이었다. 컨소시엄은 연간 3,000메가와트의 전기가 생산되리라고 추산했다. 칠레 전기 소비량의 5분의 1에 맞먹는 양이었다. 산티아고에서는 수력발전을 "대중을 위한 청정에너지"라고 선전했으며, 송전 시스템은 "세계에서 가장 긴 송전선"을 건설하는 눈부신 공업적 위업으로 환영받았다.

새로운 저수지에 필요한 토지를 확보하기 위해 컨소시엄은 수십 명의 토지 소유주를 매수했다. 그들이 짓겠다는 인공호수는 차카부코 계곡 입구 건너편에 있는 계곡을 침수시킬 터였다. ENDESA와 콜분에 따르면, 이 전기는 물을 이용해 만들어지므로 지속 가능하고 재생 가능한 '녹색에너지'였다.

바케르강에는 댐 세 개가, 파스콰강에서 에너지를 뽑아낼 댐은 두 개가 설계되었다. 칠레 수자원관리법과 1980년 헌법에 따라 용수권이 민영화되었다. 강물은 사고팔고 거래할 수 있는 상품으로 변했다. 피노체트 정부는 ENDESA에 물을 소유하고 물의 흐름에서 이윤을 창출할 수 있는 특권과 우호적인 환경을 보장해주었다.

ENDESA와 콜분의 엔지니어들은 톰킨스가 계획한 공원 입구에서 바로 길 건너편에 시멘트를 부어넣겠다는 계획을 확정했다. 이때 ENDESA에는 이 프로젝트가 이미 이루어진 것이나 마찬가지라고 믿을 만한 충분한 근거가 있었다. 여론조사에 따르면 칠레 대중의 57퍼센트가 댐 건설에 찬성했다. 대부분의 시민이 수력에너지를 긍정적으로 보았다.

어떻게 대응해야 할지 고심하던 톰킨스는 국제적 동맹에

도움을 구했다. 그중에는 몇 년 전 '워터키퍼 얼라이언스'라는 비영리단체를 만드는 데 도움을 주었던 로버트 케네디 주니어도 포함되어 있었다. 케네디는 댐 건설 계획에 경악했다. "모든 강은 위대한 예술품입니다. 세상 사람들 대부분은 평생 〈모나리자〉를 직접 보지 못하겠지만, 만약 그 작품이 파괴된다면 모두가 무언가를 잃는 셈이 되겠죠."

정계의 협잡꾼과 칠레의 권력 브로커는 모두 댐 프로젝트가 기나긴 협상과 정부의 명확한 지원 약속을 받은 뒤에야 발표되었음을 알고 있었다. 정부는 어떤 환경영향 문제가 생기더라도 프로젝트를 끝까지 이끌어갈 터였다. 다들 암묵적으로 그렇게 생각했다. 30억 달러 규모의 건설 계약은 칠레 엘리트 사이에서 연방, 지역, 지방 규제 당국과 유착하기에 충분한 뇌물을 의미했다. 이 거대한 구조물에는 트럭 수천 대 분량의 시멘트, 수백 개의 공급업체, 오천 채의 임시 임대주택, 산티아고에 있는 모든 정당을 만족시킬 공급망이 필요했다. 계획된 바케르강 댐은 사람이 살지 않는 계곡을 침수시켜 파타고니아의 일부를 값비싼 호숫가의 부동산으로 만들어줄 터였다.

콜분과 ENDESA는 칠레 수자원에 대한 권리를 받아 국가의 전기 공급량 중 대략 3분의 2를 통제했다. 이드로아이센 프로젝트는 꾸준한 돈줄이 될 터였다.

ENDESA가 칠레에서 댐 프로젝트에 손을 댄 게 이번이 처음은 아니었다. 에두아르도 프레이 대통령은 몇 년 전 칠레의 웅장한 비오비오강 전역에 댐을 짓는 ENDESA의 프로젝트를 지원했다. 더그가 1980년대에 가족이나 에스프리 직원들과 함께 래프팅했던 멋진 물길은 사라졌다. 1990년대 비오비오강 댐 건설 사업은 지역 환경단체의 극심한 반대에 부딪혔지만, 결국 환경단체가 패배했다. 칠레는 가까스로 민주주의를 회복한 상태였기에, 십칠 년의 가혹한 군정을 거친 칠레 활동가들은 아직 정부를 공개적으로 비판할 준비가 되어 있지 않았다. 이 사업에 반대한 초라한 환경단체들은 힘겨운 싸움에 직면해야 했다. 그들은 비오비오강을 지켜야 한다는 입장을 유럽에서, UN에서, 심지어 워싱턴DC에 있는 국제통화기금의 본부에서 피력했다. 그들은 그 프로젝트를 거의 중단시키기 직전까지 몰아붙였다. 그러나 결국에는 칠레 정부가 비오비오강의 댐 건설을 승인했다.

파타고니아에서 ENDESA는 강에 댐을 건설하는 데 있어 훨씬 유리한 입장에 있었다. 아이센에는 원주민이 거의 없고, 지역 인구는 드문드문 흩어져 있는데다 가난했다. 그들은 겨우 수백만 달러에 농가 가족을 매수할 수 있었다. 거기에 수백만 달러의 웃돈을 얹어 산티아고의 칠레인에게 이 계획을 매각할 수 있었다. 산티아고의 칠레인 대부분은 바케르강이나 파타고니아에 대해 들어본 적도 없었다. 비오비오강 댐 건설에서 승리를 거둔 터라, ENDESA는 칠레 환경운동가들의 전술을 파악했다고 생각했다. 회사는 활동가를 히피 무리로 여겼으며, 그들이 피할 수 없는 승인 절차를 잠시 늦추는 것 외에는 아무것도 할 수 없으리라 생각했다.

더그가 협조자들에게 말한 바에 따르면, 이드로아이센이

승인되는 경우 개발의 수문이 열리게 될 터였다. 파타고니아는 진보라는 이름으로 포장된 파괴의 물결에 익사하고 말 거였다. 자유롭게 흐르는 강에 댐을 건설하는 것은 더그와 크리스가 차카부코 계곡에 야생으로 돌아갈 기회를 주는 동시에 지역 경제를 자원 추출 산업에 기반에서 자연보호와 생태 관광에 기반으로 변화시키고자 개발해온 장기 전략에 치명타가 될 터였다.

●

댐은 언제나 쓸데없다. 댐의 경제학을 살펴보면, 강의 흐름을 민영화해 대중에게서 그것을 도둑질하는 것일 뿐이다. 댐은 대부분 막대한 국가보조금으로 건설된다. 이런 강의 계곡에 사는 사람들은 강이 사라지고 집이 침수되어 억지로 이주할 수밖에 없기에 삶이 영구적으로 파괴된다. 확실한 공공의 이익이 있다면 그래도 괜찮지만, 댐을 자세히 살펴보면 사실상 모든 경우에 그 이익이 증발해버린다. 진정한 자유시장에서는 천연자원에 제대로 가치가 매겨진다. 우리가 이런 자원을 낭비해버리는 건 자원을 과소평가하기 때문이다. 따라서 이건 공공의 자원을 공공의 자금으로 사유화하는 셈이다. 그 과정에 많은 사람이 연루돼 있지만, 이는 결국 몇몇 억만장자에게만 이득을 안겨주는 극적인 경제적 사기다. 그들이 부자가 되는 만큼 나머지 사람들은 더 가난해진다. 그들은 다른 모든 사람의 삶의 질을 떨어뜨림으로써 자기 삶의 기준을 높인다. 자유시장의 규율에서 벗어나 공공에 자신의 생산 비용을 치르도록 강제하는 방법으로 말이다. 내게 공해기업을 보여주면, 나는 그들이 받은 보조금을 보여주겠다. 정치적 영향력을 활용하는 기득권층을 보여주겠다. 더그는 우리가 다루려는 것이 자유시장 자본주의가 아님을 알고 있었다. 그건 바로 정경유착

더그와 크리스가 직접 가꾼 삶의 터전에 ENDESA가 도전
장을 내밀자 싸움은 사적인 것이 되었다. 이제 더그와 크리
스가 수년 동안 함께 싸우며 유대감을 쌓아온 칠레의 환경
공동체를 소집할 시간이었다. "더그는 우리 모두를 차카부
코로 불러 문제를 논의하자고 했어요." 칠레 환경운동가 페
터 하르트만의 회상이다. "그는 '이럴 수는 없습니다. 이건
끔찍한 프로젝트예요. 뭔가 해야 합니다. 내가 돕겠습니다.
칠레 역사상 전례 없는 최대 규모의 환경 캠페인을 시작하
죠'라고 말했습니다."

더그는 비오비오강 댐 건설에 반대하는 캠페인을 이끌었
으며, 에코시스테마스라는 칠레 NGO의 수장이기도 했던
후안 파블로 오레고에게 전략을 세워달라고 부탁했다. 오레
고와 일단의 칠레 활동가들은 116페이지짜리 보고서를 준
비했는데, 결론은 파타고니아 방위협의회라는 법적 조직의
설립을 권고한다는 것이었다. 협의회는 환경단체, 관광업
체, 지역 시민, 뜻을 함께하는 일부 정치인을 포함하는 연합
이었다. "수많은 NGO에서 반대했습니다. 정치인을 참여시
키면 이 과정이 퇴색할 거라면서요." 협의회에 참여했던 하

341

르트만의 말이다. "하지만 어쨌든 우리는 협의회를 꾸렸습니다. 환경운동에서 순수성을 지키고자 하는 모든 사람의 자존심을 지켜주려 했다면 어떤 목표도 이루지 못했을 겁니다."

톰킨스는 파타고니아에 댐을 짓는다는 발상 자체에 격분했다. 그는 팀원들에게 댐 승인을 지연시켜야 한다고 말했다. 그는 에너지 생산의 미래가 대안에너지로 옮겨가고 있다고 확신했다. 새로운 기술로 태양광 패널과 풍력발전기의 생산가가 낮아지고 있다고, 비전통적 재생에너지 자원의 가격이 떨어질 게 분명하다고 주장했다. 대안에너지 자원이 이제 막 등장한 터였다. "더그는 세상을 보는 시야가 우리보다 넓었습니다." 하르트만의 말이다. "더그의 세계적 시야가 큰 자산이었죠."

환경운동가들이 칠레 환경 시위를 지원하기 위해 전국으로 흩어지자, 더그는 메시지의 주도권을 쥐었다. 그는 특히 댐 건설에 반대하는 언론 캠페인의 이미지와 분위기에 관여했다. 그는 라틴아메리카 어느 지역에서든 전기를 생산하기 위해 강에 댐을 건설하는 사업이 논쟁을 일으킨다는 걸 알고 있었다. 칠레에서 그건 전쟁 선포였다. 수많은 칠레의 젊은 환경운동가에게 비오비오강을 구하기 위한 싸움이 인생 첫 활동이었다. 그리고 그 싸움은 처참한 실패로 끝났다. 그들은 공들인 작품을 잃었고, 복수하고자 하는 열망이 있었다. 에코시스테마스에서 일하는 젊은 활동가는 그들의 캠페인을 위한 세 단어의 슬로건을 만들어냈다. "댐 없는 파타고니아." 스페인어로 이 문구는 '파타고니아 신 레프레사스'였는데, 낭만적이면서도 귀에 꽂히는 표현이었다. 이 슬로건은 결정적으로 파타고니아가 야생 낙원이라는 개념을 표현했다. 설령 대부분의 칠레인이 자기 나라 지도에서 파타고니아를 찾지 못한다 해도 말이다.

칠레 역사상 가장 큰 규모의 에너지 프로젝트에 반대하는 전국 단위 운동을 조직하는 것은 어려운 일이었다. 댐을 반대하는 주장은 여러 면에서 칠레의 자유시장 발전 모델에 대한 모독으로 보였다. 그 모델이 목재펄프, 피시밀, 구리 원석을 포함한 천연자원 수출에 기반을 두고 있었기 때문이다. 칠레는 나무를 가구로, 생선을 필렛으로, 구리를 파이프로 만드는 것과 같이 부가가치를 창출하는 공정에 투자하지 않았다. '라 콘세르타시온'이라 알려진 피노체트 이후 정부는 세금을 면제하고 세계에 모든 것을 수출하는 전략을 지속할 거라고 선언해왔다. 개발 모델에 대한 반대는 투자에도 반대하고 칠레에도 반대하는 것으로 보였다.

더그에게 한 가지 아이디어가 떠올랐다. 댐이 아니라 송전선에 집중하면 어떨까? 그는 1,930킬로미터 길이의 송전선이 완전벌채지만큼 흉측하고 그보다 훨씬 긴 흉터라는 걸 알았다. 그런 콘셉트, 그런 이미지가—그의 사랑하는 파타고니아를 베어내고 칠레의 절반을 갈라놓는 1,930킬로미터의 흉터가—그의 언론 전략에서 핵심이 되었다. 경악스러운 콜라주를 만들면 어떨까? 더그와 팀원들이 칠레의 구석구석을 훼손하는 송전선을 보여준다면? 계획된 송전선은 파타고니아에서 가장 유명한 국립공원 토레스델파이네와 한참 떨어져 있었지만, 톰킨스는 지역 광고업체를 고용해 그곳의 유명한 첨탑 같은 세 봉우리를 베고 지나가는 송전선 사진을 만들게 했다. 더그의 수많은 동맹이 그를 의심했다. "사실도 아니잖아요!" 그들은 불평했다. "걱정하지 마세요." 더그는 웃으며 대답했다. 그는 그렇게까지 혐오스러운 이미지라면 아름다움에 대한 전국적인 욕구를 불러일으키리라 장담했다.

이 광고는 산티아고 국제공항에 걸렸다. 발파라이소에 있는 칠레 국회의사당 근처 옥외광고판에도 게시되었다. 칠레의 권력 엘리트들도 볼 수밖에 없었다. 뜨거운 논란이 터져 나왔다. 톰킨스는 대체 어떻게 이드로아이센이 토레스델파이네의 경관을 해칠 거라고 주장할 수 있단 말인가? 전력 컨소시엄 경영진은 격분해, 토레스델파이네 앞에 송전선을 설치하는 건 생각조차 할 수 없는 일이라고 주장했다. 광고가 공정하지 않다고 반발했다. 댐 찬성파는 곧장 톰킨스의 덫에 걸려들었다. 파타고니아 방위협의회는 응답을 준비해놓았다. "그곳에서 괜찮지 않다면, 파타고니아 어디에서도 괜찮지 않습니다." 댐 반대 메시지의 기획자인 후안 파블로 오레고는 말했다. "중요한 건 그게 비유였다는 점입니다. 그리고 회사 경영진이 반응을 보였으니 광고는 아주 성공적이었던 셈이죠. 더그는 놀라운 사람이었습니다. 광고는 송전선이 풍경에 무슨 짓을 하는지 사람들이 생각하도록 만들었습니다."

댐이나 수백만 명의 전기료가 낮아질 가능성에 대해 이야기하는 대신, 톰킨스는 댐을 아름다움에 관한 국민투표로 규정했다. 이어서 그는 이스터섬의 조각상 앞을 가로지르는 송전선을 합성한 이미지도 광고에 포함하자고 제안했다. "여기서는 용납할 수 없는 일입니다. 아이센에서도 마찬가지입니다"라는 슬로건과 함께 말이다.

아름다움을 믿고 건 승부가 성공했다는 사실에 기뻐하며, 톰킨스는 수십만 달러를 광고 시리즈에 쏟아부었다. 그는 이드로아이센이 칠레의 국제적 이미지를 망가뜨린다는 메시지를 실감나게 전했다. "우리는 절대 일반 대중에게 집중하지 않았습니다. 광고는 정책 결정자, 상원의원, 공무원을 겨냥한 것이었습니다." 캠페인에 참여한 사회학자 에르난 플라디니치의 말이다. "그래서 공항 출국장과 입국장 광고판에 돈을 쓴 겁니다. 우리는 그런 사람들에게 영향을 미치고 싶었거든요."

ENDESA는 칠레의 유력 정치인을 다루는 방법을 잘 알았다. 그들은 정치인을 포섭하거나 고용했다. 칠레의 수많은 기업 중에서도 ENDESA는 독재정권에 이어 칠레를 통치한 중도좌파 연합에 정치적 기부금을 제공한 상위 열 개 기업에 들었다. 극우파와도 밀착 관계를 유지하기 위해, ENDE-SA는 피노체트의 변호사이자 독재정권의 핵심적인 지식인 동맹이었던 파블로 로드리게스 그레스를 법률고문으로 고용했다. 그는 즉시 댐 반대 활동가들을 폭력적인 광신도라고 비난했다. "이 사람들은 환경 테러범입니다!" 그레스는 선언했다. 명문대인 칠레대학교 로스쿨에서 오랫동안 법학 교수로 재직한 그의 의견은 중요했다. 사실상 테러범으로 의심받는 사람은 그레스였다. 피노체트 독재 이전에 그가 설립한 준군사단체 '파트리아 이 리베르타드'는 CIA 비밀요원들과 동맹을 맺고 살바도르 아옌데 정부를 전복시키려 했다. 그들의 활동에는 '사고로 위장한 살인'도 포함되어 있었다. 파트리아 이 리베르타드는 칠레의 민주주의를 파괴하려는 CIA의 통로였으며, 그레스는 핵심 요원 중 하나였다. 삼십오 년 뒤, 로드리게스 그레스는 더이상 거리에서 문제를 일으키지 않았다. 대신 도움이 필요하면 파시스트에게 직접 전화를 걸 수 있었다.

국가가 지원하는 암살과 고문은 피노체트 이후 칠레에서 더이상 가능하지 않았다. 다만 폭력에 대한 잠재적인 위협이 종종 활동가들을 마비시켰다. "놈들은 우리 사무실을 샅샅이 뒤졌습니다. 두꺼운 나무문이 달린 오래된 집이었는데, 집주인이 커다란 맹꽁이자물쇠가 달린 철창을 [그 문에] 달아뒀어요. 그런데 놈들이 그걸 뜯어냈습니다." 오레고는 비오비오강을 구하려다 실패했을 때 벌어진 한 사건을 회상했다. "커다란 사륜구동 트럭 같은 것을 가져와서 말이죠. 안에 남은 게 아무것도 없었습니다. 컴퓨터, 전화기, 팩스, 모든 게 사라졌어요. 아침에 들어가보니, 놈들이 사방에 '전도 그만해, 개자식들아!'라는 그라피티를 달러 기호와 함께 스프레이로 써두었더군요."

'칠레 암비엔테'라는 NGO의 수장이자 톰킨스와 함께 파타고니아 보존 캠페인을 벌인 전략가 파트리시오 로드리고의 사무실은 총격을 받았다. "누가 전화를 걸어서 '우리는 30억 달러짜리 댐 프로젝트보다 훨씬 작은 일로도 사람을 없앤 적이 있다'는 끔찍한 메시지를 전하더군요." ENDESA와 그 동맹이 환경운동가를 대상으로 한 백래시에 기름을 부으면서, 이 지역의 픽업트럭과 광산 차량은 "톰킨스 없는 파타고니아!"라고 적힌 범퍼 스티커를 뽐내기 시작했다.

차카부코 계곡에서 반톰킨스 열풍이 뜨거워지던 2008년 4월 30일, 그의 세상은 강도 5.4의 지진으로 더욱 흔들렸다. 진앙지는 그가 계획한 푸말린 공원의 중심부였다. 진동은 육 초간 이어졌고, 톰킨스의 직원이나 엘아마리요 혹은 근처 차이텐의 주민들은 별로 걱정하지 않았다. 칠레 사람들은 강한 지진에 익숙했다. 1960년에 과학자들이 사상 최강 지진을 기록한 곳도 칠레 남부였다. 당시 지진은 리히터 규모 9.2였다.

땅이 흔들리고 진동하는 건 흔한 일이었음에도, 엘아마리요와 차이텐, 푸에르토몬트, 심지어 국경 너머 아르헨티나 주민까지 당황했다. 대여섯 시간 동안 움직임이 멈추었다가, 몸서리쳐지는 쾅 소리와 함께 진동이 일어나 동물과 인간 모두 심상치 않은 움직임을 감지했다. 웅웅거리는 소리가 땅속에서 들려왔다. 몇몇 주민은 소름 끼치는 비명이 불협화음처럼 들렸다고 설명했다. 수많은 개가 밤새 짖어, 주민들은 잠을 자지 못했다. 여진이 너무 자주 밀려와, 지진의 후속편이 아니라 예고편처럼 느껴지기 시작했다. 5월 1일에는 열한 번의 짧은 진동이 톰킨스 본부 안팎의 공원 부지를 뒤흔들었다. 지진 경보가 날이 새도록 울렸다. 땅속에서 멜로디 없는 교향곡이 신음하듯 들려왔다. 나중에 한 생존자는 그 소리를 "비명과 뒤섞인, 말이 질주하는 소리"라고 묘사했다.

5월 2일 이른 시각에 지진으로 인한 진동이 시간당 20회로 정점에 올랐다. 지역민은 더욱 겁을 먹었다. 그들은 그때의 진동을 발밑의 땅이 갈라져 마을 전체를 삼켜버릴지 모른다는 걱정이 들 정도였다고 묘사했다. 칠레 정부나 외딴 파타고니아 지역 사람들 중 기원전 7420년에 인근 화산이 폭발해 용암과 화산재를 퍼뜨리고 강 하구 전역을 파괴했다는 사실을 아는 사람은 사실상 아무도 없었다. 강 하구는 현재 차이텐 마을의 중심부이자 사천육백 명의 주민의 거주지였다. 구천사백 년 동안 잠들어 있던 화산이 푸말린 자연보호구역 한가운데에서 다시 깨어나고 있다는 사실을 알아차릴 수 있는 사람은 더욱 드물었다.

2008년 5월 2일 새벽 세시 사십분, 어마어마한 폭발이 대부분의 지도에 '차이텐 언덕'이라 표시된 853미터 높이의 산사면에 구멍을 뚫었다. 동트기 전부터 이른 아침까지 회색 재가 3,000미터, 그다음에는 6,000미터, 마침내 15,000미터까지 대기 중에 뭉게뭉게 피어올랐다. 불타는 화산재와 돌덩이, 수백만 톤의 입자가 분화구에서 뿜어져나왔다. 새벽께에 마을 사람들은 TV 근처에 모였다. 주지사와 뉴스 앵커들이 "미친마우이다 화산 폭발"을 설명하고 있었다.

부에노스아이레스에서 크리스와 있다가 뉴스를 접한 더

그는 폭발 장면을 보고는 주지사와 앵커가 완전히 틀렸다고 생각했다. 저고도로 수천 시간 비행하며 풍경을 살펴보았기에, 더그는 물굽이와 피오르, 화산 같은 눈에 띄는 지형지물을 지표로 삼아 파타고니아를 사진처럼 선명하게 기억하고 있었다. 미친마우이다는 그의 땅에 있는 화산으로, 엽서 이미지처럼 완벽한 모양새였다. 그가 언론에서 본 것은 일그러진 산 사면이었다. 톰킨스는 직원들에게 정확히 어떤 화산이 폭발한 건지는 몰라도 미친마우이다는 아니라고 말했다.

폭발이 차이텐과 너무 가까운 곳에서 일어나, 주민들은 머잖아 용암에 산 채로 익혀지리라 생각했다. 폭발로 인한 열기가 눈을 녹였고, 화산에서 나온 퇴적물이 차이텐의 경계를 이루는 블랑코강에 쏟아져 들어갔다. 폭발 후 몇 시간 만에 블랑코강은 화산재와 진흙, 휘도는 모래, 뿌리 뽑힌 나무, 시끄럽게 굴러가는 픽업트럭 크기의 바위로 이루어진 산사태로 변모했다. 강은 산 사면을 타고 쏟아져내리면서 경로를 바꿔 마을 한복판을 가로질렀다. 강이 몇 안 되는 포장도로 중 하나인 차이텐의 대로를 휩쓸어버렸다. 차이텐 사무실에 달아둔 웹캠을 지켜보던 톰킨스는 물이 떨어지다가 고이는 광경을 보았다. 물이 그의 픽업트럭 타이어 절반까지 차올랐을 때, 그는 재앙이 가까워졌음을 깨달았다.

비상탈출 계획이 그 자리에서 세워졌다. 낚싯배는 난간 있는 곳까지 주민들로 꽉꽉 찼다. 여행 가방은 가지고 탈 수 없었다. 반려동물도 허락되지 않았다. 부두는 곧 울부짖는 개들과 울부짖는 아이들, 어찌할 바를 모르는 주민들의 불협화음으로 점철되었다. 시멘트 같은 점도의 잿빛 강이 마을 한복판을 통째로 쓸어냈다. 휘도는 모래와 재의 파도가 몇 톤의 잔해 아래 집을 묻어버렸다. 화산이 폭발한 날 찍힌 영상에서, 톰킨스는 화산의 연기를 찍은 사진 중 하나를 보며 그 연기가 도달한 고도를 아주 빠르고 정확하게 추산했다. "저 위, 2만 미터 지점입니다." 그가 말했다. "핵폭탄이 터진 것처럼 보입니다."

지역 사무실이 물에 잠기고 방문자센터는 무너졌다. 톰킨스는 푸말린 공원을 조성할 동력을 잃고 말았다. 십칠 년간의 싸움 끝에 마침내 얻은 소중한 힘이었는데 말이다. 그는 충격에 사로잡혔다. 그는 푸말린 공원을 설립할 '뻔한' 사람이 될 운명인가? 사 개월 전, 푸말린 방문자센터 개관식을 열었는데, 지금은 공원의 기간시설 상당 부분이 파묻히고 고립되고 재에 뒤덮였다.

뒤이은 며칠 동안 짙은 재 구름이 지역을 휩쓸며 멀게는 우루과이까지 비행경로를 방해했다. 새로운 공원 입구는 점점 많아지는 배낭여행객과 VIP 대상 자연 사파리 운영자, 잠재적인 후원자를 위해 막 문을 연 터였다. 화산 폭발이 모든 것을 바꿔놓았다. 수만 에이커의 숲이 폭발의 영향을 받았다. 건물이 파묻히고, 지붕은 재의 무게에 무너져내렸다. 풍경 전체에 시멘트를 부은 것처럼 녹색 방목지가 회색으로 채색되었다.

톰킨스는 화산에서 아직 연기가 나는 가운데 공원 위를 비행하며, 그 화산이 "우리에게 온갖 골칫거리를 안겨주고 엄청난 비용을 발생시켰다"고 인정했다. "화산은 우리가 일하는 방식을 바꿔놓았습니다. 피해를 복구하기 위해 다른 프로젝트를 연기하거나 취소해야 합니다."

톰킨스는 차카부코 계곡에서 댐 건설에 대항해 전면적인 공세를 취하는 동시에, 지난 세월 함께 일해온 수많은 가족이 살았던 작은 마을 엘아마리요에도 두 배로 헌신했다. 더그와 크리스는 레니우에 농장에서 보내는 시간을 줄이고, 엘아마리요에 계획된 푸말린 공원의 새 입구 근처에서 점점 더 많은 밤을 보냈다. 지역민의 감정을 더 잘 이해하고 재건 프로젝트에 대한 통찰력을 얻기 위해 더그는 엘아마리요 주민협의회 부회장직을 맡았다.

화산은 더그가 푸말린 공원 조성을 위해 세심하게 마련한 계획을 뒤엎어버렸다. 복구하고 가꾸고 단정히 다듬은 공원 전체가 파괴되었다. 더그는 방문자센터에 윤을 내는 대신 처음부터 다시 시작해야 했다.

더그는 점점 더 큰 스트레스와 답답함을 느꼈다. 변화가 필요했다. 톰킨스는 시 셰퍼드의 폴 왓슨과 함께 일본 포경 업자에게 맞서겠다고 몇 년째 이야기하면서도 파타고니아와 이베라에서의 자연보호 작업을 우선해왔다. 크리스가 그를 밀어붙였다. 그녀는 더그에게 배에 타라고, 가지 않으면 후회할 거라고 말했다. 마침내 더그가 가겠다고 하자 크리스는 안심했다. 왓슨은 그 활동을 두 자루의 검을 동시에 휘두르며 적군과 싸워 불멸의 전설이 된 유명한 일본 검객이자 철학자의 이름을 따 '무사시 작전'이라고 불렀다.

16장
무사시 작전

당신은 세상 끝에 있다. 이곳에는 당신과 포경업자뿐이다. 엄청난 충
돌이 있었다. 우리는 배를 들이받고, 악취 폭탄과 페인트 폭탄을 던
졌다. 배기관에 물대포를 쏘았다. 더그에게는 흥미진진한 일이었을
것이다. 그는 확실히 장난스러운 표정을 짓고 있었다.

비체 판데르베르프, 네덜란드 해양보호단체 시 레인저스의 창립자

2008년 12월, 더그 톰킨스는 호주 호바트의 항구에 정박
한 낡은 배 위에서 더플백을 들어올리고, 팔 주간 남극해에
서 일본 포경선에 맞서는 자원활동을 한다고 알렸다. 그는
예순다섯 살이었다. 네덜란드의 바이올린 제작자, 퇴역한
미국 해군 장교, 턱수염이 난 선장 폴 왓슨 등으로 이루어진
선원 중에서 그는 최고령 원로였다. 톰킨스는 십 년 동안 왓
슨의 포경 반대 함대에 자금을 대왔지만, 이들이 함께 임무
에 나서는 건 이번이 처음이었다.

무사시 작전의 목표는 일본 포경선을 방해함으로써 밍크
고래와 긴수염고래를 죽이는 계획을 끝장내는 것이었다. 고

래 개체수가 급감해 국제포경위원회는 이런 학살에 정확한 한계를 두었다. 2009년, 고래 학살 수는 732마리로 설정되었다. 일본 정부는 "과학 연구"라는 핑계로 고래 사냥을 승인했지만, 매년 이 정도의 고래를 죽이면 홍콩과 도쿄의 레스토랑에 언제나 신선한 고래 스테이크를 공급할 수 있었다. 그런 레스토랑에서는 고래기름을 곁들인 전통 사케가 나왔다. 한편, 활동가의 입장에선 고래를 죽이는 것은 한 마리도 용납할 수 없었다. 2008~2009년, 일본의 포경 시즌이 시작되자 톰킨스는 시간을 내 자원활동에 참여했다. 그는 사냥이 이어지는 몇 달간 배에 디젤연료를 맬 25만 달러도 내놓았다.

왓슨 선장은 여러 척의 배로 이루어진 선단에서 수뇌부 역할을 하는 일본의 가공선 니신 마루에 집중했다. 그 배를 추적하면, 작살을 가로막고 그물을 망가뜨리고 배의 프로펠러를 고장낼 고무보트 특공대를 보낼 수 있었다. 성공 가능성이 낮은 위험한 임무였다. "배가 한 척밖에 없는 우리가 100만 제곱마일이 넘는 수역에서 여섯 척의 포경선을 찾아야 했습니다." 일등항해사 페테르 함메르스테드의 말이다. "비유하자면 자전거를 타고 미국 어딘가에 있는 RV 차량단을 찾는 것이나 마찬가지죠. 목적지로 곧장 갈 수 있는 길도 없는 채로요."

처음 배를 한 바퀴 돌아본 톰킨스는 매우 열악한 상태라는 걸 알아챘다. 난간은 흔들거리고 엔진실 바닥에는 기름 얼룩이 있으며 VHS 무전기는 크랭크를 돌려 전원을 공급해야 했다. 스코틀랜드 연안의 거친 바다를 순찰하기 위해 설계된 스티브 어윈 호는 선체에 쇄빙 기능이 없는 58미터 길이의 어선이었다. 수면 아래 얼음덩어리에 부딪히면 몇 분 만에 배가 가라앉을 수도 있었다. 가장 가까운 구조선, 예컨대 폴러 스타 호 같은 제대로 된 쇄빙선은 시드니 항구에 정박해 있었다. 시드니까지는 닷새간 항해해 가야 하는 거리였다. 그것도 선원들이 '사나운 남위 50도' '사탄 같은 60도' '야만적인 70도' 등으로 부르는 해역에서 날씨가 도와줄 때의 얘기였다.

스티브 어윈 호의 활동가 중 더그 톰킨스에 대해 들어본 사람은 몇 없었고, 더그도 자기 이야기를 별로 하지 않았다. 디스커버리 채널에서 나온 팀이 〈고래 전쟁〉이라는 리즈 브론스타인의 리얼리티 다큐멘터리 두번째 시즌을 촬영하기 위해 승선했다. 촬영팀이 등장인물을 찾아 배를 돌아다닐 때도 톰킨스는 그들을 못 본 체했다. 더그는 그들의 인터뷰 요청을 회피했다. 그는 젊은 활동가들을 만나고 동물을 보호하기 위해 이번 일에 합류한 것이었다. 더 큰 주목을 받기 위해서가 아니었다. 언론에는 육지에서도 시달릴 만큼 시달렸다.

폴 왓슨은 언론 대응에 대해 어느 정도 아는 사람이었다. 그가 디스커버리 채널에 승선 기회를 준 것은 전략적인 결정이었다. 시 셰퍼드 해양환경보전협회는 캘리포니아주 샌타모니카에 근거를 두고 있었다. 할리우드와 가까워서 유명인사들의 통 큰 기부가 보장되는 곳이었다. 숀 코너리, 윌리엄 샤트너, 크리스천 베일, 피어스 브로스넌이 시 셰퍼드에 현금을 기부했다. 배우 대릴 해나는 팀원으로 일했다. 왓슨 선장은 해양생물다양성을 보호하는 장기 전략에 헌신해왔다. 그는 일본 포경업자들이 국제 포경 협약에 뚫린 과학연구라는 구멍을 이용해 이 장엄한 생명체를 계속 학살하는 것은 범죄라고 믿었다.

호바트에서 출발한 스티브 어윈 호는 12미터 높이의 파도를 거칠게 헤치고 남쪽으로 나아갔다. 톰킨스는 긴장한 채 간이침대에 몸을 지탱했다. 그들이 처음으로 마주한 폭풍 전선은 호주 대륙만 한 크기의 규모였고, 자이로스코프◆를 고장냈다. 선원들은 멀미를 했고, 자원활동가 몇 명은 구토했다. 그러다 빙산이 나타나기 시작했다. 처음에는 레이더에, 그다음에는 쌍안경에 잡혔다. 맬 홀랜드라는 자원활동가는 본래 선장이었지만, 스티브 어윈 호에서는 갑판원으로 일했다. 그는 이때의 위험을 "그야말로 산 같은 바다, 초보 선원들, 그리고 빙하"라고 설명했다.

톰킨스는 갑판수 임무를 맡았다. 그 말은, 그가 함교에서 쌍안경으로 위험이 있는지 수평선을 살피고 선장에게 알려야 한다는 뜻이었다. 그의 근무시간은 오전 네시에서 여덟시까지였다. 배가 더 남쪽으로 나아가면서 밤이 점점 짧아졌다. 결국은 밤이 되어도 주변이 전혀 어두워지지 않았다. 톰킨스는 도사린 빙산이 있는지 바다를 살폈다. 그의 눈앞

◆　항공기나 선박의 평형 상태를 측정하는 기구.

에 언뜻언뜻 나타나는 야생동물 무리에 비하면, 빙산은 수도 적고 각각의 거리도 멀었다. 날개폭이 2.4미터에 이르는 거무스름한 앨버트로스가 날갯짓 한번 없이 몇 시간이나 활공하며 배 앞에서 날았다. 그러다 새하얀 파도를 따라 지그재그로 움직이면서 물안개 바로 위를 쏜살같이 지나갔다. 혹등고래, 긴수염고래, 밍크고래, 범고래가 수면으로 올라와 가까이 보였다. "경이롭고 아름다운 고래가 정말 많았습니다." 다른 갑판원 몰리 켄들의 말이다. "고래는 배로 바짝 다가옵니다. 우리가 작살을 가지고 있었다면 사냥이 매우 쉬웠을 거예요."

거친 남극해에서 맡은 업무가 없을 때면 톰킨스는 웅크린 채 노트북을 들여다보며 몇 시간씩 보냈다. 그는 9미터 높이의 파도가 배를 흔드는 동안 키보드를 두드렸다. "다들 거센 바다에 있을 때는 일반적으로 무기력증을 느낍니다. 멀미를 하지 않더라도 기운이 빠지죠." 맬 홀랜드의 말이다. "절대 하고 싶지 않은 일이 화면을 들여다보거나 이메일을 읽는 거예요. 하지만 더그는 바로 그런 일을 하고 있었습니다. 엄청나게 많이요." 약한 위성 신호를 이용해 톰킨스는 아르헨티나 팀과 건축 스케치를 주고받고, 푸말린 공원의 방문자센터를 리모델링할 아이디어를 논의하고, 사랑하는 '벌새' 크리스에게 사랑의 쪽지를 보냈다. 더그는 무척 소중히 여겼던 유기농 농장 프로젝트를 포기하기로 하고, 그 정리 작업도 마무리짓고 있었다. 2008년 금융위기로 더그의 현금이 순식간에 바닥을 드러냈다. 공중에서 보면 예술 작품이지만 지상에서는 너무나도 비싼 농업 실험인 18,000에이커 규모의 라구나블랑카 농장 같은 '돈 먹는 하마'는 더이상 운영이 불가능했다. 이곳은 톰킨스가 유기농업에 가장 많은 돈을 투자한 농장이었다. 톰킨스는 마지못해 투자금을 줄였다. 덕분에 핵심 프로젝트를 위한 현금을 지킬 수 있었다. 톰킨스는 자신이 스물다섯 살이 아니어서, 오십 년을 더 소중한 농업 프로젝트에 통째로 바칠 수 없다는 사실에 애석해했다.

배에서는 인터넷 연결이 몹시 느렸다. 때로는 사진 한 장을 내려받는 데 한 시간이 걸렸다. 선박-해안 간 통신 비용은 총 2만 5천 달러로 값도 비쌌다.

혹독한 열흘의 항해 끝에 남극해 해안에 도달한 왓슨 선장은 팀원들에게 니신 마루 호를 찾으라고 지시했다. 온라인 탐정들이 그 배의 이메일을 해킹하고 GPS 위치를 추적하거나, 최소한 선원들의 온라인 게시물에서 정보를 캐내려 노력했다. 이번 시즌에 시 셰퍼드는 새로운 무기인 벨 헬리콥터를 들여왔다. 돌풍과 극한의 추위, 걷히지 않는 구름과 높은 습도 탓에 어떤 비행기를 타도 이 지역은 지구에서 가장 위험한 비행구역이었다. 단, 이 헬리콥터만큼은 갑판에서 이륙하면 십 분 안에 스티브 어윈 호라면 하루종일 탐색해야 하는 거리를 살필 수 있었다. 헬리콥터가 교전 법칙을 바꿔놓았다. 이른 아침에 시야가 좋았으므로, 조종사는 종종 두 시간씩 아침 비행을 했다. 탐색 사흘째에 스티브 어윈 호에서 출발해 한 시간 동안 비행한 조종사는 항적을, 그다음에는 배의 형상을 발견했다. 일본 선단을 찾아낸 것이다.

스티브 어윈 호와 니신 마루 호의 거리는 160킬로미터였다. 탁 트인 바다에서 평균속도 시속 24킬로미터로 이동한다면 거리를 좁히는 데 대략 일곱 시간이 걸릴 터였다. 하지만 이 바다에서는 직선으로 항해할 수 없었기에 시간이 두 배로 늘어 거리 좁히기는 고된 일이 되었다. 물굽이 전체가 얼어붙었다. 남극에서도 여름에는 얼음장에 금이 갔다. 이런 크랙을 보면 그 지름길로 가고 싶은 유혹이 생겼다. 바다가 거대한 얼음덩어리를 휘저으면 크랙이 꽉 다물리기도 했다. 일본인은 얼음장을 시 셰퍼드의 배에 대항하는 방패로 썼다. 헬리콥터에 포착되자, 니신 마루 호는 빙원이 있는 곳으로 더 깊이 들어갔다.

스티브 어윈 호로 돌아오는 길에 헬리콥터 조종사는 얼음 사이로 난 트인 경로를 발견했다. 하지만 그 통로로 비집고 들어가기는 까다로울 터였다. 함교의 선원들은 최고 속력으로 일본 선단의 뒤를 따라가다가 탁 트인 바다로 나가는 갈림길을 놓쳤다. 포경업자를 잡을 기회라도 얻으려면 왓슨 선장은 계속 가야만 했다. 그들은 빙원을 항해하기로 했다.

주변의 얼음이 너무 빽빽해져서 레이더 기사는 탁 트인 바다와 얼음을 구분할 수 없었다. 선원들은 빙산을 피하기 위해 자원활동가들에게 쌍안경을 봐달라고 요청해야 했다. 수많은 빙산이 수면 아래에 도사리고 있었다. "우리가 하는 건 아주 위험한 게임입니다." 선원 제프 핸슨이 촬영팀에게 한 말이다. "보이지 않는 빙산에 부딪히면 선체에 균열이 생기고, 몇 초 안에 배가 가라앉고 맙니다. 영영 돌아가지 못할 확률이 아주 높습니다."

몇 시간 뒤 핸슨의 우려가 현실이 되었다. 배 전체에서 끼 익하는 금속성 소리가 울렸다. 스티브 어윈 호는 미끄러지다가 빙산에 부딪혀 선체의 고물 부분에 타격을 입었다. 쇄 빙 기능이 없는 선체의 안쪽으로 구부러졌다. 바람이 40노트에 이르자, 왓슨 선장은 이등항해사가 잡고 있던 키를 넘겨받았다. 왓슨은 거대한 빙산을 방패 삼아 스티브 어윈 호를 바람이 없는 곳으로 피신시켰다. 아침이 되자 상황이 더 나빠졌다. 얼음장이 바람에 밀려와 일행은 빙산 옆에 갇혔다. 왓슨은 배로 원을 그리며 바다에 얼음이 없는 구역을 만들어내려 했지만, 그의 능수능란한 조종에도 그 공간은 계속 줄어들었다. 얼음이 닫히면 일행은 160킬로미터에 달하는 빙원에 둘러싸이게 될 터였다. 유일한 탈출로는 뒤로 나가는 것이었으나, 스티브 어윈 호를 후진시키려면 프로펠러가 뜯겨나가거나 얼음덩어리에 손상되는 위험을 감수해야 했다. 그럼에도 왓슨은 배를 후진시켰다. 얼음이 쌓이자 그는 극단적인 명령을 내렸다. 구명정을 준비하라는 것이었다.

"우린 바로 여기서 가라앉을 수도 있습니다." 이등항해사가 당황한 기색을 한 카메라맨의 렌즈를 바라보며 말했다. 촬영팀은 화물칸에 내려가서 촬영하라는 명령을 받았으나 거부하고 고무보트 구명정에 탈 준비를 했다. 자원활동가 두 명이 선체를 살펴보러 배의 깊숙한 곳으로 내려갔다. 그들이 본 모습은 무시무시했다. 얼음이 너무 단단해 강철 선체가 앞뒤로 부딪히며 소름 끼치는 소리를 냈다. 페인트는 갈라지고 벽과 들보는 터지기라도 할 것처럼 부풀어 있었다. 자원활동가들은 서둘러 갑판으로 돌아왔다. 한편, 엔진실 선원들은 "물이 들어오기 시작하면 여기 남아서 막으라"는 명령을 받았다.

왓슨은 헬리콥터를 띄우라고 지시했다. 조종사에게 어느 방향이든, 확률이 얼마든 상관없으니 탈출로를 찾으라고 했다. 긴장감이 높아지는 가운데 톰킨스는 함교에서 맡은 일을 했다. 수평선을 훑어보고 레이더와 항해도를 검토했다. 거대한 빙산 덩어리가 선체를 할퀴면서 왓슨 선장이 다시 키를 잡았다. "천천히 얼음 사이로 들어가서, 엔진 압력을 유지하며 얼음을 밀고 나가야 합니다." 그는 촬영팀에게 말했다. "인내심만 있으면 됩니다."

헬리콥터 조종사는 갈라진 얼음 위에서 맴돌며 천천히 나아간 끝에, 스티브 어윈 호를 다시 탁 트인 바다로 안내했다. 추격이 시작되자 팀원들은 무기를 준비했다. 악취 폭탄, 물대포, 시끄러운 소리를 내고 돌아다니며 일본 포경선의 프로펠러를 망가뜨릴 고무보트 한 쌍.

시 셰퍼드는 거친 물살을 헤치고 일본 포경선으로 가까이 다가갈 첫번째 고무보트를 바다에 띄웠지만, 보트를 내렸을 때쯤 일본 포경선은 몇 킬로미터나 떨어져 있었다. 고무보트가 출발하려는데 안개로 시야가 짧아졌다. 보트는 스티브 어윈 호와 무전이 끊기며 엉뚱한 방향으로 빠르게 사라졌다. "그 사람들은 자원활동가였습니다. 시야가 200미터밖에 나오지 않는 상황에서 배를 탄 건 그때가 처음이었고요."
미국 해군 퇴역 장교로 자원활동가였던 제인 테일러의 말이
다. 헬리콥터의 도움으로 고무보트는 다시 모선으로 돌아왔
다. 임무는 다음날로 연기됐다. 테일러는 고무보트 팀과 협
력해 일본인이 사거리에 들어올 다음 순간에 대비했다.

일주일 내내 갈등이 고조되었다. 어느 일본인 포경업자가
고래 사체를 다른 배로 옮기려 할 때 스티브 어윈 호가 그
가운데로 파고들었다. 두 배는 충돌을 일으켰다. 일본인은
"고의 충돌"이라 하고 왓슨은 "불가피한 충돌"이라 칭했다.
왓슨은 연합통신에 상황이 "매우 혼란스럽고 공격적으로 변
하고 있었다"라고 말했다.

작은 접전을 벌일 때마다 왓슨은 시 셰퍼드를 이끌고 더
빠른 일본 포경선을 쫓았다. 헬리콥터는 스티브 어윈 호가
일본 포경선과 거기로 가는 항로를 찾는 데 점점 더 효과적
으로 도움을 주었다. 고무보트를 띄우는 자원활동가들의 실
력도 좋아졌다. 이후 공격에서 그들은 작살선 중 한 척의 프
로펠러를 망가뜨리는 데 성공했다. 그러나 가공선인 니신
마루 호를 따라잡아 그 프로펠러를 망가뜨리고 일본 선단의
이번 시즌 사냥을 중단하게 만들 수는 없었다. 일본 포경업
자들도 반격 수단을 준비해놓았던 것이다. 스티브 어윈 호
가 따라잡는 데 성공할 때마다 갑판 전체에 그물을 늘어뜨
렸다. 시 셰퍼드의 악취 폭탄 공격을 어렵게 하기 위해서였
다. 또한 그들 나름의 물대포도 가지고 있었다.

왓슨 선장은 스티브 어윈 호의 연료가 위험한 수준으로 떨

어질 때까지 일본인들을 추격했다. 더이상 추격을 계속할 수 없게 되자 그는 배의 항로를 북쪽으로 돌리라고 명령하고, 호주로 향하는 길고도 여전히 위험한 항해를 시작했다.

그때쯤 더그는 모든 선원을 만난 뒤였다. 그는 카메라를 들고 다니며 스티브 어윈 호에 탄 모든 활동가의 사진을 찍기까지 했다. 식당에서 나눈 대화가 곧 퍼져나갔고, 몇몇 선원은 톰킨스가 환경운동계에서 스타라는 것을 알아냈다.

톰킨스는 스티브 어윈 호에 탄 젊은 활동가들과 동질감을 느꼈다. 그들이 헌신적인 활동가였기 때문이다. 자연 파괴와 고래 학살을 늦추기로 결심한 그들은 일본 포경선을 방해하는 임무를 수행하며 징역을 살거나 엄청난 벌금을 물 위험을 감수했다. 아드레날린이 치솟는 작업이었다.

톰킨스는 촬영팀을 계속 피했다. 촬영팀은 흥미진진한 인터뷰나 감정이 과잉된 드라마, 함교의 선원들이 연출하는 긴장감 넘치는 장면을 찾고 있었다. 톰킨스는 저자세를 유지하며 같이 당직을 서는 친구들과 잡담을 나눴다. 때로는 몇 시간씩 침묵이 흘렀다. 그럴 때면 더그는 고래를 응시하거나 바다사자가 범고래를 피해 도망치는 모습을 지켜보았다. 함교에 있는 모직 모자 쓴 늙은이가 "노스페이스 창립자 더그 톰킨스"라는 이야기가 배 안에 천천히 퍼졌다.

맬 홀랜드는 기회를 포착하고 더그에게 생각을 나눠달라고 부탁했다. 교대근무가 끝나면 선원들과 이야기를 나눠주겠느냐고 말이다. 톰킨스는 그러겠다고 했다. 그는 한 시간 넘게 환경운동의 난점을 설명하며, 자신이 노스페이스와 에스프리의 창업자일 뿐 아니라 야생지 보전 기부라는 분야에서 선도적인 인물임을 천천히 드러냈다. "나는 그 배를 일 년도 넘게 탔습니다. 하지만 우리가 처음으로 한자리에 모여 앉아 우리의 일에 관해 토론한 건 더그가 배에 탄 이후였어요. 더그는 깊이 사유하는 사람이었습니다. 그에게는 사업과 프로젝트에 접근하는 매우 체계적인 방식이 있었어요." 네덜란드 환경운동가 비체 판데르베르프의 말이다. "우리는 바다에서 몇 주씩 보낸 뒤라 할 얘기가 많았습니다. 더그는 예술 감각이 있었어요. 자신이 농장에서 한 작업을 찍은 사진을 많이 보여주었죠. 아름답더군요! 그러니까 더그는 사상가이자 행동가일 뿐 아니라 예술가이기도 했던 겁니다."

톰킨스는 점점 늘어가는 녹색운동가 청중에게 설명했다. "혁명은 한 걸음부터 시작됩니다. 아니면 어떻게 혁명을 하겠습니까? 일단 시작을 해야죠. 세계에서 일어난 온갖 거대한 사회혁명을 보면, 보통 어떤 생각을 품은 단 한 사람으로부터 시작되었다는 걸 알게 됩니다." 톰킨스는 자연보호가 미적 재생을 위한 실천이라고 열정적으로 주장했다. "아름다운 세상에 살면 즐겁습니다. 건강한 세상에 살면 기쁨이 뒤따르지요. 개인적으로, 다른 어떤 일도 그만큼 흥미롭지 않다고 생각합니다."

더그의 강의는 히트를 쳤다. 선원들은 다음 모임을 열렬히 기다렸고, 더그는 청중에게 애정을 느꼈다. 그는 모닥불 가에서 자주 그랬듯 청중에게 농담을 하거나 이야기를 들려주었다. "더그는 함교 뒤에서 한 시간 반씩 강의하곤 했어요. 우리는 자리에 앉아 강의를 듣고 녹음했죠." 테일러의 말이다. "더그는 더 알고 싶어하는 우리 같은 젊은이들, 풋내기들을 가르쳤습니다. 우리가 더 할 수 있는 건 무엇인가? 과거에는 어땠나? 샌프란시스코에서 친구들과 다 함께 참여한 포럼은 어떤 것이었나? 지금은 뭘 하려고 하는가?"

환경운동가는 언제나 약자일 수밖에 없다고 톰킨스는 거듭 강조했다. 그는 말했다. "우리는 선량해야 합니다. 괴물과 맞서는 중이니까요. 우리는 다윗과 골리앗의 싸움을 하는 겁니다. 우리의 운동은 소박합니다. 하지만 우리는 올바른 영혼을 가졌고, 정의로운 대의가 우리 편입니다. 우리는 개발 세력에 비해 수도 적고, 전략도, 인력과 돈도 부족합니다. 일본 포경업자들은 이번 시즌에 7천만 달러를 투자했습니다. 우리는 100만 달러를 투자했고요. 그들은 자금력을 가졌고, 여기 있는 우리는 투지 넘치는 환경운동가에 불과합니다. 그러니까 그들보다 훨씬 똑똑해져야 합니다. 그들은 도덕적 명분이 없는 입장을 지탱하려면 우리보다 칠십 배는 더 돈을 써야 합니다."

2008~2009년 고래 사냥은 중지되지 않았지만, 스티브 어윈 호의 캠페인이 학살 속도를 늦추었다. 일본인은 985마리라는 할당량을 달성하지 못하고 325마리만을 포획하는데 그쳤다. 600마리 이상의 고래가 목숨을 건졌다. 더그가 왓슨의 시 셰퍼드 직접행동에 투자한 돈은 그가 세상을 떠난 다음에도 남극해의 생태계에 큰 이득을 줄 터였다.

호주 호바트에 도착해 스티브 어윈 호에서 내렸을 때, 톰킨스는 승선했던 모든 자원활동가의 연락처를 가지고 있었다. 그는 이 생태 전사들과 연락하고 지낼 계획이었다. 여행 후 한 달이 지나서, 그들은 각기 우편으로 더그가 보낸 포스터를 받았다. 무사시 작전에 참여했던 모든 활동가의 사진으로 만든 콜라주였다. 활동가 중 몇 명은 더그에게 각자 애정을 쏟는 자연보호 프로젝트에 기부해줄 것을 요청했고, 맬 홀랜드는 이베라까지 가서 더그를 만나 인터뷰하고 그의 지혜를 빌렸다.

비체 판데르베르프는 무사시 작전이 끝나고 몇 달 뒤 암스테르담에서 다시 더그를 만났다. 단기간에 비체는 자신만의 직접행동단체를 설립했고, 그 단체를 '시 레인저 서비스'라고 불렀다. 개조한 빔선과 전문적인 선원을 기반으로 하는 그의 사업은 네덜란드 정부와 일부 민간기업에도 저비용 해양 감시 서비스를 제공하는 것이었다.

"더그는 여왕을 만나러 네덜란드에 왔습니다. 하지만 그의 여권에 뭔가 문제가 있었어요. 만료가 몇 달 남지 않았던가 했습니다. 출입국 관리자가 더그를 네덜란드에 들어오지 못하게 했죠." 판데르베르프의 기억이다. 톰킨스는 네덜란드 출입국 관리자들에게 여왕을 만나러 왔다고 말했지만, 그들은 믿지 않았다. 결국 여왕의 개인 비서 중 한 사람이 전화를 한 뒤에야 더그는 네덜란드에 들어갈 수 있었다. 왕가와 만난 이후, 더그는 젊은 활동가와 점심식사를 했다. "5만 유로의 상금을 받은 나는 3만 유로만 더 생기면 새로운 단체를 설립할 예산이 확보되겠다고 생각했습니다." 판데르베르프는 회상했다. "점심을 반쯤 먹었을 때, 나는 더그에게 '요청'을 해보기로 했습니다. '기부할 생각이 있으신가요?'"

더그는 정말 미안하다고 사과하며, 판데르베르프에게 올해는 예산을 너무 많이 써서 많은 돈을 투자할 수 없다고 말했다. 하지만 시 레인저 서비스에 5만 유로는 줄 수 있다고 했다. 그게 도움이 되겠느냐고 물으며 말이다. "더그는 그 돈을 기부했습니다. 시 레인저 서비스 전체가 그 돈에 상금을 더해 시작된 겁니다." 판데르베르프는 말했다. "더그가 우리의 실용적인 접근법, 우리가 올바른 이유로 이 일을 하고 있다는 것을 믿어준 덕분이었습니다. 더그는 기꺼이 위험을 감수했어요. 이렇게만 말했죠. '한번 해보세요!'"

17장
강의 수호자

인류의 과학기술적 행동을 수용하고 다른 생명보다 인간이 우월하다는 위험한 세계관을 영속화하는 길을 가면 갈수록 올바른 결론으로 되돌아올 때까지 더 오랜 시간이 걸린다. 올바른 결론이란 생태지역 개발 모델이 될 수밖에 없다. 지금 우리의 모델은 최근 육천오백만 년(!) 동안 가장 큰 환경 위기를 야기하고 기후를 망가뜨렸으므로 명백한 실패라고 할 수 있다. 현실은 무자비하고 가혹하다.

더그 톰킨스

일본 포경선과 최전방에서 싸우는 황홀한 경험을 한 다음, 톰킨스는 다시 칠레로 돌아왔다. 칠레에서 그를 기다리고 있던 것은, 점점 더 큰 논란이 되고 있는 30억 달러 규모의 수력발전댐 단지를 대중에게 홍보하려는 이드로아이센의 또다른 공세였다.

이드로아이센은 칠레에 전기가 부족하다고 강변했다. 전력 소비량의 폭증은 당장이라도 정전 사태가 일어날 수 있다는 뜻이라고 했다. TV 광고에서는 칠레가 생존적 전력 위기에 직면했다고 주장하는 거짓 소문의 일환으로, 축구 경기장 전체가 어두워지는 모습을 보여주었다. 주장에 힘을 실어주려는 듯 칠레의 전력 공급이 여러 방식으로 끊겼다. 수많은 칠레인은 이를 의심스러울 뿐 아니라 고의적인 수작이라고 여겼다. 과연 사람들이 이드로아이센 프로젝트에 찬성하도록 고의로 정전을 일으킨 것일까?

톰킨스는 이드로아이센을 산업화 시대의 공룡이라 부르며 그들의 논리를 비웃었다. 그는 GDP 성장과 전력 소비량은 더이상 정비례하지 않는다고 주장했다. 재생에너지가 대안으로 떠오르고 있었다. 경제호황이 와도 오히려 전력 소비량이 줄거나, 적어도 안정될 수 있었다. "수력발전이라고요?" 톰킨스는 비웃었다. "그건 지난 세기 얘기죠."

ENDESA가 조작한 전력 소비량 예상치는 2008년 미국에서 발생한 금융위기로 큰 타격을 입었다. 미국 부동산은 아무리 가격을 높여도 팔린다는 무분별한 투기로 인해 금융붕괴가 일어났고, 그 여파가 칠레 경제를 강타했다. 구리, 섬유소, 피시밀 가격이 폭락했다. 칠레의 핵심 수출품이 직격탄을 맞았다. 이드로아이센 실무진은 발 빠르게 이런 경기침체를 이용했다. 부진한 GDP 성장을 극복하는 데 수십억 달러를 새로 들이는 것보다 좋은 방법이 무엇이겠는가? 수천 개의 건설 일자리가 칠레 환경운동가들이 지속적으로 퍼붓는 주먹질을 막아낼 미끼로 제시되었다.

더그가 '댐 없는 파타고니아'를 위한 언론 메시지를 조직하는 데 얼마나 큰 성공을 거두었는지 깨달은 이드로아이센 실무진은 그를 급진적 환경운동가, 심지어 반칠레주의자로 이미지메이킹할 기회를 붙잡았다. 칠레 환경운동가들이 뻔히 존재하는데도, 이드로아이센은 그들을 무시하고 더그를 댐 반대 캠페인의 상징적 인물로 각인시키려 했다. 톰킨스는 자신의 입장을 온건하게 표현한 경우가 드물었기에 댐 찬성파의 쉬운 표적이 되었다.

ENDESA는 댐 찬성파가 아니라 칠레 찬성파로 입장을 재정립했다. 칠레에도 개발 주권이 있어야 하지 않겠는가? ENDESA는 톰킨스를 지역민에게는 TV를 보거나 세탁기를 쓰지도 못하게 하면서 자신은 비행기를 타고 온 세상을 돌아다니는 변덕스러운 외국인으로 묘사했다. 댐 건설을 마무리짓고 강의 생명을 끝장내기 위해 이드로아이센은 버슨-마스텔러에 의지했다. 버슨-마스텔러는 공해기업을 기꺼이 변호해 '광고계의 다스베이더'라는 별명이 붙은 컨설팅회사였다.

이 회사의 악명 높은 고객 명단에는 방사능 유출 사고가 발생한 스리마일섬 원자력발전소와 화학회사인 유니언 카바이드가 있었다. 보팔에 있는 이 회사의 공장은 가스 유출 사고를 일으켜 도시 전체를 중독시키고 삼천팔백 명의 인도 시민을 죽였으며 수천 명에게 영구적인 폐손상을 일으켰다. 남아메리카에서 버슨-마스텔러는 1970년대 중반에 삼만 명에 이르는 민간인 학살을 지시한 혐의로 기소된 아르헨티나 독재자 호르헤 비델라를 위해 이미지 개선 캠페인을 벌였다. 버슨-마스텔러는 일 년에 120만 달러를 받고 친정권 홍보 문구를 준비했다. 여기에는 아르헨티나의 철권통치자가 만들어낸 경제적 기회를 홍보하는 『비즈니스위크』

의 31페이지짜리 광고도 포함되었다. 이 광고 문구는 "역사상 민간투자를 이렇게까지 독려한 정부는 없었다. (……) 우리는 진정한 사회혁명을 일으키고 있으며, 동반자를 찾고 있다. 우리는 국가중심주의라는 짐을 내려놓고 민간 영역의 대단히 중요한 역할을 단호히 신뢰한다"라고 낙관적으로 선언했다.

댐 찬성파는 새로운 슬로건을 만들었다. "이드로아이센: 국민의 프로젝트." '댐 없는 파타고니아'에서도 반격에 나섰다. 그들은 기업에 수십억 달러의 이익이 생기는 게 무조건 국민에게 이득이라는 생각은 "한물간 파괴적인" 생각이라고 조롱하는 전면광고를 걸었다.

톰킨스는 버슨-마스텔러와 이드로아이센의 관계에 관한 가차 없는 논평으로 반격을 시작했다. "이드로아이센이 그렇게 대단하다면, 왜 그 장점만으로 영업을 하지 않는 걸까요?" 그는 이 홍보회사를 대의명분 없는 자들의 후원자라고 비난했다. "변호할 수 없는 존재를 변호하는 것으로 유명한 홍보회사를 고용해야 하는 이유가 뭘까요?"

대선이 다가오고 있었기에, '댐 없는 파타고니아' 연합은 이드로아이센을 의제에 올리고자 했다. 모든 후보가 입장을 표명해야 할 터였다. 이드로아이센의 자산은 칠레의 억만장자 세바스티안 피녜라의 정치적 권력이 커지면서 더욱 늘어났다. 그는 2009년 『포브스』에서 선정한 세계 부자 중 765위였다.

톰킨스는 피녜라를 와일드카드로 보았다. 그는 부유한 사업가였고, 톰킨스는 그런 인물을 공개적으로 난도질하는 데 특화되어 있었다. 게다가 피녜라는 사교성이 떨어졌고 TV 생방송에서 치명적인 말실수를 자주 저질렀다. 동시에 그는 칠레의 경직된 정당에서 흔히 볼 수 있는 이들보다 훨씬 현대적인 독립적 기질을 지니고 있었다. 보스턴에서 공부한 그는 영어를 매우 잘했고, 칠레의 대학에서 수년간 교편을 잡았으며, 독서광으로 알려져 있었다. 또한 모험에 중독된 사람이기도 했다. 피녜라는 비행기 조종사였으며, 톰킨스가 그랬듯 기름이 떨어지면 해변이나 뒤뜰, 고속도로에 착륙했다.

레니우에서 자연보호에 관한 더그의 강연을 들으며 하루를 보낸 뒤, 피녜라는 보호할 야생지를 찾아 자기만의 탐색을 시작했다. 더그와 크리스가 그에게 힌트를 주었다. 칠로에섬의 아래쪽 3분의 1이 매물로 나와 있다는 것이었다. 그곳은 공원 부지로 이상적일뿐더러 크기가 286,000에이커라 자연보호 유산을 확보하기에 충분했다. 피녜라는 그리로 날아가 땅을 매입하고 '탄타우코 공원' 설립을 선언했다. 이 야생지를 일반인에게 개방하고 그의 재단에서 관리하고 소유할 터였다. 탄타우코는 푸말린 공원의 거울상으로, 피녜라는 심지어 톰킨스의 핵심 동맹인 카를로스 쿠에바스를 고용해 프로젝트 진행의 방향을 잡도록 했다.

대부분의 칠레인에게 유명한 대중적 인물은 아니었지만, 피녜라는 칠레의 긴밀한 실업계 고위층 사이에서는 더러운 거래를 하는 것으로 악명이 높았다. "피녜라에게 최악의 적은 옛 동업자들이었다." 자산가치가 26억 달러인 이 남자에 대한 전기를 허가받지 않고 쓰며 이 년을 보낸 한 작가의 결론이다. 동료 경영자들은 그를 세세한 부분까지 신경쓰는 흠 잡을 데 없는 주의력으로 계획을 실행하는 동료로 묘사했다. 이때 계획이란 동료에게서 훔친 것이었다. 몇몇은 신랄하게 물었다. "피녜라는 사기꾼일까, 아니면 그저 선을 아슬아슬하게 넘지 않는 것뿐일까?"

젊은 은행 경영자로서 피녜라는 '탈카 은행 사기'♦로 알려진 사건에 연루되고도 피노체트 독재정권의 인맥을 활용해 재판과 징역 선고를 피했다. 그는 한 달 동안 체포영장을 피해 도망다녔다. 그러는 사이 그의 정치권 인맥은 그의 체포를 지연시키며 정의 실현을 교묘하게 피해 갈 방법을 고안할 시간을 벌어주었다. 1990년대에 톰킨스가 레니우에서 자기 마을을 건설하는 동안 피녜라는 약삭빠르게도 수천만 달러를 막 민영화된 칠레의 통신 분야에 도박하듯 걸었다. 그는 칠레 국영 항공사 LADECO의 주식도 매수했다. 그 회사는 수익성이 좋은 지역 항공사로 재건되었다. 피녜라는 선견지명이 있는 투기꾼이자 지칠 줄 모르는 일꾼이었다. 그는 칠레 가톨릭대학교를 졸업한 총명하고 이중 언어를 구사하는 MBA 출신 인재들에 둘러싸여 하루에 열네 시간씩 일하는 경우가 많았다. 피녜라는 자유시장을 열정적으로 옹호하는 인물로, "정부가 자유시장보다 잘할 수 있는 일은 아무것도 없다"라고 주장하기까지 했다.

♦   1980년대 초 칠레에서 발생한 금융 사기 사건으로, 당시 젊은 금융인 세바스티안 피녜라가 이 은행의 부실 대출 및 재정 비리와 관련해 기소되었다.

2009년 11월, 피녜라는 칠레 대선의 모든 후보자를 무찌르며 승리를 향해 나아갔다. 억만장자이자 자유시장주의자 대통령이 집권하게 됐으니, 이드로아이센을 막을 확률은 희박해 보였다. 그러다가 피녜라가 대통령에 취임하기 일주일 전인 2010년 2월 27일 이른 시각에 리히터 규모 8.8의 지진이 칠레를 뒤흔들며 콘셉시온 근처의 남쪽 바닷가 마을을 초토화하고 중부 전체에 파괴의 흔적을 남겼다. 밤새 여진이 계속되었다. 퇴임을 앞둔 바첼레트 정부가 경보를 제대로 전달하지 못하는 바람에 쓰나미가 해안가에서 백오십 명의 목숨을 앗아갔다. 산티아고의 일상도 큰 혼란에 빠졌다. 피녜라가 세웠던 계획은 전부 물거품이 되었다. 그의 임무는 이제 파괴된 병원과 학교, 수천 채의 집을 재건하는 것이었다. 이드로아이센은 승리할 방법을 찾아 혼란 속으로 뛰어들었다.

ENDESA의 모회사 CEO인 막강한 사업가 파블로 이라라사발은 회사 재원으로 지진 구호자금 천만 달러를 기부했다. 주주들이 이런 지출의 가치에 의문을 제기하지 않도록 이라라사발은 이 기부를 이드로아이센에 우호적인 홍보 쇼로 바꿔놓았다. 먼저 그는 커피테이블 크기의 상징적인 수표를 들고 대통령궁에 나타나 정부에 이드로아이센에 "더 객관적인" 대우를 해주고 환경법의 "지나친 요구"에 굴하지 말라고 신랄하게 요청했다.

정부에 현금을 쏟아붓고 아이센의 시골 마을에 장학금, 그네, 시소 등을 지원하면서 ENDESA는 대대적인 채용에 나섰다. 로비를 맡아줄 전직 관료와 공무원을 대거 기용했다. 그래도 톰킨스는 여론의 재판정에서 그들을 압도했다. ENDESA는 상당한 월급을 주고(알려지기로는 2만 5천 달러 이상이었다) 가장 큰 공영 TV 채널인 칠레 국영방송을 운영하던 언변 좋고 자기 홍보에 능한 다니엘 페르난데스를 경영자로 고용했다. 페르난데스는 역할에 완벽하게 맞는 정치적 인물이었다. 돈줄을 쥐고 미성숙한 칠레의 민주주의를 좌우하던 기업과 정부의 파벌을 상대로 오랫동안 협상해온 페르난데스는 칠레인들이 어느 쪽으로든 비틀 수 있다는 의미로 "정치적 손목"이라고 부르는 것을 가지고 있었다. 그의 관리하에 이드로아이센 실무진은 대중의 지지를 다시 얻을 수 있으리라고 확신했다. 대중적 지지만 있으면 구 년에 걸친 공사를 시작하고 결국 댐을 가동할 수 있으리라고 말이다.

페르난데스를 대표로 앉힌 이드로아이센의 반톰킨스 캠페인에는 인신공격이 포함되었다. 그들은 칠레 언론에 톰킨스가 남부 시골에서 사생아를 여럿 낳았다는 내용의 헛소문을 퍼뜨렸다. 톰킨스는 도발을 개인적 공격으로 받아들이고, '댐 없는 파타고니아'의 광고 캠페인 방향을 돌려 컨소시엄의 배후에 있는 권력자들의 정체를 폭로했다. 그는 단기적인 이윤 때문에 자유롭게 흐르는 강을 파괴하는 데 자금을 대는 기업가들을 표적으로 삼았다. "더그가 테마를 잡았죠." 캠페인에 참여한 뛰어난 디자이너 엘리사베트 크루사트의 기억이다. 더그는 언론팀에 말했다. "우린 이 사람들의 가면을 벗겨야 합니다. 이드로아이센 프로젝트 이면에 있는 진짜 동기를 밝혀내야 해요. 댐을 지으려는 놈들의 동기를 까발려야 합니다."

크루사트와 그녀의 남편 파트리시오 바디네야는 콜분의 핵심 경영자 엘리오도로 마테의 얼굴을 내세운 광고를 디자인했다. 마테가 늑대처럼 보이도록 그의 사진을 손본 뒤 늑대의 얼굴을 양모로 감싼 이미지를 만들고 양의 몸통을 덧붙였다. 마테의 아들 베르나르도도 비슷하게 손봤다. 전면광고는 "양의 탈을 쓴 늑대"라는 문구와 함께 신문에 실렸다.

칠레의 편협한 엘리트들은 이름이 직접 거론된 적이 한 번도 없었기에 긴장하며 상황을 눈여겨보았다. "더그는 마테 가문 같은 사람들이 명성이나 평판에 민감하다는 걸 정확히 파악하고 있었습니다." 캠페인의 아트디렉터 파트리시오 바디네야의 말이다. "익명성이 강한 거대 기업인 ENDESA에 비해 콜분은 칠레에서 잘 알려진 특정 가문과 연관된 기업이었죠. 톰킨스는 언제나 그 사람들과 관계를 맺으려 노력하고 그들이 하는 일이 명성과 직결된다는 걸 보여주어야 한다고 생각했어요."

톰킨스는 항상 예의를 지켰다. 자신이 칠레에서는 손님일 뿐이라는 사실을 결코 잊지 않았다. 따라서 까닭 없이 적을 만들지 않으려고 주의했다. 그는 베르나르도와 엘리오도로 마테를 직접 만난 적이 있었고, 마테 가족을 푸말린 공원에 초대하기도 했다. 더그는 그들이 방문하자 자연보호 계획을 개략적으로 설명하며 열정적으로 자신의 논리를 설명했다. 그는 마테 가족에게 "역사에 파타고니아를 파괴한 가문으로 기록되고 싶습니까?"라고 물었다.

칠레의 부유층을 감싸고자 하는 대표 신문사들은 '댐 없는 파타고니아' 광고를 싣지 않으려 했다. 그래서 톰킨스는 그린피스의 전략을 빌려왔다. 그는 금지당한 광고를 강조하는 기자회견을 열었다. 언론계에 돌풍이 일었고, 돌풍의 초점은 전부 "여우에게 닭장을 맡겼을 때"와 "파타고니아는 판매용이 아닙니다"를 포함하는 헤드라인을 실을 것이냐 말 것이냐에 맞춰졌다. 톰킨스는 값비싼 홍보 컨설턴트 다니엘 페르난데스에게 스포트라이트를 비추며 즐거워했다. 더 그는 그를 고압 송전탑 모양의 뿔을 달고 엉덩이에는 전깃줄이 삐져나온 빨간 악마로 형상화했다.

이드로아이센 실무진은 충격을 받았다. 톰킨스가 그들을 우스꽝스러워 보이게 만들었다. 전국 여론조사 결과, 댐 반대 의견이 급증했다. 처음에는 찬성이 57퍼센트였지만, 톰킨스가 지휘한 '파타고니아 신 레프레사스' 캠페인으로 대중의 마음은 프로젝트에 반대하는 쪽으로 급격히 기울었다. 이제는 칠레인 중 3분의 1만이 댐에 찬성했다.

세바스티안 피녜라가 이 다툼에 뛰어들어, 환경운동가들이 "무책임하게도 모든 것에 반대한다"고 비난했다. 그는 건설업계 대표들에게 경고했다. "지금 당장 댐 건설을 결정하지 않으면, 향후 십 년 안에 우리 나라에 정전 사태가 발생할 겁니다." 대통령의 주장으로 또다른 반발이 일어났다. 학자, 칼럼니스트, 역사학자 모두가 똑같이 피녜라를 피노체트 장군과 비교했다. 피노체트는 칠레 정부의 미래를 "나와 함께, 혹은 혼란과 함께"로 일축한 것으로 유명했다.

이드로아이센 실무진은 외국 세력이 칠레의 천연자원을 공격한다는 주장을 다음으로 내놓았다. 그들은 외국인 혐오 정서에 기대, 환경운동가들이 가짜이며 사실 댐 반대 캠페인은 ENDESA로부터 엄청난 사업의 기회를 훔쳐가려는 외국 전력회사의 위장 전술일 뿐이라고 주장했다. "다니엘 페르난데스는 다급해졌습니다. 기업에서 그에게 돈을 주고 프로젝트를 실행하라고 했는데, 해내지 못하고 있었으니까요." 파타고니아 방위협의회 구성원인 사라 라라인은 이렇게 조롱했다. "기업 용병을 자처한 사람의 절박함이죠."

톰킨스는 계속해서 상황을 뒤흔들었다. 칠레 언론, 그리고 더 많은 국제 언론이 그에게 논평을 해달라며 연락해왔다. 그는 댐 소유주를 국가적 유산에 대한 감각이 전혀 없는 근시안적 사업가라고 비난했다. "여권은 무의미합니다." 톰킨스는 그가 칠레 문제에 간섭하는 외국인이라는 비판에 대해 이렇게 말했다. "당신이 애국자인지 아닌지 결정하는 건 당신의 행동입니다. 나라를 망가뜨리고, 토양을 황폐화하고, 물과 공기를 오염시키고, 나무를 베어내고, 호수와 강과 바다의 물고기를 무분별하게 잡는다면 애국자라 할 수 없죠. 나는 수많은 민족주의자가 가슴을 치며 애국자를 자처하는 모습을 봅니다만, 그들은 그 와중에도 자기 나라를 망가뜨리고 있습니다!"

톰킨스는 댐 반대 캠페인을 해외로도 전파했다. 신문과 옥외광고판의 광고가 런던의 이층버스 옆면에도 실렸다. 그

광고에서 톰킨스는 파타고니아를 약탈하려는 칠레 정부의 계획을 조롱했다. "우리는 정치계급에게 직접 말했습니다. '우린 당신들을 고발한다!'라고요." 크루사트의 말이다. "우리는 그들에게 창피를 주고, 온 세계에 '보세요! 이게 놈들이 하는 짓입니다'라고 말하기 위해 영국에 광고를 걸었어요. 칠레인은 그런 식으로 노출당하는 걸 아주 수치스럽게 여기죠."

다양한 환경단체가 이제는 강을 구할 수 있겠다고 생각하며 지역에서 댐 반대 캠페인을 조직하는 데 주력했다. 카우보이 집단이 '댐 없는 파타고니아' 로고로 장식된 깃발을 흔들며 말을 타고 대규모 시위를 벌이자 TV 뉴스 보도가 집중적으로 이어졌다. 칠레의 쟁쟁한 환경운동가들과 수백 명의 열정적인 자원활동가들이 이 시위에 참여했다. 톰킨스는 수많은 방식으로 에스프리 시절의 마케팅 실력을 되살려냈다. 에스프리에서 그는 카탈로그에 아드레날린과 끓어오르는 흥분감을 더했다. 고객조차 더 큰 변화에 참여하고 있다는 소속감을 느꼈다. 이제는 파타고니아와 칠레 전역에서 그때와 같은 재능이 수천 명의 칠레인 가슴에 불을 질렀다. 단, 이제 톰킨스는 일회용 옷가지와 단기적인 패션 유행 대신 자연을 선전했다.

처음 노스페이스를 창업했을 때, 톰킨스는 산의 아름다움과 야외활동의 매력을 강조했다. 이제 그는 파타고니아에서 다시 한번 진심에 호소하는 캠페인을 시작하고 있었다. "아름다움을 우선하는 건 어떤 의미에서 완전히 미학적인 일이에요." 육 년간 더그와 크리스의 비서로 일했던 네이딘 레너의 말이다. "어떤 면에서는 사람들이 무엇에 끌리는지, 사람들이 갈망하는 브랜드나 감정을 어떻게 만들어낼지 포착하는 아주 민첩한 움직임이기도 하죠."

톰킨스는 젊은 사람들에게 동기를 부여하는 것이 무엇인지 정확히 알았다. 파타고니아에서 잡초와 울타리 기둥을 뽑으며 자신의 시간을 기부했던 자원활동가들과 에스프리 카탈로그에 실릴 포즈를 취하겠다며 줄을 섰던 수백 명의 사람들을 떠올리며, 톰킨스는 배후에서 자금과 전략을 마련해 강을 구하고 파타고니아를 보호하기 위한 통합된 캠페인 계획을 세웠다.

예정된 2,700킬로미터의 송전선 경로를 따라, 자원활동가들은 집집마다 다니며 지역민에게 뒤뜰에 거대한 송전탑을 허용하는 것이 현실적으로 어떤 의미인지 알렸다. "여기에는 무수한 기초 작업이 들어갔습니다." 크루사트의 말이다. "아주 많은 사람이 지역민에게 '송전탑이 들어서면 토지 가치가 떨어질 겁니다. 집 바로 앞에 고압 송전탑이 있으니 집을 팔 수가 없을 거예요. 어디로 가든 탑이 있을 테니 이사 갈 수도 없을 테고'라고 말했습니다."

칠레 국회의원들은 절박한 심정으로 이드로아이센에 환경영향평가를 면제해주는 맞춤형 법안을 제안했다. 법안에 따르면, 댐은 에너지안보라는 명목으로 "신속 처리"될 수 있었다. 톰킨스와 팀원들은 격분했다. 그들은 꼭두새벽까지 편집하고 디자인한 광고 문구를 쏘아대며 또하나의 공격적인 광고를 시작했다. 이번 광고는 기업가를 사악한 푸른 눈에 입에는 100달러짜리 지폐를 가득 물고 있는 뚱뚱한 돼지로 묘사했다.

캠페인은 칠레 사회에 큰 반향을 일으켰다. 엘리오도로 마테는 아들이자 후계자인 베르나르도와 기나긴 토론을 시작했다. 이번 투자에 가문의 명성과 가장 소중한 자산인 명예를 걸 만한 가치가 있을까? 혹시 톰킨스의 말이 옳은 건 아닐까? 마테 가문이 역사의 잘못된 편에 투자하고 있는 건 아닐까?

논쟁이 번성하는 동안, 파타고니아 전역의 여러 마을에서는 시위가 일어났다. 카우보이들이 차량 통행을 막았다. 칠레 남부 전역에서 점점 더 많은 연합이 '댐 없는 파타고니아'의 비전을 지지했다. 톰킨스를 증오하며 누구보다 맹렬히 비판했던 연어 산업 로비스트들도 댐으로 인해 호수와 강이 피해를 입을까봐 불안해했다. 그들은 댐 반대 연합에 합류했다. 광고 하나하나, 행진 하나하나, 업계 하나하나가 더해질수록 친파타고니아 캠페인이 급증했다. "시간이 지나면서 더그는 모든 문제를 더 제대로 파악하기 시작했어요. 그는 칠레 정치를 다룰 줄 아는 사람을 모으기 시작했죠." 활동가 페터 하르트만의 말이다. "때로는 인내심을 발휘하기만 하면 된다는 걸, 할일은 기다리는 것뿐이라는 걸 더그는 깨달았습니다."

이드로아이센 컨소시엄은 공격적인 홍보의 일환으로 픽업트럭을 몰고 이 목장에서 저 목장으로 파타고니아 전체를 돌아다니기 시작했다. 톰킨스의 팀은 즉각 대응했다. 픽업트럭에 탄 이드로아이센 직원은 시골 지주들에게 댐은 진보의 상징이며 돈을 가져다줄 거라고 약속했다. 그들은 새 호수가 경관을 해치기는커녕 관광객을 끌어들일 거라고 말했다. 송전탑은 경제에 도움이 될 뿐 아니라 누구든 먼저 서명하는 사람에게 빠르게 현금이 지급된다는 뜻이라고 강조했다. 송전탑 하나를 허가해주는 것만으로 엄청난 보상을 받는 것은 행운이라고 설명했다.

회사측 공격에 반격할 방법을 찾던 아트디렉터 바디네야는 이드로아이센 사무실에 전화를 걸었다. 칠레 시골 카우보이의 늘어지는 듯한 사투리를 흉내내며 비서에게 "회사 트럭이 어떻게 생겼다고요? 트럭이 지나갈 때 준비하려고 하는데"라고 말했다. 비서는 큰 도움을 주었다. 트럭은 흰색이며 문에 파란색 로고가 그려져 있다고 했다.

이런 묘사를 활용해, 바디네야와 톰킨스는 흰색 픽업트럭을 탄 직원을 파타고니아식 삶의 방식을 파괴하는 임무를 띤 선전원으로 묘사하는 라디오 캠페인을 시작했다. 이 캠페인은 지역 농민과 목장주에게 맞서 싸우라고, 그들의 땅을 지키라고 촉구했다. "문도 열어주지 마세요!" "여러분의 땅에 그자들을 들이지 마십시오!" 반격의 씨앗이 시골에 심어진 셈이었다.

'댐 없는 파타고니아' 캠페인은 댐 프로젝트를 조롱하기 위해, 작곡가를 고용해 '파야'라 알려진 라임을 살린 발라드를 짓기도 했다. 파야는 랩처럼 즉흥적이고 신랄한 라임을 활용한 칠레식 컨트리음악이다. 파야 경연대회에서는 파야도르 두 명이 농담을 주고받으며 서로를 모욕하고 청중을 웃음바다에 빠뜨리는 언어적 결투를 벌인다. "파야에는 상대를 모욕할 수 있는 형식이 몇 가지 있습니다. 다른 형식에서는 신사처럼 굴어야 하지만요." 바디네야의 설명이다.

'댐 없는 파타고니아' 캠페인 팀은 흰머리에 주름투성이인 파타고니아 카우보이 돈 에피파니오가 자기 말과 대화하면서 댐의 허황함에 대해 토론하는 만화 스타일의 광고까지 고안했다. 캠페인에 두 개의 문구가 추가되었다. "파괴는 해결책이 아니다"와 "칠레는 이드로아이센을 거부한다"였다.

그래도 이드로아이센은 프로젝트를 계속 진행시켰다. 아이센의 환경위원회는 표결에서 11 대 0으로 프로젝트를 승인했다. 지역 규제 당국의 청신호로 이드로아이센 실무진은 한시름 놓았다. 그제야 그들은 지역 경제개발 사업, 학생 장학금, 지역 전기요금 보조 약속 등을 제공해온 결실을 수확하게 되었다. 10,500페이지에 이르는 이들의 환경영향 연구는 이들이 모든 각도에서 검토하고 모두에게 답변했다는 뜻이었다. 아흐레 뒤, 킨소시엄의 승리 행진은 십 년 만에 칠레에서 일어난 최대 규모의 대중 시위로 중단되었다.

약 칠만 명의 사람들이 산티아고 중심가를 행진했다. 이 시위는 플라사 이탈리아에서 대통령궁인 라모네다까지 1.5킬로미터나 이어졌다. 시위자들은 피녜라의 집무실로 평화롭게 행진해 가서 편지를 전달했다. '댐 없는 파타고니아' 캠페인은 이렇듯 사회운동이라는 성냥에 불을 댕겼다. 오랫동안 부글거렸던 불평과 불만이 터져나올 기회를 얻었다. 댐 반대 행진은 거의 삼십 년간 동면중이었던 칠레 국민의 요구를 풀어놓는 데 일조했다. 다른 사회운동도 정의에 대한 갈망과 목소리를 들어달라는 외침과 함께 곧 터져나왔다. 피녜라는 또 한번 일어난 민중 봉기로 입지가 더욱 약해졌다. 이번 봉기는 고등학생들이 주도했다.

피녜라가 공교육은 "시장 상품"이며 그에 맞게 가격이 매겨져야 한다고 선언하자 즉각적인 반응이 일어났다. 대학생 카밀라 바예호와 조르조 잭슨이 이끄는 수십만 명의 고등학생이 연좌 농성과 행진으로 칠레의 학교를 거의 일 년이나 문 닫게 했다. 수만 명의 학생이 고등학교를 점거하고 그 안에서 생활했다. 그들은 운동에 공감하는 밴드의 노개런티 라이브콘서트 표를 팔아 돈을 모았다. 피녜라와 엘리트들은 아연실색했다. 사회질서에 무슨 일이 일어나는 걸까? 어쩌다 십대들이 혁명가가 된 걸까?

부모 세대와 달리, 1980년 이후에 태어난 젊은 세대는 피노체트 장군의 피비린내 나는 고문 부대 그의 무시무시한 DINA, CNI 비밀경찰 등을 마주한 적이 없었다. 수십 년 전에 칠레가 처했던 위태로운 정세를 모르는 이들은 수백만 명을 가난에서 건져준 게 분명한 개발 모델에 별다른 충성심을 느끼지 않았다. 십대 시위자들은 댐 반대 캠페인에 더 많은 인원을 보태주었다.

"댐 없는 파타고니아"를 요구하는 시끌벅적하면서도 평화로운 거리 시위는 수만 명의 시민이 거리에 나서면 더욱 공정한 민주주의를 실현할 수 있다는 칠레의 역사적 믿음에 더

욱 활력을 불어넣었다. 칠레 역사 전체에서 반란은 사회정의
를 위한 싸움에 활용되어온 잘 갈고닦은 도구였다. 2010년
에 시위자들이 두려워한 것은 기껏해야 최루탄이나 가벼운
구타, 잠깐의 구금 정도였다. 고문과 실종은 과거의 일이었
다. 칠레인들이 대담해지면서 시위의 불꽃도 타올랐다.

파타고니아 방위협의회에 속하지 않은 단체들은 나름의
댐 반대 시위를 시작했다. "사람들이 우리한테 와서 '푸에르
토몬트 시위가 몇시죠?'라고 물었어요. 나는 '글쎄, 잘 모르
겠네요. 제가 조직하는 게 아니라서요'라고 대답했죠." 플라
디니치의 말이다. "이게 전국적인 커다란 물결이고, 막을 수
없다는 걸 깨달은 순간이었어요."

이드로아이센에 대한 정부의 지지는 시들해졌다. 정치적
으로 볼 때 이 프로젝트는 좌초된 상태였다. 그 사실을 알아
차린 관료들이 보이지 않는 공작으로 갑자기 프로젝트를 수
렁에 빠뜨렸다. 이드로아이센 실무진은 수십억 달러짜리 화
려한 사업을 승인받으려고 온갖 정치적 채널에 기름칠을 해
왔지만, 이제 그 모든 채널이 정치적 밀물에 휩쓸려 갑자기
틀어막혔다.

"더그는 미친 사람처럼 캠페인 작업에 몰두하면서도 재미
있어했어요." 아트디렉터 바디네야의 말이다. "나는 의사소
통에 대해 아주 많은 것을 아는 대단히 세련된 고객들과 수
많은 기업에서 일해왔습니다. 하지만 더그 같은 능력의 조
합을 가진 사람은 없었죠. 자기가 하는 말의 의미를 이해하
는 사람, 목표를 이루기 위해 언론을 다루는 방법을 알면서

도 협력하는 사람들을 믿고 그들에게 아이디어를 내놓을 문을 열어주는 사람 말이에요. 그건 도달하기 어려운 경지입니다. 누군가 칠 년간 함께 일하면서 더그가 실수한 적이 있느냐고 묻는다면, 난 없다고 대답할 거예요. 광고업계에서 일하는 사람이라면 다 알겠지만 보통 고객이 지나치게 간섭하면 일을 망치기 마련인데도 말이에요."

이드로아이센 컨소시엄은 막후에서 몇 년 더 프로젝트를 진행하려 계속 노력했지만, 정치적 지지는 돌아오지 않았다. 프로젝트는 끝없는 환경 승인 절차에 발목이 잡혔다. 2014년에 프로젝트는 중단되었고, 이드로아이센의 후원자들은 그 이후로 몇 년에 걸쳐 프로젝트를 조용히 포기했다. "'파타고니아 신 레프레사스' 캠페인은 문화적인 현상이 되었습니다." 몇 년 뒤 크루사트가 말했다. "그전에는 칠레에서 누군가에게 '당신은 어디 사람입니까?'라고 물으면 '남부 사람'이라고 말했죠. 지금은 '파타고니아 사람'이라고 대답합니다. 파타고니아 레스토랑, 파타고니아 음식, 파타고니아 미술품과 공예품이 칠레 전역에 퍼졌습니다. 그 모든 일이 십 년도 안 되는 사이에 일어났어요."

파타고니아로 돌아간 더그와 크리스 톰킨스는 기뻐했다. 친파타고니아 캠페인에는 600만 달러가 들었다. 환경운동가에게는 상당히 큰돈이었다. 그 돈이면 수 킬로미터의 하이킹 트레일과 수백 에이커의 유기농 농장을 만들고 수천 그루의 칠레삼나무 묘목을 심을 수 있었다. 하지만 더그는 이 돈이 탁월하게 잘 활용되었다고 생각했다. 600만 달러로 파타고니아 방위협의회는 32억 달러의 예산이 책정된 프로젝트를 막았다. 칠 년의 싸움 끝에, 더그는 부정적 여론의 늪에 댐을 수장시켰다.

4부

18장
앵무새를 위한 인형극

지구를 이 행성의 다른 모든 생명체와 공유할 방법을 배우지 않는 한 우리는 죽을 날을 받아놓은 것이나 마찬가지다. 그 말은, 우리 정부가 생물다양성 보존을 우선순위로 삼도록 요구해야 한다는 뜻이다. 이를 위한 주된 수단은 더 많은 지역을 보호하는 것, 무엇보다도 더 많은 국립공원을 만드는 것이다.

더그 톰킨스

이베라 상공 30미터 지점에서 비행하며 아르헨티나의 외딴 습지에 있는 광활한 자신의 땅을 둘러보던 톰킨스는 아열대의 습도 높은 햇볕 아래에서 일광욕하는 카이만 무리와 뜬 섬의 공터를 종종걸음 치며 지나가는 카피바라 무리를 보고 감탄했다. 새가 많아서 비행기를 조종하기가 쉽지 않았다. 황새가 비행기의 유일한 엔진에 걸리기라도 하면 더그는 습지로 추락할 수 있었다.

톰킨스는 저고도로 비행하거나 갈대를 헤치고 카약을 타면서, 자연주의자의 눈과 저항가의 심장으로 야생동물을 관찰했다. 그는 그 모든 것을 매입한 다음 자연에 회복할 기회를 주고 싶었다. 그가 지휘한 이베라 습지 보호를 위한 수십 건의 소송은 성공을 거두고 있었다. 47건의 법원 판결이 내려졌는데, 모두 환경보호에 우호적이었다. 이베라에는 물이 다시 흐르기 시작했을 뿐 아니라 야생동물 개체수도 늘어나고 있었다. 회복이 시작되었다.

톰킨스는 법적 승리와 서식지가 예상보다 훨씬 더 빠르게 되살아날 수 있다는 초기 징후를 음미했다. 그러면서도 이것이 취약한 승리임을 인지했다. 크리스와 소피아, 마리시는 머리를 맞댔다. 이 기적의 땅을 더 확실히 보호할 방법은 무엇일까? 단단한 땅의 상당 부분은 소수의 엘리트와 부유층의 소유였다. 지역 인구의 대다수는 가난하고 공식적인 경제권 바깥에서 살았다. 지역민들은 대체로 십여 개의 작은 마을에 모여 살았는데, 이런 마을은 모두 '인재 유출'이라는 만성적인 고질병을 겪었다. 교육받은 젊은 인재는 기회를 찾아 이 지역을 버리고 부에노스아이레스와 로사리오 등 대도시로 갔다. 지역문화가 쇠락하고 있었다.

칠레에서 막강한 경제적 이해 공동체와 십 년간 싸운 뒤로, 더그와 크리스는 팀 구축의 중요성을 알게 되었다. 이베라 지역민들과 이야기하면 할수록, 그들이 정치적 고아임을 깨닫게 되었다. 안데스산맥 반대편 우림의 칠레 정착민이 그렇듯, 아르헨티나 시골 사람들도 의사결정 과정에서 소외되었다고 느꼈다. 그들의 욕구와 바람, 요구를 무시해도 사실상 아무런 정치적 대가를 치르지 않았다. 그들에게 구애하거나 그들을 중시하는 사람은 별로 없었다. "이처럼 작은 마을에는 예산이 거의 없습니다. 별다른 참여도 없고요. 이 지역은 가장 가난한 행정구역에 속해요. 우리가 그 사람들과 만나고 관계를 맺었다는 것만으로 그들은 감명받았습니다." 아르헨티나 야생생물학자 에이노넨의 말이다. "우리는 모든 도시의 시장 부부를 푸말린에 초대했습니다." 더그는 칠레 전통 요리인 쿠란토를 준비했다. 공원 투어를 시켜주고, 정성껏 챙기고, 그들을 비행기에 태우고 공원 위를 비행하기도 했다. "더그는 그 사람들에게 '이게 우리가 생각하는 것입니다'라고 말했어요. 시장들은 놀라워했죠. 미래에 대해 이야기하기 시작했습니다." 에이노넨은 말했다.

고집불통 미국인과 자주 충돌한 코리엔테스 상원의원 세르히오 플린타도 그 자리에 있었다. 플린타는 푸말린 공원 방문에 확신이 없었다. 자신이 '적'과 친분을 쌓고 있다는 것을 대중이 알면 정치적 후과가 따를까봐 두려워했다. 그래서 톰킨스는 플린타의 구미가 당기게 만들었다. 플린타가 푸말린 공원으로 날아와 제안을 검토하며 일주일을 보내면, 콜로니아 카를로스 페예그리니의 해변 부지를 매입해 회복시키겠다는 것이었다. 그는 지역공동체의 야영지로 이 땅을 다시 마을에 기증하기로 했다. 덕분에 플린타는 얻을 게 아무것도 없는데 '그링고 로코^{gringo loco}♦'를 만난다는 혐의를 벗을 수 있었다. 더그와 크리스에게 야영지는 지역민이나 이곳 땅과의 관계를 다지는 소중한 초석이었다. 야영지를 개

♦　스페인어로 '미친 미국놈'이라는 뜻이다.

선하면, 톰킨스 부부도 지역민의 부를 약탈해 챙기려는 탐욕스러운 후원자일 뿐이라는 주장이 수그러들 터였다. 야영지에는 보트 선착장이 포함될 것이고, 그 선착장은 대중이 습지에 접근하게 해줄 거였다. 지역공동체가 오랫동안 원해온 일이었다.

레니우에서 톰킨스는 건장한 상원의원 플린타를 허스키 뒷좌석에 태우고 엔진에 시동을 걸었다. 그들은 더그의 앞마당에 있는 울퉁불퉁한 활주로를 빠르게 달려갔다. 이어 톰킨스는 가파르게 방향을 틀어 소용돌이를 일으키듯 자신의 영공에 접어들었다. 그 공간은 더그가 너무도 잘 아는 곳이었다. 다른 누구도 그토록 시야가 탁 트이고 유익하고 오싹한 투어를 해줄 수는 없었다. 두 사람은 자연 그대로인 유기농 텃밭 위를 선회하고, 리모델링한 연락선 선착장 옆을 지나고, 폭포의 수면에 거의 닿을 뻗고, 장난기 많은 수십 마리의 바다사자가 북적거리는 서식지 사진을 찍었다. 저녁이 되었을 때 톰킨스와 플린타는 모닥불가에서 와인을 마시고 논쟁하고 웃었다. 밤이 늦어진 시간에는 심각한 오해가 논쟁으로 번지면서 격렬한 고성이 오갔다. 톰킨스는 플린타에게 지역 공원이 아닌 **국립공원**을 지지하라고 압박했다. 플린타는 수도의 정부당국으로부터 독립하고 싶다는 지역민의 열망을 언급했다. 국립공원은 안 될 말이었다. 그들은 서로에게 고함을 지르기 시작했다. 전적으로 불안정한 동맹이 잘못 번역된 단 하나의 문구로 깨지고 말았다. 다음날 아침, 두 남자는 거의 말도 섞지 않았다. 플린타는 차카부코 계곡 자연보호 프로젝트를 둘러보기 위해 파타고니아의 심장부로 날아갔다. 처참한 기분이었다. "더그와 벌인 싸움 때문에 여태 본 것 중 가장 멋진 풍경을 즐기지 못했습니다. 푸말린 공원에서 차카부코 계곡까지 비행하며 상공에서 파타고니아의 칠레 쪽 안데스산맥을 볼 수 있었는데 말이죠. 세상에 그런 풍경은 없습니다. 하지만 난 그 여행이 빨리 끝나기만을 바랐습니다."

차카부코 계곡에 착륙한 플린타는 크리스가 기분좋게 음식을 준비해놓고 기다리는 걸 보고 놀랐다. 크리스는 어떤 일이 있었는지 들었지만, 전혀 모르는 것처럼 굴었다. 그들은 유기농 텃밭을 둘러보고 부에노스아이레스의 오페라하우스에나 어울릴 법한 구리 갓이 달린 등불 아래에서 구운 양고기를 먹었다. "크리스는 조용히 일을 처리했습니다. 심지어 내 기분을 나아지게 해주려고 자기 집에서 요리를 하게 하더군요." 플린타의 말이다. "크리스는 온기와 솔직함, 사랑으로 우리 사기를 돋우었습니다. 크리스 없이는 더그도 없다고 내가 늘 말하는 이유입니다."

플린타는 모닥불가에서 벌인 신랄한 논쟁을 극복하고, 국립공원에 대한 비전에 도취된 채 아르헨티나로 돌아갔다. 그는 그 비전이 지역의 기술과 전통에 매끄럽게 연결되는 한편, 호텔 체인과 싸구려 가구, 단기적 사고의 결과물은 배제할 수 있다고 느꼈다. 어쨌든 그는 지역민을 위한 해변 야영지를 여전히 확보해두고 있었다.

이베라 습지 보호는 첫발일 뿐이었다. 공원을 토착동물로 야생복원하는 일은 수십 년이 걸릴 수 있었다. 크리스도 더그도 살아생전에 야생복원 작업을 마무리할 수 있으리라고는 생각하지 않았다. 그럼에도 그들에게는 분명한 꿈과 시작에 관한 개략적인 그림이 있었다.

더그는 재규어부터 시작하고 싶어했다. 재규어는 위풍당당하고 신비로우며 최상위 포식자로서 그 땅의 전반적 안정성에 결정적이었다. 크리스는 이 아이디어에 맞섰다. 재규어를 들여오는 건 시기상조라고 했다. 아르헨티나 팀은 큰개미핥기부터 시작하자는 대안을 제시했다. 더그와 크리스는 관리해온 재단을 통해 일단 큰개미핥기를 들여오기로 했다. 그들은 큰개미핥기 회복센터를 짓고 인력을 마련할 수만 달러의 예산을 배정했다.

큰개미핥기는 아마 이 대륙에서 가장 이상하게 생긴 동물일 터였다. 진공청소기처럼 길쭉한 주둥이에 개미를 잡기 위한 가시와 끈적한 점액이 있는 말려들어가는 혀를 가진 이 동물은 생태계에서 중요한 틈새를 채웠다. 이들은 90센티미터 길이의 북슬북슬한 꼬리와 공룡과 비슷한 발톱을 가지고 있었다. 온순해 보이지만 궁지에 몰리면 사람의 내장을 파낼 수 있을 정도로 위험했다. 후각은 예민하지만 시력은 별로 좋지 않았다. 이들은 종종 죽임당해 부모를 잃은 새끼 개미핥기 무리만 남았다. "이베라에 오는 개미핥기의 대다수는 사냥이나 개와의 싸움에서 어미가 살해당하거나 교통사고로 죽으면서 구조된 새끼들이었습니다." 야생복원 사업의 수석 생물학자 알리시아 델가도의 설명이다. "사람들은 새끼를 발견하면 자기 집으로 데려갔습니다."

지역민은 새끼 개미핥기가 귀여운 반려동물이 된다는 걸 알았다. 새끼 개미핥기는 팔 개월 동안 안아주고 돌봐야 하는 사랑스러운 존재였다. 하지만 다 자라면 더는 반려동물로 키울 수 없고, 성가신 동시에 위험한 군식구처럼 여겨졌다. "그보다 적절한 종을 들여올 수는 없었을 거예요. 생긴 것도 이상하고 신기하죠. 구석으로 몰지만 않으면 대체로 무해하고요." 크리스의 설명이다. "개미핥기는 정말 귀여워요! 부모 잃은 새끼들은 검역을 위해 한쪽 문으로 들어왔다가, 야생복원을 위해 뒷문으로 나가죠. 그 녀석들에게는 이름도 있어요. 사람들이 그 녀석들을 따라다녔어요. 인형극에도, TV에도 나옵니다. 유명하죠. 개미핥기는 스타예요!"

큰개미핥기를 성공적으로 재도입한 이후, 톰킨스 부부의 야생복원팀 팀장인 수의사 구스타보 솔리스는 계속해서 다른 종의 재도입 가능성을 조사했다. 그중에는 팜파스사슴, 그리고 야생 재규어의 재도입을 검토했던 초기의 움직임도 포함되었다. 솔리스는 야생 재규어를 이베라의 늪과 습지, 초원, 야생지에 다시 들여오는 일의 난점을 이해하고자 시간과 에너지를 들였다. 솔리스는 이 광활한 지역이 이상적인 재규어 서식지임을 알았다. 수백 년 동안 재규어는 이 지역의 원주민인 과라니인들의 숭배를 받아왔다. 재규어라는 말은 과라니어인 '야과레테'라는 단어에서 온 것으로, 아르헨티나인 대부분은 재규어를 이 단어로 부른다. 그렇게 신성하게 여겨졌던 고양잇과 동물이 멸종 직전에 이른 것이다. "아르헨티나에는 독립적인 재규어 개체군이 세 곳밖에 없습니다. 재규어 전체 숫자는 200마리로 추산되고요. 서식지가 사라지는 건 이 종에게 위협적인 일입니다." 생물학자 마이테 리오스 노야의 말이다. "재규어가 사라지는 건 재앙입니다. 재규어를 공룡처럼 멸종된 동물이라고 생각하기는 정말 싫습니다."

어떤 학생이 이그나시오 히메네스에게 와서 재규어를 연구하게 해달라고 부탁했을 때, 그는 학생에게 그건 불가능한 일이라고 정중하게 말했다. 연구할 만큼 재규어가 남아 있지 않기 때문이었다. 대신 히메네스는 재규어에 대한 대중의 태도를 연구하라고 제안했다. 이 상징적인 고양잇과 동물을 이베라 초원에 재도입할 가능성을 조금이라도 높이려면 광범위한 공동체의 지원이 필요하다는 사실을 그는 알고 있었다. 그러기 위해서는 자원활동이 필요했다. 가공되지 않은 기초 자료가 필요했던 히메네스는 학생을 파견했다. 432건의 인터뷰 결과를 분석하고 수치화했을 때, 팀원 전체가 놀랐다.

지역민은 재규어를 사랑했다. 그들은 이 고양잇과 동물을 전사 문화와 반항적인 성품을 대변하는 지역적 상징으로 여겼다. 더그에게 이런 동질감은 반가운 순풍이었다. 칠레에서 끊임없이 그래왔듯 지역민의 오해에 맞서 싸우는 대신, 그가 그토록 야생복원하고자 하는 바로 그 종에 대한 잠재된 애정을 끌어낼 수 있을지 몰랐다. 더그는 재규어를 잡아 둘 거대한 우리 건설을 승인했다. 지역 건설 인부들은 공사를 시작하면서 평소처럼 강한 비에 두들겨맞았다. 프로젝트는 이 년간 이어졌다. 진흙탕 속에서 이어진 장대한 도전 과제였다. 한편 생물학자와 수의사, 톰킨스의 팀원들은 대형 고양잇과 동물 교배의 난점을 파악하기 위해 인도, 브라질, 남아프리카공화국, 스페인을 방문했다.

더그와 크리스의 우려에도 불구하고 야생복원팀은 홍금강앵무 복원도 밀어붙였다. 사냥과 밀렵, 밀수로 이 지역의 홍금강앵무 개체군은 백 년 전에 사라지고 말았다. 인간이 거의 침입하지 않은 남아메리카의 야생 지역에는 이 앵무새가 사는 자연 서식지가 아직 있었지만, 지역 앵무새는 반려동물로만 발견되었다. 새로운 미국인 주인이 앵무새에게 집을 제공하려 한다는 말이 돌자 기부금이 조금씩 들어오기 시작했다. "녀석들은 새라기보다 사람에 가깝게 행동했어요." 한 수의사는 웃으며 말했다. "우리가 녀석들에게 나는 법을 가르쳐야 했죠."

더그와 크리스는 마지못해 프로젝트를 승인하고, 복원된 홍금강앵무에게 먹이를 주고 돌보고 궁극적으로는 야생에서 살 준비를 도울 직원을 고용했다. 프로젝트는 대대적으로 실패했다. 앵무새는 너무도 제한적인 방식의 비행밖에 배우지 못해, 풀려나자마자 지역의 포식자에게 빠르게 잡아먹혔다. 처음 놓아주었을 때는 한 마리를 제외한 모든 앵무새가 죽었다. "홍금강앵무는 풀려난 뒤에 다른 새에게 공격당했습니다." 팀의 수의사 니콜라스 카로의 말이다. "새는 영역의식이 매우 강해요. 기묘한꼬리산적딱새를 비롯한 더 작은 새들이 홍금강앵무를 침입자로 간주했죠. 홍금강앵무는 결국 가시덤불이 무성한 낮은 땅에서 살게 됐고, 여우나 악어에게 잡아먹혔습니다. 프로 미식축구 경기장에 내동댕이쳐진 사무원 같았어요. 빠르게 탈진해버렸죠."

야생복원팀 팀원들은 주변에 의견을 구했다. 할리우드의 동물 조련사는 영화에 출연할 동물을 훈련시키니까, 토착동물도 야생에서 살도록 훈련하는 데 도움을 줄 수 있지 않을까? 톰킨스는 인맥을 통해 새 전문 조련사를 수소문해서 영화업계 최고라는 아르헨티나 사람을 찾아냈다. 그러나 파비안 가베이의 이력서에는 한 가지 핵심 기술이 빠져 있었다. 그는 새를 야생에서 살아가도록 조련해본 적이 한 번도 없었다. 사실 그는 앵무새를 길들여 카메라 앞에서 연기하도록 하며 오랜 세월을 보냈다. '컨서베이션 랜드 트러스트'의 요청을 받은 그는 기술을 반대로 사용해달라는 부탁을 받았다. 혹시 홍금강앵무를 "길들여지기 전의 상태"로 되돌려 줄 수 있을까?

가베이는 이 도전에 뛰어들었다. 그는 톰킨스 팀이 처음 홍금강앵무를 재도입하려 했을 때 실패한 이유를 곧장 알아차렸다. 이베라 습지는 앵무새가 먹이를 찾고 둥지를 틀 수 있는 숲과 나무를 갖춘 작은 섬으로 이루어진 광활한 생태계였다. 홍금강앵무는 날아볼 기회 없이 새장 안에서 오래 산 터라 가슴근육이 작았고, 그만큼 쉽게 지쳤다. 그래서 습지에 내려서면 쉬운 먹잇감이 되었다. 처음에 컨서베이션 랜드 트러스트 팀이 가베이의 말을 이해하지 못해 수많은 논쟁이 벌어졌다. 소피아는 "파비안, 새는 나는 걸 좋아해요!"라고 말했고, 파비안은 "아뇨! 새가 나는 이유는 문제를 해결할 다른 방법이 없어서입니다! 우리가 날고 싶다고 해서 새가 나는 걸 좋아한다고 생각하는 건 매우 인간적인 관점입니다. 자연에서 새는 먹이를 찾기 위해 날아요. 그게 새가 사는 방식입니다. 비행은 먹이를 찾기 위한 수단일 뿐이에요"라고 설명했다.

가베이는 홍금강앵무의 먹이를 제한하고 운동을 처방했다. 톰킨스 팀은 양쪽 끝에 모이통을 두고 2.4미터 길이의 폐쇄된 트랙을 설치한 앵무새 훈련센터를 만들었다. 새가 이 트랙을 한 바퀴 돌면 보상으로 먹이를 주었다. 첫 야생복원 시도의 실패 요인을 검토하던 중 가베이는 이 새들이 모두 같은 먹이통에서 공통으로 사료를 먹었다는 걸 알아챘다. 우두머리 새가 과일을 전부 먹고, 서열이 낮은 새는 남은 음식을 먹어야 했다. 두 무리 다 균형 잡힌 식단을 받지 못했다. 그래서 수의사와 생물학자들은 새를 무리별로 나누고 먹이를 한 마리씩 개별적으로 주었다. 삼 주 만에 모든 새의 가슴근육이 발달했다. 오래 비행하려면 꼭 필요한 근육이었다.

프로젝트에 참여한 생물학자 마리아네야 마사트는 팀원들이 인공 홍금강앵무 둥지 설계에 실패하자 괴로워했다. 플라스틱으로 만든 첫 둥지는 너무 무거웠고, 나무 기반의 둥지로 바꾸자 처음에는 벌이, 그다음에는 부엉이가 그 둥지를 차지했다.

수의사들은 홍금강앵무가 다양한 토종 과일과 씨앗을 먹

고 날아다니며 배설함으로써 수백 킬로미터에 걸쳐 그 씨앗을 퍼뜨려 생태계를 재생하는 데 도움을 준다는 걸 알고 있었다. 생물학자 히메네스는 이 새를 "숲의 건설자"라고 불렀다.

새가 점점 강해져 더 빨리 날 수 있게 되자 홍금강앵무를 연구하는 아르헨티나 생물학자 노엘리아 볼페는 훈련센터에 더 많은 장애물과 홍금강앵무가 풀어야 하는 더 많은 문제를 추가했다. "우리는 홍금강앵무가 날 때 저항을 받도록 해서 근육을 단련시켰어요. 전에 이 새들은 동물원 안에서만 날아다녔으니까요." 그녀가 말했다. 발을 움켜쥐는 힘을 강화하기 위해 다양한 지름의 막대를 활용해 근육을 섬세히 조절했다. 개별적으로 맞춤 설계된 과일, 씨앗, 식물 식단이 도입되었다. 훈련 트랙을 따라 설치했던 먹이 공간의 간격은 더 멀어졌고, 사이사이에 장애물이 있어서 찾기도 더 어려워졌다. 새의 진도를 측정하기 위해 트랙을 다 도는 데 걸리는 시간과 소비하는 칼로리를 일일이 기록했다.

"새는 엘리트 운동선수 대우를 받았습니다." 가베이의 설명이다. "매일 칼로리 단위로 계산한 음식을 먹고 운동을 완료해야 했죠. 수행 능력에 관한 모든 정보가 기록되고 연구됐습니다. 인간이 아니라 야생 환경에 적응하도록 동물을 훈련하는 건 멋진 일이었습니다."

가베이는 훈련 과제를 확장해, 앵무새에게 포식자를 알아보는 방법을 가르치기 시작했다. 그는 새를 위한 원형극장을 만들었다. 그 안의 주요 무대에서 야생에 사는 위험을 모사한 인형극이 펼쳐졌다. 가베이는 독수리 인형으로 이 쇼를 시작했다. 앵무새는 반응을 보이지 않았다. 야생에서 살아본 적이 없는 이 새들은 주된 포식자인 독수리를 두려워하지 않았다. 아마 알아보지도 못했을 것이다. 가베이는 새로운 전략을 시도했다. 독수리가 공격할 때 홍금강앵무의 경고성 울음을 방송하면 어떨까? "우리가 공격하자 새들은 미친듯이 반응하며 실제 포식 장면을 목격한 것처럼 도망쳤습니다." 가베이의 말이다. 그는 새들에게 공격 장면을 강제로 여러 번 보게 했다. 가베이가 이 장면을 반복해서 연출하고 있을 때 소피아가 방문했다. 그가 일을 마치자 소피아는 말했다. "연극을 하고 있네요. 우리가 앵무새를 위한 인형극을 하다니 믿을 수가 없어요!"

몇 개월에 걸쳐 새가 맞닥뜨릴 법한 포식자를 묘사하는 인형극과 훈련을 진행한 가베이는 마침내 야생으로 홍금강앵무 무리를 놓아줄 준비가 되었다. 그중 몇 마리는 무선추적 장치를 착용할 터였다. "홍금강앵무를 놓아주기 전에, 우리는 대규모 캠페인을 벌이고 전화번호를 제공했습니다. '홍금강앵무가 보이면 전화를 걸어 알려주세요'라는 내용이었죠. 홍금강앵무 직통번호였어요." 크리스의 말이다. "전화가 왔죠. 사람들이 사진을 찍었어요. 홍금강앵무가 '이 정도 크기였고, 우리집 뒤뜰에 있었다'라거나 '이런 나무에 앉아 있었어요!'라는 식으로요. 사람들이 좋아죽으려 했다니까요."

"자연 생태계를 통합적으로 유지하는 것, 다시 말해 들소나 늑대나 호랑이나 쿠거나 재규어 같은 사라진 대형동물을 지키는 것이 다른 방법에 비해 더 합리적임을 사회가 받아

들이게 해야 합니다." 이베라에서 야생복원 프로젝트에 수
년간 참여했던 히메네스의 말이다. "일단 그걸 알면, 지역과
국가의 모든 이야기, 설화, 신화를 활용할 수 있죠. 환경운
동가에게만 공명하는 주장이나 이유를 활용한다면 패배하게
마련입니다. 사람들이 정말로 관심 갖는 건 뭘까요? 자신의 직
업, 자긍심, 희망에 신경씁니다. 문화와 애국심에 관심 갖죠."

브라질과 파라과이의 비영리 환경단체에서 교배 프로그램
을 시작할 수컷 재규어를 제공하겠다고 했을 때, 더그와 크
리스는 거대한 재규어 재도입 센터 건설을 승인했다. 재규
어 센터 건설 계획은 대도시의 동물원 건설과 맞먹는 규모
로 이루어졌다. 수백 에이커의 부지를 구획하고 재규어가
수의사 관리 공간에서 소규모 교배 우리로, 초기 방사 우리
와 70에이커에 달하는 우리로 이동할 수 있도록 정교한 구
조를 설계했다. 구조물이 많아서, 산알론소를 비행하다보면
재규어 센터가 평지를 가로질러 수 킬로미터나 뻗어 있는
것처럼 보였다.

생물학자 세바스티안 디마르티노는 재규어 재도입이 습지
의 전반적 건강에 매우 중요하다는 사실을 알고 있었다. "옐
로스톤 국립공원에 회색늑대가 돌아오면서 균형을 잃었던
생태계 전체가 회복되었듯이, 재규어가 이곳 습지를 회복시
킬 수 있습니다." 그의 말이다. "야생복원은 야생동물 모니
터링이나 관련 서비스를 통해 코리엔테스 지역의 소규모 공
동체 경제에 새로운 활력을 불어넣을 수 있습니다. 생태관

광과 야생동물을 기반으로 경제를 꾸려가는 작은 마을의 사례가 있습니다."

디마르티노는 "비교적 작은 영역을 유지하며 이동 범위가 제한적인" 경향이 있는 암컷을 먼저 방사해야 한다는 걸 알았다. 그는 건강하고 유전적으로 다양한 개체군을 만들기 위한 전략을 세웠다. 하지만 온갖 변수가 있었기에, 그는 모든 수단을 써서 재규어를 인간과 가능한 한 멀리 떨어뜨리고 공원 경계 안에 머물게 하기로 했다. 한 번의 사고, 한 번의 실수, 재규어나 사람의 희생이 발생할 경우 프로젝트는 몇 년이나 주저앉을 수 있었다.

지역공동체에서 더 많은 시간을 보내면서, 더그와 크리스는 코리엔테스에 지역 야생동물을 깊이 숭배하는 전통이 있다는 걸 깨달았다. 연례 축제 퍼레이드와 기념식에 깃털과 열대 색채가 활용되었다. "가우초는 공작과 비슷합니다. 뽐내기를 좋아하죠." 소피아는 전통을 토대로 이 지역의 토착 동물을 재도입하고 야생복원할 길을 찾기 위해 크리스와 함께 지역문화에 파고들었던 일을 설명하며 말했다.

톰킨스는 자신이 만든 슬로건이 실린 쉰 개의 연작 포스터를 디자인했다. "코리엔테스를 다시 코리엔테스로." 포스터에는 갈기늑대, 카이만, 재규어를 포함해 보호가 필요한 토착동물이 담겼다. 톰킨스의 로고나 외국인의 손길을 암시하는 모든 요소는 의도적으로 생략했다. 구멍가게와 슈퍼마켓, 우체국, 호텔, 술집에 무료 배포된 이 포스터는 남녀노소 모두에게 히트를 쳤다. 컨서베이션 랜드 트러스트는 지역 학교에도 동물에 관한 학습 보조 자료와 수업 자료를 제공했다. 학기가 거듭되고, 해가 거듭되면서 오랫동안 멸종 상태였던 동물이 습지와 교과과정으로 천천히 돌아왔다. 아이들은 땅과 그 땅의 동물을 사랑하는 법을 배웠다. 앞으로 십 년 후면, 더그와 크리스는 야생동물과 지역민의 관계가 유의미하게 강화되리라 장담했다.

더그는 세상의 무게를 어깨에 짊어진 아틀라스 같았다. 보면 알 수 있었다. 무거운 짐이 그의 정서에 확실히 영향을 주었다. 그는 화를 내고 답답해했다. 하지만 정말 놀라운 건 그의 인생에 아주 많은 아름다움이 있었다는 점이다. 그는 어둠도 품고 있었다. 그가 이메일로 보내오던 글들은 일종의 암울한 포르노였다. 북유럽의 어느 우울하고 알려지지 않은 작가가 쓴 단문 같은 것. 나는 그의 이메일을 읽고, 너무도 어두운 내용에 나 자신을 쏘아버리고 싶은 심정이 되었다. 어둠이 다가오는데 빠져나갈 길이 없었다. 그래서 더그는 어두운 것을 엄청나게 많이 소비했다. 어떻게든 작업을 통해 어둠을 해결책이나 선택지로 바꿔놓았다. 그렇게 아름다운 농장과 공원, 책, 이미지가 생겨났다. 한쪽에 파멸과 세상의 종말이 있는데, 다른 한쪽에서 그는 끊임없이 아름다움을 만들어냈다.

웨스턴 보일스

톰킨스 부부는 지역공동체의 지지가 필수라고 확신했다. 지지가 없다면 이들이 이베라 습지에 조성하려는 공원은 백 년도 채 지속되지 못할 터였다. 노력을 공고히 하기 위해 부부는 자신들이 "자연의 생산"이라 부르는 개념을 바탕으로 이베라 지역의 경제적 르네상스를 구상했다. '자연의 생산' 개념은 자연보호 활동이 지속 가능한 경제발전의 토대를 마련할 수 있다는 믿음에서 비롯했다.

수년 동안 외부인에 대한 불신과 아르헨티나 연방정부의 방치가 더 큰 진실을 가려왔다. 이베라는 야생동물과 관광의 금광 같은 곳이라는 진실 말이다. 카약, 조류 관찰, 자연 투어, 아프리카식 사파리 등은 모두 지속 가능한 지역 경제의 기반이 될 수 있는 자원이었다. "우리가 제안한 건 패러다임의 전환이었습니다. 마을 열 곳이 야생동물 관광을 통해 발전할 수 있도록 경제적 기회를 주는 거죠." 에이노넨의 말이다. "열 개의 지역공동체는 우리가 생산적인 무언가를 제안한다는 걸 이해했습니다. 자연 자체를 통한 자연의 생산 말이죠. 이런 아이디어는 지역민들의 생활방식을 통해 얻은 것이었어요. 코리엔테스는 매우 가난하거든요. 지역민은 트레킹이나 하이킹 같은 걸 하지 않아요. 그래서 직접 체험하는 여가 활동을 통해 자연과 관계를 맺지 못하죠. 하지만 일을 통해서는 관계를 맺을 수 있어요. 그래서 일할 기회, 무언가를 생산할 기회를 만들자는 아이디어가 상황을 완전히 변화시킨 겁니다."

지역의 비판자들을 설득하기 위해 톰킨스는 당국자들을 데리고 아프리카의 국립공원 투어에 올랐다. 점점 고집이 꺾여가던 아르헨티나 상원의원 세르히오 플린타가 함께 가기로 했다. "아프리카 여행은 야생동물에 근거해 경제를 일으킨다는 게 어떤 건지 이해하는 데 도움이 됐습니다." 그의 말이다. "크루거 국립공원을 본 것이 아주 주요했어요. 그곳은 주립공원과 국립공원이 뒤섞인 보호구역이거든요. 나는 그 모든 개념적 틀을 가져와 우리 계획에 적용했습니다. 코리엔테스의 이베라 공원에는 남아프리카공화국 같은 면이 많이 있어요. 코스타리카 같은 면도 많고요. 아프리카적 요소는 종을 재도입했다는 것이고, 코스타리카적 요소는 지역민이나 지역발전과 관계를 맺고 있다는 점이죠."

지역민은 관광객이 개미핥기나 카이만을 보겠다고 아르헨티나까지 날아와 돈을 쓸지 오랫동안 의구심을 품어왔다. 하지만 유입되는 관광객이 늘어나고 더 많은 손님이 보트를 빌리고 사파리 사진을 찍고 음식과 물건을 사고 지역 호스텔에 머물자 교훈은 분명해졌다. 사람들은 카이만과 카피바라를 보기 위해 돈을 낸다. "관광은 재규어 같은 맹수를 일자리와 연결하기 가장 쉬운 방법입니다. 사람들이 이해하거든요." 생물학자 히메네스의 말이다. "야생동물에 기반한 생태관광으로 삶의 질이 개선된 다른 지역을 보면, 지역민들은 '좋아, 우리도 해보자!'라고 말합니다."

더그에게 대중의 접근은 습지를 보호하기 위한 전략에서 중대한 부분이기도 했다. 그는 지역민이 습지를 관광객을 끌어들이는 수단으로 보기 시작하면, 그것을 공동 보유 자산으로 생각하리라 확신했다. 그러면 습지의 전반적인 생태학적 건강에 그들의 이해관계가 얽히므로, 그들이 야생동물을 보호하기 위해 싸울 터였다. 공용 선착장을 짓고 접근 불가능한 습지 탐험이라는 아이디어를 홍보하는 것은 십 년 전 푸말린에서 그가 썼던 '모든 개발 반대' 전략을 발전시킨 것이었다. 이제 그는 사절단을 먼저 보내 미개발지를 점찍은 다음 지역민에게 관광개발을 통해 자연을 지키는 법을 가르쳤다.

아르헨티나 관광부도 더그와 크리스 톰킨스가 코리엔테스에서 하는 일에 주목했다. 관료들은 지속 가능한 관광에 중심을 두고 이베라를 개발하는 일의 가치를 이해했다. 이베라의 잠재력을 파악하고 얼마 지나지 않아, 그들은 국가의 관광과 기간시설 예산을 동원해 수백만 달러를 진입로와 야영장, 공원경비대, 마케팅 캠페인에 투자했다. 플린타 상원의원은 정치인만이 아니라 지역의 기업가나 권력 브로커에게도 소중한 동맹이 되었다. 이들은 문득 톰킨스가 십 년 전마을에서 처음 좌담회를 열었을 때 대담하게 예측했던 대로 문화 전쟁에서 이기리라는 것을 깨달았다.

이베라 습지가 생태관광지로 각광받으면서 지역민을 넘어 국내뿐 아니라 국제적으로도 인정받게 되었다. 특이하고 주목할 만한 순풍이 불어왔다. 모두가 그 흐름에 동참하고 싶어했다. "우리의 적이 되어 공원 진입로를 가로막았던 사람들이 길을 내라고 땅을 기증했습니다." 전향자 대열에 합류한 플린타의 말이다. "대중의 접근에 완강히 반대하던 사람들도 이제는 아무 말 하지 못합니다."

19장
파타고니아 국립공원 탐방로

미국에 있는 77개의 국립공원을 보라. 그중 갈등이나 논쟁 없이 이루어진 공원은 하나도 없다. 우리는 그런 것을 돌파하며 일해야 한다. 그중에는 조성되기까지 육십 년이 걸린 공원도 있다. 미국의 국립공원 대부분에 비하면, 우리는 꽤나 잘해낸 것이라고 말할 수 있다.

더그 톰킨스

    2013년, 일흔번째 생일이 다가오는 가운데 더그 톰킨스는 공황에 빠졌다. 그는 여전히 오지에서 여섯 시간씩 하이킹을 할 수 있고 아흔여섯 살인 그의 어머니 페이스는 여전히 건강했지만, 그는 자신의 시간이 다 됐다고 느꼈다. "나한테 주어진 시간이 끝나기 전에 하고 싶은 일이 아주 많아." 그는 어느 개인적인 편지에서 고백했다. "마음속 가장 깊은 곳에서는 아무것도 세계 종말을 막을 수 없다는 걸 알아. 하지만 내 몸안의 어떤 힘이, 유전적인 무언가가 아름다움을 위해 일하도록 만들어."

    톰킨스는 점점 더 광활한 야생지를 지켜야 한다고 확신했다. 세계 인구가 칠십억을 넘어선 상황에서, 그는 온전한 생태계를 매입해 새로운 국립공원을 만들 기회가 빠르게 사라져간다고 느꼈다. "정신이 어지러웠어요. 더그는 아침 여덟 시부터 시작해서 낮 내내, 저녁과 때로는 그 이후까지 회의를 잡아뒀습니다." 톰킨스와 일한 풍경사진가 린드 웨이드 호퍼의 말이다. 비행기를 타고 온 기부자들은 투어와 다양한 자연보호 프로젝트에 관한 최신 소식을 제공받았다. 그들로 인해 분주한 일정이 더욱 바빠졌다. 옌데가이아 국립공원을 만들기 위한 몇 년간의 캠페인으로 마침내 티에라델푸에고의 핵심 지역을 보존할 수 있게 되었고, 푸말린 공원은 완성되려면 아직 갈 길이 멀었으나 추진력을 얻어가고 있었다.

자연보호 프로젝트가 획기적으로 성공했다는 선명한 확증에도 불구하고, 더그의 자금 사정은 만만치 않았다. 파타고니아 회사와 창업자인 이본과 맬린다 쉬나드의 후한 지원금이 중요한 재정적 공백을 채웠음에도 자금 조달은 언제나 어려운 싸움이었다. "우리는 민간 차원의 자연보호에 관심이 있는 부자들에게서 늘 질문을 받습니다. '어떻게 한 겁니까? 만날 수 있을까요? 어떻게 그런 일을 해낼 수 있을까요? 내가 사랑하는 이 지역을 보호하려면 어떻게 해야 하나요?' 같은 질문이었죠. 더그는 그 사람들을 극진히 대했습니다." 카롤리나 모르가도의 말이다. "그런 사람들은 우리 세상을 기적이라고 느꼈습니다. '더그가 한 일을 봐!'라면서요. 요즘에는 '크리스가 한 일을 봐!'라고도 하죠. 우리와 머무는 동안 그 사람들은 모든 일이 가능하겠다고 느낍니다. 하지만 이 집에서, 이 공원에서 한 걸음 나서는 순간 사정이 달라집니다. 생산하라는, 돈을 벌어들이는 일을 하라는 신자유주의적 요구가 주도권을 잡죠. 사람들에게서 그런 욕구를 빼내기는 아주 힘들어요. 마치 몸에 내장된 칩 같다니까요."

총 수천만 달러에 달하는 재산에도 불구하고, 더그와 크리스는 자연보호 계획에 쓸 현금이 부족했다. 이들의 자연보호 예산에는 칠레에 있는 백 명의 직원, 그리고 아르헨티나에 있는 수십 명의 직원에게 줄 월급이 포함되어 있었다. 1달러씩 기부할 백만 명을 모으는 대신, 더그와 크리스는 100만 달러를 기부할 수 있는 사람들을 찾았다. 더그는 월마트 칠레 사업부를 설립해 억만장자가 된 니콜라스 이바녜스에게 도발하듯 물었다. "그래서, 니콜라스. 당신의 묘비에 뭐라고 적힐까요? '칠레에서 가장 주요한 마트의 주인'?" 억만장자는 불쾌해하는 대신 그들의 제안에 주목했다.

톰킨스 부부와 직접 대면하기 위해 남아메리카까지 장거리 여행을 온 소수의 헌신적인 '큰손 고객'들은 실망하지 않았다. 공들여 마련한 부부와의 저녁식사 자리는 편안한 분위기였다. "둘의 집에는 매일 밤 손님이 있었습니다." 환경운동가이자 자연주의자 조지 워스너의 말이다. "더그는 정치지도자, 과학자, 자선가, 환경운동가, 유명 작가와 예술가를 정기적으로 만났습니다. 때로는 세계 정상급 등반가나 모험가도 합류했죠. 열띤 토론이 벌어지곤 했습니다."

자본주의와 자연보호의 정상에 모두 올라본 톰킨스는 손님에게 기꺼이 배움을 나눠줄 자격이 있다고 느꼈다. 그 손님이 작가 데이비드 쿼먼이나 CNN 창립자 테드 터너 같은 유명 인사라도 말이다. "지구상의 다른 모든 생명체와 지구를 공유하는 방법을 배우지 못하면, 우리는 죽을 날을 받아둔 셈입니다." 그가 말했다. "우리는 자녀에게 각자 지구에 사는 임대료를 내야 한다고 가르쳐야 합니다. 그 말은, 우리 정부에 생물다양성 보존을 우선순위로 삼으라고 요구해야 한다는 뜻입니다."

아르헨티나 몬테레온 국립공원과 칠레 코르코바두 국립공원에서 거둔 성공으로 대담해진 더그와 크리스는 계속해서 획기적인 계획을 세웠다. 칠레에 가지고 있는 모든 땅을 묶어 정부에 딱 잘라 '받거나 말거나' 제안으로 내놓는다면 어떨까? 토지 전체를 협상 테이블에 올려 판돈을 높인다면? 더그는 이 과감한 제안이 칠레 정부의 최고위 관료들에게 토론거리가 될 것임을 알았다.

　●　───────────────

나는 그와 함께 비행기를 타고 세 차례 푸말린 공원 상공을 날았다. 마지막 날에 바람이 몹시 불었다. 더그에게 비행하기에는 너무 위험하다고 말하자 더그는 "진정해, 이건 강에서 카약을 타는 것과 똑같아. 아주 조심스럽게 타면 돼"라고 답했다. 우리는 날아올랐고, 더그는 비행기가 계속 흔들릴 테니 안전벨트를 잘 매라고 했다. 나는 나의 커다란 카메라 핫셀블라드를 배낭에 집어넣었다. 내게는 니콘 FM2라는 클래식 카메라가 들어 있는 다른 작은 가방도 있었다. 우리는 그렇게 출발했다. 상공에 있을 때 사진을 찍기는 불가능했다. 믹서기 안을 날아다니는 것 같았다. 우리는 남쪽에서 북쪽으로 이어지는 코마우 피오르의 한 부분까지 갔다. 그곳에 가면 수직에 가까운 형태를 지닌 피오르인 카우엘모 피오르에 이르게 된다. 카우엘모에 다다르자 동쪽에서 불어오는 바람으로 일종의 바람 터널이 형성되었다. 모든 바람이 깔때기처럼 한데 모여 매우 빠르게 불어왔다. 그 바람에 부딪치자 비행기가 덜컹거리기 시작했다. 정말이지 심하게 요동쳤다. 더그와 나는 아무 말도 하지 않았다. 우리는 헤드폰을 쓰고 있었지만, 그의 헤드폰은 비행기가 하도 심하게 흔들려 벗겨져버렸다. 그래서 더이상 대화를 나눌 수 없었다. 우리가 추락할 거라고 생각했다. 착륙했을 때, 나는 비행기에서 핫셀블라드 카메라를 꺼낸 다음 니콘 카메라를 찾았다. 그러다 문득 비행기의 투명한 아크릴 지붕에 구멍이 뚫려 있는 것을 보았다. 카메라 모양의 구멍이었다.

파블로 발렌수엘라, 칠레 풍경사진가

●

2014년, 칠레 정부는 파타고니아 남부 연안의 미로 같은 섬들을 관통하는 연락선 노선을 개통했다. 남부 고속도로는 토르텔의 만에서 끝났다. 어촌에서 여행자들은 차를 탄 채로 연락선에 올라 남쪽의 섬들로 이루어진 놀라운 미로 사이로 이동할 수 있었다. 그러면 파타고니아에서 가장 유명한 (너무 많은 사람이 찾아오는) 국립공원 토레스델파이네로 들어가는 관문인 푸에르토나탈레스에서 다시 도로가 이어졌다.

이처럼 육상-해상-육상으로 이어지는 경로는 파타고니아 전체에서 가장 사람의 손길이 닿지 않은 영역을 가로질렀다. 지도에서 그 지역은 거인이 망치로 땅을 산산이 부숴

백여 개의 삐죽빼죽한 조각으로 만들어놓은 것처럼 보였다. 어떤 육로로도 접근이 불가능했기에, 지역을 연결할 유일한 방법은 바다의 군도를 헤치고 나가는 것뿐이었다. 새로운 해로가 남부 고속도로를 따라 흩어져 고립된 국립공원과 이질적으로 분리된 구역을 통합해주리라는 걸 알아챈 톰킨스는 기상천외한 생각을 떠올렸다. 아마 그의 아이디어 중에서도 가장 대담한 아이디어였을 것이다.

톰킨스는 남부 고속도로를 풍경의 용서할 수 없는 흉터라고 비판했던 자신의 주장을 접어두고, 이 험하게 뻗은 도로를 하나의 척추로 상상해보았다. 그는 남부 고속도로의 육로와 해로가 북쪽의 푸에르토몬트 근처에 있는 알레르세안디노 국립공원에서 수천 킬로미터의 험준한 길을 따라 남쪽에 있는 티에라델푸에고까지 이어지며 파타고니아에 있는 십여 개 국립공원을 연결할 수 있다는 걸 깨달았다. 톰킨스는 어떤 이미지가, 통합된 콘셉트가 필요했다. 그때 아이디어가 떠올랐다. 톰킨스는 분리된 생태계를 단 하나의 총체로 다시 브랜딩하기로 했다.

톰킨스는 팀원들에게 캠페인 작업을 시작하라고 지시했다. 그는 그래픽디자이너와 야생생물학자, 핵심 보좌진을 불러들였다. 그들은 아침부터 밤까지 일하며, 칠레 대통령 세바스티안 피녜라에게 선보일 프레젠테이션을 설계했다. 더그는 머릿속으로 그 콘셉트를 돌려보고 또 돌려보며 만족했다. 그의 콘셉트는 아무리 시간이 흘러도 살아남을 터였다. 노스페이스와 에스프리 드 코르에 이어 세번째로 만든 더그

416

의 브랜드는 패션계의 유행보다 오래 살아남도록 고안되었다. 평생 수집가였던, 섬세하게 짠 퀼트와 완벽하게 디자인된 나무의자를 소중히 여겼던 사람에게 이것은 작품이었다. 그는 이 작품을 '파타고니아 국립공원 탐방로'라 불렀다.

톰킨스는 파타고니아 국립공원 탐방로가 빙하로 덮인 안데스산맥의 봉우리와 연안의 석호, 이끼로 뒤덮이고 고사리숲으로 장식된 빽빽한 정글을 모두 아우를 것임을 알았다. 이 공원은 좀더 원시적인 시대를 떠올리게 하는, 번성하는 생물다양성의 땅이 될 터였다. 대부분의 여행자는 공원 몇 군데밖에 방문하지 못하겠지만, 특별한 선택지로서 새로운 메뉴를 갖게 될 터였다. 더그는 세상을 유혹할 뷔페 스타일의 제안을 고안했다. "더그는 관광 자체에는 전혀 관심이 없었습니다." 칠레 당국과의 교섭자로서 톰킨스와 협력해온 블라디니치는 인정했다. "물론 숙소와 트레일을 만들기는 했죠. 모든 공원에 일반인이 이용할 수 있는 기본적인 기간시설이 있어야 한다고 믿었으니까요. 하지만 수천 명의 관광객이 오기를 바란 건 아니었습니다. 아르헨티나에서의 경험을 통해 더그는 관광과 자연보호 사이에 건전하고도 보람 있는 동반자 관계가 있다는 사실을 깨달았습니다."

더그와 크리스는 전 세계의 인맥을 활용해 자연보호 동맹들에게 이 아이디어를 설파했다. 톰킨스 부부는 그들이 보유한 토지를 묶어 자연보호를 위해 대대적으로 기부하기로 했다. 이는 마지막 분투가 될 수도 있었다. 그들은 칠레에 보유한 모든 토지를 예산 부족에 시달리는 칠레 국립공원청에 기부하고, 대가로 칠레 정부에 다섯 개의 새로운 국립공원을 만들고 기존의 공원 세 군데를 확대하도록 요구할 생각이었다.

톰킨스는 디자인팀을 작업에 투입했다. 그들은 파타고니아를 관광 중심지로 브랜딩함으로써 칠레가 얻을 혜택을 보여주는 하이라이트 영상—시각적 예고편—을 준비했다. 톰킨스는 놀라운 사진과 단순한 슬로건을 활용해 칠레의 대외적 이미지에 도움이 될 이점을 강조했다. 새로운 국립공원과 지속 가능한 관광개발 계획을 발표하는 것보다 선구적인 나라가 있을까?

더그는 파타고니아를 하나의 지역이자 콘셉트로 영원히 바꿔놓을 작정이었다. 정부 각료는 물론 대통령을 만날 때도 톰킨스는 늘 누구보다 지도를 잘 파악하고 있었다. 그는 척추처럼 길게 뻗은 칠레의 국토 위를 손가락으로 훑으며, 이미 존재하는 공원뿐 아니라 공원으로 새로 지정되어야 한다고 생각하는 땅들을 짚어냈다. 그는 정부에서 1,000만 에이커를 국립공원으로 재지정한다면 자신의 땅 약 100만 에이커를 기증하겠다고 제안했다. 10 대 1 비율로 그들의 토지를 활용하겠다니 대담한 제안이었다. 절반만 성공해도 새로운 공원이 수백만 에이커나 생기는 셈이었다.

늘 대담한 협상가였던 톰킨스는 선구적인 야외활동가로서 현장 감각과 토론가의 지적 에너지를 겸비한 인물이었다. 이언 더글러스 해밀턴, 마이클 페이, 제인 구달 같은 환경운동의 선구자와 마찬가지로 그 역시 너무도 열정적으로 보호

한 땅과 동물 사이에서 살았다. "땅을 매입하는 데 50만 달러를 쓰고 싶다면, 그 돈을 더그에게 주면서 '한번 해봐!'라고 말하는 것보다 더 좋은 방법은 없을 겁니다." 버클리는 단언했다. "더그는 대통령에게 전화를 걸 수도 있고, 카우보이와도 얘기할 수 있으니까요."

피녜라 정부와 수많은 진전을 이루어냈지만, 이 기부는 성사되지 않았다. 그래서 피녜라의 임기가 끝나가고 칠레 차기 대선이 목전에 다가온 2014년은 가장 승산이 있어 보이는 후보 미첼 바첼레트에게 공을 들일 때였다. 이혼한데다가 가톨릭교도도 아니고 싱글맘이었던 그녀는 칠레 엘리트층이 이상적인 후보라고 여기진 않았으나, 이미 이전에 사 년간 대통령을 지낸 바 있고 퇴임 당시 80퍼센트에 이르는 지지율을 기록했다. 바첼레트의 첫 임기 당시 톰킨스와 바첼레트는 한 번도 만난 적이 없었고, 아무런 관계도 맺지 못했다. 그러나 환경보호에 대한 칠레 시민들의 관심이 높아지고 있었기에, 공원을 만들고 야생지를 보호하는 것은 점점 더 정치적 명망을 얻는 일이 되었다.

톰킨스는 팀원들에게 역대 칠레 대통령이 만든 국립공원 면적을 보여주는 도표를 만들도록 했다. 말하자면 자연보호 랭킹이었다. 1926년에 처음 국립공원이 설립된 이후로, 임기를 끝까지 마친 칠레의 모든 대통령은 국립공원 부지를 늘려왔다. 그것이 공화주의 전통이었다. 피노체트 장군조차 국립공원을 만들었다. 대통령의 자존심에 내재한 경쟁적 속성을 이해하고 있었기에, 톰킨스는 역대 칠레 대통령의 국립공원 부지 조성 순위에서 바첼레트가 2위임을 보여주는 도표를 만들었다. 바첼레트가 해야 할 일은 톰킨스의 초특급 기부 계획을 승인하는 것뿐이었다. "이걸로 거래를 성사시킬 겁니다." 톰킨스는 신뢰받는 최측근 중 한 명인 잉그리드 에스피노사에게 털어놓았다.

"우리는 지역 경제의 중요성을 강조했습니다. 관광이 자연보호의 결과라는 점도요." 그들이 만든 보고서에 대해 에스피노사는 이렇게 회상했다. "그렇게 해서 새로운 정치적 제안이 나온 거예요. 우리는 공원 부지 기부에 더해, 그 영역을 어떻게 개발해야 할지 이야기했습니다. 우리가 발전에 기여했죠."

아버지는 우리에게 미래의 파타고니아 국립공원을 보여주며 말했다. "자, 그다음에 이걸 정부에 주는 거야." 나는 '어떻게 이걸 놓아버릴 수 있지? 어떻게 줘버릴 수 있어? 아니, 이 일을 아직 마치지도 않았잖아'라고 생각했다. 아버지는 통제광이었고, 온 힘을 쏟아서 지속가능성이라고는 전혀 느껴지지 않는 수준으로 일했다. 아버지는 말했다. "그렇게 해야 해. 그런 거야. 궁극적인 목표는 국립공원이어야 해. 그냥 놓아줄 수 있어야 해." 나는 그때 아버지와 함께 오솔길을 따라 온실 옆을 지나가고 있었다. 이건 아버지답지 않다고 생각했다.

퀸시 톰킨스

2015년 10월, 더그는 페이에게 파타고니아에 와서 탐험해보라는 초대장을 보냈다. 페이가 도착하자 톰킨스는 그를 허스키에 태우고 비행기를 비스듬하게 옆으로 눕히며 비행했다. 날개가 지평선과 45도 각도로 기울어졌다. 더그는 나선을 그리며 점점 아래로 날았다. 한쪽 날개 끝은 어두운 협곡을 향하고 다른 쪽 날개는 하늘을 향했다. 그는 계속해서 빙빙 돌며 바위 사이 틈새로 나사를 돌리듯 들어갔다. 날개 끝이 바위벽에서 겨우 몇 미터 떨어진 곳을 스쳐갔다. 톰킨스 바로 뒷자리에 안전벨트를 차고 앉아 있던 페이는 여기에서 빠져나갈 수는 있는 건지 궁금했다. 괴로울 정도로 느린 몇 분의 하강 끝에 동굴이 열리며 정글에 둘러싸인 놀라운 폭포가 모습을 드러냈다. 영화 〈쥬라기 공원〉 포스터 같았다. 톰킨스가 씩 웃었다. 페이는 미소 지으며 더그답네!라고 생각했다.

　　나중에 더그는 암벽등반가이자 후에 오스카상을 받은 영화 〈프리 솔로〉에서 요세미티의 엘캐피탄을 올랐던 자유등반가♦ 앨릭스 호널드를 태우고 페이와 함께 숨겨진 계곡과 아무도 올라본 적 없는 암벽, 연기 나는 화산을 투어했다. 톰킨스는 땅을 사들이고 공원을 만들고 싸우고 농장을 일구고 실패한 지난 이십오 년의 역사를 이야기하며 활짝 웃었다. "더그와 함께 파타고니아 상공을 나는 것은 투어버스를 타는 것과 비슷합니다." 페이의 설명이다. "끊임없이 대화가 이어지죠.

♦　　로프 없이 혼자 완전 무보조로 등반하는 사람을 말한다.

대체로는 더그가 이것저것 보여줍니다. 더그는 나를 연어 양식장으로 데려갔고, 우리는 그 수를 헤아려보았습니다. 그런 다음 협곡 사이를 지나가며 화산 폭발과 그로 인해 훼손된 숲을 보여주었죠. 그러고는 수리중인 다른 농장 위로 날아갔고, 막 재건이 끝난 건물 두세 채를 보여주었습니다. 그뒤에는 강물 속에 침식된 화산재를 가리키며 물길이 어떻게 바뀌었는지 알려줬죠. 더그는 투어를 하는 동시에 눈에 보이는 것에 대한 서사를 제공합니다. 또한 그 모든 것을 머릿속에 기록하죠."

숲과 농장, 트레일, 경관을 묘사하면서 더그는 열정적으로 파타고니아 국립공원 탐방로의 원대한 비전을 설명했다. 그가 수십 년 전 매각한 미술 수집품이 그랬듯, 이번 수집품도 천문학적인 재산 가치가 있었다. 더그는 자신의 목표가 모든 땅을 기부하는 것이라는 주장을 한 번도 꺾지 않았다. 그러나 협상은 답답할 정도로 관료주의적이었다. 더그는 기꺼이 공원을 기증하려 했지만, 바첼레트 대통령의 팀은 대통령의 아들 세바스티안 다발로스와 관련된 정치적 위기에 빠져 있었다. 대통령이 정치적 생존을 위해 싸우는 가운데 지지율은 70퍼센트 후반에서 30퍼센트 초반으로 곤두박질쳤다. 자연보호는 그녀의 정부에게 시급한 문제가 아니었다. 더그가 모든 땅을 칠레 민중에게 돌려주겠다고 했던 오랜 약속은 또다시 지연되었다. 토지 매입에는 오랜 세월의 좌절과 실패, 괴로울 정도로 느린 절차가 따라왔다. 그런데 이제 그 모든 땅을 기부하는 데에도 비슷한 난관이 따라왔다.

초특급 기부 작업이 느리게 진행되는 가운데, 톰킨스는 파타고니아 국립공원 예정지 한가운데에 자리할 방문자센터의 디자인에 에너지를 쏟았다. 이 센터는 국립공원 설립과 자연보호에 찬성하는 그의 논지를 집약해 보여주는 공간이었다. 에스프리 유럽 지사의 동업자였던 위르겐 프리드리히가 방문자센터 건설 비용 600만 유로를 기부했다. 톰킨스는 이 전시장을 계곡의 역사를 단순히 반복하거나 조류의 종수를 간략히 보여주는 공간이 아니라 행동을 촉구하는 공간으로 구상했다. 일반적인 방문자가 센터 안에서 보낼 삼십 분을 최고의 시간으로 만들려면 어떻게 해야 할까? "더그는 사람들이 국립공원의 개념을 매우 깊이 이해하기를 원했어요." 크리스의 말이다. "왜 국립공원이 있어야 하는지 설명하고 싶어했죠. 더그는 사람들한테 무슨 일이 벌어지고 있는지 알려주고 싶어했어요. 그러자면 국립공원은 필수였죠."

더그가 보기에 전달해야 할 메시지는 분명했다. 그는 먼저 방문자에게 충격을 준 다음 사실 관련 정보를 충분히 전달하고, 마지막으로 각 방문객이 행동에 나서도록 동기를 주고 싶었다. 그 체험의 끝에, 더그는 "당신은 무엇을 하겠습니까?"라는 메시지가 적힌 커다란 거울을 둘 계획이었다.

2015년 12월, 방문자센터가 아직 공사중일 때 더그는 반쯤 마무리된 전시장을 릭 리지웨이, 지브 엘리슨과 함께 일군의 기업가에게 구경시켜주었다. 그들은 '기업 환경 포럼'

이라는 프로그램의 일환으로 이곳에 왔는데, 휴렛팩커드와 디즈니가 포함된 『포춘』 500대 기업에서 일하는 사람들이었다. 이들이 바로 더그가 평상시에 가차없이 비난하는 '결정을 내리는 사람들'이었다. 지브는 좀더 외교적인 수완을 발휘했다. 그는 꾸짖기보다 가르칠 기회를 찾았다. 그가 보기에, 대기업은 기업이 환경에 저지르는 죄악을 이미 인지하고 있는 경우가 많았다. 그런 잘못을 개혁하는 일의 시급성도 이해했다. 지브는 월마트와 협력하며 소유주인 월턴 가문을 설득해, 월마트에서 사용되는 포장재를 35퍼센트 줄이도록 했다. 이 성취만으로도 지브가 대표로 있는 컨설팅회사 블루 스카이는 매립용 쓰레기 수천 톤을 줄일 수 있었다.

톰킨스는 기업가들 앞에 서서 대가답게 주장을 펼쳤다. 그는 자연보호에 대한 근본적인 헌신을 열정적으로 피력했다. 그가 말하는 동안, 그의 오랜 친구 리지웨이는 그 말을 믿을 수가 없었다. "전시물도, 아무것도 없는데 더그는 걸어 다니며 그곳이 어떤 모습이 될지 이야기했습니다." 리지웨이는 감탄했다. "나는 더그의 이야기를 듣고 있었어요. 더그는 전에 한 번도 쓴 적 없는, 적어도 그런 식으로는 쓴 적 없는 대명사를 쓰기 시작했습니다. 협력을 위한 대명사였죠. 우리가, 우리를, 우리의 문제, 우리의 도전, 우리는 이걸 함께할 수 있다, 이런 식이었습니다. 그런 식으로 말하는 더그의 모습은 처음 봤습니다. 평소의 더그와 너무도 달라서 적어났을 정도예요. 나는 미소 지으며 말했죠. '그거 알아? 더그는 크리스와 결혼한 이후로 바뀌었어.'"

20장
파타고니아에서 기습당하다

그는 하루종일 컴퓨터 앞에 앉아 있었다. 말도 안 되는 일이었다. 그는 전 세계 활동가와 소통하며 토지 문제를 처리했다. 엄청난 부담감이 느껴졌다. 그는 토지 보전에 관한 비전을 가지고 있었고, 시간이 별로 없다는 걸 알았다. 지구의 시간만 부족한 게 아니었다. 더그는 계속 "나한텐 이 일을 마무리할 시간밖에 없어"라고 말했다.

에드거 보일스, 비행기 조종사이자 사진가, 더그 톰킨스의 친구

더그 톰킨스는 늘 신경이 곤두서 있었고 과로에 시달렸다. 하루에 열네 시간씩, 일주일에 일곱 날을 사무실에 틀어박혀 일했다. 그 와중에 파타고니아에 있는 그의 외딴집 주변으로 봄이 싹을 틔우고 있었다. 친구들은 그에게 일흔두 살의 몸과 마음에 활력을 다시 채워줄 여행을 떠날 자격이 있다고 말했다. 또 한번 '하는 녀석들'의 모험을 떠날 시간이었다. 그들의 계획은 닷새간 한가롭게 바다용 카약을 타고 카레라 호수의 한적한 북쪽 기슭을 따라 여행하는 것이었다. '하는 녀석들' 멤버에게 계획을 전하자 지브 엘리슨과 릭 리지웨이, 이본 쉬나드 모두 찬성했다. 멤버는 더그까지 네

명이었다. 스물아홉 살인 웨스턴 보일스는 엘리트 집단에 참여할 기회에 덤벼들어, 평판이 좋은 가이드 로렌소 알바레스와 함께 젊은 활기와 노련한 안전감을 여행에 더해주었다.

이 여섯 사람의 카약과 래프팅 경력을 합치면 최소 백 년이었다. 알바레스는 미국 래프팅 국가대표 팀과 시합한 적이 있고, 보일스는 5급 급류를 탄 적이 있으며, 엘리슨은 시베리아에서 래프팅 가이드를 했었다. 리지웨이는 급류에서 카약을 타며 카메라를 흔들리지 않게 들고 있을 수 있었다. 이십 년의 경력을 쌓는 동안 그는 ESPN, 『내셔널 지오그래픽』, 파타고니아 회사를 위한 모험 다큐멘터리를 제작했다. 파타고니아에서 그는 부사장 자리에 있었다. 한편 쉬나드는 힘 좋은 노꾼은 아니었으나 하루 16킬로미터 노 젓기에도 무리가 없었다. 호숫가를 끼고 이동할 것이기에 특히 그랬다. 쉬나드는 제물낚시가 제대로 작동할지 더 걱정했다. 비공식적으로 그가 낚시꾼 대장이었다. 톰킨스는 이 여행을 친구들과 시간을 보낼 기회로 묘사했으며, 한 기자에게 "근육운동을 좀 할 수 있길" 기대한다고 말했다.

여섯 사람의 원정은 네 대의 카약, 즉 이인용 카약 두 척, 일인용 카약 두 척으로 나누어 이루어졌다. 톰킨스는 리지웨이와, 엘리슨은 쉬나드와 같은 카약에 탔다. 보일스와 알바레스는 채소, 오트밀, 빵, 레드와인이 든 상자로 무게를 더한 일인용 카약의 노를 저었다. 원정 일정은 여유로웠다. 이틀간 노를 젓고, 하루 쉬고, 마지막으로 물에서 이틀을 보낸 뒤 동쪽 호숫가의 푸에르토이바녜스에 도착할 예정이었다. 거기에서 동업자와 친구들이 합류할 터였다. 이들은 구글어스 앱을 이용해 경로에 있는 야영지를 찾아두었고, 오지 하이킹을 위한 흥미로운 계곡도 확인해두었다. 외진 북쪽 호숫가는 가파른 절벽으로 가려져 있고, 도로와 울타리는 없었다. 사실상 인간의 흔적이 전혀 보이지 않았다. 기온은 밤에 4~6도에서 낮에 18~20도까지 변동할 것으로 예상되었다. 남위 46도, 뉴질랜드를 제외하면 세계의 어느 곳보다도 남쪽에 있는 이 대륙에서 오후 열시가 되도록 노을은 지지 않았다. 해가 아직 떠 있을 때 저녁 모닥불을 피울 수 있었다.

쉬나드는 캘리포니아에서 날아왔다. 평상시에 편지를 주고받고 서로의 여행 기간이 겹치면 짧게 만나기도 했지만, 더그의 일흔번째 생일 파티 이후로는 이번 원정이 첫번째였다. 두 사람의 우정을 제삼자는 가늠하기 어려웠다. 더그와 이본은 많은 말을 나누지 않았다. 그들이 함께한 오십팔 년이라는 세월은 깊은 이해를 바탕으로 하고 있었다. 성공한 결혼생활이 그러하듯, 그들은 말을 하지 않아도 서로를 이해했다. 한때 암벽등반가이자 기업가로서 그들을 몰아붙였던 경쟁심은 여전히 타올랐다. 더그는 항상 더 빠르게 기어오르고 힘차게 노를 저으려 무리했다. 그러나 이런 것은 유쾌한 장난이었다. 고된 등반이 끝날 때까지 들키지 않기를 바라며 서로의 배낭 바닥에 2킬로그램짜리 돌덩이를 몰래 넣어두는 장난까지 포함된 것이었다.

여행 전날 저녁, 여섯 명의 원정대는 배우자 및 몇몇 친구와 카레라 호수 연안에 있는 엘 미라도르 데 과달에서 만나 식사했다. 파타고니아의 12월은 여행하기에 이상적인 달로, 낮엔 화창하고 밤엔 별이 총총했다. 관광 성수기는 한 달쯤 뒤였다.

로렌소 알바레스는 식탁을 내려다보며 조용히 귀기울였다. 이 자리에 모인 이들은 카약과 등반계의 전설이었다. 칠레의 강 여섯 곳에서 최초로 래프팅한 것 외에도, 톰킨스는 잠비아에 있는 잠베지강에서 최초로 카약을 탔다는 타이틀을 자랑했다. 당시에 그는 폭포 바로 아래에 모여서 먹잇감을 기다리는 3미터 길이의 악어들을 피해 지나갔다. 맞은편에 앉아 있는 릭 리지웨이는 더그와 대여섯 번의 대서사시 같은 여행을 함께한 동료였다. 그는 산소통 없이 히말라야의 K2 정상에도 올랐다.

톰킨스와 쉬나드는 자신들은 노쇠했다며 웃었다. 젊은 서퍼 시절의 낭만적 에너지를 추억하며, 이제 자신들을 "끝난 녀석들"이라고 농담삼아 불렀다. 그 별명은 곧 '절대 끝나지 않는 녀석들'로 바뀌었다. "나흘이나 닷새쯤 노를 저어 항구에서 다른 항구까지 100킬로미터를 이동하겠다는 계획은 저녁식사 때 언급조차 되지 않았습니다." 나중에 알바레스가 한 말이다. "'좋아, 지도를 꺼내놓고 매일 얼마나 가야 하는지 보자, 날씨도 유의해야 하고' 같은 얘긴 없었어요. 그냥 '이야, 서로 다시 만날 수 있는 이런 좋은 기회가 생기다니!' 가 전부였죠."

여행은 빅토리아폭포 전망대에서 열린 성대한 개막식으로 시작됐다. 잠비아 대통령도 참석하고, 의전이며 격식도 한껏 갖추었다. 우리는 그렇게 강을 따라 출발했다. 더그는 카약을 타는 두 사람 중 하나였고, 나머지는 모두 뗏목에 올라탔다. 나는 그 뗏목 위에서 촬영을 맡았다. 우리는 빅토리아폭포 바로 아래에 있었다. 말로 표현할 수 없을 만큼 압도적인 광경이었다. 세계 최고로 꼽히는 자연의 경이를 앞에 두고 카약을 타고 폭포를 떠다니다니. 정말이지 다른 세상의 장면 같았다. 우리는 강을 따라 내려가며 급류를 통과해 어느 순간 평온한 웅덩이로 미끄러지듯 빠져들었다. 정말이지 믿기 어려울 만큼 멋졌다. 그때 소벡 가이드가 말했다. "혹시 악어가 물 위로 올라오면 돌을 하나 던지세요. 그러면 슬그머니 사라져요."

악어는 급류 아래 웅덩이에서 커다란 물고기가 다가오기만을 기다리며 가만있었다. 그러다가 물고기가 나오면 채갔다. 어느 날은 악어한 마리가 뗏목을 물어서 귀퉁이가 망가졌다. 소벡의 짐 슬레이드가 뗏목을 놓으라며 나무 노로 악어 머리를 두들겨패는 장관이 펼쳐졌다. 더그는 그런 곳에서 카약을 타며 롤링♦을 했다. 그는 두려움이 없었다.

밤에는 모래밭에서 잤다. 텐트에 들어갈 필요가 없어서 정말 좋았다. 벌레도 없었다. 유타주의 사막을 여행하는 것과 비슷했다. 어느 날 아침에 눈을 뜬 우리는 침낭과 소지품을 둘둘 말아 챙기다가 그리 멀지 않은 모래밭에 커다란 발자국이 남아 있는 것을 보았다. 우리는 그게 물에서 기어나왔거나, 어딘가에서 나와 물로 다시 들어간 악어의 흔적임을 알았다. 녀석이 침낭에서 자고 있던 우리 바로 옆을 지나간 것이었다.

에드거 보일스

♦　뒤집힌 카약을 수면 아래에서 다시 바로 세우는 기술로, 노와 몸의 움직임만으로 보조 장비 없이 물 위로 복귀하는 고급 기술이다.

세 시간에 걸친 식사 시간 동안 논의된 몇 안 되는 세부 사항 중 하나는 다음날 새벽에 악천후용 방한복을 걸쳐야 한다는 것이었다. 인근 빙원에서 불어오는 바람에 뼛속까지 한기가 들 터였다. 지역민들은 파타고니아에 방문한 사람들은 같은 날에 봄, 여름, 가을, 겨울을 모두 경험할 수 있다는 농담을 하곤 했다. "카약 선수급인 친구들이 '카레라 호수에서는 매우 조심해야 한다'고 경고했습니다." 알바레스의 말이다. "유리 같은 호수지만, 거칠게 바람 부는 바다가 될 수도 있다면서요."

2015년 12월 5일 오전 다섯시 사십오분, 여섯 명의 카약커는 비옷을 입고 작은 보트에 올랐다. 이들은 심하게 요동칠 뱃길과 물보라, 거의 영하에 가까운 체감온도에 대비했다. 톰킨스는 면바지와 로퍼, 모직 버튼다운스웨터를 입고, 골프 모자처럼 생긴 베레모로 복장을 완성했다. "우리는 악천후용 복장은 어쨌냐고 물었죠." 알바레스는 그 상황이 '월리를 찾아라'처럼 느껴졌다며 말했다. "아내 중 한 명이 '여러분 중 한 명은 다른 사람들과 달라 보이는데요'라고 말했어요. 톰킨스는 주위를 둘러봤죠. '아니, 뭐가?'라는 식으로요."

소란스럽게 배웅하는 와중에, 크리스가 엘리슨에게 슬쩍 위성 전화기를 건넸다. 더그는 알면 안 됐다. 최첨단 기기는 더그를 짜증나게 했다. 위성 전화기는 보스턴에 살며 자연보호에 전념하는 자선가 포러스트 버클리가 크리스에게 준 것이었다. 크리스는 전화기 커버 안쪽에 비상 번호를 적어두었다. 거기에는 지역 경찰과 톰킨스 자연보호 사무실, 그녀의 수석 비서 카롤리나 모르가도와 카레라 호수를 관할하는 지역 연안경비대 초소의 번호가 포함되었다.

이 호수에서 카약을 타려는 사람은 누구나 연안경비대에 여행 일정표를 제출하도록 되어 있었다. 또한 당직 근무자에게 연락해 매일 상황을 보고해야 했다. '하는 녀석들'은 당국에 뭔가를 알려야 한다는 생각은 해본 적도 없었다. "일부러 그림을 끝까지 그리지 않는다는 선종 화가와 비슷했죠." 쉬나드의 말이다. "우리는 언제나 재앙이 일어날 여지를 남겨두었습니다."

필리프 로이터는 카약 원정대가 카레라 호수를 건너겠다며 보트를 예약했을 때, 그 손님 중에 쉬나드와 톰킨스가 있다는 사실을 미처 알지 못했다. 그 둘은 자연보호, 카약, 등반이라는 세계적으로 극소수인 전문 분야에서 아이콘과도 같은 인물이었다. 사실 로이터 자신도 그 '엘리트 클럽'의 일원이었다. 그는 에베레스트산 정상에 오르고 세계에서 가장 높은 화산 일곱 곳에서 스키를 타보았으며, 평생 모험을 해왔다. 로이터는 카레라 호수 연안에 살며 자기 사업체인 테라 루나 산장을 운영했다. 그는 얼음장 같은 이 호수를 깊이 존중했다. "이렇게 표현해보죠." 그의 말이다. "나는 여기에서 십오 년을 살았고, 매일 호수를 건넜습니다. 그러면서도 거기에서 헤엄쳐본 적은 한 번도 없어요. (……) 호수는 거칠어지면 순간순간 바뀝니다. 계곡에서 시작된 바람이 호수까지 내려와서 처음에는 작은 파도를 일으키죠. 그야말로 평온한 호숫가에서 아기 목욕을 시키다가, 멀리서 흰 점을 보게 될 수도 있습니다. 쓰나미가 밀려올 때처럼 한순간 그 점이 납작하게 보이다가 다음 순간 파도에 휩쓸리죠. 매일 그런 일이 일어납니다."

톰킨스는 로이터의 배에 탄 채 몸을 떨었다. 호수를 절반쯤 건넜을 때 그는 몸이 젖어 춥고 도움이 필요했다. 구름 한 점 없는 화창한 아침이었지만, 조종사는 공회전하며 대기했다. 톰킨스는 악천후용 방한복을 껴입고는 남은 항해 내내 소중한 체온을 지키는 데 집중했다.

카레라 호수의 북쪽 연안에 있는 푸에르토산체스에 도착한 이들은 카약에 장비를 싣고 물이 넘쳐 들어오지 못하게 스프레이 스커트♦를 친 뒤 호숫가를 따라 동쪽으로 노를 저었다. 수평선 너머로 드넓은 푸른 하늘과 계곡, 바위투성이 절벽이 드문드문 솟아 있는 호숫가가 펼쳐졌다. 버려진 금광 하나와 몇몇 농장만 빼면 도로도, 트레일도 없었다.

속도는 빨랐다. 대원들이 유리의 표면처럼 잔잔한 수면 위를 가로질러 경주했기에 조금은 경쟁적이기도 했다. 샴페인잔 높이의 파도가 그들을 부드럽게 떠밀었고, 따뜻한 태양이 머리 위에서 빛났다. 매시간 대원들은 카약을 한데 모았다. 그들은 서로를 붙든 채 이야기하고 물을 마시고 그래놀라 바를 나눠 먹으며 하나의 뗏목처럼 떠갔다.

톰킨스는 조용히 괴로워했다. 그의 카약 방향타가 부러져 조종이 어려웠던 것이다. 그는 지난 이 년간 카약을 거의 타

♦　　카약에 사용하는 방수용 커버. 보통 허리까지 덮어서 물 유입을 방지한다.

지 못했고, 팔꿈치에는 통증이 계속되었다. 강인하고 자존심 강한 그는 독특한 기술을 활용해 호수를 헤쳐나갔다. 그는 노를 뒤로 뒤집어 유체역학을 반대로 적용하면 항력이 더 생긴다고 주장했다. 일행은 첫 야영지에서 5킬로미터 지난 곳까지 노를 저어 갔다.

그들은 야영장에 텐트를 쳤다. 그동안 이본은 모닥불에서 음식을 구웠다. 저녁식사 시간에 지브 엘리슨이 카약 세일링이라는 새로운 스포츠에 대해 설명했다. 그는 일행이 쏜살같이 호수를 가로지르는 데 도움이 될 거라며 구식 삼각돛처럼 생긴 카약용 돛을 가져왔다. 카약 앞부분에서 바람을 받는 그 돛은 낙하산 같은 형태로, 순풍을 받을 때 효과가 있었다.

쓸모가 많지는 않았다. 돛의 줄이 꼬일 수도 있고 바람 방향의 변화에 취약했기 때문이다. 그래도 엘리슨과 보일스는 호수의 바람 흐름을 기록해두었다. 그 기록만 보면 노를 덜 저으며 바람을 타고 이동할 기회가 있을 것 같았다. 지속적으로 순풍이 불면 그들은 동쪽으로, 이 야영지에서 저 야영지로 미끄러지듯 이동할 수 있었다. "일정한 주기로 순풍이 불어오면 물에 너울이 집니다. A 지점에서 B 지점까지 가는, 오랫동안 검증된 방법이죠." 엘리슨의 설명이다. 그는 온라인에서 돛을 구매해 파타고니아까지 끌고 온 터였다. "그렇게만 되면 먹고 이야기하면서 바람을 타고 이동할 수 있어요. 세일링을 하면서 카약을 타는 거죠! 그게 제 구상이었습니다."

둘째 날 아침, 임시방편으로 만든 야영지를 떠날 때는 날씨가 카이트세일링♦을 하기에 거의 완벽해 보였다. 카약커들이 카레라 호수의 북쪽 호숫가를 따라 노를 저어 가는 가운데 순풍이 비스듬한 파도를 일으켰다. 파도는 일행을 앞으로 떠밀며 추진력을 배가했다. 보이지 않는 노꾼이 한 명 더 있는 것 같았다. 카약은 60센티미터 높이의 파도를 쉽게 타고 갔다. 엘리슨은 노를 저으며 흡족해했다. 그는 일행이 작은 파도를 연달아 타넘자 이거야말로 여행하는 방법이라고, "스키와 비슷하다"고 말했다. 리듬이라도 맞추듯 세트를 이루어 다가오는 파도는 하나하나 배를 떠미는 힘이자 노를 물에 담근 채 미끄러질 기회였다. "50센티미터에 못 미치는 파도는 식은 죽 먹기죠." 엘리슨의 설명이다. "하지만 파도가 그보다 높아져서 부서지며 불규칙한 형태와 크기를 이루기 시작하면 이야기가 완전히 달라져요. 그러면 래프팅 등급이 3급에서 5급으로 매우 빠르게 올라갑니다."

나머지 일행이 노를 저으며 나아가는 동안 보일스는 멈춰서 돛을 손봤다. 돛을 펴기만 하면 몇 분 안에 다른 대원들을 문자 그대로 휙 지나갈 수 있으리라 생각했다. 충실한 순풍의 도움을 받아 이인용 카약 두 척이 선두로 나아갔다. 알바레스는 온 힘을 다해 노를 저었지만 속도를 맞추지 못하고 점점 더 뒤로 처졌다. 일인용 카약이 이인용 카약을 따라잡을 방법은 없었다.

♦　작은 보트나 요트에 연을 돛처럼 달아 항해하는 방식.

보일스는 엉망으로 엉켜버린 돛의 매듭을 푸느라 쩔쩔맸다. 그 바람에 뒤로 한참 처져 시야에서 벗어났다. 알바레스는 답답해했다. 대원들이 호숫가에 이르자 그는 '하는 녀석들'을 질책했다. 여행 가이드의 관점에서 보면 그들은 무모했다. "내가 뒤집혔으면요? 당신들은 뒤를 돌아보지도 않았어요!" 그가 소리쳤다. "우리가 출발하고 오 분 뒤에 난 웨스턴을 놓쳤다고요. 지금 웨스턴이 어디에 있는지도 모르겠어요. 물에 빠져 허우적거리고 있을지도 몰라요."

다섯 남자는 더 나은 시야를 확보하려고 바위에 기어올랐다. 작은 언덕 위에서 그들은 몸을 세우고 앉아 멀쩡한 모습으로 천천히 노를 젓는 보일스를 보았다. 그들은 모두 이 사건으로 크게 놀랐다. "다들 빌어먹을 구명조끼를 입어야겠습니다." 알바레스가 말했다. 그는 몇 번 만나본 적도 없는 노련한 야외활동가 톰킨스를 훈계하며 화를 냈다. 톰킨스는 공격을 차분하고 자신감 있는 태도로 받아들였다. "누구든 물에 빠지면 죽습니다." 알바레스가 간곡히 말했다. 톰킨스는 그가 어떤 말을 할지 안다는 듯 대답했다. "규칙만 지키면 괜찮을 겁니다." 알바레스가 이 원정에서 그들이 마주하게 될 위험을 노골적으로 설명하는 동안, 톰킨스는 카레라 호수에서 시선을 떼지 못했다. 호수는 맨해튼의 스무 배 크기였다. 기상 악화로 인해, 겨우 며칠 전 칠레 해군에서 카약을 "엄격히 제한하는" 지역으로 표시한 곳이었다.

"물론 나도 걱정을 앞세워 여행에 초를 치는 재수 없는 녀석이 되고 싶지는 않았습니다." 알바레스의 말이다. "하지만 상업적 래프팅 가이드로서, 모든 재미의 근본은 안전이라고 봅니다." 그는 일행에게 이인 일조 시스템을 적용하자고 했다. "누가 배에서 떨어졌는데 도와줄 사람이 없으면, 그야말로 망한 것"이기 때문이었다. 알바레스는 톰킨스가 경고에 별 반응을 보이지 않았다고 기억했다. 톰킨스는 "자신의 명성이나 성격으로 볼 때, 상대가 무슨 말을 하든 이미 아는 사실이라 생각해서 전혀 듣지 않았습니다."

이 원정에서는 일부러 리더를 두지 않았다. 저녁식사는 각자 챙겨온 음식을 나눠 먹는 공동체적 자리였다. 누군가는 콩을, 누군가는 레드와인을 가져왔다. 모두가 음식 가방을 챙겨왔지만 배급에는 어떤 순서나 조율도 없었다. 빵이 젖어서 그들은 모든 빵을 낡은 널빤지 위에 늘어놓고 말렸다. 조리 도구로는 작은 뚜껑이 달린 냄비 하나를 가져와 프라이팬으로 사용했다. 엘리슨은 깜박하고 숟가락을 챙겨오지 않아 나뭇조각을 깎아서 썼다.

톰킨스와 쉬나드는 이런 순간만큼 편안한 때가 없었다. 그들은 이곳에서 남쪽으로 160킬로미터쯤 떨어진 피츠로이산의 설동에서 우정을 쌓았다. 1968년, 아르헨티나의 파타고니아에 처음 도착했을 때 차이텐은 그저 가우초들의 중간 기착지였다. 그 언덕에는 야생마와 거대한 양 목장밖에 없었다. 오늘날 그곳은 천오백 명의 정착민이 사는 생태관광의 중심지였다. 사십 년이 넘는 지난 시간 동안 톰킨스와 쉬나드는 파타고니아 지역을 보호하는 데 헌신해왔다. 대단히 다른 방식으로 말이다.

이본은 회사 이름을 '파타고니아'라 짓고, 직원들을 데려와 이 광활한 지역에서 영감을 얻도록 하고, 사업체를 "환경위기에 대한 해결책을 떠올리고 실행하는" 데 바쳤다. '지구를 위한 1퍼센트'라는 사업을 통해 이본은 전 세계에서 환경보호기금 수백만 달러를 모금했다. 그의 베스트셀러 『파타고니아, 파도가 칠 때는 서핑을』(이영래 옮김, 라이팅하우스, 2020)은 그를 세상에서 가장 멋진 사업가 반열에 올려놓았다. 그는 자신을 묘사할 때 종종 "마지못해 사업가가 된 사람"이라는 문구를 사용했다. 또한 수년 동안 더그, 크리스와 함께하는 자연보호 프로젝트에 수백만 달러를 기부했다. 이 프로젝트에는 파타고니아 국립공원도 포함되었다. 이본과 맬린다는 자신들의 기여에 대해 별다른 생색을 내지 않았지만, 그 영향은 엄청났다.

더그는 자신의 모든 순간을 자연보호에 쏟아야 한다고 믿었기에 결코 속도를 늦추지 않았다. 사업은 자연보호라는 그의 꿈에 투자할 부를 가져다주었다. 파타고니아를 야생의 풍경이자 모두가 보호해야 할 곳으로 인식시키는 데 있어 더그와 이본은 누구보다도 크게 기여했다. 그들은 온 세상에 메시지를 전파했다.

카레라 호수 연안의 야영지에 도착한 지금, 그들은 상륙 지점이 뾰족한 나뭇가지 더미와 죽은 소의 사체로 엉망이 된 광경을 보았다. 그들은 나뭇가지를 치우고 악취를 풍기는 사체를 끌어냈다. 호숫가가 더그의 마음에 들 정도로 깨끗하게 정돈되자 그들은 저녁식사를 차리고 침낭을 폈다.

톰킨스는 새벽이 막 지났을 때 잠에서 깨어나 오트밀 한 그릇과 말린 과일을 먹은 뒤 친구들에게 비밀을 털어놓았다. 아베야노 계곡 위쪽 고원에 있는 야영지에서 한참 더 올라가면 더그가 매입하고 싶어하는 부지가 나왔다. 너무 외져서, 허스키를 타고 착륙할 짧은 활주로를 만들려면 황소를 끌고 가 나무둥치를 뽑아내야 하는 곳이었다. 더그는 친구들에게 "크리스한테는 말하지 마!"라고 경고했다. 다른 농장과 국립공원 프로젝트도 있는 만큼 크리스는 더그가 이미 사업을 충분히 벌이고 있다고 생각했다. 톰킨스는 계곡의 그 부지를 비밀 은신처로 여겼다. "마지막으로 머물며 사색할 장소"라고 말이다.

그날은 카약을 타지 않고 하이킹만 하기로 예정되어 있었다. 다리 근육을 풀며 탐험할 수 있을 터였다. 일행이 떠날 준비를 하는 동안 톰킨스는 근처 암벽에 기어올라갔다. 암벽은 가팔랐다. 로프 없이 올라가기엔 위험한 18미터 정도 높이의 바위투성이 언덕 사면이었다. 보트슈즈를 신고 로프도 없이 땅에서 6미터 정도 올라간 톰킨스는 얼어붙었다. 그는 아주 작은 렛지를 딛고 있었고, 빠르게 위로 움직여야 했다. 전성기에는 본능처럼 할 수 있는 일이었다. 그 멈춤은 불편할 만큼 길게 이어졌다. 그의 두 발은 아주 작은 디딤돌 위에서 간신히 균형을 잡고 있었고—암벽등반가들은 이를 '스미어링'♦이라고 부른다—양손은 전혀 움직일 수 없는

♦　발을 바위에 문지르듯 밀착시켜 마찰로 지지하는 암벽등반 기술로, 발을 딛을 돌기나 턱이 거의 없을 때 사용한다.

상태였다. '저 친구, 암벽등반가처럼 보이지 않는데.' 쉬나드는 생각했다. 로프가 없으면 아래로 내려올 수 없었다. 몇 초 뒤, 톰킨스는 사면을 따라 미끄러지다가 길을 찾아 정상으로 몸을 끌어올렸다.

일행은 단체로 계속 경사면을 올라갔지만, 지형이 거칠어 머잖아 흩어졌다. 덤불을 헤치고 바위를 타며 각자의 속도로 계곡을 올라갔다. 엘리슨은 톰킨스를 놓쳤다. 더그가 낙오한 것은 아닐지 걱정했지만, 결국 정상에서 그를 만나게 되리라 생각하고는 하이킹을 계속했다. 엘리슨은 더그를 찾으려고 어느 돌출부에 올라갔다가 놀랐다. 톰킨스는 뒤처진 게 아니라 일행보다 1.5킬로미터 정도 앞서가고 있었다. 산길을 펄쩍펄쩍 뛰어올라가는 그의 흰 모자가 덤불 사이로 까딱거렸다.

웨스턴 보일스가 먼저 톰킨스를 따라잡았다. 그는 아베야노 계곡의 근사한 풍경을 내려다보며 앉아 있는 톰킨스를 발견했다. 다른 사람들을 기다리면서 둘은 파타고니아 국립공원 탐방로의 세부 사항에 대해 대화를 나누었다. 그들은 작년에 상당 기간을 2,700킬로미터에 이르는 탐방로의 모든 구역을 조사하고 검토하며 보냈다. 톰킨스는 저고도로 비행하고 보일스는 밴으로 이동했다. 톰킨스는 아주 사소한 사항까지 검토했다. 공공사업부는 다리를 무슨 색으로 칠했나? 새로 확장된 도로 구간이 미적으로 보기 좋았나?

나머지 일행은 계곡이 내려다보이는 곳에 도착했다. 그들은 더그가 매입을 고민하는 작은 농장으로 걸어갔다. 알바레스와 톰킨스는 유기농 꿀에 대한 대화에 깊이 빠져들어, 앞서 했던 말다툼을 털어버렸다. 톰킨스는 레니우에의 상업용 꿀 제조장 피얀이 십 년도 안 되어 세계에서 가장 큰 유기농 꿀 생산자가 되었다고 설명했다. 피얀은 유럽과 아시아, 미국에 고객을 두고 있었다. 알바레스는 깊은 인상을 받았다. 톰킨스는 양봉과 꿀 생산, 심지어 유기농 수출품의 농약잔류기준까지 자세히 이해하고 있었다. 알바레스는 톰킨스가 대담한 암벽등반가일 뿐 아니라 '너드[nerd]'라는 것을 알아챘다.

오후 내내 덤불을 헤치고 나아가자 허기졌다. 저녁식사는 이본이 카레라 호수에서 낚시할 때 얼마나 행운이 따랐는지와는 별개로 잔치가 될 터였다. 허기는 언제나 최고의 양념이니 말이다. 식사하는 동안 여섯 사람은 아름다운 주위 풍경에 대해 이야기를 나눴다. 톰킨스는 칠레의 지역민과 함께 산 이십오 년 내내 그들이 이곳 땅의 아름다움을 자신들의 정체성에 통합시키는 모습을 보았다고 설명했다. 이제는 파타고니아 사람들이 처음 더그를 이 지역에 매료시킨 바로 그 폭포와 산봉우리, 거친 강을 보호하고자 싸우고 있었다.

모닥불가의 대화가 잦아든 뒤, 톰킨스는 침낭에 들어가 지퍼를 올린 채 거세지는 바람을 피해 바위틈에 자리를 잡고 잠들었다. 야영지가 아주 잘 가려져 있어서, 격렬한 돌풍이 머리 위에서 포효할 뿐 일행의 평화로운 오아시스는 건드리지 못했다.

다음날 아침 일찍 '하는 녀석들'은 식사를 하고 장비를 챙겨 하루 내내 카약을 탈 준비를 했다. 더그는 습관대로 뜨거운 물을 한 잔 마신 뒤, 이십 분을 들여 모래로 팬을 윤이 날 때까지 닦았다. 그저 자기가 좋아서 하는 일이었다.

2015년 12월 8일은 가톨릭교도가 동정 마리아의 잉태라는 기적을 기념하는 칠레 국경일이었다. 전국적으로 독실한 신자들이 미사에 참석하고, 모든 정부 기관이 문을 닫았다.

웨스턴 보일스가 앞장서 야영지를 떠났다. 그는 일행보다 먼저 카약을 타고 가며 자주 뒤돌아 따라오는 다섯 사람의 사진을 찍었다. 쉬나드는 엘리슨과 같은 카약에 탔다. 톰킨스는 리지웨이를 앞에 앉힌 채 이인용 카약을 타고 노를 저었다. 알바레스가 다른 일인용 카약을 몰았다. 원정대가 호숫가에서 멀어지자 바람이 카레라 호수에 하얗게 부서지는 파도를 일으켰다. 60센티미터 높이의 파도가 도전적이기는 하지만 위험하게 느껴지지는 않는 깔끔한 세트를 이루어 밀려들었다. 순풍 덕에 일행은 파도를 타고 갈 수 있었다. 그러나 상황은 분 단위로 악화되었다. 야영지가 워낙 잘 보호된 탓에 오히려 임박한 위험을 감췄던 것이다. 폭풍이 다가오고 있었다. 일행은 알 길이 없었지만, 파타고니아 전역에 기상경보가 내려졌다. 항구, 활주로, 부두는 모두 폐쇄 명령을 받았다. 돌풍이 강해졌고, 연안경비대는 선박에 항구로 돌아오라고 명령했다.

카레라 호수에서 원정대원들은 잠시 토론한 뒤 이쯤에서 이동을 마무리하기로 했다. 유일한 문제는 어디에 상륙할 것인가였다. 그들은 호숫가를 살펴보며, 바로 앞의 작은 만 건너에 있는 귀상어 모양 반도를 짚어냈다. 일행은 호숫가를 끼고 도는 대신 탁 트인 물길을 따라 1.6킬로미터 정도 되는 거리를 직선으로 이동한 다음, 바위투성이 반도에서 바람을 피할 곳을 찾기로 했다. "출발하고 나서 오 초 만에 우리는 더이상 의사소통을 할 수 없게 됐습니다." 알바레스의 설명이다. 파도가 너무 높이 치솟아, 그는 사방으로 30미터 너머는 볼 수 없었다. "그 순간 나는 우리가 감당할 수 없는 상황에 빠졌다는 걸 깨달았습니다. 모두가 걱정됐습니다."

이인용 카약에 탄 엘리슨과 쉬나드가 앞장서 가고, 알바레스와 보일스가 그 뒤를 따랐다. 일행은 바람에 밀려 멀어졌다. 서로 바짝 따라붙었던 카약 사이가 축구장 몇 개를 이어붙인 거리만큼 멀어졌다. 톰킨스와 리지웨이는 연안으로 더 가까이 방향을 틀었다. 다른 사람들은 의아했다. 더그와 리지웨이는 바위에 비상 상륙한 다음, 집합 장소까지 장비를 끌고 연안을 걸어오려는 건가?

얼음처럼 차가운 바람이 아베야노 계곡에서 쏟아져 내려왔다. 그들이 전날 하이킹했던 바로 그 계곡이었다. 바람이 서쪽에서 불어오는 순풍과 충돌했다. 두 기류가 위험한 소용돌이를 일으켰다. 고르지 않은 파도가 연달아 몰려오자 톰킨스와 리지웨이는 카약의 중심을 잡기 어려웠다. 강에서 타는 민첩한 카약과 달리 바다용 카약은 둔하다. 방향을 바꿀 수는 있지만, 그러자면 노를 더 많이 저어야 한다. 옆으로 확 밀려 높은 파도에 부딪히면 바다용 카약은 뒤집히고 만다. "노가 손에서 빠져나갈 것 같았습니다." 알바레스가 말했다. "일반적인 파타고니아의 강풍이 아니었어요. 지옥에서 불어오는 바람 같았습니다."

알바레스는 머릿속으로 안전 점검을 했다. 음식: 충분히 있었다. 일정: 매일 유연하게 조정할 수 있었다. 불: 일행에게 라이터와 연료, 성냥이 있었다. 폭풍이 지나갈 때까지 기다리면 되겠다고 확신한 알바레스는 바로 앞의 카약에 집중하며 온 힘을 다해 노를 저었다. 진이 빠지고 기술적으로도 헤쳐나가기 어려운 경로였지만, 그는 아무리 그래봐야 삼십 분만 지나면 육지에 이르러 카약의 짐을 풀고 새로운 야영지에서 밤을 날 수 있으리라 생각했다.

알바레스 뒤쪽, 연안과 더 가까운 곳에서 톰킨스와 리지웨이는 파도를 버티는 싸움에서 지고 말았다. 둘의 이인용 바다용 카약이 연안으로부터 약 100미터 떨어진 곳에서 뒤집혔다. 카약을 롤링하려는 노력이 실패한 뒤 리지웨이는 구명조끼를 단단히 조였고, 그들은 카약을 버렸다.

톰킨스는 연안으로 헤엄쳐갔다. 파도가 거칠었다. 그는 리지웨이와 바위투성이 연안에 낙오될 수도 있었다. 단, 더그는 자신도 리지웨이도 서핑 경력이 충분한 만큼 살아남을 수 있으리라 생각했다. 그러나 그들이 헤엄치기 시작한 순간 거센 물살이 그들을 반대 방향으로, 연안에서 먼 쪽으로 끌어당겼다. "더그와 나는 우리보다 앞서가서 이미 시야를 벗어난 다른 대원들이 우리가 물에 빠졌다는 사실을 과연 눈치챌지 도저히 알 길이 없었죠." 리지웨이의 설명이다. "우리는 생존할 수 있는 시간이 약 삼십 분, 어쩌면 그보다 조금 더 남았다는 걸 알았습니다." 부서지는 파도가 리지웨이와 톰킨스를 덮쳤다. 그들의 몸은 얼어붙을 듯 차가웠고, 익사하기 직전이었다. 리지웨이는 이렇게 죽는구나 생각했다. "몇 분 동안은 포기했습니다. 그냥 놔버렸어요." 그는 인정했다.

보일스, 알바레스, 엘리슨, 쉬나드는 안전한 반도에 도착해 다시 모였다. 톰킨스와 리지웨이의 흔적이 전혀 보이지 않자 그들은 절벽으로 올라갔다가, 눈 앞의 광경에 경악했다. 카약이 텅 빈 채 뒤집혀 있고 그 근처에서 두 사람의 몸뚱이가 물속으로 가라앉았다 나오기를 반복했다. 일행은 더그와 리지웨이가 연안에 닿으려고 고군분투하는 모습을 충격에 빠진 채 지켜보았다. 파도가 그들을 연안으로 내팽개칠 기세였다. 어쩌면 바위에 내다꽂을지도 몰랐다. 보일스는 그들이 안전로프를 잡을 수 있을 만큼 가까이 왔다고 판단했다. 로프를 던져주고 그들을 끌어올린 뒤 불을 피워 몸을 녹이게 하면 될 것 같았다. 보일스는 생각했다. '아, 세상에. 엉망진창이네. 그래도 괜찮을 거야.'

일 분도 지나지 않아 더그와 리지웨이가 거대한 호수의 중심부로 휩쓸려갈 게 명백해졌다. '하는 녀석들'은 빠르게 움직였다. 엘리슨과 알바레스, 보일스는 카약에 실린 짐을 뺐다. 쉬나드는 보일스의 카약에 빠르게 스프레이 스커트를 쳤다. 보일스는 노를 저어 소용돌이로 들어갔다. 쉬나드는 절벽 위에서 계속 망을 보았다. 그는 톰킨스와 리지웨이의 형체에서 절대 눈을 떼지 않았다. 알바레스와 엘리슨은 이

인용 카약을 타고 출발했는데, 그 카약에는 여분의 노와 위성 전화기가 있었다. 보일스가 일인용 카약을 타고 일행을 이끌었다.

반도의 그늘에서 벗어나자 바람이 그들의 얼굴을 후려쳤다. 그들은 동료들을 마지막으로 본 지점으로 방향을 틀었다. 두 친구는 서로 50미터 떨어져 표류하고 있었다. 쉬나드는 절벽 위의 잘 보이는 위치에서 정찰했다. 그는 헤엄치며 적극적으로 저항하는 톰킨스를 보았다. 리지웨이는 죽은 것처럼 보였다. 무력한 그의 몸이 시신처럼 떠 있었다.

보일스는 호수 가운데를 향해 노를 저었다. 엘리슨과 알바레스가 뒤따랐다. 보일스는 호수보다는 바다에 가까울 만큼 사나운 물살을 헤치고 나아갔다. 물보라와 너울, 바람 때문에 노 젓기가 어려웠다. 보일스는 힘껏 노를 저으며 쉬나드의 수신호를 따라갔다. 쉬나드는 바위투성이 절벽 위에서 그를 톰킨스 쪽으로 안내했다. "더그는 어둡고 거친, 야생 고양이의 눈빛을 하고 있습니다." 보일스가 말했다. "그는 내 배에 매달려서 최선을 다해 발버둥쳤습니다." 기진맥진하고 반쯤 얼어붙은 채로 카약 뒷부분을 그러쥔 톰킨스는 숨을 헐떡이며 지시를 쏟아냈다. 그는 자신의 구조를 직접 지휘했다.

엘리슨과 알바레스는 몇 분 뒤 리지웨이를 발견했다. 리지웨이는 하늘을 보고 누워 아무 반응도 보이지 않았다. 의식을 잃은 게 분명했다. 하지만 일행이 그에게 소리치자 리지웨이는 신음을 내며 살아나더니, 카약 뱃머리에 팔을 걸쳤다. 리지웨이를 뱃머리에 실은 채로는 앞으로 나아갈 수 없었다. 리지웨이는 손을 옮겨 짚으며 카약의 가장자리를 따라 돌았다. 조금이라도 잘못 움직이면 바람과 물살에 휩쓸려갈 터였다. 엘리슨은 구조 모드에 돌입했다. 느리지만 크고 분명한 목소리로 리지웨이에게 시베리아에서 래프팅 여행을 하다가 죽을 뻔했던 치명적인 사고를 설명해주었다. 끊임없는 응원에 알바레스는 짜증이 났다. 그런 말이 노 젓는 데 써야 할 에너지를 고갈시킬봐 걱정했다. 그러나 언어적 동기부여가 통했다. 리지웨이가 뱃머리와 몸을 나란히 하자 엘리슨과 알바레스는 배를 돌려 보일스와 톰킨스 쪽으로 노를 저어 갔다. 이제 톰킨스의 구조를 도울 수 있었다.

몇 번 더 노를 젓고 나자, 엘리슨과 알바레스는 이런 노력이 무의미하다는 걸 깨달았다. 그들도 연안에서 먼 쪽으로 끌려가고 있었다. 보일스를 돕기는커녕 리지웨이와 자신들을 구하는 데 모든 신경을 쏟아야 했다. 그들은 온 정신을 집중해 노를 저었다. 아드레날린이 솟구쳤다. 그러나 여전히 나아갈 수 없었다. 수평선은 변함없고, 그들은 육지와 조금도 가까워지지 않았다.

엘리슨은 작은 돌출부를 발견하고 마지막으로 힘껏 노를 밀어젖혀 카약을 간신히 바위에 올려 바람에서 벗어났다. 엘리슨과 알바레스는 리지웨이를 카약 앞에 기대앉혀놓은 뒤 위성 전화기를 꺼내 도움을 요청하려고 했지만 국경일 이른 아침이라 아무도 전화를 받지 않았다. 칠레 연안경비대도 아무 응답이 없었다. 전화가 작동하는지 확인해보려는 절박한 마음에, 알바레스는 캘리포니아주 트러키에 있는 여

446

자친구에게 전화를 걸었다. 새벽 다섯시 삼십분이었지만 여자친구는 전화를 받아 푸에르토바라스에 있는 톰킨스 자연보호 사무실의 카롤리나 모르가도에게 사고 소식을 전했다. 모르가도는 비행기 조종사 로드리고 노리에가에게 비상사태를 전달했고, 그는 테라 루나 산장의 지인에게 전화를 걸었다. 그 연락책이 바로 사흘 전에 일행이 호수를 건널 수 있도록 준비해준 필리프 로이터였다. 모르가도는 연안경비대에도 전화를 걸었고, 연안경비대는 칠레치코에서 구조선을 띄웠다. 악천후 때문에 구조선이 도착하기까지는 한 시간이 걸릴 예정이었다.

엘리슨은 몸을 떠는 리지웨이를 카약에 태운 채 연안으로 노를 저어 가서 불을 피웠다. "나는 리지웨이의 젖은 옷을 모두 벗기고, 그를 알몸으로 침낭에 들어가게 했습니다. 작은 불도 피워두었습니다. 마른 장작이 충분히 있었거든요. 리지웨이는 숨을 쉬었지만 반응은 없었습니다. 리지웨이가 침낭에 들어가자마자—불은 리지웨이와 1.5미터 떨어진 곳에 피워두었습니다—나는 그를 보며 '난 가서 로렌소를 데려와야 해. 금방 올게. 여기서 기다려'라고 말했습니다."

테라 루나 산장에 비상전화가 걸려왔을 때 로이터는 외부에서 일하고 있었다. 그는 달려가 칠레 퇴역 공군인 알레한드로 마이노를 찾았다. 그들은 에베레스트산 정상에도 오른 적이 있는 매우 강력한 헬리콥터인 유로콥터 B3에 올라 서둘러 비상 구조비행을 시작했다. 수송과 관광을 위해 개조한 테라 루나 헬리콥터에는 권양기 시스템이나 특화된 구조

장비가 없었다. 로이터는 연안에서 구조를 기다리는, 부상을 입었을지도 모르는 누군가를 발견하게 되리라 생각했다. 그는 구명조끼와 등반용 로프, 공공수영장에서 사용하는 것과 비슷한 주황색 구명 튜브를 챙겼다. 로이터와 마이노는 모르가도의 전화를 받고 오 분 안에 하늘로 날아올랐다. 그들은 시속 70킬로미터 속도로 흰 파도가 이는 호수를 가로질러 아베야노 계곡으로 향했다. "우리는 사람을 찾고 있었습니다." 로이터의 말이다. 그는 열린 문으로 멀리까지 몸을 내밀고 들썩이는 호수의 표면을 살펴보기 위해 하네스를 착용하고 있었다.

호수 가운데 쪽으로 멀리 끌려가며, 보일스는 부질없는 노질을 계속했다. 톰킨스는 일인용 카약의 뒤쪽 끝에서 몸을 끌어올리려 애썼다. 항력이 적다면 보일스는 바람을 극복하고 물살을 거슬러 연안까지 노를 저어 갈 힘을 낼 수 있을지도 몰랐다. 보일스가 톰킨스를 물에서 꺼내려고 방향을 돌렸을 때, 그의 스프레이 스커트 단추가 풀렸다. 카약이 더 가라앉았다. 보일스는 저체온에 빠진 톰킨스를 살리기 위해 자신의 모직 모자를 씌워주었고, 톰킨스는 놓치지 않겠다는 듯 그의 허리를 꽉 움켜쥐었다. 더그는 온 힘을 다해 버둥거리며 보일스와 함께 연안 쪽으로 방향을 틀었고, 어디에 상륙해야 할지 큰 소리로 조언했다. "톰킨스는 자신이 살기 위해 싸우고 있다는 걸 알았습니다." 보일스의 말이다. "톰킨스에게는 해야 할 일이 너무 많았어요. 포기하고 죽을 생각은 없었습니다."

"더그는 최소 이십 분에서 삼십 분 동안 연안을 향해 힘겹게 나아가는 내내 의식이 있었습니다. 그는 발을 버둥거렸고, 나는 최대한 열심히 노를 저었습니다." 보일스의 말이다. "톰킨스가 의식을 잃었을 때 나는 그의 머리가 물에 빠지지 않도록 붙잡아야 했습니다. 그러고 나서 돌아보니 노가 없어졌더군요. 노를 잃어버린 겁니다. 톰킨스를 끌어안고 손으로 노를 저으려 노력했습니다." 삼십 분 동안 두 사람은 점점 더 호수 가운데로 표류해갔다. 그들은 연안에서 몇 킬로미터나 멀어졌다.

헬리콥터에 걸터앉은 로이터는 호숫가의 두 사람을 발견했다. 그러나 헬리콥터가 그 위에 떠서 상륙하려 하자 아래 있던 사람들이 "아니, 아니야. 안 돼!"라고 소리치며 손으로 신호했다. 그들은 호수 중앙을 가리켰다. 헬리콥터는 떠올라 다시 호수 쪽으로 굉음을 내며 돌진했다. "그제야 우리는 카약을 발견했습니다." 로이터의 말이다. "카약밖에 없었어요. 안에 사람은 없었습니다." 오 분 더 비행한 끝에 로이터는 일인용 카약에 앉아 있는 보일스를 발견했다. 그는 힘없이 물속으로 끌려들어가는 톰킨스를 끌어안으려 애쓰고 있었다. 바람이 표류하는 그들을 피신처로부터 더 멀리 밀어갔다. 톰킨스는 3.9도의 물에 한 시간 넘게 반쯤 잠겨 있었다.

헬리콥터에 타고 있으면서도, 로이터는 1.5미터 높이의 너울 때문에 그들을 시야에서 놓쳤다. 파도가 카약을 덮치며 톰킨스를 보일스에게서 떼어낼 뻔했다. 카레라 호수에서 물결이 서로 부딪쳤다. 파도가 혼란스럽게 부딪히며 뒤엉켜 헬리콥터 조종을 위태롭게 만들었다.

마이노는 계기판과 로이터의 명령에 의존해 하강했다. 로이터는 몇 초에 한 번씩 소리를 지르며 헬리콥터가 역풍을 타도록 안내했다. 로이터는 로프 끝에 카라비너를 연결하고 조심스레 보일스 쪽으로 내렸다. 로프가 뒤쪽 로터에 말리면 모두가 죽을 수 있었다. 마이노는 파도에서 겨우 3미터 위까지 헬리콥터를 낮췄다. 로프 길이는 18미터로 미국 연안경비대에서 사용하는 표준 길이의 절반이었다. 바람이 시속 80킬로미터로 몰아치는 가운데, 오차 허용 범위는 극히 작았다. 마이노는 교묘하게 로프를 조금씩 보일스와 가까운 쪽으로 옮겼다. 마침내 보일스가 구명줄을 잡아 카라비너를 카약의 데크에 채우고 톰킨스를 붙잡았다.

보일스는 안전 부표를 잡았다가 하마터면 몸이 당겨져 찢어질 뻔했다. 그는 구명 튜브에 한쪽 팔꿈치를 걸고 있던 터라 헬리콥터와 떨어지지 않았다. 한편 그의 다른 쪽 팔은 묵직한 카약을 끌어안고 있었다. 거기에 물살에 끌려가는 톰킨스의 항력까지 더해졌다. 헬리콥터 로터가 둘 모두에게 얼어붙을 것처럼 차가운 돌풍을 불어댔다. 보일스의 얼굴이 고통으로 일그러졌다. 보일스가 헬리콥터의 고도를 더 낮춰야 한다고 신호하자마자 로이터는 마이노에게 전진 속도를 늦추라고 소리쳤다. 마이노는 거부했다. 로터가 파도와 너무 가까운 곳에서 도는 터라, 헬리콥터가 높은 파도에 휩쓸려 호수에 빠질 수 있었다.

임시방편으로 시작된 구조 작전은 괴로울 만큼 느린 속도로 카약을 연안 쪽으로 끌고 갔다. 그러다가 순식간에 카약이 뒤집혔다. 보일스는 떠오르고 톰킨스는 수면 아래로 가라앉았다. 로이터는 생각했다. '이제 모든 게 무너지는구나. 놀랍지만 오히려 잘된 일이야.'

카약을 제대로 롤링할 수 없었던 보일스는 몸의 절반을 구명 튜브에 쑤셔넣고 몸을 굴려 드러누운 뒤, 두 팔을 써서 톰킨스를 자기 가슴 위로 끌어당겼다. 불안정한 카약이 빠지자 구조 작전은 훨씬 빠르게 진행되었다. 그래도 헬리콥터가 연안의 바위투성이 절벽에 접근하기까지 삼십 분은 더 얼음장 같은 물을 가로질러야 했다.

보일스는 구명줄을 놓고 톰킨스를 잡은 채 부서지는 파도를 헤치며 연안까지 갔다. 그는 톰킨스를 아주 작은 바위 돌출부에 내려놓았다. 마이노가 큰 암벽 위에 착륙 장치 한쪽을 걸치고 헬리콥터의 균형을 잡았다. 로이터가 뛰어내렸다. 헬리콥터 로터가 절벽에서 1미터도 떨어지지 않은 곳에서 돌았다. 보일스는 걷잡을 수 없이 몸을 떨었다. "걱정하지 마세요! 괜찮을 겁니다!" 로이터가 소리쳤다.

보일스는 남은 모든 에너지를 끌어모아 거의 두 시간을 버텼다. 땀을 흘리다가도 극심한 추위를 느꼈고, 그때마다 전신의 근육이 고통스럽게 움찔거렸다. 마비된 정신이 고통으로 터질 것 같았다. 그의 어린 시절 영웅은 얼굴이 창백해진 채 흠뻑 젖어 있었다. 어쩌면 죽었을지도 몰랐다.

그들은 톰킨스를 헬리콥터에 태우려고 계속해서 시도했지만 소용없는 일이었다. 보일스는 거의 서 있지도 못했고, 로이터는 톰킨스보다 몸무게가 9킬로그램은 덜 나갔다. "바람이 너무 세서 헬리콥터가 계속 거칠게 흔들렸습니다. 로터가 내려와 우리를 조각낼 것 같았어요." 보일스의 말이다. 헬리콥터가 암벽 위에서 위태롭게 균형을 잡고 있는 가운데, 보일스가 헬리콥터에 올라탔다. 그들은 다른 사람들을 도우러 연안을 따라 날아갔다. 톰킨스는 반쯤 언 채로 홀로 남겨졌다.

몇 킬로미터 떨어진 다른 구조 현장에 상륙한 로이터가 말했다. "유감이지만, 더그가 죽었습니다!" 쉬나드는 눈물을 터뜨렸다. 웨스턴은 포기하지 않으려 했다. 그는 몇 명이 다시 날아가 톰킨스를 실어오자고, 그를 가장 가까운 병원으로 데려가자고 제안했다. 저체온증 전문가들은 환자의 죽음을 확인할 수 있는 건 "몸이 **따뜻해졌는데도** 죽었을 때뿐"이라고 이야기하곤 한다. 극단적인 추위는 기본적으로 여러 신체 기능을 동면 상태에 빠뜨릴 수 있기 때문이다. 알바레스는 이보다 훨씬 심한 추위에 노출된 뒤에 죽은 줄 알았던 환자가 살아난 경우를 알고 있었다.

원정대에서 그나마 체력이 남아 있던 엘리슨과 알바레스가 헬리콥터에 올랐다. 다시 바위투성이 연안으로 돌아온 그들은 헬리콥터가 톰킨스 위에서 맴돌자 뛰어내렸다. 그들은 힘을 합쳐 톰킨스를 헬리콥터 격실로 끌어올렸다. 코이아이케 병원까지의 비행시간은 불과 십오 분이었다. 이송 환자의 저체온 상태를 알려두었기에 외상팀이 대기하고 있었다.

차카부코 계곡에서 사고 소식을 들은 크리스는 도저히 다른 사람들과 함께 있을 수 없었다. "나는 사무실에 모두를 남겨두고, 세스나 207과 더그의 허스키가 묶여 있는 식당 앞 공터로 돌처럼 굳은 채 걸어갔습니다." 그녀의 말이다. "허스키 아래로 기어들어가 풀밭에 납작하게 엎드렸어요. 손톱으로 흙을 파며 밤에 울부짖는 늑대처럼 신음했습니다. 허스키를 떠나지 않을 생각이었어요. 온 힘을 다해 풀밭을 부여잡고 있었죠. 누군가가 다가와 내 발을 잡고 끌어낼 때까지요. 나는 허스키와의 연결이 끊어지면 더그를 잃으리라는 걸 알았습니다."

파타고니아 국립공원 감독관이자 수많은 자연보호 프로젝트에서 톰킨스 부부와 오랫동안 협력해온 다고베르토 구스만이 크리스를 사륜구동 자동차에 태우고 코이아이케 병원으로 서둘러 달려갔다. 최소 여섯 시간이 걸리는 위험한 자갈길 여정이었다. 가다보니 보수공사 때문에 도로가 폐쇄되어 있었다. 다고베르토는 차에서 뛰어내려 공사 인부에게 "더그 대장이 다쳤다"고, 크리스가 차에 타고 있으며 남편을 보러 달려가는 중이라고 알렸다. 일꾼들은 도로를 열어주었다. 크리스가 차를 타고 지나가자 모든 사람이 헬멧을 벗어 가슴에 얹으며 조용히 경의를 표했다.

코이아이케 병원에서는 의사와 간호사가 톰킨스를 되살리려 분투했다. 톰킨스는 체온 20.5도로 도착한 터였다. 목격자들은 의료팀에 톰킨스가 얼음처럼 차가운 물에 거의 두 시간 가까이 잠겨 있었다고 말했다. 크리스가 달려오는 와

중에도 더그의 사고 소식은 계속 퍼졌다. 사람들이 병원 앞에 모였다. 더그 톰킨스가 중상을 입었다는 소식이 결속력 강한 파타고니아 지역공동체 전체에 빠르게 퍼져나갔다. 이어 더그가 죽었다는 소식도 들려왔다. 하지만 머잖아 좋은 소식이 전해졌다. 더그가 다시 살아났다는 것이었다. 더그가 회생했다! 메시지는 불완전하고 모순적이며 무시무시했다.

크리스는 다고베르토와 병원으로 위태롭게 달려가며 전화와 문자로 이 모든 상황을 확인했다. 사회학자이자 핵심 조력자 플라디니치가 응급실에 있었다. 그는 분 단위로 새로운 소식을 전하며, 크리스가 남편의 상태를 누구보다 먼저들을 수 있도록 해주었다. 톰킨스가 스러져가는 가운데 플라디니치는 그의 귓가에 핸드폰을 대고 크리스에게 작별 인사를 할 순간이라고 말했다. 도착하기 십오 분 전, 오후 여섯시가 막 지났을 때 믿을 수 없는 소식이 확인되었다. 더그 톰킨스가 죽었다. 크리스는 무너져내렸다. 그녀의 독수리가 떠나버렸다.

21장
더그 톰킨스,
새로운 시대를 열다

평생의 과업이 한 생에서 끝낼 수 있는 일이라면, 당신의 꿈이 너무
작은 것이다.

웨스 잭슨, 랜드 인스티튜트 창립자

이본 쉬나드는 충격에 빠졌다. 몰아치는 바람을 피해, 노
련한 야외활동가인 그는 눈물을 흘리며 앉아 있었다. 릭 리
지웨이는 벌거벗은 채 침낭 안에서 경련을 일으키며 떨었
다. 리지웨이와 같은 침낭에 들어간 웨스턴 보일스는 정신이
혼미한 상태로 헛소리를 해댔다. 키 190센티미터에 호리호
리한 그의 체격은 체온을 유지하지 못했다. 머리는 불덩이
같고 근육은 통증으로 터질 것만 같았다. 파도와 바람, '더그
삼촌'을 연안으로 끌고 오며 무게와 싸운 이후 보일스는 망
가진 기분이 들었다. 여섯 명이던 원정대는 세 명밖에 남지
않았다. 이들은 카레라 호수의 부서지는 파도로부터 몇 미

터 떨어진 곳에 피워둔 모닥불 주변에 모여 칠레 연안경비대의 구조선을 기다렸다.

연안경비대는 세 사람을 순찰선 선실에 태우고 칠레치코 마을의 항구로 돌아갔다. 당국은 생존자들에 대한 경위 조사가 필요했다. 수많은 질문이 쏟아졌다. 언론은 더그 톰킨스의 운명에 관해 묻느라 미친듯이 전화를 걸어댔다. 채워야 할 서류, 답해야 할 질문, 지나치게 많은 관료주의 절차가 있었다. 충격으로 넋이 나간 생존자들에게 이런 취조는 고문처럼 느껴졌다. 그들은 절박한 심정으로 다 포기하고 집으로 돌아가고만 싶었지만 공식 조사는 계속 이어졌다. 마침내 그들은 돌아가도 좋다는 허가를 받았다. 쉬나드와 보일스, 리지웨이는 테라 루나 산장으로 돌아기 위해 유로콥터에 올라탔다. 나흘 전에 그들이 완벽한 일출 속에서 즐겁게 웃으며 학교를 빼먹은 아이들처럼 떠나온 바로 그 산장이었다.

돌풍에 맞서 싸우며 바람 속으로 날아들어간 조종사 알레한드로 마이노는 헬리콥터를 조종하며 땀을 흘렸다. 유로콥터의 엔진은 850마력에 최대 시속 257킬로미터를 자랑했다. 그러나 뒷자석에 앉아 있던 쉬나드는 그 사실을 믿을 수 없었다. 헬리콥터가 전혀 나아가지 못하고 있던 것이다. 그들도 죽을 운명인 걸까? 비행을 중지하고 방향을 돌려 비상 착륙할 만한 공터를 찾아서 바람과 같은 방향으로 날아야 하는 걸까? 딱히 누구에게랄 것도 없이 쉬나드는 "살면서 이렇게 엿같이 느린 헬리콥터는 타본 적이 없다"고 씹어뱉었다.

마이노는 (특히 전쟁 모의훈련에서) 군용기를 몰아본 경험을 바탕으로 헬리콥터를 본거지까지 이끌어갔다. 요동치는 난기류를 이십 분간 헤치고 나아간 끝에 그들은 테라 루나 산장 근처에서 맴돌다가 착륙했다. 생존자들은 포옹으로 환영받으며 눈물에 젖어들었다. 어떻게? 왜? 어디서? 모든 질문에 당장 대답해야 하는 건 아니었다. 산장에 하나둘 사람들이 모여들면서 날것의 감정이 쏟아져나왔다.

이탈리아 밀라노 외곽에 있는 고급 주택에서, 사진가 올리비에로 토스카니는 모닝커피를 끓이다가 방송에서 더그의 사고 소식이 나오자 깜짝 놀라고 말았다. 더그 톰킨스가, 그의 공모자가! 죽었다니? 토스카니는 격분했다. 커피포트를 부숴버리고 싶었다. 그의 친구 더그가 자연에 투신하고 야생지를 보호하며 아껴온 모든 세월 동안, 그는 "조심해! 자연은 잔인한 짐승이야"라고 외쳤다. 그가 더그를 꾸짖은 게 대체 몇 번이던가? 토스카니는 경고의 무게감을 느꼈다. "나는 언제나 더그에게 자연은 위험하다고 말했습니다. '왜 그렇게까지 자연에 가까이 다가가려고 애쓰는 거야?'라고 묻곤 했죠. 그랬는데 자연이 내 친구를 죽였습니다. 자연이 증오스럽습니다."

더그와 자주 비행했던 『내셔널 지오그래픽』의 탐험가 마이클 페이는 "환경운동가 죽다"라는 글귀가 화면에 떴을 때 탄자니아에 있었다. 그는 즉시 그 환경운동가가 그의 친구이자 동맹, 동료 조종사임을 알았다. "환경운동은 내게 일종의 전쟁입니다." 페이는 말했다. 그는 일부는 밀렵꾼에게, 일부는 익명의 암살자에게 살해당한 수십 명의 동료를 애도해왔다. "이런 일이 벌어졌을 때 나는 전혀 놀라지 않습니다. 충격도 받지 않아요. 믿기지 않는 일도 아니죠. 난 이미 준비되어 있었습니다. 사건이 일어나기 전에 이미 슬픔을 받아들였기에 이런 시간이 꼭 슬프지만은 않습니다."

런던에서 노먼 포스터 경은 톰킨스가 카약을 타다가 죽었다는 말을 듣고는 "도저히 믿을 수가 없었다." 1980년대에 톰킨스와 함께 에스프리 전시 매장을 설계했던 건축가 포스터는 말했다. "더그와 에스프리는 신체적으로나 정신적으로 연결돼 있는 것 같았습니다. 더그의 에너지에는 전염성이 있었어요. 강렬함과 호기심, 신념이 조합되어 있었죠. 보통 신념을 가진 사람은 사고가 폐쇄적이지만, 난 더그가 그런 정신을 가졌다고 느끼지 않았습니다. 열려 있다고 느꼈어요. 더그는 자연의 힘이었습니다."

아르헨티나에서 세르히오 플린타 상원의원은 부에노스아이레스의 대통령궁에 들어가고 있었다. 그때만 해도 그는 톰킨스가 물에 빠져 숨져가고 있다는 사실을 몰랐다. 플린타는 관광부 장관 구스타보 산토스에게 자연보호 계획을 발표했다. "나는 톰킨스의 자연보호 책을 가져가 이베라 프로젝트에 대해 설명했습니다." 플린타의 말이다. "산토스는 '놀라운 프로젝트입니다. 훌륭하네요!'라고 말했고, 그 프로젝트를 자기가 맡겠다고 했죠. 완벽했습니다. 호텔로 돌아왔을 때, 더그가 죽었다는 전화를 받았습니다. 더그가 죽어가던 그 순간에 나는 [아르헨티나] 중앙정부가 이베라 프로 젝트를 받아들이게 했던 겁니다."

크리스는 제정신이 아닌 채로 "고통의 우물" 속에서 지냈다. 그녀와 더그는 둘 중 한 명이나 둘 모두가 사고로 죽을 때에 대비한 대책을 세우며 수없는 밤을 보냈다. 매일같이 경비행기를 타고 바람 부는 파타고니아의 풍경 위를 날아다니는 것은 분명히 무척 위험한 일이었다. 더그가 시골 흙 길을 시속 130킬로미터로 달리면서도 안전벨트를 아예 매지 않았다는 사실("안전벨트를 매면 안전하다는 거짓된 느낌이 들어")도 위험 요소였다. 하지만 집 근처에서 카약을 타다가 사고를 당하다니? 크리스는 "도끼에 머리를 찍힌 것 같은" 슬픔에도 불구하고, 더그의 강인함에서 힘을 얻으려 했다. "그건 사별이 아니었어요." 크리스의 말이다. "팔다리를 잘라내는 것과 같았죠."

파타고니아에서 더그가 고용했던 목수와 가구 제작자는 밤새 칠레삼나무로 견고한 관을 만들었다. '안데스산맥의 삼나무'로 알려진 높디높은 칠레삼나무는 처음 더그에게 칠레의 숲을 보호하겠다는 동기를 준 존재였다. 이십오 년간 쉬지 않고 투쟁한 끝에, 더그 톰킨스는 구릿빛의 붉은 소용돌이무늬가 있는 결이 고운 칠레삼나무 널빤지에 누웠다. 마침내 그는 휴식할 수 있었다.

푸에르토바라스의 톰킨스 자연보호 사무실에서 추도식이 마련되었다. 전세기 여러 대가 도착했다. 칠레 영부인 시실리아 모렐과 더불어 칠레 정치인, 워싱턴 D.C.의 친구들이 인근의 작은 푸에르토몬트 공항으로 쏟아져 들어왔다. 한 명의 시위자가 "톰킨스 없는 파타고니아"라는 팻말을 들고 도착하는 조문객을 맞이했다.

사무실 뜰에 설치된 천막 아래에 친구와 동료가 모였다. 일반 대중도 조의를 표할 수 있도록 초대되었다. 크리스는 조문객과 개별적으로 이야기를 나누고 많은 사람과 포옹했다. 톰킨스 동맹(과 그의 영향력)의 깊이는 옛 적수들의 참석으로 더욱 여실히 드러났다. 칠레에서 가장 부유한 가문의 수장인 베르나르도 마테가 조의를 표했다. 톰킨스가 그를 악명 높은 잡지 광고에서 양의 탈을 쓴 늑대라고 부른 적이 있었음에도 불구하고 말이다. 마테는 깊이 상심했다. 세월이 지나면서 마테 가문은 끝없는 이메일과 수다, 저녁식사, 여행을 통해 더그와 친한 사이가 되었으며 자연을 열정적으로 옹호했던 그의 주장도 제대로 이해하게 되었던 것이다.

추도식이 시작되자 크리스는 거의 제대로 말을 잇지 못했다. 더그를 잃은 그녀는 완전히 무너졌다. 하지만 임무는 계속될 거라고 선언했다. 수백만 에이커의 야생지, 포효하는 강, 사람의 손길이 전혀 닿지 않은 빙하. 그들은 모든 것을 구하기 일보 직전이었다. 그들의 숲과 목장, 민영공원, 자연보호구역을 한데 모아 칠레와 아르헨티나 국민에게 선물할 준비가 되어 있었다. 모든 것이 완비된 국립공원으로서 공공에 기증될 터였다. "크리스는 위엄 있게 내면 어딘가에서 퍼올린 힘을 담아 말했다." 리지웨이는 이렇게 적었다. "그녀는 문장 하나, 문단 하나에 모든 힘을 실었다. 그러고는

460

기운이 빠져 잠시 말을 멈추고 숨을 골랐다. 그렇게 호흡이 회복되면, 그녀는 우리 중 누구도 본 적 없는 더욱 심오한 힘을 담아 말을 이었다."

추도식 이후에 크리스와 최측근 친구들은 비행기를 타고 더그가 묻힐 차카부코 계곡으로 날아갔다. 그들은 한 친구의 비행기를 개조해 썼다. 관을 놓을 공간을 마련하기 위해 좌석을 없앴다. 조종사 로드리고 노리에가는 더그와 함께 삼림지대에서의 비행기 조종을 배운 사람이었다. 크리스는 남편의 시신과 영혼을 계곡으로 돌려놓는 일을 그에게 믿고 맡겼다. 노리에가는 파타고니아에서 가장 높은 봉우리인 산 발렌틴산 쪽으로 날아갔다. 세 개의 빙하로 뒤덮인 납작한 봉우리는 톰킨스가 종종 위안을 얻던 공간이었다. 더그는 허스키를 몰고 구름에 감싸인 그 정상 주변을 선회하길 좋아했다. 그게 스트레스를 해소하는 그만의 방법이었다.

노리에가가 다가가자 구름이 열리며 햇빛이 얼음에 반사되었다. 크리스는 앞좌석으로 자리를 옮겼다. 노리에가가 고도를 낮추며 빙하 위로 비스듬하게 날았다. 한 번, 또 한 번 원을 그렸다. 경비행기는 정상 위를, 톰킨스가 보호하고자 싸웠던 숲과 강 위를 빠르게 날았다. 크리스는 등뒤로 손을 뻗어 더그의 관에 얹었다. 노리에가는 바케르강의 댐 건설을 저지하기 위한 더그의 싸움에 대해 이렇게 말했다. "바케르강의 발원지가 카레라 호수라는 점에는 어딘가 낭만적인 구석이 있습니다. 더그가 바케르강을 구했지만 호수는 그의 목숨을 가져갔으니까요."

더그의 마지막 비행을 서머와 퀸시 톰킨스가 맞이했다. 그의 두 딸은 샌프란시스코에서 스물네 시간을 비행해 파타고니아의 심장부로 달려왔다. "아버지는 늘 무적이었어요. 자동차나 비행기 사고로 돌아가셨다면 차라리 덜 놀랐을 거예요." 퀸시의 말이다. "아주 이상한 기분이었죠. 하지만 오래지 않아 아버지가 자기 식대로 살다가 자기 식대로 죽었다는 걸 느낄 수 있었습니다. 아버지는 사랑하는 일을 친구들과 함께하러 카레라 호수에 갔던 거예요. 자주 입던 카키 바지와 브룩스 브라더스♦ 버튼다운셔츠를 입고서요. 아버지가 죽음을 예상했던 건 아니었을 거예요. 하지만 그게 아버지였으니까요."

크리스는 더그를 차카부코 계곡의 아주 작은 묘지에 매장하기로 했다. 묘지는 파타고니아 국립공원 한가운데, 더그가 사랑했던 활주로 옆이자 언덕 위에 있는 부부의 집인 버틀러 하우스에서 십 분만 걸어내려오면 되는 곳에 있었다. 스무 개의 공간으로 구획된 이 묘지는 여러 세대 전에 양을 치던 목장주들이 지은 것을 더그가 손본 곳이었다. 더그는 이곳의 울타리를 다시 설계하고 정문을 교체하고 존 뮤어의 명언을 새긴 팻말을 덧붙였다. "신의 다른 이름은 아름다움이다."

파타고니아 개척 초기에는 어린아이들이 자주 죽어서, 이

♦　미국의 클래식 정장 브랜드.

지역의 오래된 묘비 중 상당수에는 영아의 죽음이 기록되어 있었다. 아이를 목장에 매장하면 가족이 잃어버린 아이를 만나러 올 수 있었기 때문이다. 그건 배우자의 경우도 마찬가지였다. 크리스는 더그의 조력자 에르난 블라디니치에게 더그를 곁에 두어야 한다고 말했다. "더그는 백 개의 삶을 한 번에 살았어요." 크리스의 말이다. "난 더그가 사는 내내 진심으로 아름다움을 추구했던 사람으로 기억되기를 바랍니다. 빙하에서 스키를 타며 그린 궤적부터 건축, 미술, 우리가 집으로 삼은 공원에 이르기까지 그 모든 것에서요. 더그는 르네상스적 인간이었어요. 야성적인 사람이었고요. 행복했고 두려움 없는 사람이었죠."

가족과 친구, 동료가 추모사를 했다. 수백 통의 편지와 메시지도 쏟아졌다. 하지만 마지막 한마디는 그의 가장 가까운 친구들 몫이었다. "우리는 카약이 뒤집힐까봐 겁이 나서 단 한 번의 노질도 멈출 수 없었습니다." 이본 쉬나드는 치명적인 사고가 있었던 날을 회상했다. "'하는 녀석들'은 용맹하게 노력했습니다. 하지만 우리는 더그를 잃었습니다. 대장을 잃은 겁니다. 더그는 자신의 행동으로 우리 모두에게 필요한 스승이 되어주었으며, 지금도 그런 존재로 남아 있습니다."

관을 내리는 동안 운구자들은 긴장했다. 관을 맨 밧줄을 안정적으로 유지하기가 힘들었다. 더그의 관이 옆으로 쏠렸다. 칠레삼나무가 너무 무거워 버틸 수 없을 것만 같았다. 누군가가 미국인 억양이 심한 더그의 스페인어를 흉내내 외쳤다. "아니. 아니지. 비뚤어졌잖아. 똑바로 해. 똑바로 하라니까! 똑바로!" 장례식에 온 사람 모두가 웃음을 터뜨렸다. 그들은 울고 웃다가 모두 미소 지었다. 다들 더그라면 분명히 하관할 때 관의 각도와 미학에 집착했으리라는 걸 알았다. 그건 더그의 목소리였고, 사람들은 이미 그 목소리를 그리워하고 있었다.

흙이 관 뚜껑에 닿자 크리스는 자생 꽃을 관 위에 던졌다. 혼자가 된 여인의 목소리가 그들이 애창하는 슬로건을 외쳤다. "파타고니아 신 레프레사스!" 모여 있던 더그 공동체가 시끌벅적하게 화답했다. "댐 없는 파타고니아!"

장례식이 끝나고 초대된 손님 대부분은 집으로 돌아갔지만, 톰킨스 공동체는 파타고니아 국립공원 심장부에 있는 손님용 산장과 직원 숙소에 남아 머물렀다. 살아남은 다섯 명의 원정대원(쉬나드, 리지웨이, 엘리슨, 보일스, 알바레스)은 산장에 둥글게 모여 앉아 크리스와 함께 더그의 마지막 여행을 자세히 복기했다. 그들은 고통스럽게 여러 차례에 걸쳐 사고를 다시 검토했다. 집단심리치료이자 마무리였다.

크리스는 세부적인 정보가 필요했다. 더그의 친한 친구들과 그의 두 딸 서머와 퀸시도 마찬가지였다. 그토록 경험 많은 탐험가들이, K2를 등정하고 수십 곳에서 최초로 카약을 탄 기록을 가진 사람들이 어떻게 오후 산책쯤으로 생각했던 여행에서 갑자기 사고를 당할 수 있었던 걸까? 대원들에게 질문을 퍼붓던 크리스가 웨스턴 보일스의 용기를 짚어냈다. 그녀는 누군가를 비난하려는 게 아니었다. 이해해야만 했다.

'하는 녀석들'은 그렇게 마지막 순간의 혼란을 다시 체험했다. 사고 순간을 돌이켜보니 다른 선택을 할 수 있었던 일이 몇 가지 생각났다. 예를 들면, 그들 모두가 드라이슈트를 입을 수도 있었다. 하지만 불운을 부정할 방법은 없었다. 폭풍은 갑작스럽고도 치명적으로 닥쳐왔다. 기상예보센터의 데이터는 나중에 돌풍이 시속 97킬로미터에 이르고 호숫가에서 부서지던 파도의 높이는 1.8미터에 달했음을 확인해주었다. 크리스는 여전히 충격에 빠져 있었다. "더그의 물리적 존재를 잃은 게 내게는 정말 고통스러워요." 크리스의 말이다. "아마 언제까지나 그렇겠죠. 모르겠네요."

이후 그녀는 둘의 프로젝트를 넘겨받았다. 그녀는 열기를 돋우고, 더그와 꾸었던 꿈을 완수하는 데 온몸을 던졌다. 시간이 흐를수록 그녀는 더욱 집중했다. "사람들은 '사랑하는 남편이 죽었는데, 어떻게 그 모든 일을 계속할 수 있었습니까?'라고 묻습니다. 나는 '그 반대예요. 아마 그 일 덕분에 내가 버틴 걸 겁니다'라고 말하죠." 크리스는 나중에 이렇게 말했다. "압력솥 안에 갇힌 것 같았어요. 그 경험이 내 등을 벗겨냈죠. 하지만 어쩌면 그게 내 인생에서 가장 잘된 일이었을지도 몰라요."

장례식이 끝나고 일주일도 되지 않아 크리스는 아르헨티나로 날아가서 대통령 마우리시오 마크리를 개인적으로 만나 이베라 국립공원에 대해 의논했다. 마크리는 크리스가 가져온 커피테이블 비치용 도서를 넘겨 보며 풍광에 감탄했다. 하얀 해오라기떼, 무지개 색깔의 홍금강앵무, 습지를 한가로이 돌아다니는 개미핥기. 그는 아프리카의 사바나와 비슷하지만 남아메리카의 야생동물로 가득한 광경을 보았다. 크리스는 이베라가 생물다양성이 풍부한 기적의 땅이라고, 타오르는 듯한 빨간색 앵무새와 다리가 긴 늑대, 사냥감을 노리는 재규어에게 자연 서식지를 제공하는, 지구상에 남아 있는 몇 안 되는 생태계라고 설명했다. 마크리는 이베라에서 '자연의 생산'을 근거로 지속 가능한 개발 모델에 따라 지역 경제를 도약시킬 기회를 포착했다. "단점도 있을까요?" 마크리는 장관들에게 물었다. 개인이 소유한 땅을 기증받아 모든 아르헨티나인을 위한 국립공원으로 전환한다는데 누가 그를 비판할 수 있겠는가? 이 기부를 하려는 사람이 캘리포니아의 부유한 부부라는 사실은 거래를 더욱 달콤하게 했다. "그건 지각변동이었어요. 더그는 여기에 없었지만요." 크리스가 말했다. "어쩌면 더그가 없어서 가능했던 걸지도 몰라요. 확실히 더그의 죽음은 이 일에 영향을 끼쳤어요. 모두가 여러 면에서 너무도 특별했던 한 사람에 대한 상실감을 느끼고 있었으니까요."

더그가 죽고 며칠 지나지 않아 크리스는 칠레에서 어떤 현상을 목격했다. 더그가 더이상 살아 있지 않은 지금, 많은 이들이 그의 가치를 인정하기 시작했다. 과거의 적들조차 그랬다. 톰킨스를 괴롭히는 것은 칠레의 국민 스포츠였다. 그러나 그의 갑작스러운 죽음이 모든 의심을 걷어냈다. 음모론이 사그라졌다. 더그 톰킨스의 부정할 수 없는 진실이 드러났다. 그는 낙원을 매입하기 위해 열심히 싸웠고, 그 모든 것을 내주기 위해 죽기 살기로 분투했다. "더그가 죽자 모든 일에 탄력이 붙었습니다." 에르난 플라디니치의 설명이다. "정부 관료의 태도가 바뀌었어요. 그 사람들은 더그가 신념을 따르다가 죽은 사람이라는 걸 알았습니다. 우리를 가로막은 관료들은 아마 '이 프로젝트의 실현을 우리가 막아서는 안 되지!'라고 생각했을 겁니다. 더그는 공공의 적 1호에서 모두의 모범이 되었습니다."

칠레 상원의원 네 명이 연합해, 자연보호에 대한 공적을 기려 톰킨스에게 명예 칠레 시민권을 부여하자고 제안했다. "그는 칠레의 국가적 양심에 상당한 기여를 한 인물이며, 기업가에게 이윤의 상당 부분을 사회에 환원하는 방법을 보여주었습니다." 후안 파블로 레텔리에르 상원의원의 설명이다.

안건은 만장일치로 통과되었다. "더그가 살아 있을 때 주었다면 좋았겠지만, 아무도 그의 죽음을 예상하지 못했습니다. 더그는 생명력으로 충만했으니까요." 상원의원 알폰소 데우레스티의 말이다. 그는 싸우기 좋아했던 이 미국인과 "수많은 싸움과 전투"를 함께했다.

칠레 대통령 미첼 바첼레트도 충격에 빠졌다. 그녀는 해결책을 찾으라고, 더그와 크리스의 초특급 기부에 협력하라고 몇 달에 걸쳐 내각을 압박했다. 그녀는 톰킨스에게 "혁신적인 인물, 지구의 자연유산을 보호하는 데 아낌이 없었던 사람"이라는 찬사를 보냈다. "톰킨스의 걸작은 세계적인 규모로 미래 세대에 대한 감사와 헌신이라는 비전을 전달합니다." 그녀는 직접 만나자는 크리스 톰킨스의 제안을 받아들

467

였다. 갑자기 칠레 정부도 이 부부의 초특급 기부를 국가적 우선 과제로 삼았다. "바첼레트 대통령에게서 기회가 느껴졌어요. 중요한 순간이었죠." 크리스의 말이다.

크리스는 남편이 일중독자였다는 걸 알았지만, 더그의 비전이 서류만이 아니라 기억 깊은 곳에도 존재해왔다는 사실은 그가 죽은 뒤에야 깨달았다. 크리스는 『브리태니커 백과사전』에나 들어갈 법한 자세한 내용이 더그의 머릿속에 저장되고 분류되어 우선순위에 따라 정리되어 있었다는 사실을 알고 경탄했다. 그녀는 톰킨스 자연보호 재단을 새롭고도 멋진 방향으로 이끌어갈 수 있겠다고 느꼈다. 더그와 크리스는 애초에 역사적인 자연보호 프로젝트를 칠레와 아르헨티나 양국 정부에 넘겨줄 결심을 하고 있었다. 하지만 크리스는 이제 그녀만의 방식으로 그 일을 하기로 했다. 그녀는 기발한 아이디어가 넘치는 조직에 장기적인 안정성을 갖추는 일을 가치 있게 여겼다. "더그가 내게 강력한 영향을 준 시기는 오히려 그가 세상을 떠난 이후였어요. 그전까지는 일종의 부트캠프였다고 할까요." 크리스의 말이다. "더그는 늘 '우리는 영원히 결혼생활을 유지해야 해. 서로가 아니면 누가 우리와의 결혼생활을 견디겠어!'라고 말했죠. 사실 더그는 진심으로 그 말을 한 거예요. 맞는 말이기도 했고요. 그런 더그가 죽었고, 나는 더그가 살아 있을 때 하던 일을 그대로 하게 됐습니다. 난 이미 내게 일어날 수 있는 최악의 사건을 겪었어요."

대담하고도 결정적인 첫번째 활동으로 크리스는 더그라면

절대 하지 않았을 전략을 채택했다. 도움을 요청한 것이다. "더그가 떠나지 않았다면, 우린 톰킨스 자연보호 재단에 결코 이런 식으로 기여하지 못했을 겁니다." 더그의 모험 파트너이자 환경컨설팅회사 블루 스카이의 창업자 지브 엘리슨의 말이다. "크리스는 믿을 수 없을 만큼 깊은 슬픔에 젖어 있었습니다. 모든 일이 어떻게 진행되는지 아주 세세한 부분까지 알던 사람은 사실 더그뿐이었어요. 크리스는 평생의 사랑을 잃은 참이었습니다. 더그를 직속상관이라 생각하는 수많은 사람과 면담하고, 모든 일의 맥락을 최대한 파악해서 재무부와 협력할 수 있는 상태가 아니었죠. 누군가 상황을 정리하고, 더그의 머릿속에 존재하던 것을 바깥으로 꺼내 구조화해야 했어요."

크리스와 지브는 몇 주, 이어 몇 달 동안 긴밀히 협력한 끝에 오 년짜리 전략 계획을 수립했다. 그들은 수십 가지 프로젝트에 우선순위를 매겼다. 더그는 그런 프로젝트 하나하나에 높은 목표를 설정해두었다. 세상에서 가장 맛있는 아이스크림인 모리츠 아이스를 개발하겠다는 목표부터 『국립공원 만드는 방법』이라는 책을 디자인하겠다는 목표까지 매우 다양했다. "더그가 떠났을 때 나의 주된 목표 중 하나는 우리의 현재 위치를 제대로 들여다보는 것이었습니다." 크리스의 말이다. "나와 더그가 연간 예산을 운영하는 방식은 완전히 달랐거든요."

크리스는 더그의 첫번째 아내 수지와 늘 편안한 관계를 유지했다. 두 사람은 해마다 한두 번쯤은 꼭 안부를 주고받았다. 그러나 이제 상황이 달라졌다. 더그가 사망했다. 더그의 딸, 특히 서머는 아버지와 마땅히 나누었어야 했던 많은 이야기를 한 번도 나누지 못했다고 느꼈다. 더그와의 관계가 불완전하게 끝났다는 느낌이 들었다. 게다가 더그의 마지막 유언이 서머와의 위태로웠던 관계를 폭발시키고 말았다.

유언장에는 더그가 수십 년 동안 공개적으로 밝혀온 내용이 적혀 있었다. 딸들에게 유산을 전혀 남기지 않고 모든 자산은 크리스와 톰킨스 자연보호 재단에 귀속한다는 내용이었다. 서머는 유언장을 읽고 충격받았다. 더그는 사실상 유언장에서 그의 재산 수백만 달러를 딸들에게 전혀 남기지 않을 것이라고 밝히며, 딸들에게 유언에 문제를 제기하지 말라고 경고했다. 서머 톰킨스는 아버지가 무덤에서 나와 따귀를 후려치는 것처럼 느꼈다. "음흉하고 잔인한 일이에요." 수지 역시 충격을 받았다. 더그가 사망하기 전, 양쪽 가족은 꽤 괜찮은 관계를 유지하고 있었기에 더 그랬다. "우리가 절연한 사이도 아니었는데요."

퀸시와 서머 톰킨스는 아버지의 돈을 원한 게 아니었다. 그들의 어머니 수지는 에스프리 지분으로 수백만 달러를 벌었다. 더그는 상속재산을 남기면 아이들의 독립성이 떨어진다는 신념을 오래전부터 밝혀왔다. 그는 필요한 경우 응급 의료 비용을 넉넉하게 지원했지만, 아이들이 건강하기만 하면 그들의 인생에 보조금은 전혀 주지 않았다. 그는 자기 재산의 마지막 한푼까지도 자연을 위해 써야 한다는 점을 늘 분명히 했다.

그러나 서머는 캘리포니아와 칠레 양쪽의 언론을 통해 아버지를 비판한 다음, 양쪽에 있는 더그의 유산에 소송을 제기했다. 사실 서머가 해결하고 싶었던 것은 아버지가 남긴 심리적 공백이었다. 그녀와 한 번도 깊은 관계를 맺은 적이 없는 아버지, 그녀가 태어난 날 친구들과 여섯 달짜리 여행을 떠난 아버지. 서머는 이 공백을 사법적으로 메우려 했다.

서머는 아버지의 냉담함을 이해할 수 없었다. 그녀는 여러 면에서 아버지와 닮았다. 머리 회전이 빠르고 성격은 거침없으며 자신감이 넘쳤다. 혹시 서머가 더그 톰킨스에게 너무도 그 자신을 떠올리게 한 건 아니었을까? 도저히 받아들일 수 없을 정도로 말이다. 실제로 서머는 종종 아버지와 갈등을 빚었다. 더그는 말도 안 되게 독선적이고 남을 비판적으로 평가했다. 그러나 더그가 사망하기 직전에 서머는 어머니에게 수십 년간 거리감을 느껴온 끝에 "아빠가 날 받아들이기 시작했다"라고 고백했다. 더그의 옛 연인은 그가 딸들에 대한 애정을 보이는 데 터무니없을 만큼 서툴렀으나 단둘이 있을 때는 좀더 너그러웠다고 털어놓았다. "더그는 두 아이를 많이 사랑했어요." 그녀의 말이다. "때로 나와 함께 있던 매우 다정한 순간에는 그 둘을 얼마나 많이 사랑하는지 말하곤 했죠. 아이들에게 직접 말해준 적이 있는지는 모르겠네요."

크리스 톰킨스는 핵심적인 우선 과제, 즉 공원 부지 기증에 집중했다. 칠레에서 크리스는 바첼레트 대통령과의 협상이야말로 단 한 번의 초특급 기부를 통해 공원 계획을 완성할 최고이자 마지막 기회일지 모른다고 확신했다. 제안의 조건은 세부적으로는 복잡하나 전반적인 규모에서는 단순했다. 톰킨스 자연보호 재단이 120만 에이커의 땅을 9천만 달러 가치의 기간시설과 함께 칠레 국립공원청에 기증한다. 그 대가로 정부는 연방 소유 토지 1,000만 에이커를 묶어 국립공원 다섯 곳을 새로 만들고 세 곳을 확장함으로써 칠레 파타고니아 경제 발전의 새로운 시대를 연다.

크리스는 데비 라이커, 카롤리나 모르가도, 잉그리드 에스피노사와 끊임없이 협력했다. 그들은 모든 동맹을 불러 모았다. 크리스는 지브 엘리슨에게도 블루 스카이 팀을 소집해 수치를 계산하고 기부를 위한 오 년짜리 전략을 브레인스토밍하도록 했다. 어떻게 해야 많은 보조금을 받아 운영하던 민영공원을 칠레와 아르헨티나 정부가 관리하는 자체적으로 지속 가능한 국립공원으로 전환할 수 있을까?

아르헨티나에서는 계속 좋은 소식이 들려왔다. 칠레에서의 더딘 속도와 달리, 아르헨티나 정부는 이베라 공원을 진전시키는 데 열의를 보였다. 지방정부와 연방정부 사이에 세력 다툼이 벌어지긴 했지만, 마리시 로페스, 소피아 에이노넨, 코리엔테스 상원의원 세르히오 플린타로 이루어진 톰킨스 팀은 아무도 막을 수 없었다. 지역 지지자도 많았다. 절실히 필요한 수익과 관광객을 끌어들일 공원의 잠재력에 힘입어, 이 지역 시장들은 과라니 문화를 기념하는 박물관을 짓기로 결정했다. 불과 십 년 전만 해도 부에노스아이레스 같은 도시로의 인재 유출이 지역공동체를 절망에 빠뜨렸다. 하지만 이제는 젊은 학생들이 자부심을 안고 고향으로 돌아오고 있었다. 그들은 이베라와 코리엔테스를, 재건되어 예전의 영광을 찾아가는 낙원으로 묘사했다.

"우리는 코리엔테스에서, 멸종위기의 한가운데에서 자랑스럽게 생태계를 구해냈습니다. 더그가 오늘날 그 모습을 볼 수 없다니 매우 아쉽습니다." 한때 톰킨스를 단호히 비판했던 상원의원 세르히오 플린타의 말이다. "난 이 모든 게 야생복원의 문제일 뿐이라고 생각하지 않습니다. 여기에서는 더 위대한 일이 일어났습니다. 더그와 크리스는 인간을 프로젝트에 통합하는 데 성공했습니다. 이건 지식인이나 광신도가 주도하는 엘리트 프로젝트가 아닙니다. 내게는 우리 젊은이들이 관광객 안내 가이드가 되어 일자리를 얻는 것이 이 프로젝트의 상징인 코리엔테스의 우상 재규어를 재도입하는 것만큼이나 중요한 일입니다."

22장

폭풍 속의 섬

나에게 더그의 성취는 단순히 공원을 만든 것 이상의 의미가 있다. 그는 완강하던 사람들조차 그 공원을 사랑하게 만드는 데 성공했다. 생각해보라. 그는 지역공동체 전체와 싸우며 그들이 자연과 사랑에 빠지게 만들었다. 그야말로 진귀한 일이다. 게다가 그는 자연 곁에서 살아가는 것에 대한 우리의 인식을 바꾸었고, 그 변화에 우리를 직접 참여하게 만들었다. 그것은 실로 굉장한 일이었다.

클라라 라스카노, 푸말린 공원 근처 마을 차이텐의 시장

더그의 죽음으로 크리스는 일하는 시간을 세 배로 늘려야 했다. 더그의 환경복원 프로젝트는 계속 이어졌지만, 그의 갑작스러운 죽음은 수많은 미완의 프로젝트와 유한한 재정을 남겨놓았다. 그의 평생의 과업을 완성하기 위해 꼭 필요한 것은 어느 프로젝트일까? 크리스는 아이스크림회사 모리츠 아이스에서 손을 떼고, '더그 톰킨스가 만들었다'는 타이틀 덕에 갑자기 주목받기 시작한 이 회사를 니콜라스 이바네스에게 팔았다. 돈이 절실히 필요했으므로 타이밍이 결정적이었다. 크리스는 더그가 사랑했던 아르헨티나의 라구나 블랑카도 매각했다. 황금빛 곡선처럼 펼쳐진 훌륭한 유기농

농장이었다. 더그의 사망으로 초특급 기부 계획이 탄력받으면서, 공감과 유감을 표하며 도착한 정치적 선의도 현금화했다. 그들은 모든 공원 부지의 소유권을 공공에 넘겨주는 오 년짜리 계획을 구체화했다.

파타고니아 국립공원과 푸말린 공원의 방문객은 처음에는 수백 명, 나중에는 수천 명에 이르렀다. 그들은 이토록 외진 땅의 아름다움에 경탄했다. 자유롭게 흐르는 강이 이제 막 싹트는 초원으로 가득한 계곡을 가로질렀다. 배낭여행객과 야영객이 브라질, 독일, 영국 외 수십 개 국가에서 찾아왔다. 퓨마와 과나코 개체수가 급증했다. 과거의 밀렵꾼, 사냥꾼, 벌목꾼이 배낭여행객과 고어텍스 옷을 입은 관광객을 1980년대 에스프리 전시 매장이 그랬듯 가장 작은 세부 사항까지 고려해 설계된 자연의 트레일로 안내했다.

야영장에는 태양광 집열판을 동력으로 삼는 온수 샤워기와 공용 피크닉 오두막, 별이 가득한 밤을 즐길 수 있는 탁 트인 벌판과 몰아치는 비로부터 텐트를 가려줄 숲이 있었다. 모서리가 비스듬히 깎인 쓰레기통은 방문자센터와 숙소의 건축양식과 어울렸다. "그 쓰레기통을 열네 번은 디자인했을 거예요." 작가이자 환경역사가 톰 버틀러가 웃으며 말했다. "아마 세상에서 가장 아름다운 쓰레기통일걸요."

크리스와 팀원들은 공원 관리를 국가에 양도하고 나면 아름다운 공원 내부의 유지보수와 건설 기준이 낮아지리라는 걸 알고 있었다. 국립공원청은 이베라의 선착장을 '톰킨스 초록색'으로 칠하지 않을 것이고, 푸말린 야영장의 태양광 집열판 샤워기를 보수하지 않을 터였다. 하지만 환경부 장관 파블로 바데니에르를 비롯한 칠레의 자연보호 담당자들은 더그 톰킨스의 수집품인 공원과 숙소, 야영장, 트레일을 상속받는 데 필요한 조건을 받아들였다.

바데니에르는 이러한 기증이 너무도 역사적이어서, 새로운 공원을 관리할 더 많은 예산을 확보할 수 있으리라 확신했다. 그러나 칠레 내각이 공원을 수용하기 위해 움직이는 와중에도, 신문사의 편집자에게 도착한 편지와 소셜미디어의 댓글은 이 거래를 하지 말라고 간청했다. 시민들은 크리스에게 "정부에 토지를 기증하지 마세요! 정부가 망쳐버릴 겁니다!"라고 경고하는 메시지를 보냈다. 크리스는 공원 부지를 기증하는 절차를 십대 자녀를 대학에 보내는 일에 비교했다. "놓아줘야 해요. 더는 내 것이 아니니까요." 그녀가 말했다. "더그는 아무리 결점이 많아도, 장기적인 자연보호를 위해 국립공원보다 나은 제도는 없다고 분명히 밝혔습니다."

공원을 기증하는 것은 퍼즐의 한 조각에 불과했다. 크리스와 재정관리인 데비 라이커는 공원이 자체적인 재정으로 운영될 수 있도록 장기적인 경제 모델을 찾아야 했다. '자연의 생산'이라는 개념이 경제발전의 촉매가 될 수 있을까? 파타고니아 전역에서 이베라의 성공을 재현할 수 있을까? 크리스는 열일곱 개의 공원 모두를 '파타고니아 국립공원 탐방로'로 브랜딩하자던 더그의 아이디어에 승부를 걸었다.

크리스는 지구에서 여행객에게 이토록 다채로운 숲과 빙원, 호수, 개발되지 않은 해변, 고대 빙하, 거칠고 손닿지 않은 아름다움을 제공하는 곳이 거의 없다는 사실을 알고 있었다. 더그의 비전은 각각의 공원이 전체로 통합될 때 더 큰 의미와 가치를 띠었다. 경제개발 관점에서 볼 때, 파타고니아 국립공원 탐방로는 놀라운 파급효과를 낳았다. 이 탐방로를 끼고 있는 지역공동체들은 유입된 관광객을 처음 맞이하며, 그들과 함께 들어온 달러에 고무되었다. 탐방로의 구상에 따르면 특정 지역에 관광객이 찾아온다는 건 경쟁이 발생한다는 뜻이 아니라 각 공원에 방문할 잠재적인 손님이 있다는 뜻이었다.

칠레 정치인들은 마침내 파타고니아가 자연보호에 기반한 경제의 한 사례가 될 수 있음을 깨달았다. 금광이나 알루미늄 제련소 대신 더그의 콘셉트와 그가 '자연의 생산'에 근거해 "다른 경제"라고 요약한 것이 칠레의 정재계 엘리트들의 인식 속에 자리잡았다. 더그는 그 엘리트층이 겨우 수백 명의 권력 브로커로 이루어져 있음을 알고 있었다. "더그가 이십오 년 전에 한 일, 기후변화와 멸종위기에 취한 조치는 당시에 전복적인 일로 보였습니다. 불행히도 지금은 그런 문제가 일상적인 화제가 됐지만요." 블라디니치의 말이다. "더그는 반문화의 상징적 인물이었습니다. 하지만 세월이 가면서 가치관과 문화가 바뀌었습니다. 예전에는 이상하고 급진적이었던 것이 이제는 일반적인 지식이자 상식이 되었습니다."

더그는 죽었지만, 그의 야심 찬 아이디어 대부분은 계속 이어졌다. 재규어를 이베라 습지대에 돌려놓겠다는 그의 노력은 천천히 결과를 내기 시작했다. 2017년 3월에 치키라는 이름의 수컷 재규어가 파라과이에서 이베라의 재규어 센터로 운송되었다. 그로부터 얼마 지나지 않아 동물원과 서커스에서 살아남은 다리가 세 개뿐인 암컷 재규어 타니아도 도착했다. 교배 프로그램이 시작되었다. 일 년이 조금 더 지나서 크리스는 케냐를 여행하다가 "작은 타르 덩어리 두 개"처럼 보이는 것의 영상을 받았다.

처음에 크리스는 이해하지 못했다. 직원들이 왜 녹은 고무 영상을 보낸 걸까? 그러다가 그녀는 '타르 덩어리'가 움직인다는 걸 알아차렸다. 아주 조금씩 말이다. 그 녀석들은 태어난 지 몇 시간밖에 안 된 새끼 재규어 두 마리였다. "정신이 나갔죠. 그때 혓바닥이, 꼬리가 보였거든요. 아, 세상에! 그 일이 우리 모두에게 큰 영향을 끼쳤어요. 비타민 주사를 한 방 맞은 것 같더라니까요." 재규어들이 자라는 동안 크리스는 영상 보기를 멈출 수 없었다. 그녀는 "재규어 포르노"를 너무 많이 봤다며 키득거렸다.

차카부코 계곡을 본부로 삼은 크리스는 뉴욕시에서 강연하고 탄자니아의 국립공원을 여행하고 남아메리카에서 광범위하게 만들어지는 국립공원을 방문했다. 정신없는 일정에서 벗어나는 순간이면, 그녀는 더그와 함께 이베라 공원을 종합적으로 계획했던 소피아 에이노넨과 하이킹을 떠났다. '난공불락 공원'이라는 이름이 붙은 아르헨티나 정글의 거친 북쪽 지역에서 야영하며, 크리스는 한 가지 깨달음을 얻었다. 그녀는 단순히 국립공원을 만드는 게 아니었다. 그녀의 싸움은 야생을, 야생 초원과 재규어와 그녀 자신의 야성적인 정체성을 돌려놓는 것이었다. "여러분 스스로를 야생복원해야 합니다." 그녀는 말했다. "자신이 '야생'으로부터 얼마나 멀어졌는지 먼저 인식해야 해요. 그 거리를 깨닫지 못하면 이런 정신 상태에 도달할 수 없습니다. 나는 인간의 정신 역시 야생으로 되돌려야 한다고 믿습니다."

자연보호에 대한 그녀의 열정은 코리엔테스의 토지 일부를 아르헨티나 중앙정부에 이관함으로써 지역 공원에 더해 '이베라 국립공원'을 설립하겠다는 계획이 승인된 뒤 더욱 강렬해졌다. 합의서의 잉크가 채 마르기도 전에 그녀는 이미 멸종되었거나 멸종위기에 놓인 종을 야생으로 돌려보내는 노력을 배가하겠다고 맹세했다. 왜 더 일찍 생각하지 못한 걸까? 크리스와 에이노넨은 하이킹을 하며 브레인스토밍하던 중 톰킨스 재단의 아르헨티나 지부 이름을 바꾸기로 결정했다. 컨서베이션 랜드 트러스트는 이제 '리와일딩 아르헨티나'라는 이름으로 불리게 될 터였다.

큰개미핥기와 팜파스사슴, 목도리페커리, 홍금강앵무를 성공적으로 재도입한 데 이어 재규어까지 태어나자 이베라가 복원될 수 있다는 크리스의 믿음은 굳어졌다. 그래서 그녀는 야생복원에 주력하기 위해 수백만 달러의 예산을 책정하고, 더 자주 전 세계를 돌아다니며 사라진 동물을 이베라로 돌려놓기 위한 기금 모금 연설을 했다. 이제는 습지에 재규어 일곱 마리가 살고 있었다. 일곱 마리 모두 커다란 우리 안에서 지냈다. 그러나 이 최상위 포식자에게는 일단 문화적으로, 그다음에는 초원에서 공간을 회복하고자 싸우는 강력한 동맹이 있었다. 재규어는 몇 년 안에 방생되어 습지를 자유롭게 돌아다닐 터였다. 십 년 이상의 교육과 깊어진 인내심 덕분에 수많은 코리엔테스 사람들은 이제 이 야생 고양잇과 동물을 열정적으로 응원했다.

2018년 1월, 크리스 톰킨스는 칠레 정부로부터 '모 아니면 도' 식의 초특급 기부 제안을 최종적으로 승인받았다. "높은 판돈이 걸린 긴장감 넘치는 포커였습니다." 한 동료는 말했다. 바첼레트 정부는 역사적인 환경보호협약의 조건을 받아들였다. 다섯 개의 국립공원을 설립해 총 1,000만 에이커의 새로운 국립공원 부지를 추가하는 협약이었다. 푸말린 공원에서 기념식이 열렸다.

공식적으로 소유권을 이전하는 날 아침, 수백 명의 손님이 공원의 공식 양도를 위해 모였을 때도 거래는 아직 최종적으로 마무리되지 않은 상태였다. 크리스와 카롤리나는 단호히 버텼다. "모든 지역이 포함되지 않으면 거래는 없습니다." 그들은 선언했다. 칠레 대통령 미첼 바첼레트가 한 시간 안에 헬리콥터로 도착할 예정이었다. 언론과 고위 인사는 이미 모여 있었다. 그런데도 크리스의 팀원은 정신없이 실무의 세부 사항을 해결하고 있었다. 협상은 타결되지 않았다. 마지막 순간, 서류에 빠진 조건을 두고 직원들 사이에 격렬한 논쟁이 터져나왔다. 그들은 서둘러 최종 협약서를 준비해 인쇄했다. 크리스가 톰킨스 자연보호 재단의 이사회 구성원과 아침식사를 마쳤을 때 에르난 플라디니치가 소식을 가지고 달려들어왔다. "숫자가 안 맞아요!" 그가 말했다.
"143,000에이커를 방금 더 찾았습니다." 그러더니 그는 미
소 지으며 덧붙였다. "반올림 오차 수준이죠."

동료 활동가, 정치적 동맹, 칠레 정부의 거물이 다 모여
있는 가운데 야외 단상에 오른 크리스는 말을 더듬었다. 긴
장한 탓에 종이에서 손을 뗀 순간, 산들바람이 그녀의 연설
문을 잔디밭에 흩어놓았다. 그녀는 숨을 고르고 메모를 챙
긴 뒤 고개를 들었다. 독수리가 기념식장 위에서 원을 그리
며 날고 있었다. 크리스는 그 독수리가 역사적인 행사를 하
늘에서 지켜보는 더그라고 확신했다. 더그는 레니우에 농장
을 매입하며 대담한 자연보호 계획을 시작한 이후 이십오 년
간 수없이 이 장면을 상상해왔을 것이다.

전 세계 언론의 헤드라인이 칠레의 새로운 국립공원을 역
사적인 자연보호의 승리로 거론하는 가운데, 오랜 세월 더
그와 끊임없이 부딪히고 신경전을 벌여온 수많은 환경운동
가는 그의 성취에 경의를 표했다. 네이처컨서번시The Nature
Conservancy, TNC의 CEO 마크 터섹은 더그의 업적을 치하했다.
터섹은 더그와의 끔찍했던 개인적 관계를 기억하고 있었다.
그들은 말다툼하고 부딪혔다. 더그는 TNC가 지나치게 온건
하다고, 너무 쉽게 타협한다고 생각했다. 대단한 성공을 거
둔 환경단체인 TNC의 수뇌부는 더그를 현실에 대처하기 위
해 우회로를 선택하기보다 기꺼이 추락해 모든 것을 불태워
버리려는 위험한 인물로 보았다. 하지만 칠레의 새로운 공
원 조성이 선언되자, 그들은 극도로 낙관적이었던 더그의

482

공원 계획이 실현된 데는 이유가 있었음을 인정했다. 그 이유란 터섹이 존경심을 담아 더그의 "단일한 비전, 크나큰 결단력, 비판에 대한 무심함, 자기 방식으로 일을 추진하는 태도"라 특징지은 것이었다. 터섹은 말했다. "이 복잡한 현대 세계에서 자연을 의미 있는 규모로 보호하려면 누구나 어느 정도 극단주의자가 되어야 한다고 생각합니다."

"더그는 스티브 잡스, 빌 게이츠, 헨리 포드와 같은 범주에 속한 사람입니다." TNC의 전 수석 부대표 윌리엄 진의 말이다. "나는 지난 이십이 년간 개인적으로 30억 달러 정도를 써서 아마 300만 에이커 정도를 구했을 겁니다. 더그가 훨씬 효율적이었죠."

공원 양도식이 끝나자 칠레 정부는 공식 지도에 새로운 국립공원 다섯 곳을 포함하도록 지시했다. 정부는 더그가 칠레를 위해 한 모든 일을 그의 사후에 인정해, 더그의 첫번째 공원을 공식적으로 '푸말린 더글러스 톰킨스 국립공원'으로 명명했다. 더그는 이런 식의 자기 홍보를 불편해했겠지만, 그의 대담한 아이디어의 동기를 두고 비판과 의심을 퍼부었던 칠레 정부는 늦게나마 그의 헌신을 칭송했다.

더그 톰킨스는 평생 자신을 그림, 퀼트, 건축 등 숨막히는 예술로 둘러쌌다. 그 건축물이 전시 매장이든 야영장이든 말이다. 그러나 가장 오래 남은 것은 숲과 빙하, 호수를 포함한 열일곱 곳의 국립공원을 강화한 일이었다. 파타고니아 국립공원 탐방로는 남아메리카의 점점 좁아지는 지형을 따라 수백 킬로미터나 이어진다. 우주비행사가 만리장성을 알아볼 수 있다면 이 드넓은 녹색지대도, 톰킨스 초록색도 알아볼 수 있을 것이다.

새 국립공원이 설립되고 일 년 뒤에 파타고니아 국립공원에서 촬영한 영상이 공개되었다. 전경에서는 바람이 더그의 묘비 뒤 초원을 흔들고 있다. 영상은 흔들리고 프레임도 잘 맞지 않는다. 핸드폰 카메라로 찍은 게 분명하다. 그때 한 형체가 황금빛 들판에서 모습을 드러낸다. 퓨마 한 마리가 언덕 비탈을 따라 어슬렁거린다. 카메라는 몇 발짝 좌우로 이동하며 두번째 퓨마에게서 멈춘다. 그런 다음 더 많은 움직임이 포착된다. 세번째, 네번째, 다섯번째, 여섯번째, 일곱번째 퓨마가 모인다. 퓨마들은 한가롭게 더그의 묘비 바로 위 언덕에 늘어져 있다. 그때 퓨마 두 마리가 묘지 구석에 있는 기둥을 타고 오른다. 보초병처럼 앞을 내다보며, 퓨마들은 풍경을 살핀다. 크리스는 영상을 보고 또 봤다. 퓨마가 더그를 만나러 산에서 내려온 걸까?

그뒤에는 아르헨티나에서 재규어와 관련한 놀라운 사건이 일어났다. 십 년의 노력 끝에 이베라의 톰킨스 자연보호 팀은 사실상 불가능했던 임무를 완수했다. 온갖 난관에도 불구하고, 그들은 인간의 접촉을 최소화하며 새끼 재규어들을 키워 야생동물로 만들었다. 이 녀석들은 인간과 단 두 번 접촉했고, 그중 한 번은 백신을 놓으려는 팀원을 사납게 할퀴었다. 새끼 재규어는 분명히 야생동물이었고, 이 점이 크리스를 끝없이 기쁘게 했다.

세계가 코로나19로 인한 봉쇄 조치에 들어갈 준비를 하고 있을 때, 새끼 재규어 두 마리와 그 어미는 이베라 한복판의 산알론섬에 방생되었다. 다른 새끼도 곧 방생할 예정인 만큼 기본적인 재규어 개체수가 확보될 희망이 있었다. "우리로서는 믿을 수 없는 일이었습니다. (……) 영상에서 이 녀석들이 우리를 떠나 이베라 습지 한가운데에 발자국을 남기다니 말입니다." 생물학자 세바스티안 디마르트노의 말이다. "우리는 이미 두 차례나 자유롭게 공원을 돌아다니는 녀석들을 우연히 목격했습니다."

거의 백 년간 부재했던 이베라의 마법 같은 야생 재규어가 돌아왔다. 수십 명의 환경운동가에게 이것은 팔 년간 치른 관료제와의 싸움, 과학적 조사, 그리고 존경받는 야과레테가 돌아올 수 있도록 길을 닦기 위해 벌인 강력한 문화적 캠페인의 정점이었다. 톰킨스 자연보호 재단에서 재규어 야생 복원 프로그램에 참여했던 생물학자 마갈리 롱고는 교배 및 방생 프로그램을 복원에 필수적인 과정으로 규정했다. "우리는 훼손을 복원하고 있습니다." 그녀의 말이다. "결과가 보이기 시작하니 무척 기분이 좋습니다. 우리가 일을 잘해내면 우리의 직업이 없어지겠죠. 좋은 일입니다."

공원이 만들어져서 아무리 기뻐도 더그가 결코 축하할 사람이 아니라는 사실은 모두가 알고 있었다. 물론 수백만 에이커를 보존해 동물에게 피신처가 생겼고, 재규어와 퓨마가 서식지를 되찾은 것도 사실이었다. 경제적 미래를 자연보호와 연결하려는 시골 공동체의 열정도 소중한 승리였다. 하지만 더그는 자신이 더 큰 싸움에서 지고 있음을 언제나 의식했다. 인간의 개체수가 칠십억에 이르고, 탄소 에너지에 기반한 라이프스타일이 그 동력을 제공한다는 점은 더그의 공원이 생물학적 섬으로 남을 수밖에 없다는 뜻이었다. 더 큰 폭풍이 몰아치고, 숲이 불타며 멸종이 일어나고 있었다. 더 광범위한 혁명이 필요했다.

더그 톰킨스는 늘 문제 해결에 참여하는 것 말고는 다른 선택지는 없다고 느꼈다. 그는 친구이자 이웃인 스티브 잡스와 논쟁했던 1980년대 초반부터 기술과 세계화의 위험에 대해 경고했다. 그는 정치인, 친구, 기업가 앞에서 수십 년간 강연해왔다. 하지만 그는 늘 리더십이 아래에서, 거리에서, 민중에게서 나오기를 기대했다. 언제나 반항아이자 선언보다는 행동을 강하게 믿는 사람이었던 톰킨스의 유산은 그가 보존한 수백만 에이커의 땅만이 아니었다. 그는 수천 명의 사람들에게도 영향을 끼쳤다.

더그 톰킨스는 셀 수 없이 많은 방식으로 다음 혁명의 씨앗을 뿌렸다. 환경친화적인 사업체가—많은 경우 더그의 옛 직원들이 운영하는 회사였다—파타고니아 전역에 생겨나고 있었다. 몇 년간 그의 비서로 일했던 네이딘 레너는 이제 자신의 회사 출렝고 원정대와 함께 야생 트레킹을 이끌었다. 푸에르토바라스에서 그의 이웃이었던 에너지 넘치는 이십대 토머스 킴버는 해변에서 플라스틱을 거둬들였다. 그는 『내셔널 지오그래픽』의 후원을 받아 이 플라스틱을 재활용함으로써 '카룬'이라는 지속 가능한 선글라스를 만들어 프랑스에

판매했다. 더그와 일했던 농부 프란시스코와 하비에르는 이제 우에르토 콰트로 에스타시오네스 농장을 통해 유기농업을 홍보하고 있다. 이는 신선한 농산물을 일 년 내내 지역민에게 공급하는 혁신적인 사업이다. "칠레 전역에서 더그가 심은 아이디어가 싹을 틔우고 추진력을 얻고 있습니다." 네이딘의 말이다. "꽤 오랜 시간이 지난 지금도 주변 곳곳에서 그 결실을 목격하고 있습니다. 파타고니아에서 더그와 일했던 모든 젊은이가 자신만의 독립적인 '지구친화적' 프로젝트를 시작했습니다."

더그 톰킨스는 에드워드 애비가 말한 "행동 없는 감상주의는 영혼을 파괴한다"는 신념에서 한 번도 물러선 적이 없었다. 그는 일본 포경선에 맞서 싸우는 젊은 활동가들에게 물은 적이 있다. "여러분은 각자의 역할을 할 준비가 되었습니까? 누구나 자신의 에너지, 정치적 영향력, 경제적 혹은 다른 자원, 그리고 다양한 재능을 활용해 건강한 생태와 문화를 위한 세계적 운동에 참여할 수 있습니다. 모든 것이 필요합니다. 중요하고 의미 있는 일은 얼마든지 있습니다. 모든 것을 바꾸기 위해서는 모두가 필요합니다. 누구든 환영입니다."

작가의 말

나는 오랫동안 더그 톰킨스에게 감탄해왔다. 그는 불가능한 일을 해냈다. 미국 기업계의 정상에 오른 뒤 모든 것을 현금으로 바꿔 수백만 달러의 재산으로 자연을 위해 싸웠다. 나는 자생림과 초원, 강, 습지를 위한 그의 싸움을 존경했고, 그가 남아메리카에 설립한 놀라운 국립공원 여러 곳을 방문했다. 2015년 12월에 나의 우루과이 친구 라파가 전화로 더그가 카약 사고를 당해 사망했다고 알려주었다. 그 이야기를 듣자마자 나는 스스로가 바보처럼 느껴졌다. 어째서 이 천재와 더 많은 시간을 보내지 않은 걸까? 어째서 그의 마지막 십 년 동안 겨우 대여섯 번밖에 그를 인터뷰하지 않은 걸까?

이 책을 쓰기 시작했을 때, 나는 그의 놀라운 인생의 정수를 포착하려고 노력했다. 내게 그런 도전을 할 자격이 있다고 느꼈다. 위대한 자연에 대한 나의 열정은 일찍부터 생겨났다. 나는 뉴햄프셔에서 볼더링♦을 했고, 매사추세츠에서 늪을 탐험했다. 더그가 그랬듯 나 역시 알파인스키를 타며

♦ 비교적 낮은 암벽을 오르는 클라이밍의 한 종류로, 특별한 장비 없이 암벽화만 신고 맨손으로 짧고 난이도 높은 구간에 도전한다.

속도와 통제력의 한계를 즐겨 시험했다. 더그는 열정을 품고 샌프란시스코로 갔고, 1989년에 칠레 남부로 향했다. 나역시 비슷한 길을 따라, 그 해에 산악자전거를 타고 샌프란시스코에서 칠레 남부까지 갔다. 더그가 그랬듯 나도 인생의절반은 미국에서, 절반은 남아메리카에서 보냈다.

크리스 톰킨스에게 고인이 된 남편 더그에 관한 책을 써도 되겠느냐고 처음 물었다. 나는 굳이 그런 질문을 할 필요가 없다는 걸 이미 짐작하고 있었다. 크리스는 "내 허락은 필요 없어요. 그냥 쓰시면 돼요"라는 말로 그 생각을 확인해주었다. 크리스의 말은 옳았지만, 그런 책을 만들고 싶지 않았다. 나는 비범했던 한 인간의 내밀한 이야기에 관심이 있었다. 〈가디언〉의 기자로 근무한 십구 년 동안 더그를 여러 차례 인터뷰했기에 그와 가까운 친구들이 보호본능이 강하고 비밀을 지킬 때 가족처럼 단결력을 보여준다는 걸 알고 있었다. 내 요청을 자세히 들은 크리스는 거절했다. 책과 관련해 도움을 줄 수 없다고 했다. 팔 개월 뒤, 크리스에게 다시 허락과 협조를 구했다. 이번에도 거절이었다. 크리스는 너무 바빴다.

나는 다시 시도했다. 시간이 없다면 허락만이라도 흔쾌히 해줄 수 없겠느냐고 물었다. 같은 길을 따로 나아가자고 합의할 수는 없겠느냐고. 이 전기를 공식적으로 인정해줄 수는 없더라도 협력해줄 수는 있지 않겠느냐고. 서로의 메모와 느낌, 남편의 충격적인 죽음 이후의 이야기를 나누자고. 우리는 이 지점에서 합의했고, 이 년 뒤에 그 합의가 내 상상을 넘어서는 협력으로 꽃피었다. 마침내 나는 크리스와 직접 얼굴을 맞대고 여러 시간 대화를 나눌 수 있었다.

크리스는 내 전화를 받고, 이메일을 읽고, 칠레의 차카부코 계곡과 푸말린 공원에서 오랜 시간 인터뷰를 해주었으며, 아르헨티나의 린콘델소코로에서 나와 만났다. 또 내가 이 책을 마무리할 때는 캘리포니아 자택에서 시간을 내 영상통화에 응했다. 크리스는 더그가 쓴 사랑의 쪽지와 사적인 이메일, 개인적인 사진첩, 둘이 함께한 인생에 관한 이야기를 나눠주었다. 그녀는 자연보호에 대한 더그의 열정을 공유했으며, 그의 인생 이야기를 내게 너그럽게 들려주었다.

나는 거의 사 년간 더그 톰킨스의 세상을 탐험했다. 어느 오후에 파타고니아에 있는 그의 공원에서 차카부코 계곡을 산책했다. 근처에 야생 퓨마가 돌아다닌다는 걸 알았지만, 무섭기보다는 활기가 샘솟았다. 마음속에서 어떤 갈망이 눈을 떴다. 내게는 인간도 먹이사슬의 일부임을 일깨워줄 무언가가 필요했던 것 같다.

더그가 아르헨티나에 설립한 국립공원을 방문하는 동안, 높은 나무 위에서 짖는원숭이 무리가 내는 소리를 들었지만 그 모습은 볼 수 없었다. 일곱 살짜리 내 딸 아키라가 그 울음소리를 흉내내자 짖는원숭이들이 작고 이상한, 자기들과 덩치가 비슷한 이 원숭이에게 호기심을 느끼고 내려왔다. 내 딸과 원숭이는 잠시 서로의 눈을 들여다보며 마주 소리쳤다. 아키라는 계속해서 원숭이의 말을 따라 했고, 짖는원숭이들은 숲속에서 이 새로운 목소리의 의미를 토론하듯 자기들끼리 신나게 재잘거렸다. 그곳에 있던 모두가 연결을, 소통과 화합을 느꼈다. 나는 더그 톰킨스가 보존한 야생에 서라면 아이들에게도 그 야생의 기운이 전해지지 않을까 하는 기대로 아이들을 취재 여행에 데려갔다. 아이들도 야생 복원되어 집으로 돌아올 수 있을까? 짖는원숭이와 아키라의 만남을 보면 그 모든 일이 가능할 듯했다.

이 책은 야생과 사랑에 빠진 한 사람에 관한 나의 여행기다. 야생의 산과 숲, 강. 더그 톰킨스 역시 야생의 존재였다. 그는 경쟁적이고 지나칠 만큼 활동적이었으며, 파티에서 말다툼을 벌이기도 했던 친구이자 이웃인 스티브 잡스만큼 결점이 많았다. 톰킨스는 빨간색 페라리를 모는 환경운동가였다. 호텔보다 친구 집 소파에서 자는 걸 더 좋아하는 백만장자였다. 그는 세부적인 내용을 까다롭게 따지는 사람이었지만, 자기 눈앞에 있는 두 딸에게는 거의 신경조차 쓰지 않았다. 고집 세고 오만하며 논쟁을 좋아하고 타협을 경멸했다.

더그 톰킨스의 세상은 검은색과 녹색이었다. 그에게 사람은 재앙이거나 묘목이었다. 그는 다른 사람의 생각을 전혀 귀담아듣지 않는 듯했다. 언론이 그를 잔인하게 공격했을 때도 톰킨스는 웃었다. 그는 이웃인 젊은 기업가 토머스 킴버에게 "상관없어. 오십 년 후면 저놈들은 내 동상을 세울 거야"라고 말했다.

더그 톰킨스는 차를 몰거나 카약의 노를 저을 때 그러듯 대체로 뒤를 돌아보지 않았다. 그러나 수많은 결점에도 불구하고, 마흔아홉이라는 나이에 자본주의의 정상에 서서 주위를 깊이 있게 둘러보고 "내가 엉뚱한 산을 올랐구나"라고 인정할 줄 알았던 암벽등반가에게 나는 반하고 말았다.

이 복잡한 인간을 이해하기 위해 나는 더그의 7학년 시절 동급생 스톤 어먼트라우트부터 평생지기 이본 쉬나드까지 대략 165명을 인터뷰했다. 나는 그의 첫번째 아내 수지와 두 딸, 또 그를 사랑했던 수십 명의 직원과 그를 증오했던 대여섯 명의 직원을 인터뷰했다. 특히나 톰킨스는 죽음이 가까워졌을 때 수많은 적을 동맹으로 돌려세웠다. 그가 지구라는 행성의 몰락을 과장한다고 생각했던 비판자들, 멸종이야말로 "모든 위기의 어머니"라는 그의 말뜻을 의아하게 여겼던 사람들은 그가 제시한 것이 멸망의 시나리오가 아니라 우리가 마주하게 될 미래의 단면임을 깨닫기 시작했다.

지구에 지금처럼 보호자가 필요한 적은 없었다. 어디로 눈을 돌려도 환경에 관한 뉴스는 안 좋은 내용 일색이다. 산불, 지구온난화, 멸종. 더그 톰킨스는 그처럼 되풀이되는 상실과 파괴를 늦추고자 혼신을 다해 열심히 싸워왔다. 그는 정신적 스승인 아르네 네스의 말을 인용해, 자신은 "21세기의 비관주의자이며 22세기의 낙관주의자"라고 즐겨 말했다. 인간 행위에 대한 비관주의에도 불구하고 톰킨스는 지구가 회복하리라는 믿음을 놓지 않았다.

코로나19로 인한 봉쇄 기간에 여러 도시와 교외의 주민들은 동물이 아직 존재한다는 사실을 명백히 인식하게 되었다. 퓨마가 조용한 도시 중심부를 찾아오고, 거북이 관광객 없는 해변에 알을 낳고, 돌고래가 갑자기 조용해진 연안

해역을 수십 년 만에 처음으로 탐험했다. 휴식할 기회, 숨쉴 기회가 제공되자 자연은 회복력을 보였다. 그러나 변화에는 행동이 필요하다. 톰킨스는 경제성장이 경제적 건전성의 척도라는 생각을 조롱했던 자연주의 작가 에드워드 애비가 비꼬듯 던진 "성장을 위한 성장은 암세포의 철학"이라는 말을 인용했다.

톰킨스에게 건강한 환경의 핵심은 성장이 아니라 안정이었다. 그는 지구가 유한한 행성이기에 우리는 반드시 취하는 만큼 내주어야 한다고, 죽음을 맞이할 때 이 세상을 조금 더 나은 곳으로 만들어놓고 떠나야 한다고 생각했다.

더그 톰킨스의 일생에 관한 책을 쓰면서, 나는 열한 살인 내 딸 조이가 이해할 수 있을 만한 이야기를 쓰려고 노력했다. 아직 어린 조이가 존엄한 유산이라는 개념을 이해하도록 돕고 싶었다. 나는 조이에게 더그 톰킨스는―아빠가 사년간 더그를 따라 여행했기에 조이도 그를 꽤 잘 알았다―삶의 가장 고귀한 목표가 이 행성을 "조금 더 나은 곳"으로 만들어놓고 떠나는 것이라고 생각했다고 말했다. 조이는 미소 지으며 고개를 끄덕이더니, 어린아이에게는 너무도 자연스럽지만 어른에게는 너무도 뼈아픈 질문을 던졌다. "왜 조금만 더 나아져야 하는데요?"

조너선 프랭클린
칠레 푼타데로보스에서

작가 노트

톰킨스의 목소리에 관해

이 책 전체에 인용된 더그 톰킨스의 말은 다양한 출처에서 따온 것이다. 내가 더그와 직접 한 인터뷰 녹취, 다른 기자들의 인터뷰, 라디오방송, TV 다큐멘터리, 편지, 이메일, 그의 직원들이 '남부 감청소에서 보내온 두서없는 말'이라고 이름 붙인, 알아보기 힘들 정도로 색이 바랜 팩스 선언문 등이 그 출처다. 친한 친구인 크리스 존스, 릭 리지웨이, 딕 도워스의 개인 일기가 핵심 장면의 자세한 내용을 포착하는 데 대단히 유용했다.

스페인어 번역에 관해

더그 톰킨스는 인생의 마지막 이십 년 대부분을 남아메리카에서 보냈다. 그는 스페인어로 대화할 때 말을 문자 그대로 옮기기보다 대화의 뉘앙스와 분위기를 살리는 데 중점을 두었다. 칠레와 아르헨티나 사투리에 은어가 특히 많다는 점을 고려해, 인용문과 대사는 가능한 한 유머 감각과 교묘한 이중 의미를 살려 번역했다. 하지만 아르헨티나의 악어 사냥꾼이나 굳은살 박인 칠레 카우보이의 이야기를 옮길 때는 그 특유의 미묘한 뉘앙스가 번역 과정에서 일부 손실된 것도 사실이다.

인터뷰 목록

더그 톰킨스와의 경험을 이야기해주고자 시간을 내준 수십 명의 사람들에게 특별히 감사를 전한다. 이 목록은 일부에 불과하다. 도움을 준 사람은 훨씬 더 많다. 내가 의도치 않게 이름을 빠뜨린 사람에게는 사과를 전한다. 공책을 잃어버리고 대화가 뒤섞이는 바람에 일어난 일이다.

로렌소 알바레스루스Lorenzo Alvarez-Roos: 사고가 일어난 날 더그와 함께 카약을 탔던 래프팅 가이드이자 원정대장.

안드레스 아소카르Andres Azocar: 더그의 초기 전기인 『녹색 재벌El Millonario Verde』의 작가이자 칠레의 언론인.

미첼 바첼레트Michelle Bachelet: 민간 토지와 공공 토지를 결합해 칠레 국립공원 체계에 1,000만 에이커의 토지를 추가하는 톰킨스의 계획을 완수하고자 싸워온 칠레 대통령.

파트리시오 바디네야Patricio Badinella: '댐 없는 파타고니아' 캠페인에 참여한 아트디렉터.

돈 반두치Don Banducci: 카약 동료이자 야키마 창업자.

리처드 뱅스Richard Bangs: 래프팅 동료이자 작가, 여행 TV쇼 진행자.

에린 '루이' 빌먼Erin 'Louie' Billman: 톰킨스 자연보호 재단 직원. 더그의 갑작스러운 사망 이후 전략 자문을 해준 휘턴 스쿨 졸업자.

에드거 보일스Edgar Boyles: 1960년대에 톰킨스와 스키 경주를 했으며, 오십 년 넘게 그의 친구였던 카메라맨이자 동료 비행기 조종사.

웨스턴 보일스Weston Boyles: 에드거의 아들이자 아이들에게 카약 기술을 가르치는 재단의 강 보호 활동가. 어린 시절부터 '더그 삼촌'을 알았다.

톰 브로코Tom Brokaw: 톰킨스와 러시아에서 호랑이를 쫓았던 뉴스 앵커이자 작가. 책상에 더그의 사진을 두었다.

켄 브라우어Ken Brower: 환경운동가이자 작가. 톰킨스에게 영감을 주었던 시에라 클럽의 전임 회장 데이비드 브라우어의 아들.

피터 버클리Peter Buckley: 북부 캘리포니아의 환경운동가이자 농부. 톰킨스의 친구이자 조언자, 동업자로서 칠레에 있는 20만 에이커의 우림을 매입해 코르코바두 국립공원 설립을 위해 기부했다.

톰 버틀러Tom Butler: 환경역사가이자 작가. 톰킨스 자연보호 재단이 기획한 수십 권의 책을 집필, 편집, 출판했다. 환경 잡지 『와일드 어스』의 편집자이기도 하다.

프리초프 캐프라Fritjof Capra: 톰킨스의 친구이자 활동가 동료, 『전환점The Turning Point』의 저자.

세르히오 카르데나스Sergio Cardenas: 1994~1998년의 '더러운 수작' 당시 톰킨스를 조사했던 칠레 비밀요원. 현재 칠레에서 공원 유지관리 업무에 종사하고 있다.

니콜라스 카로Nicolas Carro: 재규어(야과레테)를 전문으로 연구하는 생물학자.

존 카사도John Casado: 상징적인 에스프리 로고를 디자인한 디자이너. 이후 애플 매킨토시 디자인 작업에도 참여했다.

후안 에밀리오 체이레Juan Emilio Cheyre: 2002~2006년 칠레 육군 총사령관. 기존 관행을 깨고 톰킨스를 지지하도록 군대를 이끌었다.

이본 쉬나드Yvon Chouinard: 발명가이자 산악등반가, 아웃도어 브랜드 파타고니아 창업자. 톰킨스와 열여섯 살 때부터 절친한 친구였다.

알도 치빅Aldo Cibic: 1980년대 밀라노 디자인 운동인 멤피스 그룹의 일원으로, 그 시기에 톰킨스와 함께 작업했던 이탈리아 건축가 겸 디자이너.

엔리케 코레아Enrique Correa: 칠레의 인권 및 민주주의 운동가, 톰킨스가 칠레의 복잡한 정치 환경을 헤쳐나가는 데 도움을 준 컨설턴트.

엘리사베트 크루사트Elizabeth Cruzat: '댐 없는 파타고니아' 캠페인의 광고 디자이너.

밥 쿠시먼Bob Cushman: 스쿼밸리 스키순찰대의 대장이자 베테랑 야외활동가. 1989년 톰킨스와 경비행기를 타고 남아메리카로 영웅적인 여행을 떠났다.

대니얼 댄서Daniel Dancer: 사진작가. 톰킨스와 『완전벌채Clearcut』와 『과잉 개발, 인구과잉, 한계 초과Overdevelopment, Overpopulation, Overshoot』를 제작했다.

존 데이비스John Davis: 미국 야생지를 구하기 위한 직접행동의 최전선에 있던 환경학자. 톰킨스의 기금을 환경단체에 어떻게 전달할지 설계하는 데 핵심적인 역할을 했다.

후안 라몬 디아스Juan Ramon Diaz: 야생동물 전문 사진작가. 톰킨스를 위해 『이베라Iberá」의 사진 촬영을 담당했다.

리처드 '딕' 도워스Richard "Dick" Dorworth: 1960년대에 세계에서 가장 빨랐던 스
키 선수이자 톰킨스의 평생 친구, 1968년 피츠로이산을 오른 '펀호그' 원
정대의 일원.

앨런 드렝슨Alan Drengson: 환경학자이자 『야생의 방식The Wild Way』의 저자.

덩컨 드웰Duncan Dwelle: 1964년 톰킨스가 창업한 노스페이스의 첫번째 직원.
동료 사이에서 '톰킨스의 워즈니악'이라 불렸다.

지브 엘리슨Jib Ellison: 지속가능성 컨설팅회사 블루 스카이의 창업자이자
CEO, 탐험가, 래프팅 전문가. 톰킨스와 함께 오대륙 원정을 조직했다.

마시 (루돌프) 엘리슨Marci (Rudolph) Ellison: 에스프리의 매장 디스플레이 및 상품
기획 담당자. 1990년대 초 톰킨스와 파타고니아 오지를 여행했다.

스톤 어먼트라우트Stone Ermentrout: 톰킨스가 다닌 인디언 마운틴 기숙학교의
동창이자 함께 스키를 탔던 친구.

잉그리드 에스피노사Ingrid Espinoza: 지도 제작자이자 톰킨스 자연보호 재단의
협력자. 여러 해 동안 레니우에에 거주했으며 '미친 천재'로 불렸다.

빌 에번스Bill Evans: 에스프리 컴퓨터시스템을 관리한 임원. 하드드라이브를
방화 금고에 보관해 회사를 구했다.

멀린다 에번스Melinda Evans: 에스프리 디자인 코디네이터. 의류 생산 라인을
감독했다.

마이클 페이Michael Fay: 『내셔널 지오그래픽』 소속 탐험가이자 비행기 조종사,
환경운동가. 톰킨스와 아프리카와 남아메리카를 몇 주간 비행했다.

세르히오 플린타Sergio Flinta: 아르헨티나 코리엔테스 상원의원. 처음에는 톰
킨스를 반대했지만, 나중에는 최고의 동맹이 되었다.

데이브 포먼Dave Foreman: 숲을 위해 싸운 대담한 환경운동가이자 '지구 먼저!'
와 리와일딩 인스티튜트 창립자.

노먼 포스터 경Sir Norman Foster: 영국의 상징적인 건축가. 1980년대 초 톰킨
스의 요청으로 에스프리 런던 플래그십 매장을 설계했다.

위르겐 프리드리히Jürgen Friedrich: 스위스 의류 제조업체 대표이자 에스프리
인터내셔널의 전략적 파트너. 이후 남아메리카 환경보호 캠페인에 수백
만 달러를 기부했다.

파비안 가베이Fabian Gabelli: 영화를 위한 동물 조련사. 홍금강앵무를 이베라
습지로 야생 복귀시키는 훈련을 진행했다.

윌리엄 '빌' 진William "Bill" Ginn: 네이처컨서번시의 '세계 자연보호 전략' 담당 부
회장.

해럴드 글래서Harold Glasser: 환경과 지속가능성 분야의 교수. 톰킨스가 심층 생태학재단 운영을 위해 고용했다.

다니엘 곤살레스Daniel Gonzalez: 톰킨스가 토지 매입 계획을 세우기 위해 고용한 칠레 임업공학자. 여러 주에 걸쳐 톰킨스와 말을 타고 외딴 지역을 조사했다.

헨리 그루하츠Henry Gruchacz: 에스프리 총괄 책임자.

페드로 파블로 구티에레스Pedro Pablo Gutierrez: 톰킨스의 오랜 법률대리인. 톰킨스를 칠레에서 추방하려는 정부의 여러 시도에 맞서 싸웠다.

페터 하르트만Peter Hartmann: 톰킨스와 '댐 없는 파타고니아' 캠페인을 벌인 칠레의 환경운동가이자 CODEFF의 창립자.

랜디 헤이스Randy Hayes: 카약 동료이자 환경운동가, 레인포리스트 행동 네트워크 창립자, 지구 재단Foundation Earth 이사.

소피아 에이노넨Sofia Heinonen: 아르헨티나 출신 야생생물학자이자 리와일딩 아르헨티나의 전무이사.

바트 헨더슨Bart Henderson: 비오비오강 래프팅 가이드.

맬 홀랜드Mal Holland: 톰킨스에게 영감을 받은 차세대 해양환경운동가.

뉴섬 홈스Newsome Holmes: 잠비아에서 잠베지강을 따라 톰킨스를 이끈 베테랑 래프팅 가이드.

댄 임호프Dan Imhoff: 작가이자 음악가. 에스프리 직원으로 후에 톰킨스의 사위가 되었다.

캐서린 잉그럼Catherine Ingram: 톰킨스의 친구이자 동반자, 다르마에 관한 책을 집필한 작가. 톰킨스를 달라이 라마에게 소개했다.

이그나시오 히메네스Ignacio Jimenez: 아르헨티나 초원에 개미핥기와 재규어를 재도입하기 위해 톰킨스와 십 년에 걸쳐 협력한 스페인 출신 야생생물학자.

크리스 존스Chris Jones: 톰킨스와 함께 피츠로이산을 오른 등반사 연구자이자 작가, 1968년 '펀호그' 원정대의 일원.

캐서린 케인Catherine Kane: 에스프리 직원. 비오비오강 래프팅에 참여했다.

게르다 카인츠Gerda Kainz: 숙련된 재봉사이자 의류 디자이너. 에스프리에서 일했다.

로버트 케네디 주니어Robert Kennedy Jr.: 환경 변호사이자 열정적인 카약커. 톰킨스와 오지를 탐험했다.

빌리 키드Billy Kidd: 올림픽 및 세계선수권대회 스키 선수. 1960년대 초 톰킨스와 훈련하고 경주했다.

토머스 킴버Thomas Kimber: 푸에르토바라스에 살던 톰킨스의 이웃이자 카룬 창업자.

앤디 킴브럴Andy Kimbrell: 『치명적 수확Fatal Harvest』의 저자이자 편집자, 국제 세계화 포럼 회원, 식품안전센터 전무이사.

릭 클라인Rick Klein: 임업공학자이자 칠레 국립공원 순찰대원. 이십 년 넘게 칠레에서 활동했다. 톰킨스를 칠레삼나무숲과 레니우에로 처음 이끈 사람이다.

스티브 코미토Steve Komito: 노스페이스에서 톰킨스가 고용한 두번째 직원.

레너드 코런Leonard Koren: 일본 미학에 관한 책을 여러 권 쓴 예술가.

리카르도 라고스Ricardo Lagos: 칠레 대통령(2000~2006년). 톰킨스의 50만 에이커 기부 협상을 주도하고, 칠레 군부가 톰킨스의 자연보호 노력을 반대하지 못하도록 막았다.

레지 레이크Reg Lake: 선구적인 카약커. 톰킨스와 캘리포니아의 세 강을 처음으로 탄 인물. 이 업적으로 '삼관왕'에 올랐다.

지미 랭먼Jimmy Langman: 『파타곤 저널Patagon Journal』 발행인.

클라라 라스카노Clara Lazcano: 푸말린 공원 근처 마을 차이텐의 시장.

네이딘 레너Nadine Lehner: 콘세르바시온 파타고니카의 전무이사이자 출렝고 원정대 창립자. 비 오는 날에 톰킨스와 펜싱을 하곤 했다.

게리 레머Gary Lemmer: 래프팅 가이드이자 비오비오강 보호 활동가.

롭 레서Rob Lesser: 유명한 카약 사진가. 북아메리카와 노르웨이에서 톰킨스와 함께 원정에 참여했다.

에이머리 러빈스Amory Lovins: 작가이자 과학자, 에너지 전략가, RMI 창립자.

알레한드로 마이노Alejandro Maino: 더그 톰킨스를 구조한 헬리콥터 조종사.

제리 맨더Jerry Mander: 샌프란시스코의 활동가이자 톰킨스의 행동주의에 큰 영향을 미친 『신성이 사라진 세상In the Absence of the Sacred』의 저자. 톰킨스에게 반체제 광고 전략을 가르쳐주었다.

제임스 Q. 마틴James Q. Martin: 사진가이자 영화제작자. 톰킨스 자연보호 재단과 협력했다.

카를로스 마르티네스Carlos Martinez: 칠레대학교 교수이자 반환경운동가. 톰킨스의 사무실에 침입해 문서를 복사하고 정부 관료에게 전달한 혐의를 받는다.

캐럴린 매카시Carolyn McCarthy: 톰킨스 자연보호 재단의 글로벌 커뮤니케이션 책임자이자 환경·여행·야외활동 전문 작가.

조 매큐언Joe McKeown: 1960년대 톰킨스의 등반 파트너이자 평생 친구.

빅터 메노티Victor Menotti: 환경운동가. 톰킨스가 주최한 생태 정상회담에 참여했다.

에르난 믈라디니치Hernan Mladinic: 톰킨스가 고용한 사회학자. 칠레 정부 고위 관료와의 교류를 개척하는 역할을 맡았다.

조지 몽비오George Monbiot: 영국 작가이자 〈가디언〉 칼럼니스트, 환경운동가, 활동가. 톰킨스와 야생복원 관련 아이디어를 나눴다.

톰 몬초Tom Moncho: 톰킨스가 장기 원정을 떠났을 때 회사를 맡아 운영했던 에스프리 임원.

프란시스코 모란데Francisco Morandé: 수년 동안 레니우에서 거주하며 작업한 건축가.

카롤리나 모르가도Carolina Morgado: 칠레의 대표적인 야생 하천인 비오비오강 보호로 활동을 시작한 환경운동가이자 톰킨스 자연보호 재단 칠레 지부의 전무이사. 이십오 년간 톰킨스의 전속 비서였다.

엑토르 무뇨스Héctor Muñoz: 벨리사리오 벨라스코 내무부 차관의 비서실장.

로드리고 노리에가Rodrigo Noriega: 톰킨스 자연보호 재단에서 일한 조종사.

줄리 오가와Julie Ogawa: 에스프리 직원. 비오비오강 래프팅에 참여했다.

후안 파블로 오레고Juan Pablo Orrego: 이십 년 넘게 톰킨스와 활동한 칠레 환경운동가이자 칠레 비정부기구 에코시스테마스 창립자.

프레드 파둘라Fred Padula: 요세미티 등반 다큐멘터리 〈엘캐피탄El Capitan〉으로 유명한 영화감독.

세바스티안 피녜라Sebastián Piñera: 칠레 대통령(2010~2014년). 톰킨스를 지지하며, 탄타우코라 불리는 30만 에이커 규모의 땅을 매입해 직접 공원을 조성했다.

필리프 로이터Philippe Reuter: 프랑스 출신의 등반가이자 스키 선수, 모험가. 더그 톰킨스를 구하기 위해 헬리콥터에 올라 목숨을 걸고 구조에 나섰다.

릭 리지웨이Rick Ridgeway: 다큐멘터리 감독이자 톰킨스와 수많은 등반 및 카약 원정을 함께한 여행 동료. 『칠대륙 최고봉 등정기Seven Summits』를 비롯한 산악 탐험 관련 저서의 저자이기도 하다.

샤론 라이즈도르프Sharon Risedorph: 건축 전문 사진작가. 에스프리와 작업했다.

베르나르도 리켈메Bernardo Riquelme: 프로듀서이자 라디오 차이텐의 진행자.

태머라 로빈스Tamara Robbins: 로열 로빈스의 딸로 비오비오강 래프팅에 참여했다. 로열 로빈스는 톰킨스와 여러 지역을 여행한 유명 등반가이자 카약커다.

헬리 로버트슨Helie Robertson: 1980년대에 에스프리 카탈로그와 사진 촬영을 총괄한 디자이너. 『에스프리: 이미지 만들기Esprit: The Making of an Image』 집필에도 참여했다.

파트리시오 로드리고Patricio Rodrigo: 환경운동가이자 NGO 칠레 암비엔테의 창립자. 수년간 톰킨스와 협력했다.

에드워드 로하스Edward Rojas: 칠로에 출신의 건축가. 톰킨스와 작업했다.

폴 라이언Paul Ryan: 사진작가이자 영화감독, 톰킨스의 친구.

존 라일John Ryle: 작가이자 인류학자. 잡지 『아웃사이드Outside』에 톰킨스 관련 기사를 기고했다.

크리스티안 사우세도Cristian Saucedo: 칠레에서 톰킨스와 일한 수의사. 칠레에서의 야생복원 성공에 핵심적인 역할을 했다.

앨런 슈워츠Allen Schwartz: 1970년대 초 플레인 제인 원피스회사에 입사한 잘나가는 의류 영업사원. 퇴직금 문제로 톰킨스와 격렬한 다툼을 벌였다.

반다나 시바Vandana Shiva: 인도의 농업운동가로 더그와 크리스 톰킨스와 협력해왔다. 오랫동안 세계화의 위험성을 경고하는 활동을 벌였다.

줄리 실버Julie Silber: 퀼트 전문가이자 큐레이터. 에스프리 퀼트 컬렉션을 담당했다.

데이브 쇼어Dave Shore: 비오비오강을 비롯해 수많은 강을 탄 베테랑 래프팅 가이드.

짐 슬레이드Jim Slade: 비오비오강을 탄 경험 많은 래프팅 가이드.

에이프릴 스타크April Starke: 플레인 제인과 에스프리에서 일했다.

데얀 수직Deyan Sudjic: 런던을 기반으로 활동하는 작가이자 방송인, 런던디자인뮤지엄 관장.

클로드 설Claude Suhl: 톰킨스의 등반 동료.

짐 스위니Jim Sweeney: 수학 천재로, 1970년대 초반에 톰킨스에게 가구 제작자로 고용되어 에스프리 직원용 가구를 맞춤 제작했다.

제인 테일러Jane Taylor: 미 해군 출신의 해양포유류 보호 활동가. 시 셰퍼드와 함께 활동했다.

리토 테하다플로레스Lito Tejada-Flores: 톰킨스와 여행하며 유럽과 아시아에서 함께 일한 작가이자 사진가, 1968년 피츠로이산 정상에 오른 '펀호그' 원정대의 원년 멤버.

마크 터섹Mark Tercek: 네이처컨서번시 CEO로 재직중인 전 골드만삭스 파트너.

크리스틴 맥디빗 톰킨스Kristine McDivitt Tompkins: 톰킨스 자연보호 재단 대표이자 파타고니아 전 CEO. 2018년에 유엔 환경계획 보호구역 후원 대사로 선정되었다.

퀸시 톰킨스Quincey Tompkins: 더그 톰킨스의 장녀. 아버지가 설립한 비영리단체 심층생태학재단에서 근무하며 수천 개의 소규모 환경 프로젝트를 지원했다.

서머 톰킨스Summer Tompkins: 톰킨스의 막내딸. 종종 아버지와 정면으로 맞섰다.

수지 (러셀) 톰킨스 뷰얼Susie (Russell) Tompkins Buell: 에스프리의 공동 창업자이자 톰킨스의 전 아내. 샌프란시스코 베이 에어리어에서 활동하는 진보 성향 운동가. 톰킨스와 약 삼십 년간 부부로 지냈다.

올리비에로 토스카니Oliviero Toscani: 이탈리아 패션사진작가. 톰킨스와 일하며 에스프리를 국제적인 브랜드로 성장시키는 데 기여했고, 기존 장르의 틀을 깨는 '평범한 사람들' 캠페인을 선도했다.

파블로 발렌수엘라Pablo Valenzuela: 야생동물 및 풍경 사진작가. 강풍이 불 때 톰킨스와 비행하다가 죽을 뻔했다.

비체 판데르베르프Wietse van der Werf: 시 레인저 서비스 창립자이자 네덜란드 환경운동가. 톰킨스가 일본 포경선을 저지하는 시 셰퍼드 작전에서 강연하는 것을 듣고 영감을 받았다.

루크 밴혼Luke Van Horn: 통신기술자이자 시 셰퍼드 선단의 일원.

마리오 바르가스 요사Mario Vargas Llosa: 페루 출신 작가이자 정치인, 저널리스트. 칠레 남부의 외딴 숲에 있는 톰킨스의 집에서 인터뷰를 진행했다.

벨리사리오 벨라스코Belisario Velasco: 칠레의 전 내무부 차관. 수년간 톰킨스와 충돌했다.

로드리고 비야블랑카Rodrigo Villablanca: 푸말린 공원에서 활동한 톰킨스의 핵심 협력자.

카를로스 비야로보스Carlos Villalobos: 톰킨스 자연보호 재단 소속의 공원순찰대원.

마찰 부키치Matzal Vukic: 건축가이자 톰킨스의 친구.

린드 웨이드호퍼Linde Waidhofer: 풍경사진작가. 톰킨스와 수년간 항공사진 작업을 했다.

폴 왓슨Paul Watson: 일본의 포경을 저지하고 해양 밀렵과 싸우는 반포경해양 단체 시 셰퍼드의 선장.

앨런 위든Alan Weeden: 위든 재단의 대표. 톰킨스의 오랜 친구이자 공원 설립에 협력했다.

존 휘트먼John Whitman: 메인주 포틀랜드 출신의 변호사. 톰킨스와 인디언 마운틴 기숙학교 8학년 동창이다.

타모츠 야기Tamotsu Yagi: 톰킨스와 에스프리에서 함께 일했던 저명한 일본 디자이너. 이후 애플과 스티브 잡스와도 협업했다.

참고 도서

더그 톰킨스는 열렬한 독서가였다. 그의 집과 캘리포니아, 칠레, 아르헨티나의 사무실에는 대규모 장서가 있었다. 톰킨스에게 영감을 준 아이디어를 더 탐구하고 싶은 독자를 위해 마련한 이 목록에는 그의 장서 가운데 유의미한 책, 그의 친구와 관계자가 쓴 책 외에도 톰킨스의 삶을 조사할 때 내가 활용했던 핵심적인 책이 포함되어 있다. 어느 모로 보나 이것이 포괄적인 목록이라고 할 수는 없다. 그러자면 50페이지를 더 써야 할 것이다. 이는 단지 더그의 왕성한 정신이 활용했던 양식의 맛보기일 뿐이다.

Antoine de Saint-Exupéry, *Wind, Sand and Stars*(앙투안 드 생텍쥐페리, 『바람, 모래 그리고 별들』, 정진우 옮김, 세시, 2004).

Aldo Leopold, *A Sand County Almanac*(알도 레오폴드, 『모래군의 열두 달』, 송명규 옮김, 정한책방, 2024).

David Brower, *Let the Mountains Talk, Let the Rivers Run*.

Lionel Terray, *Conquistadors of the Useless*.

Yvon Chouinard, *Climbing Ice*.

Jacques Ellul, *The Technological Society*.

Doug Tompkins, *Esprit: The Comprehensive Design Principle*.

Jerry Mander, *In the Absence of the Sacred*.

J. Michael Fay, *The Last Place on Earth*.

Fritjof Capra, *The Turning Point*(프리초프 카프라, 『새로운 과학과 문명의 전환』, 이성범·구윤서 옮김, 범양사, 2007).

Marshall McLuhan, *The Global Village*(브루스 R. 파워스·하버트 마셜 매클루언, 『지구촌』, 박기순 옮김, 커뮤니케이션북스, 2005).

Bill Devall and George Sessions, *Deep Ecology: Living as if Nature Mattered*(빌 드발·조지 세션스, 『딥 에콜로지: 자연과의 화해를 위한 지혜의 생태학』, 김영준 외 옮김, 원더박스, 2022).

David Ehrenfeld, *The Arrogance of Humanism*.

Jane Goodall, *In the Shadow of Man*(제인 구달, 『인간의 그늘에서』, 최재천·이상임 옮김, 사이언스북스, 2001).

Fatal Harvest, edited by Andrew Kimbrell.

Yvon Chouinard, *Let My People Go Surfing*(이본 쉬나드, 『파타고니아, 파도가 칠 때는 서핑을』, 이영래 옮김, 라이팅하우스, 2020).

Edward Abbey, *Desert Solitaire*(에드워드 애비, 『사막의 고독』, 황의방 옮김, 라이팅하우스, 2023).

Vandana Shiva, *Biopiracy*(반다나 시바, 『자연과 지식의 약탈자들』, 배기윤 외 옮김, 당대, 2000).

Bill McKibben, *The End of Nature*(빌 맥키벤, 『자연의 종말』, 진우기 옮김, 양문, 2005).

Ignacio Jimenez Pérez, *La Producción de la Naturaleza*.

Tom Butler, *Wildlands Philanthropy*.

Arne Næss, *The Ecology of Wisdom*.

Leonard Koren, *What Artists Do*(레너드 코렌, 『예술가란 무엇인가』, 박정훈 옮김, 안그라픽스, 2021).

Edward Abbey, *The Monkey Wrench Gang*.

Oliviero Toscani, *More than 50 Years of Magnificent Failures*.

David Wallace-Wells, *The Uninhabitable Earth*(데이비드 월러스 웰즈, 『2050 거주불능 지구』, 김재경 옮김, 추수밭, 2020).

John McPhee, *Encounters with the Archdruid*.

John Vaillant, *The Tiger: A True Story of Vengeance and Survival*(존 베일런트, 『타이거: 복수와 생존을 둘러싼 실화』, 박연진 옮김, 솟을북, 2012).

Catherine Ingram, *In the Footsteps of Gandhi*.

Paul Watson, *Sea Shepherd: My Fight for Whales and Seals*.

Rachel Carson, *The Sea Around Us*(레이첼 카슨, 『우리를 둘러싼 바다』, 김홍옥 옮김, 에코리브르, 2018).

Rachel Carson, *Silent Spring*(레이첼 카슨, 『침묵의 봄』, 김은령 옮김, 에코리브르, 2024).

Sylvia A. Earle, *The World Is Blue: How Our Fate and the Oceans Are One*.

Barbara Cushman Rowell, *Flying South*.

David Quammen, *Wild Thoughts from Wild Places*(데이비드 쾀멘, 『야생에 살다』, 이충호 옮김, 푸른숲, 2006).

Caroline Fraser, *Rewilding the World*.

George Monbiot, *Feral*(조지 몽비오, 『활생』, 김산하 옮김, 위고, 2020).

Dave Foreman, *Confessions of an Eco-Warrior*.

Doug and Andrea Peacock, *In the Presence of Grizzlies*.

Jean Baudrillard, *The Consumer Society*(장 보드리야르, 『소비의 사회』, 이상률 옮김, 문예출판사, 2015).

Neil Postman, *Amusing Ourselves to Death*(닐 포스트먼, 『죽도록 즐기기』, 홍윤선 옮김, 굿인포메이션, 2020).

Yuval Noah Harari, *Sapiens: A Brief History of Humankind*(유발 하라리, 『사피엔스: 유인원에서 사이보그까지, 인간 역사의 대담하고 위대한 질문』, 조현욱 옮김, 김영사, 2023).

Dave Foreman and Bill Haywood, *Ecodefense: A Field Guide to Monkeywrenching*.

David Quammen, *Spillover*.

Lynn Margulis, *Microcosmos*(린 마굴리스·도리언 세이건, 『마이크로코스모스』, 홍욱희 옮김, 김영사, 2011).

Tom Butler, *On Beauty*.

Yvon Chouinard, *Some Stories: Lessons from the Edge of Business and Sport*(이본 쉬나드, 『파타고니아 이야기』, 추선영 옮김, 한빛비즈, 2021).

Overdevelopment, Overpopulation, Overshoot, edited by Tom Butler.

Charlene Spretnak, *Resurgence of the Real*.

Eileen Crist, *Abundant Earth*.

감사의 말

더그 톰킨스는 희귀한 보석 같은 사람이었다. 모든 면이 찬란하고 날카롭게 깎여 있었다. 그의 거칠고도 풍요로운 삶을 모두 담아낼 방법은 없다. 내가 글을 쓰고 자료를 조사하며 보낸 사 년 동안, 말 그대로 수백 명의 사람들이 도움을 주었다. 크리스는 내게 남편이자 환경운동의 동반자였던 더그에 대해 정직하고 자세한 이야기를 나눠주었다. 말도 안 되게 바쁜 일정에도 불구하고 한 번도 빠짐없이 내 질문에 답해주고 이 책의 초고를 읽어준 이본 쉬나드에게는 감사를 표하고 싶다. 더그의 딸 퀸시 톰킨스와 그녀의 남편 댄 임호프에게는 그들의 아름다운 집에서 기억에 남을 만한 오후를 보내며 더그라는 퍼즐을 함께 맞춰보았던 시간에 고마움을 전한다. 수지 톰킨스 뷰얼과 서머 톰킨스에게는 더그의 다층적인 면을 솔직히 설명해준 점, 내가 더그를 이해하도록 솔직히 도움을 준 점에 감사한다.

마이클 페이에게는 멋진 인터뷰를 통해 더그와의 모험에 대해서 내부자만이 알 수 있는 정보를 준 것에 감사한다. 이 책의 초고는 크리스 존스, 롭 레서, 네이딘 레너, 지브 엘리슨, 릭 리지웨이, 라우라 페르난데스, 에드거 보일스, 린드

웨이드호퍼, 웨스턴 보일스, 리토 테하다플로레스, 딕 도워스, 에르난 믈라디니치, 이그나시오 히메네스 등 수많은 사람이 읽고 도움을 준 덕분에 다듬어지고 더 나아질 수 있었다.

런던에 있는 나의 오랜 에이전트 피터스 프레이저 앤드 던럽의 애너벨 무리요는 내가 이 책의 초기 아이디어를 구체화하는 데 중요한 역할을 해주었다. 뉴욕시에서 잉크웰 매니지먼트의 조지 루커스는 나의 아이디어를 뉴욕 최고의 사람들에게 프레젠테이션하는 굉장한 작업으로 제안을 현실로 만들어주었다. 이 작업에 참여해준 모든 편집자 가운데 하퍼원의 마일스 도일은 초기에 초고의 틀을 잡는 데 핵심적인 도움을 주었다. 시드니 로저스는 내가 글을 쓰고 또 쓸 시간을 달라고 할 때마다 친절하게 독려해주었다. 하퍼원의 사장 주디스 커는 내가 작가로서의 이력을 쌓는 데 자신이 생각하는 것보다 훨씬 더 크게 조용한 도움을 주었다! 감사를 전한다! 교정자 마크 우드워스는 나를 화들짝 놀라게 했다. 나는 일반적인 편집을 예상했으나 그가 내 글을 얼마나 개선했는지 보고 복권에 당첨된 기분이었다. 네덜란드 EMK의 지도 제작자 크리스 바를로와 얀 홀스트는 나와 함께 다양한 지도를 짜맞출 때 완벽한 전문성을 보여주었다.

더그의 개인 변호사 페드로 파블로 구티에레스에게도 감사를 전한다. 그는 더그만이 아니라 더그가 1990년대 초에 도착한 칠레를 해석하는 데에도 도움을 주었다. 톰 버틀러는 핵심적인 정보원이자 영감의 원천이었다. 에린 '루이' 빌먼은 프로젝트 전체가 실패하는 것처럼 보이던 바로 그 순간에 이 책을 위해 싸웠다. 그녀의 집요한 믿음이 중요한 역할을 했다. 나는 수십 년 동안 더그와 함께 (아르헨티나의 기지에서) 너무도 부지런하게 일한 소피아 에이노넨에게도 감사한다. 그녀는 시간을 내서 나를 맞이하고, 더그와 크리스의 아르헨티나 작업을 안내해줬다. 조이스 이버라는 너그럽게도 자신의 아들 마이크 이버라가 더그 톰킨스와 한 인터뷰를 이 책에 쓰도록 공유해주었다. 칠레 남부에서 카롤리나 모르가도, 피아 모야, 웨스턴 보일스는 그 지역이나 지역의 운명을 만들어가는 데 있어서 더그가 한 역할을 놀라울 정도로 잘 이해하고 있었다. 카를로스 쿠에바스와 다고베르토 구스만은 더그가 가장 소중히 여긴 동료였다. 더그는 그들 각자와 여러 해를 함께 보냈으며, 싸움을 하나하나 헤쳐나가는 동안 칠레에 대한 그들의 분석을 신뢰했다.

칠레 파타고니아와 이베라(아르헨티나)에서는 너무 많은 사람이 나를 도와주었기에 모두의 이름을 언급할 수가 없다. 그러나 야생복원 작업을 위한 오두막에서 나눈 마테차부터 푸말린 공원에 있는 로드리고 비야블랑카의 집에서 먹은 바비큐까지, 나는 더그에게 영감을 주고 그와 함께 일했던 수많은 환경운동가 공동체로부터 따뜻한 환영을 받았다.

마지막으로, 나의 일곱 딸 프랜시스카, 수전, 마시엘, 킴벌리, 에이미, 조이, 아키라에게, 마음속에 언제나 작은 더그 톰킨스를 품길 바란다. 너희 아빠는 글을 쓰겠다며 3층으로 도망쳤지만, 너희 목소리를 듣는 것이 좋았고 너희 일곱 명이 가끔씩 들러 아빠를 살펴보고 맥주나 커피, 미소를 가져다주는 일에 익숙해졌다.

　나의 사랑하는 토티, 당신은 이 길고 긴 여행에서 너무도 큰 인내심을 발휘해주었어요. 게다가 놀랍게도, 우리는 실제로 더그 톰킨스의 공원을 함께 탐험하는 즐거움을 누렸고요. 이 책을 오래 붙잡고 있는 동안 나는 당신이 절실히 필요했고, 당신은 딱 맞는 영감으로 나를 밀어주었어요.

　끝으로, 가장 중요한 사람을 빼놓을 수 없겠다. 나의 조사원이자 개발 편집자 버드 타이슨에게 깊이 감사드린다. 타이슨의 이야기 구성 능력, 인터뷰, 철저한 조사, 편집이 모든 일을 가능하게 했다. 사 년간 타이슨은 나의 가장 거친 생각을 따라 가장 놀라운 인간 더그 톰킨스가 남긴 길을 좇았다. 덕분에 훌륭한 책이 되었다.

조너선 프랭클린

칠레 푼타데로보스에서

다른 산을 오르기로 했다

노스페이스 창립자의 두번째 인생

초판 인쇄 2026년 4월 9일
초판 발행 2026년 4월 24일

지은이 조너선 프랭클린
옮긴이 강동혁

펴낸곳 복복서가㈜
펴낸이 장은수
출판등록 2019년 11월 12일 제2019-000101호
주소 03720 서울특별시 서대문구 연희로 28길 3
홈페이지 www.bokbokseoga.co.kr
전자우편 edit@bokbokseoga.com
마케팅 문의 031) 955-2690

ISBN 979-11-94996-17-0 03320

잘못된 책은 구입하신 서점에서 교환해드립니다.
기타 교환 문의 031) 955-2661, 3580